Meinungsführerschaft im
Konsumgütermarketing

Konsum und Verhalten

Herausgegeben von
G. Behrens, Wuppertal · K. P. Kaas, Frankfurt · W. Kroeber-Riel, Saarbrücken
V. Trommsdorff, Berlin · P. Weinberg, Paderborn

Band 2
Hans-Peter Hossinger
Joachim Peters
Pretests in der Marktforschung
1982. 267 Seiten. Geb. DM 66,-
ISBN 3-7908-0272-7

Band 3
Forschungsgruppe Konsum und Verhalten (Hrsg.)
Innovative Marktforschung
1983. 266 Seiten. Geb. DM 98,-
ISBN 3-7908-0289-1

Band 5
Ulricke Bleicker
Produktbeurteilung der Konsumenten
1983. 245 Seiten. Geb. DM 59,-
ISBN 3-7908-0292-1

Band 6
Gundolf Meyer-Hentschel
Aktivierungswirkung von Anzeigen
1983. 236 Seiten. Geb. DM 59,-
ISBN 3-7908-0298-0

Band 7
Matthias Ernst
Die Nutzung von Bildschirmtext-Informationen für Konsumgüter-Kaufentscheidungen
1985. 264 Seiten. Geb. DM 68,-
ISBN 3-7908-0330-8

Band 8
Bruno Neibecker
Konsumentenemotionen Messung durch computergestützte Verfahren
- Eine empirische Validierung nichtverbaler Methoden -
1985. 198 Seiten. Geb. DM 59,-
ISBN 3-7908-0335-9

Band 9
Michael Dieterich
Konsument und Gewohnheit
- Eine theoretische und empirische Untersuchung zum habituellen Kaufverhalten -
1986. 369 Seiten.
Brosch. DM 69,-
ISBN 3-7908-0338-3

Band 10
Franz-Josef Konert
Vermittlung emotionaler Erlebniswerte
- Eine Marketingstrategie für gesättigte Märkte -
1986. 272 Seiten.
Brosch. DM 65,-
ISBN 3-7908-0339-1

Band 11
Peter Weinberg
Nonverbale Marktkommunikation
1986. 224 Seiten. Geb. DM 49,-
ISBN 3-7908-0357-X

Band 12
Erhard Bost
Ladenatmosphäre und Konsumentenverhalten
1987. 249 Seiten.
Brosch. DM 59,-
ISBN 3-7908-0368-5

Band 13
Harald Wachenfeld
Freizeitverhalten und Marketing
- Grundlagen des Marketing für Freizeitangebote -
1987. 432 Seiten.
Brosch. DM 79,-
ISBN 3-7908-0372-3

Band 14
Christian Hay
Die Verarbeitung von Preisinformationen durch Konsumenten
1987. 369 Seiten.
Brosch. DM 69,-
ISBN 3-7908-0373-1

Band 15
Thomas E. Banning
Lebensstilorientierte Marketing-Theorie
- Analyse und Weiterentwicklung modelltheoretischer und methodischer Ansätze der Lebensstil-Forschung im Marketing
1987. 236 Seiten
Brosch. DM 59,-
ISBN 3-7908-0379-0

Band 16
Hans-Dieter Ruge
Die Messung bildhafter Konsumerlebnisse
- Entwicklung und Test einer neuen Meßmethode -
1988. 278 Seiten.
Brosch. DM 78,-
ISBN 3-7908-0396-0

Band 17
Willy Koerdt
Das Anspruchsniveau von Urlaubsreisenden
- Ein empirischer Beitrag zur Konsumentenforschung -
1988. 263 Seiten.
Brosch. DM 65,-
ISBN 3-7908-0405-3

Band 18
Gerold Behrens
Konsumentenverhalten
- Entwicklung, Abhängigkeiten, Möglichkeiten -
1988. 237 Seiten.
Brosch. DM 36,-
ISBN 3-7908-0406-1

Band 19
Gerd Stottmeister
Der Einsatz von Preisausschreiben im Marketing
- Ausprägungen, Wirkungen und Wirkungsmessung -
1988. 300 Seiten.
Brosch. DM 69,-
ISBN 3-7908-0407-X

Band 20
Holger Hätty
Der Markentransfer
1989. 360 Seiten.
Brosch. DM 79,-
ISBN 3-7908-0427-4

Band 21
Marion Klammer
Nonverbale Kommunikation beim Verkauf
1989. 349 Seiten.
Brosch. DM 75,-
ISBN 3-7908-0428-2

Band 22
Sigrid Bekmeier
Nonverbale Kommunikation in der Fernsehwerbung
1989. 302 Seiten.
Brosch. DM 69,-
ISBN 3-7908-0438-X

Gerd Brüne

Meinungsführerschaft im Konsumgütermarketing

Theoretischer Erklärungsansatz
und empirische Überprüfung

Mit 50 Abbildungen

Physica-Verlag Heidelberg

Dr. Gerd Brüne
Brückenstraße 10
D-5630 Remscheid

Diese Dissertation wurde mit dem Herbert-Gross-Autorenpreis
der Deutschen Marketing-Vereinigung 1989 ausgezeichnet

ISBN 3-7908-0443-6 Physica-Verlag Heidelberg

CIP-Titelaufnahme der Deutschen Bibliothek

Brüne, Gerd:
Meinungsführerschaft im Konsumgütermarketing:
theoretischer Erklärungsansatz und empirische Überprüfung/
Gerd Brüne. - Heidelberg: Physica-Verl., 1989
(Konsum und Verhalten; Bd. 23)
ISBN 3-7908-0443-6
NE: GT

Dieses Werk ist urheberrechtlich geschützt. Die dadurch begründeten Rechte, insbesondere die der Übersetzung, des Nachdruckes, des Vortrags, der Entnahme von Abbildungen und Tabellen, der Funksendungen, der Mikroverfilmung oder der Vervielfältigung auf anderen Wegen und der Speicherung in Datenverarbeitungsanlagen, bleiben, auch bei nur auszugsweiser Verwertung, vorbehalten. Eine Vervielfältigung dieses Werkes oder von Teilen dieses Werkes ist auch im Einzelfall nur in den Grenzen der gesetzlichen Bestimmungen des Urheberrechtsgesetzes der Bundesrepublik Deutschland vom 9. September 1965 in der Fassung vom 24. Juni 1985 zulässig. Sie ist grundsätzlich vergütungspflichtig. Zuwiderhandlungen unterliegen den Strafbestimmungen des Urheberrechtsgesetzes

© Physica-Verlag Heidelberg 1989
Printed in Germany

Die Wiedergabe von Gebrauchsnamen, Handelsnamen, Warenbezeichnungen usw. in diesem Werk berechtigt auch ohne besondere Kennzeichnung nicht zu der Annahme, daß solche Namen im Sinne der Warenzeichen- und Markenschutz-Gesetzgebung als frei zu betrachten wären und daher von jedermann benutzt werden dürften.

Druck und Bindearbeiten: Weihert-Druck GmbH, Darmstadt
7120/7130-543210

Meinen Eltern gewidmet.

Vorwort

Seit der berühmten, inzwischen historisch zu nennenden Studie von Lazarsfeld, Berelson und Gaudet aus dem Jahre 1944 ("The People's Choice, 1969 auch in deutscher Übersetzung erschienen) besteht kein Zweifel an der Existenz und Wirksamkeit von Meinungsführern sowie am Charakter ihrer Stellung im Sinne einer Schlüsselposition in mehrstufigen Kommunikationskanälen. Nicht nur im Feld der politischen Meinungsbildung (worauf sich die Studie von Lazarsfeld et al. bezog), sondern auch im Bereich der Meinungs- und Einstellungsbildung allgemein spielen sie eine unübersehbare, entscheidende Rolle. Dennoch herrscht in Wissenschaft und Praxis ein sich immer wieder neu belebender Streit über die Relevanz der Meinungsführerschaft bzw. der sich hinter diesem Konstrukt verbergenden Two-Step-Flow-Hypothese zur Beschreibung und Erklärung von Kommunikationsprozessen. Dafür gibt es zwei Gründe: Zum einen lassen sich Meinungsführer nur schwer identifizieren, so daß kommunikationspolitische Strategien nicht ohne weiteres gezielt auf sie ausgerichtet werden können. Zum anderen entzieht sich die Wirkung ihres Einflusses - wiewohl unzweifelhaft und spürbar vorhanden - der Messung, da sie sich nur schwer empirisch isolieren läßt.

Die Relevanz von Meinungsführern für die Kommunikation in Konsumgütermärkten ist insbesondere in den 60er und 70er Jahren diskutiert worden. Sie gilt im wesentlichen auch im Investitionsgütermarketing. In neuerer Zeit ist in der Literatur eine überwiegend rezeptive Haltung zur Meinungsführerschaft zu beobachten, die die Relevanzaussage lediglich reflektierend (jedoch etwas resignierend) übernimmt. Ansätze zur erneuten Befassung mit den beiden genannten Grundproblemen Identifikation und Wirkungsmessung treten demgegenüber in den Hintergrund. Der Verfasser der vorliegenden Arbeit versucht, mit seiner (auch empirisch gestützten) Untersuchung diesem Trend entgegenzuwirken, wobei er sich auf die Erfahrungssphäre des Konsumgütermarketing beschränkt. Er strebt die Entwicklung eines eigenständigen, theoretisch fundierten, bisherige Erkenntnisse synthetisierenden und fortführenden Erklärungsansatzes der Meinungsführerschaft von Konsumenten an, wobei der Gesichtspunkt ihrer Ansprache in segmentspezifischen Kommunikationsstrategien im Vordergrund steht. Ausgehend von den wichtigsten Bestimmungsgrößen interpersonaler Kommunikation werden zwei zentrale Determinanten der Meinungsführerschaft von Konsumenten herausgearbeitet: das Involvement (bezogen auf einen Produktbereich) und das Bezugspersonen-Einfluß-Potential. Unter dem Involvement wird die Ich-Beteiligung einer Person, d.h. ihr Engagement bezüglich bestimmter Aufgaben oder Sachverhalte (hier: Produktfelder) verstanden. Insoweit knüpft Brüne dabei an die Veröffentlichung von Krugman (1965) an, der mit Hilfe dieses Konstruktes Werbewirkungen zu analysieren versuchte. Um Mißverständnisse zu vermeiden: es handelt sich nicht um das Involviertsein in einen bestimmten Kaufprozeß, sondern um ein davon unabhängiges Involviertsein im Hinblick auf einen ganzen Produktbereich. Offenbar spiegelt das Involvement primär das Interesse, das ein Konsument bestimmten Produktbereichen entgegenbringt, daneben aber auch das Wissen, das ein Konsument aufgrund seines Interesses im Laufe der Zeit über bestimmte Produktfelder erwirbt, wider. Involvement begründet letztlich die spezifische Kompetenz, die - für ratsuchende Mitkonsumenten - zur unmittelbaren Voraussetzung für Meinungsführerschaft wird. Die zweite zentrale Determinante, das Bezugspersonen-Einfluß-Potential, reflektiert Erkenntnisse der Referenzgruppentheorie. Bei dem Bezugspersonen-Einfluß-Potential handelt es sich um die allgemeinen Möglichkeiten eines Konsumenten, auf sein soziales Umfeld normativen und komparativen Einfluß auszuüben. Es ist mutmaßlich um so höher, je größer die Anzahl der Personen ist, mit denen ständige, persönliche Kontakte unterhalten werden. Die soziozentrale Position (Stafford, 1976) ist somit Voraussetzung für ein hohes Bezugspersonen-Einfluß-Potential. Der Verfasser der vorliegenden Arbeit führt in seinem eigenen Beitrag beide Determinanten in einem simultanen Erklärungsansatz zusammen, den er - gestützt auf den Fundus sozialwissenschaftlicher Belege - eingehend begründet.

Die theoretische Begründung des neuartigen Erklärungsansatzes muß ihre Entsprechung notwendigerweise in einer empirischen Überprüfung finden. Auch wenn es sich dabei nicht um eine repräsentative Erhebung handeln konnte, stützen die Ergebnisse die von Brüne angestellten Überlegungen. An drei ausgewählten Produktbereichen werden fünf zentrale Forschungshypothesen überprüft. Bei der Operationalisierung der verschiedenen Variablen erfolgt eine Anlehnung an in der Praxis der empirischen Wirtschafts- und Sozialforschung gebräuchliche Designs. So setzt der Verfasser bei der Operationalisierung von "Meinungsführerschaft" das Verfahren der Selbsteinschätzung aufgrund eines Fragenkatalogs von King/Summers (1970) ein, wobei Modifikationen vorgenommen werden. Bei der im wesentlichen eigenständigen Operationalisierung des "Involvement" stützt sich der Verfasser auf die Drei-Komponenten-Theorie, wie sie auch für Operationalisierungen des Konstruktes "Einstellung" regelmäßig herangezogen wird (affektive, kognitive und konative Komponenten). Die Operationalisierung des Konstruktes "Bezugspersonen-Einfluß-Potential" greift auf das sog. "Freiburger Persönlichkeitsinventar" zurück. Allerdings mußte der Autor dieses Inventar vereinfachen bzw. ausdünnen, um die Probanden in der Erhebung zu entlasten. Vier Persönlichkeitsdimensionen stehen im Vordergrund: Extraversion, soziale Orientierung, Lebenszufriedenheit und Gehemmtheit. Daneben wurden zwei weitere Variablen operationalisiert, die sich auf das soziale Sanktionspotential und die soziale Integration beziehen. Der Operationalisierung von Variablen des Informationsverhaltens liegt die Differenzierung in allgemeines Informationsbeschaffungsverhalten und auf die Kaufsituation bezogenes Informationsbeschaffungsverhalten zugrunde. Dabei wurden den Probanden in der Erhebung Informationsquellen vorgegeben, deren Relevanz und Wichtigkeit zu beurteilen waren. Die Operationalisierung des wahrgenommenen Kaufrisikos der Konsumenten erfolgt schließlich in Anlehnung an Jacoby/Kaplan (1972) lediglich eindimensional, wobei Belastungsüberlegungen der Probanden abermals eine ausschlaggebende Rolle spielten.

Den Ergebnissen der empirischen Untersuchung zufolge kann davon ausgegangen werden, daß sich die simultane Erklärung der Meinungsführerschaft durch Involvement und Bezugspersonen-Einfluß-Potential als tragfähig erweist. Sie erlaubt zudem eine gezielte Ansprache von Meinungsführersegmenten mit entsprechendem Zuschnitt durch die Kommunikationspolitik der Unternehmung. Gegenüber früheren Arbeiten ergeben sich noch weitere wichtige Erkenntnisse:

- Meinungsführer unterscheiden sich von Nicht-Meinungsführern vornehmlich durch produktbereichsabhängige Variablen. Ein <u>genereller</u> Zusammenhang zwischen der Variablen "Persönlichkeitsstärke" und Meinungsführerschaft (wie früher häufig behauptet wurde) kann nicht ohne weiteres vermutet werden.

- Das Bezugspersonen-Einfluß-Potential kann nur dann zur indirekten Ansprache von Meinungsführersegmenten herangezogen werden, wenn der jeweilige Produktbereich "soziale Auffälligkeit" aufweist.

- Offenbar bestimmen nicht intrapersonelle Eigenschaften (unter Hintansetzung situativer und interaktionstheoretischer Aspekte) das Einflußpotential von Personen, sondern vielmehr Persönlichkeitsmerkmale, die auf Aspekte der sozialen Integration und Interaktion abstellen.

Verfasser und Betreuer hoffen, daß mit dieser Weiterführung der Theorie der Meinungsführerschaft auch für die Kommunikationspolitik betreibende Wirtschaftspraxis wichtige Hilfen gegeben werden konnten. Zwar bedürfen die Operationalisierungen noch weiterer empirischer Untersuchungen, die jedoch die grundsätzliche Zweckmäßigkeit des gewählten Vorgehens unterstreichen müßten.

Verfasser und Betreuer danken den Herausgebern der Schriftenreihe "Konsum und Verhalten" (insbesondere Herrn Professor Dr. Gerold Behrens) herzlich für ihr freundliches Entgegenkommen bei der Aufnahme der Arbeit in die Reihe.

Bochum, im Juni 1989

          Professor Dr. Peter Hammann

INHALTSVERZEICHNIS

0. Problemstellung und Aufbau der Arbeit 1

1. Die persönliche Kommunikation zwischen Konsumenten als Wirkungsfeld von Meinungsführern 5

   1.1 Begriffliche Grundlegungen 5

       1.1.1 Kommunikation, Marktkommunikation, Kommunikationsnetz 5

       1.1.2 Persönliche Kommunikation zwischen Konsumenten 8

       1.1.3 Meinungsführer, Meinungsführung, Meinungsführerschaft 12

   1.2 Die Initiierung der persönlichen Kommunikation zwischen Konsumenten 16

       1.2.1 Kommunikationsinitiierung und -verlauf 16

       1.2.2 Grundformen der Kommunikationsinitiierung 17

           1.2.2.1 Die autonome Abgabe von Informationen 17

           1.2.2.2 Die Suche nach Informationen 21

   1.3 Stellung der persönlichen Kommunikation zwischen Konsumenten im Rahmen der Marktkommunikation 25

       1.3.1 Häufigkeit interpersoneller Kommunikationsprozesse 25

       1.3.2 Wirksamkeit interpersoneller Kommunikationsprozesse 25

2. Analyse der Meinungsführer auf Konsumgütermärkten 30

   2.1 Meinungsführer als Schlüsselfiguren in Modellen der mehrstufigen Kommunikation 30

       2.1.1 Von der Two-Step- zur Multi-Step-Flow-Hypothese 30

       2.1.2 Modelle des Informationsaustauschs 33

           2.1.2.1 Ansatz von TROLDAHL und VAN DAM 33

           2.1.2.2 Ansatz von HUMMRICH 36

    2.1.3 Kritische Würdigung der Modelle 39

  2.2 Ermittlung von Meinungsführern 42

    2.2.1 Problematik der Messung und Zuordnung von "Einfluß" 42

    2.2.2 Verfahren zur Ermittlung von Meinungsführern 46

    2.2.3 Kritischer Vergleich der Verfahren 51

  2.3 Reichweite der Meinungsführerschaft 56

  2.4 Charakteristische Merkmale der Meinungsführer 60

3. Steuerung der interpersonellen Kommunikation durch die Kommunikationspolitik von Unternehmen unter besonderer Berücksichtigung der Meinungsführer 71

  3.1 Spezifische und unspezifische Steuerung der interpersonellen Kommunikation 71

  3.2 Ansatzpunkte zur unspezifischen Steuerung der interpersonellen Kommunikation 73

    3.2.1 Simulation interpersoneller Kommunikationsprozesse 73

    3.2.2 Stimulierung positiver interpersoneller Kommunikationsprozesse 76

    3.2.3 Unterdrückung negativer interpersoneller Kommunikationsprozesse ... 81

    3.2.4 Aktive Teilnahme an interpersonellen Kommunikationsprozessen 83

  3.3 Ansatzpunkte zur spezifischen Steuerung der interpersonellen Kommunikation 88

    3.3.1 Direkte Ansprache namentlich ermittelter Meinungsführer 88

    3.3.2 Indirekte Ansprache von Meinungsführer-Segmenten 95

  3.4 Kritische Würdigung der Steuerungsmöglichkeiten 107

4. Ansatz zur zweidimensionalen Erklärung der Meinungsführerschaft von Konsumenten als Grundlage einer Verbesserung der indirekten Ansprache von Meinungsführer-Segmenten 110

  4.1 Bestimmungsgründe der interpersonellen Beeinflussung in einer Kommunikationsdyade 110

  4.2 Determinanten der Meinungsführerschaft von Konsumenten 116

    4.2.1 Intrapersonale Determinante: Involvement in bezug auf einen Produktbereich 116

    4.2.2 Interpersonale Determinante: Das Bezugspersonen-Einfluß-Potential (BEP) 121

4.3 Simultane Erklärung der Meinungsführerschaft durch Involvement und BEP 128

    4.3.1 Theoretische Einordnung des Erklärungsansatzes 128

    4.3.2 Relative Gewichte der Determinanten bei der simultanen Erklärung von Meinungsführerschaft 130

4.4 Implikationen für die indirekte Ansprache von Meinungsführer-Segmenten 138

5. Aufbau und Durchführung der empirischen Untersuchung von drei ausgewählten Produktbereichen 139

5.1 Erhebungsdesign und Forschungshypothesen 139

5.2 Festlegung des Erhebungsverfahrens und Auswahl der Produktbereiche 141

5.3 Auswahl der Probanden 143

5.4 Operationalisierung der Variablen 144

    5.4.1 Meinungsführerschaft 144

    5.4.2 Produktbereichs-Involvement 148

    5.4.3 Bezugspersonen-Einfluß-Potential (BEP) 149

    5.4.4 Informationsverhalten 157

    5.4.5 Wahrgenommenes Kaufrisiko 162

5.5 Pretest und technische Durchführung der Hauptuntersuchung 164

6. Ergebnisse der Untersuchung 165

6.1 Das Informationsverhalten der Probanden unter besonderer Berücksichtigung der "Interpersonellen Kommunikation" 165

6.2 Wahrgenommene Kaufrisiken als Indikatoren der "Sozialen Auffälligkeit" und "Komplexität" der ausgewählten Produktbereiche 173

6.3 Erklärung der Meinungsführerschaft durch produktbereichsspezifisches Involvement und BEP 175

    6.3.1 Verteilungen und Reliabilitäten der Meßvariablen 175

        6.3.1.1 Meinungsführerschaft 175

        6.3.1.2 Involvement 181

        6.3.1.3 Bezugspersonen-Einfluß-Potential (BEP) 185

- 6.3.2 Die Regressionsanalyse als geeignetes Verfahren zur Untersuchung der postulierten Beziehungszusammenhänge 191
- 6.3.3 Regressionsanalytische Ergebnisse für die ausgewählten Produktbereiche 199
  - 6.3.3.1 Bereich "Fotoapparate" 199
  - 6.3.3.2 Bereich "Automobile" 201
  - 6.3.3.3 Bereich "Kleidung" 203
- 6.3.4 Schlußfolgerungen für die Gültigkeit der postulierten Forschungshypothesen 205
- 6.4 Zusammenhang zwischen Meinungsführerschaft, wahrgenommenen Kaufrisiken und Informationsverhalten 207
  - 6.4.1 Meinungsführerschaft und wahrgenommene Kaufrisiken 207
  - 6.4.2 Meinungsführerschaft und Informationsverhalten 208
  - 6.4.3 Wahrgenommenes Kaufrisiko und Informationsverhalten 218

7. Zusammenfassung 222

Anhang: Fragebogen der empirischen Untersuchung 225

Literaturverzeichnis 240

ABKÜRZUNGSVERZEICHNIS

Abb.	Abbildung
AWA	Allensbacher-Werbeträger-Analyse
BEP	Bezugspersonen-Einfluß-Potential
bzw.	beziehungsweise
CD	Compact Disk
d.h.	das heißt
Diss.	Dissertation
d.V.	der Verfasser (des Verfassers, ...)
EDV	Elektronische Datenverarbeitung
etc.	et cetera
f.	folgende
ff.	fortfolgende
FPI	Freiburger Persönlichkeits-Inventar
GmbH	Gesellschaft mit beschränkter Haftung
HiFi	High Fidelity
Hrsg.	Herausgeber
i.d.R.	in der Regel
i.e.L.	in erster Linie
i.e.S.	im engeren Sinne
insbes.	insbesondere
i.w.S.	im weiteren Sinne
Jg.	Jahrgang
No.	Number
Nr.	Nummer
o.a.	oben angeführt
o.J.	ohne Jahr
o.O.	ohne Ort
o.V.	ohne Verfasser
p.	page
pp.	pages
S.	Seite
s.o.	siehe oben
sog.	sogenannt(e, en,...)
Tab.	Tabelle
u.a.	unter anderem
u.ä.	und ähnliche (s, n,...)
usw.	und so weiter
u.U.	unter Umständen
vgl.	vergleiche
Vol.	Volume
z.B.	zum Beispiel
z.T.	zum Teil

VERZEICHNIS DER IN DER ERHEBUNG ERFASSTEN VARIABLEN

EX	Extraversion
F1 ... F3	Items zur Operationaliserung von SD und SO
ffR	funktional-finanzielles Risiko
GE	Gehemmtheit
IA	Involvement in bezug auf "Autos"
IF	Involvement in bezug auf "Fotoapparate"
IK	Involvement in bezug auf "Kleidung"
IA1 ... IA4	Items zur Operationalisierung von IA
IF1 ... IF4	Items zur Operationalisierung von IF
IK1 ... IK4	Items zur Operationalisierung von IK
LZ	Lebenszufriedenheit
MFA	Meinungsführerschaft für "Autos"
MFF	Meinungsführerschaft für "Fotoapparate"
MFK	Meinungsführerschaft für "Kleidung"
MA1 ... MA7	Items zur Operationalisierung von MFA
MF1 ... MF7	Items zur Operationalisierung von MFF
MK1 ... MK7	Items zur Operationalisierung von MFK
P2 ... P50	Items zur Operationalisierung von EX,GE,LZ,SD,SI,SO
RA1,RA3	Items zur Operationalisierung des ffR bei "Autos"
RA2,RA4	Items zur Operationalisierung des spR bei "Autos"
RF1,RF3	Items zur Operationalisierung des ffR bei "Fotoapparaten"
RF2,RF4	Items zur Operationalisierung des spR bei "Fotoapparaten"
RK1,RK3	Items zur Operationalisierung des ffR bei "Kleidung"
RK2,RK4	Items zur Operationalisierung des spR bei "Kleidung"
SD	Soziale Dominanz
SI	Soziale Integration
SO	Soziale Orientierung
spR	sozialpsychologisches Risiko

VERZEICHNIS DER VERWENDETEN ZEITUNGEN UND ZEITSCHRIFTEN

asw	absatzwirtschaft
BFuP	Betriebswirtschafliche Forschung und Praxis
BS	Behavioral Science
DBW	Die Betriebswirtschaft
DM	Der Markt
DMa	Der Markenartikel
DMf	Der Marktforscher
DZ	Die Zeit
EJoM	European Journal of Marketing
HBR	Harvard Business Review
HCR	Human Communication Research
HR	Human Relations
IuA	Interview und Analyse
JdAVF	Jahrbuch der Absatz- und Verbrauchsforschung
JoA	Journal of Advertising
JoAP	Journal of Applied Psychology
JoAR	Journal of Advertising Research
JoASP	Journal of Abnormal and Social Psychology
JoCR	Journal of Consumer Research
JoM	Journal of Marketing
JoMR	Journal of Marketing Research
JoPSP	Journal of Personality and Social Psychology
JQ	Journalism Quarterly
MA	Markenartikel
ManS	Management Science
Marketing ZFP	Marketing Zeitschrift für Forschung und Praxis
MF	Marktforschung
MH	Management Heute
MJ	Marketing Journal
MS	Marketing Science
ManS	Management Science
natur	natur: Das Umweltmagazin
PaMS	Perceptual and Motor Skills
POQ	Public Opinion Quarterly
SQ	Sociological Quarterly
test	Zeitschrift der Stiftung Warentest
WiSt	Wirtschaftswissenschaftliches Studium
ww	Wirtschaftswoche
ZfB	Zeitschrift für Betriebswirtschaft
ZfbF	Zeitschrift für betriebswirtschaftliche Forschung
ZfMMZ	Zeitschrift für Markt-, Meinungs- und Zukunftsforschung
ZVP	Zeitschrift für Verbraucherpolitik

ABBILDUNGSVERZEICHNIS

Abb. 1: Kommunikationsbeziehungen zwischen Marktbeteiligten 6
Abb. 2: Horizontale und vertikale Marktkommunikation 7
Abb. 3: Kommunikationsanalyse nach LASSWELL 8
Abb. 4: Kommunikationsinitiierung und -verlauf 17
Abb. 5: Typologie von Informationsquellen 26
Abb. 6: Das Two-Step-Flow-Modell der Kommunikation 30
Abb. 7: Das Multi-Step-Flow-Modell der Kommunikation 32
Abb. 8: Kommunikationsmodell nach TROLDAHL und VAN DAM 35
Abb. 9: Informationsaustauschbeziehungen nach HUMMRICH 38
Abb. 10: Formen der Einflußnahme in einer Kommunikationsdyade 44
Abb. 11: Soziogramm der DRUG-Studie 47
Abb. 12: ROGERS-Skala zur Ermittlung von Meinungsführern 50
Abb. 13: Vergleich zwischen soziometrischer Methode und Verfahren der Selbstauskunft 51
Abb. 14: Spezifische und unspezifische Steuerung der interpersonellen Kommunikation 73
Abb. 15: Ansatzpunkte zur Stimulierung interpersoneller Kommunikationsprozesse 77
Abb. 16: Kommunikation über namentlich ermittelte Meinungsführer für "Küppers Kölsch" 92
Abb. 17: Konzeption zur mehrstufigen Kommunikation über Meinungsführer - das Beispiel "Küppers Kölsch" 93
Abb. 18: Operationalisierung der Variablen "Persönlichkeitsstärke" 103
Abb. 19: Operationalisierungen der Kommunikations-Typen "Modellperson" und "Moderator" 105
Abb. 20: Möglichkeiten der indirekten Ansprache von Meinungsführern über ausgewählte Medien 106
Abb. 21: Bestimmungsfaktoren des Einflußpotentials eines Konsumenten in einer Kommunikationsdyade 115
Abb. 22: Involvement als Determinante von Meinungsführerschaft 120
Abb. 23: Modell der simultanen Erklärung von Meinungsführerschaft durch Involvement und BEP 128

Abb. 24:	Typologie von Konsumenten auf der Grundlage ihres allgemeinen BEP und ihres Involvements im Hinblick auf Produktbereich "X"	131
Abb. 25:	Stärke der Bezugsgruppeneinflüsse auf die Produkt- und Markenwahl in verschiedenen Produktbereichen	134
Abb. 26:	Ermittlung der relativen Bedeutung der Meinungsführerschafts-Determinanten durch einfache Diskriminanzanalyse	136
Abb. 27:	Wahrscheinlicher Verlauf empirischer Trenngeraden zur Diskriminierung der Meinungsführer	137
Abb. 28:	Erhebungsdesign	140
Abb. 29:	"Soziale Auffälligkeit"/"Eigenschaftsvielfalt" der ausgewählten Produktbereiche (A-priori-Einschätzung)	143
Abb. 30:	Skala zur Ermittlung von Meinungsführern nach KING/SUMMERS	145
Abb. 31:	Operationalisierung der Variablen "Meinungsführerschaft"	146
Abb. 32:	Operationalisierung der Variablen "Involvement"	149
Abb. 33:	Operationalisierung der Variablen "Extraversion"	151
Abb. 34:	Operationalisierung der Variablen "Soziale Orientierung"	152
Abb. 35:	Operationalisierung der Variablen "Lebenszufriedenheit"	152
Abb. 36:	Operationalisierung der Variablen "Gehemmtheit"	153
Abb. 37:	Operationalisierung der Variablen "Soziale Dominanz" (Persönlichkeitsstärke)	154
Abb. 38:	Operationalisierung der Variablen "Soziale Integration"	155
Abb. 39:	4-Punkte-Rating-Skala zur Messung der Persönlichkeitsitems	156
Abb. 40:	Konzept zur Operationalisierung des BEP	157
Abb. 41:	Operationalisierung des Informationsverhaltens	159
Abb. 42:	Operationalisierung der wahrgenommenen Kaufrisiken	163
Abb. 43:	Informationsverhalten der Probanden (Fotoapparate)	166
Abb. 44:	Informationsverhalten der Probanden (Automobile)	167
Abb. 45:	Informationsverhalten der Probanden (Kleidung)	168
Abb. 46:	Häufigkeitsverteilungen der Meinungsführerschaft-Variablen	176
Abb. 47:	Häufigkeitsverteilungen der Involvement-Variablen	182
Abb. 48:	Häufigkeitsverteilungen der Variablen "Extraversion" und "Soziale Orientierung"	186
Abb. 49:	Häufigkeitsverteilungen der Variablen "Lebenszufriedenheit" und "Gehemmtheit"	187
Abb. 50:	Häufigkeitsverteilungen der Variablen "Soziale Dominanz" und "Soziale Integration"	188

TABELLENVERZEICHNIS

Tab. 1: Korrelationen partieller Kaufrisiken 22
Tab. 2: Häufigkeit der interpersonellen Kommunikation über ausgewählte Produktbereiche 25
Tab. 3: Überlappung von Meinungsführerschaft 57
Tab. 4: Korrelationen zwischen Meinungsführerschaften für ausgewählte Produktbereiche 58
Tab. 5: Interesse und Ratgeberfunktion der Nutzer ausgewählter Medien für den Bereich "Alkoholische Getränke" 99
Tab. 6: Meinungsführung und Nutzung der Zeitschrift "m" 101
Tab. 7: Untersuchte Informationsquellen in den drei Produktbereichen 161
Tab. 8: Ränge der Informationsquellen im Hinblick auf allgemeine Nutzungsintensität und die Wichtigkeit beim Kauf 169
Tab. 9: Verteilungsmaße der Variablen "Wahrgenommenes Kaufrisiko" 173
Tab. 10: Faktorenanalyse der 4 Risiko-Items 174
Tab. 11: Rotierte Faktormuster (Risiko-Items) 175
Tab. 12: Verteilungsmaße der Variablen "Meinungsführerschaft" 177
Tab. 13: Reliabilität der Meinungsführerschaft-Meßskala 178
Tab. 14: Faktorenanalyse der Meinungsführerschaft-Items: Faktorenextraktion 180
Tab. 15: Ladungen der Meinungsführerschaft-Items auf den jeweils ersten Faktor 180
Tab. 16: Verteilungsmaße der Variablen "Involvement" 181
Tab. 17: Reliabilität der Involvement-Meßskala 183
Tab. 18: Faktorenanalyse der Involvement-Items: Faktorenextraktion 185
Tab. 19: Ladungen der Involvement-Items auf den jeweils ersten Faktor 185
Tab. 20: Verteilungsmaße der Persönlichkeitsvariablen 189
Tab. 21: Reliabilitäten der Persönlichkeits-Meßskalen 190
Tab. 22: Reliabilitätstests der Persönlichkeitskonstrukte durch Faktorenanalyse 191
Tab. 23: Güte der für die drei Produktbereiche ermittelten Regressionsbeziehungen 197

Tab. 24:	Regression "Meinungsführerschaft für Fotoapparate": Untersuchung der Regressoren	200
Tab. 25:	Regression "Meinungsführerschaft für Autos": Untersuchung der Regressoren	201
Tab. 26:	Regression "Meinungsführerschaft für Kleidung": Untersuchung der Regressoren	203
Tab. 27:	Korrelationen zwischen der Meinungsführerschaft und den wahrgenommenen Kaufrisiken	207
Tab. 28:	Korrelationen der Variablen "Meinungsführerschaft" mit den erhobenen Informationsvariablen	209
Tab. 29:	Korrelationen zwischen den wahrgenommenen Kaufrisiken und dem Informationsverhalten	219

0. Problemstellung und Aufbau der Arbeit

Als "Geburtsstunde" des Konstrukts "Meinungsführerschaft" gilt in der Literatur das Jahr 1944, in welchem LAZARSFELD, BERELSON und GAUDET eine Studie zur politischen Meinungsbildung von Wählern veröffentlichten[1]. Die Autoren stellten fest, daß die Wahlentscheidung bei der amerikanischen Präsidentschaftswahl 1940 weniger stark als erwartet von den Massenmedien beeinflußt worden war. Vielmehr bezeichneten die Befragten in vielen Fällen Gespräche mit "anderen Leuten" als ausschlaggebend für ihr jeweiliges Wahlvotum[2]. Wie sich herausstellte, gab es im Rahmen der persönlichen Gespräche bestimmte "Leute", die *besonders* einflußreich waren. Diese Personen wurden von den Autoren als *"Meinungsführer"* bezeichnet[3]. Die Meinungsführer unterschieden sich vor allem in zwei Punkten von den anderen Probanden: sie waren stärker an der Wahl interessiert und wandten sich den Massenmedien weitaus häufiger zu[4]. Aus den Erkenntnissen wurde die - mittlerweile "klassische" - Two-Step-Flow-Hypothese abgeleitet, der zufolge 'Ideen oft von Rundfunk und Presse zu den Meinungsführern hin und von diesen zu den weniger aktiven Teilen der Bevölkerung fließen'[5].

Welche Konsequenzen hat nun diese Hypothese für das Konsumgütermarketing ?

Individuen kommunizieren nicht nur vor Wahlen, sondern vielmehr auch vor und nach Kaufentscheidungen miteinander. Dabei liegt es auf der Hand, daß derartige Kommunikationsprozesse im Falle gemeinsamer Kaufentscheidungen stattfinden. So nutzen z.B. Familienangehörige Gebrauchsgüter häufig gemeinsam und beraten sich vorab über eine zu treffende (kollektive) Kaufentscheidung[6].
Darüber hinaus kommunizieren Individuen jedoch auch dann mit anderen Personen über eine (individuelle) Kaufentscheidung, wenn sie zugleich Käufer, einzige Entscheider und Verwender (bei Gebrauchsgütern) bzw. Verbraucher (bei Verbrauchsgütern) sind[7]. So versuchen sie z.B. bestimmte Kaufrisiken zu reduzieren, indem sie andere um Rat fragen[8]. Potentielle Käufer werden daher oft von Personen ihres

---

1) Vgl. LAZARSFELD/BERELSON/GAUDET (1944).
2) Vgl. KATZ/LAZARSFELD (1955), S.32.
3) Vgl. ebenda, S.32. Im folgenden wird der Übersetzung des Terminus "Opinion Leader" als "Meinungsführer" gefolgt; vgl. KATZ/LAZARSFELD (1962), S.39.
4) Vgl. GREFE/MÜLLER (1976), S.4013.
5) Vgl. LAZARSFELD/BERELSON/GAUDET (1944), S.151. Vgl. auch RENCKSTORF (1973), S.169.
6) Vgl. z.B. SPIRO (1983), S.393ff.; KROEBER-RIEL (1984), S.450ff.; LAMPARTER (1984), S.47ff.; HUBEL (1986), passim, insbes. S.111ff.; QUALLS (1987), S.264ff.; BÖCKER (1987), S.16ff.; CORFMAN/LEHMANN (1987), S.1ff.; SCHIFFMAN/KANUK (1987), S.400ff.
7) Vgl. z.B. BÄNSCH (1986), S.98ff. Zur Klassifikation von Konsumgütern in Ge- und Verbrauchsgüter vgl. z.B. HAMMANN (1980), S.53f.
8) Vgl. hierzu die Ausführungen in Kapitel 1.2.2.2 dieser Arbeit.

sozialen Umfelds - z.B. Familienangehörige, Freunde, Bekannte oder Arbeitskollegen - in ihrem individuellen Konsumverhalten beeinflußt[9].

Dabei ist die Bedeutung dieser interpersonellen Einflüsse für (individuelle) Kaufentscheidungen offenbar recht groß: In nahezu allen diesbezüglichen Untersuchungen nannten Konsumenten u.a. stets auch die Produktempfehlungen von Freunden und Bekannten als eine für ihre Kaufentscheidungen relevante Informationsquelle[10]. COX schildert ein Beispiel, in dem ein Unternehmen für seine Werbung nur einen Bruchteil dessen ausgab, was seine beiden Hauptkonkurrenten aufwendeten; dennoch realisierten alle drei den gleichen Marktanteil, weil die Konsumenten das Produkt des erstgenannten Unternehmens untereinander empfohlen hatten[11].

An dieser Stelle erhebt sich die Frage, ob die eingangs zitierte Two-Step-Flow-Hypothese auch im Hinblick auf die persönliche Kommunikation zwischen Konsumenten gilt. Insbesondere wäre dabei zu prüfen, ob es Meinungsführer gibt, die in besonders starkem Maße Einfluß auf die individuellen Kaufentscheidungen anderer ausüben.

Die Antwort gaben erstmals KATZ und LAZARSFELD mit einer Studie, die 1955 veröffentlicht wurde. Die Autoren wiesen nach, daß es Konsumenten gibt, die als Meinungsführer für die Konsumbereiche "Mode" und "Haushaltsgüter" fungieren[12]. Ihr Resultat wurde später vielfach - auch für andere Produktbereiche - bestätigt.

Der Tatbestand, daß es unter den Konsumenten besonders einflußreiche Meinungsführer gibt, die die Konsumentscheidungen anderer maßgeblich prägen, erfordert ein Umdenken im Hinblick auf das Marketing von Konsumgüteranbietern. Zum einen besteht die *Gefahr*, daß Unternehmen mit ihrer massenmedialen Kommunikationspolitik möglicherweise viele Konsumenten gar nicht direkt, sondern vielmehr lediglich indirekt über die Meinungsführer erreichen können. Dann wäre jedoch nicht auszuschließen, daß die Werbebotschaften an viele Konsumenten z.B. verzerrt, bewertet oder gefiltert übermittelt werden, was der Erreichung von Werbezielen möglicherweise entgegen wirkt. Zum anderen bietet sich den Unternehmen jedoch auch die *Chance*, ein relativ kleines Segment von Meinungsführern als besonders wichtige Zielgruppe aufzufassen und durch eine gezielte Ansprache dieser Konsumenten kostengünstig positive Multiplikatoreffekte zu erzielen.

Das Gewicht, das Meinungsführern daher aus Marketing-Sicht beigemessen wird, läßt sich schon daran ablesen, daß man ihnen in vielen literarischen Standardwerken ein eigenes Kapitel widmet[13]. Doch obwohl inzwischen allseits akzeptiert wird, daß Meinungsführer großen Einfluß auf die Generierung und Modifizierung von

---

9) Vgl. z.B. KROEBER-RIEL (1984), S.475ff. und S.524ff.; SCHIFFMAN/KANUK (1987), S.370ff.
10) Vgl. HUMMRICH (1976), S.21f.
11) Vgl. COX (1967a), S.186.
12) Vgl. KATZ/LAZARSFELD (1955), S.234ff. und S.247ff. Vgl. auch BROOKS (1957), S.157ff.
13) Vgl. z.B. KROEBER-RIEL (1984), S.548ff.; NIESCHLAG/DICHTL/HÖRSCHGEN (1985), S.469ff.; BÄNSCH (1986), S.108ff.; SCHIFFMAN/KANUK (1987), S.554ff.

konsumrelevanten Einstellungen und Verhaltensweisen der Konsumenten ausüben, ist man offenbar ratlos, wie diese Erkenntnis für das Konsumgütermarketing unmittelbar nutzbar gemacht werden könnte. Dabei erscheint vor allem die Frage ungelöst, auf welche Weise Meinungsführer-Segmente als Zielgruppen identifiziert und angesprochen werden könnten. So ergeben sich nach KROEBER-RIEL "alles in allem nur beschränkte Möglichkeiten, Meinungsführer für das alltägliche Konsumgütermarketing einzusetzen"[14]. KUMPF gelangt sogar zu dem ernüchternden Urteil: "Es kann kein vernünftiger Zweifel daran bestehen, daß interpersonelle Kommunikation Konsumentscheidungen nachhaltig zu beeinflussen vermag und daß der Grad des wirksamen Einflusses zwischen Personen variiert; zum gegenwärtigen Zeitpunkt ist jedoch nicht zu erkennen, wie Anbieter am Konsumgütermarkt aus der Forschung zur Meinungsführerschaft effiziente Verhaltenstechnologien ableiten könnten"[15].

Ziel der vorliegenden Arbeit ist es daher, einen Ansatzpunkt zur Überwindung der aufgezeigten Diskrepanz zwischen der *Bedeutung* der Meinungsführer und den *Möglichkeiten ihrer Beeinflussung* durch das Marketing zu entwickeln. Dabei wird nicht zuletzt auf einige Anstrengungen jüngeren Datums Bezug genommen, bei denen versucht wurde, Meinungsführer-Segmente als Zielgruppen in Werbeträgeranalysen auszuweisen[16]. Diesen Konzeptionen mangelt es allerdings weitgehend an einer ausreichenden theoretischen Fundierung. In der vorliegenden Arbeit wird daher versucht, auf der Grundlage bisheriger Erkenntnisse der Meinungsführer-Forschung einen Ansatz zu entwickeln, der die Meinungsführerschaft von Konsumenten erklärt und theoretisch die Möglichkeiten zur Ansprache von Meinungsführer-Segmenten durch Werbung verbessert.

Dabei beschränken sich die Betrachtungen auf den Konsumgüterbereich. Das heißt jedoch nicht, daß Meinungsführer auf Investitionsgüter- und Dienstleistungsmärkten etwa unbedeutend seien[17]. Eine umfassende Behandlung auch dieser Märkte hätte aber den Rahmen der Arbeit gesprengt. Es erscheint allerdings grundsätzlich möglich, die vorliegenden Ausführungen weitgehend analog auf den Bereich der *konsumtiven* Dienstleistungen zu übertragen.

---

14) KROEBER-RIEL (1984), S.562.
15) KUMPF (1983), S.333.
16) Vgl. SPIEGEL-Verlag (1983); INSTITUT für DEMOSKOPIE ALLENSBACH (1984). Vgl. hierzu auch FAEHLING (1985), S.350.
17) Zu den Meinungsführern auf Investitionsgütermärkten vgl. z.B. WEBSTER (1970), S.186ff.; MARTILLA (1971), S.173ff.; CZEPIEL (1974), S.172ff.; SCHIFFMAN/ GACCIONE (1974), S.49ff. So auch TUSHMAN/ROMANELLI (1983), S.12ff. Zur persönlichen Kommunikation zwischen Konsumenten auf Dienstleistungsmärkten vgl. z.B. KATZ/LAZARSFELD (1955), S.296ff.; ENGEL/KEGERREIS/BLACKWELL (1969), S.15ff.; ENGEL/BLACKWELL/KEGERREIS (1969), S.3ff.; GEORGE/BERRY (1984), S.408f.; ZEITHAML (1984), S.193f.; ERNENPUTSCH (1986), S.98ff.

Der Aufbau der Arbeit ist wie folgt gestaltet: Zunächst wird - nach den notwendigen begrifflichen Grundlegungen - die persönliche Kommunikation zwischen Konsumenten als Grundlage der Meinungsführer-Forschung behandelt (erstes Kapitel). Dabei geht es insbesondere um die Fragen, welche Motive dafür ausschlaggebend sind, daß Konsumenten derartige persönliche Kommunikationsprozesse überhaupt initiieren, und welche Bedeutung dieser Kommunikationsart aus Konsumentensicht im Vergleich mit anderen Formen der Marktkommunikation zukommt.

Das zweite Kapitel befaßt sich mit den Meinungsführern selbst. Dabei wird zunächst erläutert, wie sich die Modellvorstellung, die man von ihrer Rolle im Rahmen der interpersonellen Kommunikation hatte, im Lauf der Zeit geändert hat. Daran schließt sich eine kritische Würdigung der Methoden an, die zur Ermittlung der Meinungsführer zur Verfügung stehen. Weiterhin gilt das Interesse der Frage, auf wieviele Produktbereiche sich der Einfluß von Meinungsführern i.d.R. erstreckt. Schließlich wird ein Überblick über die charakteristischen Merkmale gegeben, die Meinungsführer den bisherigen Untersuchungen zufolge aufweisen (bzw. nicht aufweisen).

Im dritten Kapitel werden die vorhandenen Möglichkeiten dargestellt, die sich aus der Sicht von Unternehmen für die Beeinflussung der interpersonellen Kommunikation im allgemeinen und der Meinungsführer im besonderen eröffnen. Bereits an dieser Stelle sei darauf hingewiesen, daß diese Möglichkeiten vielversprechender erscheinen, als man aufgrund der oben angeführten resignativen Feststellungen annehmen könnte. Gleichzeitig kristallisiert sich in diesem Abschnitt heraus, auf welche Weise man die Möglichkeiten der Meinungsführer-Ansprache durch das Marketing verbessern könnte.

Hierzu wird im vierten Kapitel ein theoretischer Ansatz entwickelt, der zum einen den bisherigen Erkenntnissen der Meinungsführer-Forschung Rechnung trägt, zum anderen die Grundlage für eine Verbesserung der Möglichkeiten des Marketing darstellt. Dabei werden - ausgehend von den wichtigsten Bestimmungsgründen, die für die Beeinflussung eines Konsumenten durch einen anderen ausschlaggebend sind - die zwei wesentlichen Determinanten herausgearbeitet, die die Meinungsführerschaft eines Konsumenten bestimmen. An diese zweidimensionale Erklärung knüpft unmittelbar die bereits angedeutete Konzeption an, mit deren Umsetzung die Ansprache von Meinungsführer-Segmenten gezielter erfolgen könnte.

Der abgeleitete theoretische Ansatz wird sodann am Beispiel von drei Produktbereichen empirisch überprüft. Die entsprechenden Forschungshypothesen und die Operationalisierungen der Variablen werden im fünften, die Erhebungsergebnisse im sechsten Kapitel dargestellt.

Im siebten Kapitel werden die Ergebnisse der vorliegenden Arbeit abschließend zusammengefaßt.

1. Die persönliche Kommunikation zwischen Konsumenten als Wirkungsfeld von Meinungsführern

1.1 Begriffliche Grundlegungen
1.1.1 Kommunikation, Marktkommunikation, Kommunikationsnetz

Unter **Kommunikation** wird im allgemeinen die *Übermittlung von Informationen* verstanden[1]. Informationen sind in diesem Zusammenhang als "zweckorientierte Nachrichten" aufzufassen[2]. Der Kommunikationsprozeß bezeichnet den Ablauf der Informationsübermittlung.

Die Informationsübermittlung setzt die Beteiligung von zumindest zwei Stellen am Kommunikationsprozeß voraus, des Kommunikationssenders (Kommunikator) und des Kommunikationsempfängers (Kommunikant)[3]. Die Kommunikation erfolgt durch die Sendung und den Empfang von Signalen, wie z.B. Tönen, Bildern oder Texten[4]. Liegt - was der Regelfall ist - eine wechselseitige Übermittlung von Informationen vor, so läßt sich Kommunikation auch als "Austausch von Informationen" auffassen[5]. Je nachdem, ob ein überwiegend einseitiger oder wechselseitiger Kommunikationsfluß vorliegt, sollen desweiteren *symmetrische* und *asymmetrische* Kommunikationsprozesse unterschieden werden[6].

Weitere Differenzierungsmöglichkeiten ergeben sich aus einer näheren Betrachtung der beteiligten Kommunikationspartner sowie des Weges, auf dem die Informationen übertragen werden (Kommunikationskanal). So spricht man von *persönlicher* oder *direkter Kommunikation*, wenn es sich bei den Kommunikationsbeteiligten um Individuen handelt[7]. Die *Massenkommunikation* stellt hingegen eine Form der *unpersönlichen* Kommunikation dar. Die Übermittlung von Informationen erfolgt hier an ein breites, zumeist relativ anonymes Empfänger-Publikum[8]. Als Träger der Massenkommunikation fungieren z.B. Funk, Fernsehen und Printmedien. Im Gegensatz zur persönlichen Kommunikation ergibt sich bei der Massenkommunikation für den Kommunikator keine Möglichkeit, die Reaktionen der Kommunikanten unmittelbar in Erfahrung zu bringen (kein direktes "Feedback"). Massenkommunikation läßt sich deshalb

---

1) Vgl. HUMMRICH (1976), S.29. So z.B. auch HASELOFF (1970), S.158; HUMMEL (1975), S.16; SCHWEIGER/SCHWARZ (1980), S.365; PICOT/RÖNTGEN (1987a), S.1019.
2) Vgl. HUMMRICH (1976), S.29, und die dort angegebene Literatur. Die Abgrenzung der Information als zweckorientierte Nachricht ist nicht unumstritten. Manche Autoren fassen Information auch als zweckorientiertes Wissen auf. Eine ausführliche Erörterung des Informationsbegriffs findet sich bei RAFFÉE. Vgl. RAFFÉE (1969), S.11ff.
3) Vgl. z.B. HUMMEL (1975), S.16; PICOT/RÖNTGEN (1987a), S.1019f.
4) Vgl. z.B. HUMMRICH (1976), S.30, und die dort angegebene Literatur; LÖBER (1973), S.40.
5) Vgl. KROEBER-RIEL (1984), S.495.
6) So auch HUMMRICH (1976), S.39f.
7) Vgl. z.B. KROEBER-RIEL (1984), S.498; KAAS (1987b), S.301.
8) Vgl. z.B. KROEBER-RIEL (1984), S.498; PICOT/RÖNTGEN (1987c), S.134f.

auch als Einweg-Kommunikation bezeichnen.

Unter **Marktkommunikation** ist die Übermittlung von Informationen zu verstehen, welche die Austauschprozesse auf einem Markt beeinflussen können[9]. Als Kommunikationspartner kommen dabei grundsätzlich alle in irgendeiner Form am Markt Beteiligten in Betracht.

Auf Konsumgütermärkten treten i.d.R. zahlreiche Individuen und Institutionen als Marktbeteiligte auf. Sie lassen sich grob unterscheiden in Produzenten, Handelsbetriebe, Konsumenten und sonstige Marktbeteiligte[10]. Die Gruppen der Produzenten und Handelsbetriebe schließen sowohl die entsprechenden Organisationen als auch die für diese tätigen Personen (z.B. Außendienstmitarbeiter) ein. Zu den "sonstigen Marktbeteiligten" zählen z.B. Journalisten, die marktrelevante Informationen publizieren, aber auch Testinstitute wie die "Stiftung Warentest". Die Marktbeteiligten unterhalten Kommunikationsbeziehungen unterschiedlicher Art und Intensität zueinander. Dabei findet die Kommunikation sowohl innerhalb der oben differenzierten Gruppen als auch zwischen ihnen statt[11].

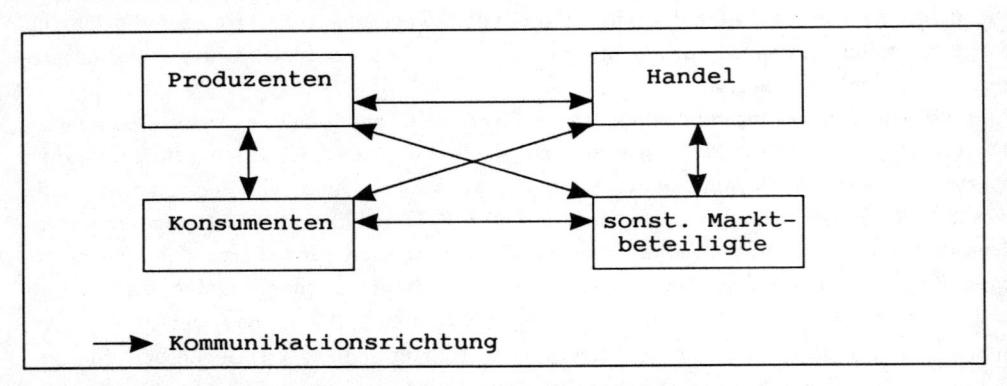

Abb.1: Kommunikationsbeziehungen zwischen Marktbeteiligten

Vernachlässigt man die Gruppe der "sonstigen Marktbeteiligten", so kann auf einem Markt auch zwischen *vertikalen* und *horizontalen* Kommunikationsbeziehungen unterschieden werden. Diese Klassifikation erfolgt in Anlehnung an die Systematisierung des Marktgeschehens anhand einzelner *Marktstufen*[12]. Wie Abbildung 2 zu entnehmen ist, unterhalten die Unternehmen in ihrer Gesamtheit (d.h. Produzenten und Handel) *vertikale* Kommunikationsbeziehungen zu den Konsumenten. Dabei kann die beabsichtigte Wirkung der von Unternehmen ergriffenen kommunikationspolitischen Maßnah-

---

9) Vgl. LÖBER (1973), S.81; SCHWEIGER/SCHWARZ (1980), S.365. WAGNER versteht hingegen unter Marktkommunikation lediglich die Kommunikation zwischen Unternehmen und Konsumenten; vgl. WAGNER (1978), S.93.
10) Diese Einteilung erfolgt in Anlehnung an LÖBER; vgl. LÖBER (1973), S.81ff.
11) Vgl. KAAS (1987a), S.118.
12) Vgl. hierzu z.B. HAMMANN (1980), S.66.

men (z.B. Medien-Werbung, Direct-Mail, Außendienstbesuche etc.) durch die *horizontale* Kommunikation zwischen Konsumenten verstärkt oder abgeschwächt werden.

```
        P₁ ↔ P₂ ↔ P₃ ← - - - - - → Pₘ
              ↕
              H₁ ↔ H₂ ← - - - - - → Hₙ
              ↕
        K₁ ↔ K₂ ↔ K₃ ← - - - - - → Kᵣ

    P - Produzenten (1,...,m)
    H - Handelsunternehmen (1,...,n)
    K - Konsumenten (1,...,r)
    ↕   vertikale Kommunikationsbeziehung
    ↔   horizontale Kommunikationsbeziehung
```

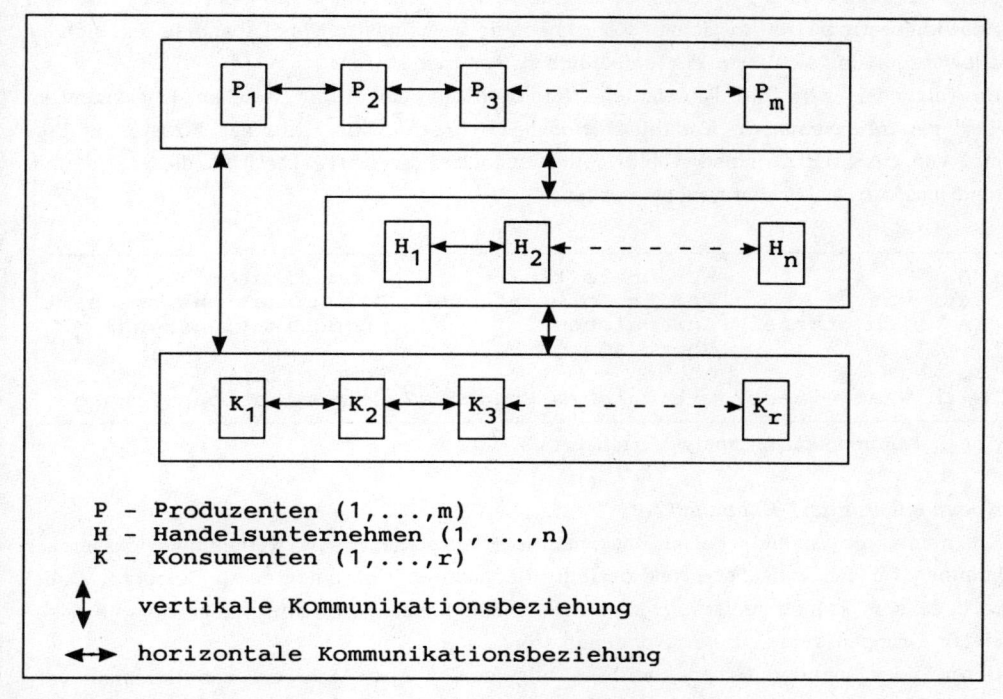

Abb.2: Horizontale und vertikale Marktkommunikation

Unter einem **Kommunikationsnetz** versteht man die Struktur der Beziehungen zwischen Kommunikationspartnern[13]. So ist z.B. das in Abbildung 1 wiedergegebene Muster der Kommunikationsbeziehungen zwischen Marktbeteiligten als ein - wenngleich nur sehr grob differenziertes - Netzwerk aufzufassen. Im Hinblick auf die in dieser Arbeit interessierende Problemstellung sind insbesondere soziale Netzwerke von Belang[14]. Darunter sind die Verflechtungen der kommunikativen Beziehungen zu verstehen, die die Mitglieder sozialer Gruppen zueinander unterhalten[15]. Die *horizontale* Kommunikation zwischen Konsumenten findet innerhalb solcher *sozialen Netzwerke* statt, wobei sich z.B. Produktempfehlungen über mehrere Stufen fortpflanzen können[16].

---

13) Vgl. LÖBER (1973), S.75; PICOT/RÖNTGEN (1987b), S.1026.
14) Vgl. HASELOFF (1986), S.1247.
15) Einen ausführlichen Überblick über mögliche Ausprägungsformen von Kommunikationsnetzwerken vermittelt LÖBER; vgl. LÖBER (1973), S.75ff.
16) Vgl. hierzu z.B. REINGEN et al. (1984), S.774ff.; BROWN/REINGEN (1987), passim, insbes. die Abbildung auf S.358.

1.1.2 Persönliche Kommunikation zwischen Konsumenten

Im Mittelpunkt dieser Arbeit steht die horizontale Marktkommunikation, die auf Konsumgütermärkten zwischen Konsumenten stattfindet. Dabei handelt es sich in aller Regel um die Form der persönlichen Kommunikation.
Im folgenden wird die "persönliche (Markt-)Kommunikation zwischen Konsumenten" kurz als *interpersonelle Kommunikation* bezeichnet[17]. Mit Hilfe der klassischen Formel von LASSWELL (siehe Abb.3) sollen zunächst die Charakteristika dieser Kommunikationsform näher untersucht werden.

Who	Wer übermittelt	Kommunikator
says what	welche Informationen	Kommunikationsbotschaft
in which channel	auf welchem Übertragungsweg	Kommunikationskanal
to whom	an wen	Kommunikant
with what effect?	mit welchem Ergebnis?	Kommunikationswirkung

<u>Abb.3:</u> Kommunikationsanalyse nach LASSWELL[18]

Kommunikator und Kommunikant

Kommunikator ist hier definitionsgemäß ein Konsument. Als Kommunikationspartner kommen für ihn zunächst grundsätzlich alle anderen Konsumenten in Betracht. Dabei wird es sich jedoch meist um solche Personen handeln, die Mitglieder derselben sozialen Gruppen sind wie der Kommunikator.
Unter einer sozialen Gruppe wird im allgemeinen eine Mehrzahl von Personen verstanden, die in wiederholten, wechselseitigen und nicht zufälligen Beziehungen zueinander stehen[19]. Spricht man von einer Gruppe im engeren Sinn, so muß zusätzlich das Kriterium erfüllt sein, daß die Gruppenmitglieder persönliche informelle Kontakte zueinander unterhalten[20]. Dies impliziert, daß diese Gruppen in ihrer Größe überschaubar sind. Derartige Gruppen werden auch als *Primärgruppen* bezeichnet[21].

---

17) Vgl. hierzu die Vorgehensweise von HUMMRICH (1976), S.33f.
18) Vgl. LASSWELL (1966), S.178. Vgl. auch HUMMRICH (1976), S.29f.; KROEBER-RIEL (1984), S.495. Es sei an dieser Stelle darauf hingewiesen, daß auf die Frage nach den Motiven bzw. Zielen der Kommunikation ("warum") in Kapitel 1.2 eingegangen wird.
19) Vgl. z.B. KROEBER-RIEL (1984), S.435f., sowie die dort angegebene Literatur. KROEBER-RIEL weist darauf hin, daß neben dieser Kurzdefinition mehrere andere Begriffsabgrenzungen existieren. Der von ihm angeführte Terminus hat sich jedoch - so KROEBER-RIEL - in Sozialpsychologie und Soziologie weitgehend durchgesetzt. Seine Begriffsabgrenzung findet deshalb auch in dieser Arbeit Verwendung. Einen umfassenden Überblick über den Gruppenbegriff vermittelt KRUSE (1972), passim.
20) Vgl. z.B. KROEBER-RIEL (1984), S.436.
21) Vgl. z.B. ebenda, S.436; WISWEDE (1972), S.164; HILLMANN (1971), S.88; BÄNSCH (1986), S.101f.

Dazu zählen z.B. die Kreise von Familienangehörigen, Freunden, Bekannten, Nachbarn oder Arbeitskollegen[22]. Im Gegensatz dazu sind *Sekundärgruppen* wenig überschaubar, und ihre Mitglieder stehen auch nicht notwendigerweise in persönlichem Kontakt zueinander[23]. Als Beispiel ist etwa die Gesamtheit der Angestellten und Beamten an einer Universität zu nennen.

Die Kommunikanten im Rahmen der interpersonellen Kommunikation sind aus Sicht des Kommunikators meist Familienangehörige, Freunde oder Bekannte. Interpersonelle Kommunikation findet somit vorwiegend *zwischen den Mitgliedern von Primärgruppen* statt.

Kommunikationskanal

Die Informationsübermittlung vollzieht sich im Rahmen der interpersonellen Kommunikation definitionsgemäß in Form der persönlichen Kommunikation[24]. Diese erfolgt vor allem *verbal*, also in Form von Gesprächen und einseitigen Äußerungen.

Daneben erscheint es auch denkbar, daß die interpersonelle Kommunikation zwischen Konsumenten in nicht-verbaler Form stattfindet[25]. So kann z.B. ein Konsument durch die Lektüre einer neuen Zeitschrift "X" einem dies wahrnehmenden Freund die Informationen vermitteln, *daß* "X" auf dem Markt erschienen ist, und daß *er* sie liest. Der Kommunikationsprozeß ist in diesem Fall durch die *Beobachtung des Konsumverhaltens anderer* gekennzeichnet.

Desweiteren kann eine verbale Kommunikation durch nicht-verbale Ausdrucksweisen wie Mimik und Gestik unterstützt werden.

Kommunikationsbotschaft

Die Kommunikationspartner übermitteln sich untereinander Informationen, die für ihr Marktverhalten Relevanz besitzen. Grundsätzlich können verschiedene Arten von Markt-Informationen unterschieden werden[26], zwischen denen allerdings Interdependenzen bestehen:

- *Suchinformationen*: Darunter sind solche Informationen zu verstehen, die den Kommunikanten von der Existenz bestimmter Produkte (Marken) oder Bezugsquellen in Kenntnis setzen.

---

22) Vgl. z.B. BODENSTEIN (1972), S.104; KROEBER-RIEL (1984), S.436; BÄNSCH (1986), S.102; SCHIFFMAN/KANUK (1987), S.369.
23) Die Grenze zwischen Primär- und Sekundärgruppen verläuft allerdings fließend, so daß eine exakte Klassifizierung von realen Gruppen oft nicht möglich ist. Vgl. hierzu z.B. KRUSE (1972), S.1561f.
24) Ein Beispiel für die unpersönliche Kommunikation zwischen Konsumenten wäre etwa ein brieflicher Austausch von marktrelevanten Informationen. Derartige Fälle sollen jedoch aufgrund ihrer geringen Bedeutung aus der Betrachtung ausgeschlossen werden.
25) Vgl. z.B. KAAS (1971), S.32; GATIGNON/ROBERTSON (1985), S.851. So auch BODENSTEIN (1987), S.29.
26) In Anlehnung an RAFFÉE (1969), S.76f., und die dort angegebene Literatur.

- *Dateninformationen*: Hierunter sind Informationen über einzelne Merkmale (Teilqualitäten) von Produkten zu verstehen. Dazu zählen u.a. technisch-funktionale Merkmale (Beschaffenheit des Produkts) und Informationen über die Verwendungsmöglichkeiten.
- *Entscheidungsinformationen*: Darunter sind solche Informationen zu verstehen, die es ermöglichen, eine Rangordnung unter Produktalternativen zu erstellen.

Im Rahmen der interpersonellen Kommunikation können sich die Informationsinhalte beispielsweise auf Art, Verwendungszweck und Preis eines Produkts erstrecken[27]. Desweiteren können etwa Einkaufsbedingungen, wie z.B. Serviceleistungen und die Fachkompetenz des Verkaufspersonals[28], aber auch geltende soziale Konsumnormen Gegenstand der Kommunikation sein. Weiterhin ist es denkbar, daß der Kommunikator Bewertungs(Entscheidungs)-Informationen liefert, indem er etwa seine eigenen Werturteile übermittelt oder dem Kommunikanten über Urteile neutraler Testinstitute berichtet.

Kommunikationswirkung

Der Begriff der Kommunikationswirkung wird allgemein sehr weit gefaßt und schließt sämtliche durch kommunikative Aktivitäten hervorgerufenen Veränderungen im menschlichen Organismus ein[29]. Diese Reaktionen des Kommunikationsempfängers können sowohl offen (overt behavior) als auch verdeckt (covert behavior) auftreten[30]. So kann beispielsweise eine verbale Antwort als offene, für den Kommunikator wahrnehmbare Kommunikationswirkung interpretiert werden. Eine Einstellungsänderung zählt hingegen zu den verdeckten Reaktionen.

Streng zu unterscheiden von der Kommunikationswirkung ist der Kommunikationserfolg. Dieser stellt sich dann ein, wenn die Kommunikationswirkung den Kommunikationszielen entspricht[31]. Übertragen auf den hier betrachteten Fall der Kommunikation zwischen Konsumenten kann es beispielsweise Ziel des Konsumenten A sein, den Konsumenten B zum Kauf des Produkts C zu bewegen. Nach Übermittlung der Kommunikationsbotschaft "Kaufe Produkt C" ließe sich ein darauf zurückzuführender, tatsächlicher Kauf als Kommunikationserfolg werten. Reagierte hingegen Konsument B ablehnend, so handelte es sich ebenfalls um eine Kommunikationswirkung, nicht jedoch um einen Kommunikationserfolg.

Ein gemessen an den Kommunikationszielen sich einstellender Kommunikationserfolg stellt gleichzeitig eine *Einflußnahme* dar. Eine Beeinflussung liegt immer dann vor, wenn durch Kommunikation Bewußtseinsinhalte bzw. Verhaltensweisen des Kommunikanten modifiziert oder von diesem im Sinne von Neuerungen übernommen werden[32].

---

27) Zu den wichtigsten Informationsinhalten beim Kauf von Konsumgütern vgl. z.B. TÖLLE (1982a), passim, insbes. S.176f, und die dort angegebene Literatur.
28) Vgl. SCHERRER (1975), S.70.
29) Vgl. HUMMEL (1975), S.21f.
30) Vgl. HASELOFF (1970), S.163; HUMMRICH (1976), S.30.
31) Vgl. ebenda, S.30.
32) Vgl. HUMMEL (1975), S.21.

So kann im o.a. Beispiel im Falle eines durch die Kommunikation bewirkten tatsächlichen Kaufs von Produkt C ohne Zweifel davon gesprochen werden, daß Konsument A Einfluß auf den Konsumenten B ausgeübt hat. Aber auch dann, wenn sich ein Kommunikationsteilerfolg als Ergebnis der Kommunikation einstellt, handelt es sich um eine Beeinflussung. So wären z.B. die Generierung einer festen Kaufabsicht bei B, aber auch Einstellungs- oder Meinungsänderungen in bezug auf Produkt C als Teilerfolge[33] - und damit als Einflußnahmen - zu werten. Der Begriff des Einflusses geht jedoch weit über denjenigen des Kommunikationserfolgs hinaus, denn zur Ausübung von Einfluß bedarf es nicht unbedingt einer vorherigen Kommunikationszielsetzung. Ein Konsument kann z.B. in einem Gespräch mit einem Freund dessen Einstellung auch beeinflussen, ohne dies vorab zu beabsichtigen. Im Rahmen der zwischen Konsumenten stattfindenden Marktkommunikation wird deshalb im folgenden unter Beeinflussung die *beabsichtigte* oder *unbeabsichtigte* Einwirkung auf das *faktische* oder *potentielle* Kaufverhalten anderer verstanden.
Im Vergleich mit dem oben abgegrenzten Begriff der Kommunikationswirkung ist der Einflußbegriff enger gefaßt[34]. Für die im Rahmen dieser Arbeit interessierende Fragestellung sind jedoch lediglich diejenigen Kommunikationswirkungen von Bedeutung, die zugleich auch eine Beeinflussung darstellen.

Damit soll die knappe Analyse des Wesens der interpersonellen Kommunikation nach der LASSWELL-Formel abgeschlossen werden. In der Literatur finden sich häufig einige andere Termini, die mehr oder weniger synonym mit dem Begriff der interpersonellen Kommunikation verwendet werden, wie z.B. Word-of-Mouth-Advertising, Face-to-Face-Communication und informale Kommunikation[35]. An dieser Stelle soll nur auf den in diesem Zusammenhang wichtigsten Terminus näher eingegangen werden. So erfolgt die sogenannte "Mund-zu-Mund"-Werbung[36] definitionsgemäß in Form von persönlicher, gesprochener Kommunikation, wobei der Kommunikator keine kommerziellen Interessen verfolgt[37]. Diese Begriffsabgrenzung ist enger gefaßt als diejenige der interpersonellen Kommunikation, welche auch nicht-sprachliche Kommunikationsformen einschließt. Die Kommunikation durch Sprache steht jedoch auch in dieser Arbeit im Vordergrund, so daß im folgenden die Verwendung des hier zugrunde gelegten Begriffs der interpersonellen Kommunikation vor allem im Sinne der Mund-zu-Mund-Werbung erfolgt.

---

33) Vgl. SCHWEIGER/SCHWARZ (1980), S.375.
34) Vgl. HUMMEL (1975), S.21.
35) Vgl. HUMMRICH (1976), S.29.
36) Dieser Terminus hat sich als Übersetzung des angelsächsischen Begriffs "Word-of-Mouth-Advertising" eingebürgert.
37) Vgl. ARNDT (1967b), S.190; Derselbe (1967d), S.3; SCHERRER (1975), S.26.

1.1.3 Meinungsführer, Meinungsführung, Meinungsführerschaft

Im Rahmen der persönlichen Marktkommunikation in sozialen Gruppen hat nicht jedes Gruppenmitglied das gleiche Gewicht. Einige Gruppenmitglieder üben einen stärkeren Einfluß aus als andere[38]. In Anlehnung an die Ausführungen von LAZARSFELD, BERELSON und GAUDET[39] lassen sich *Konsumenten, die im Rahmen der interpersonellen Kommunikation einen besonders starken Einfluß ausüben*, als **Meinungsführer** bezeichnen[40]. Einfluß ausüben heißt in diesem Zusammenhang, auf die konsumrelevanten Einstellungen, Meinungen und Verhaltensweisen anderer einzuwirken. Im folgenden soll die Ausübung von Einfluß im Rahmen eines interpersonellen Kommunikationsprozesses kurz als **Meinungsführung** bezeichnet werden.

Meinungsführer nehmen Schlüsselpositionen in den Primärgruppen, denen sie angehören, und damit auch in interpersonellen Kommunikationsnetzen ein[41]. Da sie ihren Einfluß vornehmlich innerhalb "ihrer" Primärgruppen ausüben[42], bestehen zwischen ihnen und den von ihnen beeinflußten Personen i.d.R. etablierte Beziehungen.

Der Begriff des "Meinungsführers" ist allerdings in zweifacher Hinsicht mißverständlich. Zum einen suggeriert er die Möglichkeit, Konsumenten dichotom als Meinungsführer und Nicht-Meinungsführer klassifizieren zu können. Es ist jedoch zu vermuten, daß der von Konsumenten grundsätzlich auf andere ausübbare Einfluß unterschiedlich intensiv sein kann. Daher erscheint es exakter, von der **graduellen "Meinungsführerschaft"** eines Konsumenten zu sprechen, die zum Ausdruck bringt, in welchem *Ausmaß* er auf die Personen seines sozialen Umfelds Einfluß ausübt[43]. Unter Meinungsführern sind dann diejenigen Konsumenten zu verstehen, die eine hohe Ausprägung der Variablen "Meinungsführerschaft" aufweisen. Die Bezeichnung eines Konsumenten als "Meinungsführer" erfolgt vor dem Hintergrund dieser Überlegungen *willkürlich*, und zwar in Abhängigkeit von einer "kritischen Schwelle" der Ausprägungen der graduellen Variablen "Meinungsführerschaft"[44]. Dennoch wird aus Gründen der Vereinfa-

---

38) Vgl. KROEBER-RIEL (1984), S.548.
39) Vgl. KATZ/LAZARSFELD (1955), S.32, sowie die Ausführungen in der Einleitung dieser Arbeit.
40) Vgl. KAAS (1980), S.188f.; KROEBER-RIEL (1984), S.548. So auch BÄNSCH (1986), S.108. Dabei ist zu beachten, daß es sich hier um eine sehr **grobe** Abgrenzung handelt. Im weiteren Verlauf der Arbeit erfährt der Meinungsführer-Begriff daher eine zunehmende Konkretisierung.
41) Vgl. KAAS (1973), S.45; HUMMRICH (1976), S.53; KROEBER-RIEL (1984), S.548; BÄNSCH (1986), S.108. Diese Schlüsselpositionen beziehen sich - wie noch zu zeigen sein wird - jedoch z.T. nur auf die Kommunikation über spezifische Themen.
42) Vgl. hierzu die Ausführungen zu den "Kommunikationspartnern" im Rahmen der interpersonellen Kommunikation in Kapitel 1.1.2 dieser Arbeit.
43) Vgl. ROGERS (1983), S.271. KROEBER-RIEL spricht in diesem Zusammenhang von einem "Mehr" oder "Weniger" an Meinungsführerschaft; vgl. KROEBER-RIEL (1984), S.548f.
44) Vgl. hierzu die Ausführungen in den Kapiteln 2.2.2 und 6.3.1.1 dieser Arbeit.

chung der Begriff des "Meinungsführers" im folgenden weiter Verwendung finden, wobei darunter aber streng genommen stets ein Konsument zu verstehen ist, der ein relativ hohes Maß an "Meinungsführerschaft" aufweist.

Zum anderen legt der Begriff des "Meinungsführers" die Vorstellung nahe, es handele sich um eine persönliche "Eigenschaft" des betreffenden Konsumenten. Da Meinungsführerschaft definitionsgemäß das Ausmaß darstellt, in welchem ein Konsument im Rahmen der interpersonellen Kommunikation Einfluß auf andere ausübt, ist sie jedoch an die Übernahme *situationsgebundener Kommunikationsrollen* gebunden[45]. Meinungsführerschaft stellt deshalb eher einen festen Bestandteil des täglichen kommunikativen "Gebens" und "Nehmens" als einen bestimmten "Charakterzug" dar[46]. Man kann Meinungsführerschaft deshalb allenfalls als "Eigenschaft im weiteren Sinne" interpretieren, die untrennbar mit interpersonellen Kommunikationsprozessen verknüpft ist.

Ein bislang vernachlässigter Aspekt ist die Frage, wie der Grad der Meinungsführerschaft eines Konsumenten - d.h. das Ausmaß seines Einflusses - zu operationalisieren ist. Zwei Ansätze sind grundsätzlich denkbar:

(1) Es wird der Einfluß betrachtet, den ein Meinungsführer in einer *bestimmten Kommunikationsdyade* ausgeübt hat (qualitative Komponente). Dann wird etwa derjenige Konsument in einer konkreten Situation zum Meinungsführer, der durch seinen Rat einen Freund zum tatsächlichen Kauf eines Produkts "X" bewegt hat. Meinungsführerschaft könnte demzufolge durch einen *einzigen*, allerdings weitreichenden Beeinflussungsvorgang (unmittelbarer Einfluß auf den Kaufentscheid) begründet werden.

(2) Es wird auf die *Häufigkeit* abgestellt, mit der ein Meinungsführer Einfluß auf andere ausübt (quantitative Komponente). Dieser Operationalisierung zufolge ist z.B. derjenige Konsument als Meinungsführer zu betrachten, der in einem bestimmten Zeitraum häufig Einfluß auf Freunde und Bekannte ausgeübt hat[47]. Meinungsführerschaft gründet sich demnach auf *wiederholte* Beeinflussungsvorgänge, wobei allerdings das Ausmaß des jeweils ausgeübten Einflusses vernachlässigt wird.

Es hat sich im allgemeinen die Auffassung durchgesetzt, daß vor allem die *Häufigkeit der Einflußnahmen* die graduelle Meinungsführerschaft eines Konsumenten bestimmen soll[48]. Diesem Ansatz wird in dieser Arbeit gefolgt. Das hat zur Folge, daß "Meinungsführerschaft" als eine *dynamische* Variable aufzufassen ist, denn die

---
45) Vgl. HASELOFF (1986), S.1249.
46) Vgl. KATZ/LAZARSFELD (1962), S.41.
47) Hierbei wird zunächst die Frage vernachlässigt, ob es sich bei den Beeinflußten stets um dieselben oder aber um wechselnde Personen handelt.
48) Vgl. z.B. ROGERS (1983), S.271. Vgl. auch die Ausführungen in Kapitel 2.2.2, in welchem die einzelnen Meßansätze im Detail vorgestellt werden, und die dort angegebene Literatur.

Häufigkeit, mit der ein Konsument in einem bestimmten Zeitraum Einfluß auf andere ausübt, kann sich im Zeitablauf ändern. So kann z.B. ein Konsument vom Meinungsführer zum Nicht-Meinungsführer werden, etwa wenn sein Interesse an einem bestimmten Produktbereich erlahmt und er deshalb diesbezüglich keine interpersonelle Kommunikation mehr betreibt. Es liegt auf der Hand, daß auch der umgekehrte Fall eintreten kann.

Neben den Meinungsführern gibt es noch andere Personen, die im Rahmen der Marktkommunikation Schlüsselpositionen einnehmen. Im folgenden soll kurz darauf eingegangen werden, inwiefern sich Meinungsführer von diesen Personen (nicht) unterscheiden[49].

Verkäufer und *Außendienstmitarbeiter* sind Personen, die mit den Konsumenten persönlich über marktrelevante Tatbestände kommunizieren. Da hinter dieser Kommunikation kommerzielle Interessen stehen, kommt diesen Personen jedoch in derartigen Verkaufsgesprächen nicht der Status eines Konsumenten zu. Daher können sie nicht als Meinungsführer angesehen werden[50].

Unter *Bedarfsberatern* sind Personen zu verstehen, die beruflich mit bestimmten Produkten zu tun haben und mit den Konsumenten i.d.R. persönlich darüber kommunizieren (z.B. Ärzte, Architekten)[51]. Sie werden von den Konsumenten weniger als gleichberechtigte "andere Konsumenten", sondern eher als neutrale Informationsquellen wahrgenommen[52]. Bedarfsberater verfolgen bei der Kommunikation mit Konsumenten i.d.R. eigene kommerzielle Interessen, so daß ihre "Neutralität" oft in Zweifel zu ziehen ist. Zudem gehören sie meist nicht zu den Primärgruppen der von ihnen beratenen Konsumenten, so daß sie auch aus diesem Grunde definitionsgemäß nicht zu den Meinungsführern zählen.

Journalisten, die marktrelevante Informationen publizieren (z.B. die Verfasser von Test-Berichten in HiFi-Zeitschriften), können ebenfalls nicht als Meinungsführer betrachtet werden, da ihre Kommunikation mit den Konsumenten nur indirekt, d.h. unpersönlich, stattfindet.

Leitbilder ("Prestige-Leader") sind Personen, an deren Konsumverhalten sich Konsumenten orientieren[53]. Dabei findet die Kommunikation nur indirekt statt: der Konsument wird durch den demonstrativen Konsum von real existierenden (z.B. bekannten Sportlern) oder typisierten (z.B. einer Musterhausfrau in einem Waschmittel-

---

49) Vgl. zu den folgenden Ausführungen BODENSTEIN (1972), S.118ff.; HUMMRICH (1976), S.53; BODENSTEIN (1987), S.30.
50) So auch WISWEDE (1978), S.123.
51) Vgl. KÄSTING/WAGNER (1970), S.45; HUMMRICH (1976), S.36; BODENSTEIN (1987), S.30.
52) Vgl. HUMMRICH (1976), S.36. Wenn jedoch Bedarfsberater ohne Eigeninteresse *im Kreis ihrer Freunde und Bekannten* Ratschläge geben, können sie in solchen Situationen als Meinungsführer fungieren.
53) Zum Begriff "Prestige-Leader" vgl. JANSEN (1970), S.175ff.; HUMMRICH (1976), S.53.

Werbespot) Leitbildern beeinflußt[54]. Da diese Personen jedoch nicht zu den Primärgruppen der Konsumenten zählen und auch nicht persönlich mit diesen kommunizieren, können durch sie keine Prozesse der Meinungsführung ausgelöst werden[55].

Unter *Gate-Keepern* werden solche Personen verstanden, die in interpersonellen Kommunikationsnetzen den Zufluß von Informationen aus gruppenexternen Quellen zu steuern vermögen[56]. Ein Konsument *kann* somit zugleich Gate-Keeper und Meinungsführer sein; zwingend ist das Zusammenfallen dieser Schlüsselpositionen in interpersonellen Netzwerken jedoch nicht[57].

Die gleiche Aussage gilt für das Verhältnis zwischen *Innovatoren* und Meinungsführern. Innovatoren sind solche Konsumenten, die als erste ein neues Produkt übernehmen[58]. Ein Meinungsführer kann zum Innovator werden; dies muß jedoch nicht zwingend so sein. Umgekehrt kann auch ein Innovator durch sein innovatives Verhalten (Aneignung von Kompetenz) in die Rolle eines Meinungsführers wachsen. Es scheint jedenfalls häufig der Fall einzutreten, daß ein Konsument in *beiden* Funktionen auf dem Markt agiert[59]. Deshalb wird auf das Verhältnis Meinungsführer/Innovator später noch näher eingegangen[60].

Schließlich existieren noch einige Termini, die mehr oder weniger synonym zum Begriff des Meinungsführers verwendet werden. Dazu zählen z.B. die angelsächsischen Begriffe "Influential", "Fashion Leader", "Taste Maker" und "Marketing Leader"[61]. Im deutschsprachigen Raum findet sich vor allem der Begriff "Meinungsbildner"[62]. Auf mögliche Divergenzen zum Meinungsführer-Begriff soll hier nicht weiter eingegangen werden, da es sich entweder nur um sprachliche Modifikationen oder um bestimmte Nuancierungen des Begriffs handelt[63].

---

54) So auch BODENSTEIN (1972), S.118ff.; derselbe (1987), S.30.
55) Gleichwohl ist festzustellen, daß sich bei derartigen nicht-persönlichen Kommunikationsprozessen oft ähnliche Resultate ergeben wie im Falle der interpersonellen Kommunikation. Daher wird von Unternehmen häufig der Versuch unternommen, interpersonelle Kommunikationsprozesse mit Leitbildern zu *simulieren*; vgl. hierzu die Ausführungen in Kapitel 3.2.1 dieser Arbeit.
56) Vgl. z.B. BUCHNER (1970), S.15; HUMMRICH (1976), S.53.
57) Vgl. BUCHNER (1970), S.15.
58) Vgl. z.B. ROGERS (1983), S.248; KROEBER-RIEL (1984), S.656f.
59) Vgl. KAAS (1973), S.47ff.; BAUMGARTEN (1975), S.12ff.; HUMMRICH (1976), S.53; KROEBER-RIEL (1984), S.657; BUCHHOLZ (1985), S.177; BODENSTEIN (1987), S.28.
60) Vgl. hierzu die entsprechenden Ausführungen in Kapitel 2.4 dieser Arbeit.
61) Vgl. KATZ/LAZARSFELD (1955), S.234; ROGERS/CARTANO (1962), S.435; KAAS (1973), S.49f., und die dort angegebene Literatur; HUMMRICH (1976), S.53.
62) Vgl. z.B. KOEPPLER (1984), S.99f.; PEPELS (1986), S.17ff.
63) So bezieht sich der Begriff "Fashion Leader" auf Meinungsführerschaft für modische Produkte, während der Begriff des "Taste Makers" eher auf solche Meinungsführer abstellt, deren Einfluß sich auf den "Geschmack" im allgemeinen erstreckt. Vgl. hierzu KAAS (1973), S.49, und die dort angegebene Literatur.

1.2 Die Initiierung der persönlichen Kommunikation zwischen Konsumenten
1.2.1 Kommunikationsinitiierung und -verlauf

In der LASSWELL-Formel zur Analyse von Kommunikationsprozessen fehlt die Frage nach dem Kommunikationsmotiv: Wer übermittelt wem was auf welchem Weg *warum* mit welchem Ergebnis?

Handelt es sich um *vertikale* Kommunikationsbeziehungen zwischen Konsumgüteranbietern - d.h. Produzenten und/oder Handelsunternehmen - und Konsumenten, so liegt das Kommunikationsmotiv oft auf der Hand. Unter der von Anbietern betriebenen Kommunikationspolitik wird nämlich im allgemeinen die "planmäßige Gestaltung und Übermittlung von Informationen zum Zweck der Beeinflussung von Wissen, Einstellungen, Erwartungen und Verhaltensweisen der Marketingumwelt" gemäß spezifischer Zielsetzungen verstanden[64]. Das Kommunikationsmotiv eines Anbieters läßt sich demnach unmittelbar aus seinen Zielen ableiten. Hierbei kann es sich z.B. um Gewinn- oder Imageziele handeln. Ergreift andererseits der Konsument die Kommunikationsinitiative, so kann sein Motiv z.B. in dem Bedürfnis nach Informationen über bestimmte Produkte des Herstellers bestehen (was ihn dann z.B. zur Anforderung von Prospektmaterial veranlaßt).

Im Rahmen der *horizontalen* interpersonellen Kommunikation ist es dagegen nicht unmittelbar offensichtlich, welche Motive einen Konsumenten bei der Kommunikations-Initiierung leiten. Grundsätzlich sind zwei Formen des Kommunikationsbeginns denkbar[65]:

● Ein Konsument A *beginnt autonom*, einem anderen Konsumenten B Informationen zu übermitteln.

● Ein Konsument A *sucht* nach Informationen. Zu diesem Zweck kann er einen Konsumenten B befragen, oder er kann das von B demonstrierte Konsumverhalten beobachten.

Falls die Kommunikation zwischen A und B durch die bloße Beobachtung des B durch A gekennzeichnet ist, handelt es sich um einen *einseitigen* Kommunikationsfluß und damit um asymmetrische Kommunikation[66]. Interessanter ist dagegen die Beantwortung der Frage, welchen Verlauf ein verbaler Kommunikationsprozeß nimmt. In beiden genannten Fällen kann sich nach der Initiierung eine symmetrische Kommunikation entwickeln, d.h. aus der ursprünglich autonomen Abgabe von oder Suche nach Informationen wird im Ablauf der Kommunikation ein Informations*austausch*.

---

64) DILLER (1987), S.1027.
65) Vgl. HUMMRICH (1976), S.83ff.
66) Zum Begriff der asymmetrischen Kommunikation vgl. die Ausführungen in Kapitel 1.1.1 dieser Arbeit. Ein nur auf Beobachtung basierender Kommunikationsprozeß kann theoretisch ebenfalls wechselseitig sein, wenn nämlich beide Kommunikationspartner sich und ihr Konsumverhalten gegenseitig mustern. Vermutlich stellen jedoch *einseitige* Beobachtungen - zumindest im Rahmen der Marktkommunikation - den Regelfall dar.

Verläuft die Kommunikation hingegen asymmetrisch, so wird wahrscheinlich im ersten Fall der Kommunikationsinitiator, im zweiten Fall der vom Initiator gewählte Kommunikationspartner (überwiegend) die Rolle des (meinungsführenden) Kommunikators übernehmen. Denkbar erscheint jedoch in beiden Fällen auch eine Umkehrung der (hauptsächlichen) Richtung des Kommunikationsflusses. Abbildung 4 soll diese Alternativen verdeutlichen.

```
                    ┌─────────────────────┐
                    │ A initiiert verbale │
                    │ Kommunikation mit B │
                    └──────────┬──────────┘
              ┌────────────────┴────────────────┐
       ┌──────┴───────┐                  ┌──────┴───────┐
       │   autonome   │                  │ Informations-│
       │ Informations-│                  │    suche     │
       │    abgabe    │                  │              │
       └──────┬───────┘                  └──────┬───────┘
         ┌────┴────┐                            │
   ┌─────┴─────┐ ┌─┴──────────┐          ┌──────┴──────┐
   │asymmetr.  │ │symmetrische│          │asymmetrische│
   │Kommunik.  │ │Kommunikat. │          │Kommunikation│
   └─┬───────┬─┘ └─────┬──────┘          └─┬─────────┬─┘
  ┌──┴──┐ ┌──┴──┐   ┌──┴──┐              ┌──┴──┐ ┌──┴──┐
  │A→B  │ │A←B  │   │A↔B  │              │A→B  │ │A←B  │
  └─────┘ └─────┘   └─────┘              └─────┘ └─────┘

A, B Konsumenten
 →   überwiegende Kommunikationsrichtung
```

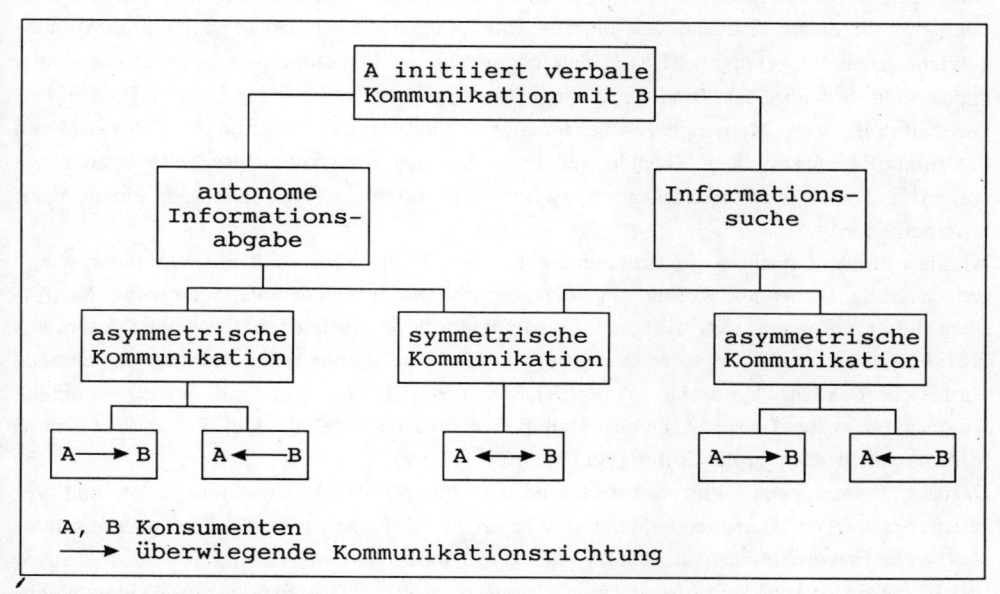

Abb.4: Kommunikationsinitiierung und -verlauf

An dieser Stelle soll jedoch zunächst nur interessieren, was einen Konsumenten dazu bewegt, einen Kommunikationsprozeß mit einem anderen Konsumenten *überhaupt* zu beginnen. Dazu sollen die beiden oben angeführten Grundformen der Kommunikationsinitiierung im einzelnen näher untersucht werden.

1.2.2 Grundformen der Kommunikationsinitiierung
1.2.2.1 Die autonome Abgabe von Informationen

In der Literatur werden verschiedene Determinanten diskutiert, die die autonome Abgabe von Informationen bestimmen[67]. Im vorliegenden Zusammenhang sollen jedoch nur die *Motive* interessieren, die einen Konsumenten zur Informationsabgabe bewegen. Dabei taucht das Problem auf, daß sich Konsumenten ihrer kommunikationsauslösenden Motive häufig selbst nicht bewußt sind[68]. Obwohl diese Problematik

---
67) Vgl. z.B. den Überblick bei SILBERER (1981), S.44ff.
68) Vgl. SCHERRER (1975), S.58.

erhebliche Erfassungsprobleme mit sich bringt, lassen sich dank einer richtungweisenden und vielzitierten Studie verschiedene Arten von Motiven unterscheiden[69]. Neben diesem "motivationstheoretischen" Ansatz wird vor allem auch der "dissonanztheoretische" Ansatz verwendet, um die Konsumentenmotive bei der autonomen Abgabe von Informationen zu erklären[70]. Im folgenden soll zunächst auf den letztgenannten Ansatz eingegangen werden.

Nach FESTINGERs *Theorie der kognitiven Dissonanz* versucht ein Individuum, welches sich in einem Zustand des inneren Ungleichgewichts befindet, zu einem Gleichgewicht zurückzugelangen. Das Ungleichgewicht - die Dissonanz - entsteht dabei durch eine Störung der Beziehung kognitiver Systeme zueinander, wie z.B. die Unvereinbarkeit von Meinungen, Überzeugungen und Wissensinhalten[71]. Es existieren zahlreiche Ansätze, diese Theorie auf Probleme des Konsumentenverhaltens zu übertragen[72]. Dabei wird grundsätzlich zwischen Dissonanzen *vor* und *nach* einem Kauf unterschieden[73].

Im hier interessierenden Zusammenhang ist es z.B. denkbar, daß ein *vor* einer Kaufentscheidung stehender Konsument widersprüchliche Informationen über eine Kaufalternative empfangen hat. Aufgrund einer dadurch entstehenden Dissonanz kann der Fall eintreten, daß der Konsument im Hinblick auf seine Entscheidung zunehmend verunsichert wird. Derartige Vorkauf-Dissonanzen lassen sich auf wahrgenommene Kaufrisiken zurückführen[74] und spielen daher insbesondere als Motiv zur *Suche* nach Informationen eine große Rolle (vgl. Kapitel 1.2.2.2).

Darüber hinaus kann beim Konsumenten ein inneres Ungleichgewicht auch und vor allem *nach* einer Kaufentscheidung entstehen[75]. So fragen sich Käufer beispielsweise nach dem Erwerb eines Automobils häufig, ob ihre Wahl im Vergleich mit den zuvor ins Blickfeld gerückten Alternativen "richtig" war[76]. Die Stärke derartiger Nachkauf-Dissonanzen hängt von einigen Faktoren ab, von denen hier nur kurz auf das

---

69) Vgl. DICHTER (1966), passim. Vgl. auch die Darstellungen dieses Ansatzes bei SCHERRER (1975), S.59ff.; HUMMRICH (1976), S.129ff.; ABPLANALP (1978), S.92; TURNBULL/MEENAGHAN (1980), S.17; KOEPPLER (1984), S.61.
70) Vgl. HUMMRICH (1976), S.130ff.
71) Vgl. FESTINGER (1978), S.16. Zu den grundlegenden Aussagen dieser Theorie vgl. ebenda, passim, sowie z.B. auch IRLE (1975), S.310ff.; SCHUCHARD-FICHER (1979), S.6ff.; SILBERER (1980a), S.345ff.
72) Vgl. z.B. RAFFÉE/SAUTER/SILBERER (1973); SCHUCHARD-FICHER (1979), passim; SILBERER (1980a), S.349f.; CORSTEN/MEIER (1982), S.127ff.; HAMMANN/SCHUCHARD-FICHER (1983), S.59ff.; FREY/BENNING (1984), S.107ff.
73) Vgl. z.B. HAMMANN/SCHUCHARD-FICHER (1983), S.59; SCHIFFMAN/KANUK (1987), S.304f.
74) Vgl. KROEBER-RIEL (1984), S.529.
75) Vgl. hierzu HAMMANN/SCHUCHARD-FICHER (1983), S.59, die der Auffassung sind, daß Vorkauf-Dissonanzen insbesondere aufgrund des fehlenden "commitments" (s.o.) nicht so stark ausgeprägt sind wie Nachkauf-Dissonanzen.
76) So auch SCHUCHARD-FICHER (1979), S.215ff.; FREY/BENNING (1984), S.108.

"commitment" eingegangen werden soll[77]. Darunter ist eine innere Bindung an die getroffene Kaufentscheidung zu verstehen, die sich etwa darin manifestiert, daß die Entscheidung aus der Sicht des Konsumenten nur unter Inkaufnahme finanzieller und/oder psychologischer Nachteile rückgängig gemacht werden kann[78].

Zur Reduktion von kognitiven Dissonanzen stehen dem Konsumenten verschiedene Möglichkeiten offen[79]. Eine davon besteht darin, autonom Informationen abzugeben in der Absicht, sich durch einen "Monolog" die eigenen Meinungen und Einstellungen selbst zu bestätigen. Daneben kann der Konsument versuchen, durch die autonome Abgabe von Informationen eine wechselseitige Kommunikation mit anderen Konsumenten zu initiieren, um auf diesem Weg zum kognitiven Gleichgewicht zurückzufinden. Dabei kommt es ihm jedoch nicht so sehr darauf an, einen Dialog mit seinen Kommunikationspartnern zu führen, sondern vielmehr darauf, daß diese seinen Argumenten nicht widersprechen, was er u.U. bereits bei der Auswahl der Kommunikanten berücksichtigen kann[80].

Zwar erklärt die Theorie der kognitiven Dissonanz bestimmte Formen der autonomen Informationsabgabe, dennoch kann mit ihrer Hilfe kein vollständiger Überblick über die Motive gegeben werden, die einen Konsumenten zu einer entsprechenden Kommunikationsinitiierung bewegen können. Daher kommt dem zweiten der angeführten Erklärungsansätze - dem motivationstheoretischen Ansatz DICHTERs - im hier interessierenden Zusammenhang vermutlich die größere Bedeutung zu[81]. DICHTER unterscheidet vier Motivarten, auf die eine Kommunikationsinitiative in Form der autonomen Informationsabgabe zurückgeführt werden kann[82]:

- "product-involvement"
- "self-involvement"
- "other-involvement"
- "message-involvement".

---

77) Zu den Determinanten der Dissonanz-Stärke vgl. z.B. IRLE (1975), S.313f.; FESTINGER (1978), S.28ff.; HAMMANN/SCHUCHARD-FICHER (1983), S.60. Zum Begriff des "commitment" vgl. SCHUCHARD-FICHER (1979), S.24f.; SILBERER (1980a), S.345f.; HAMMANN/SCHUCHARD-FICHER (1983), S.60, sowie die dort jeweils angegebene Literatur.
78) Vgl. HAMMANN/SCHUCHARD-FICHER (1983), S.60.
79) Vgl. HUMMRICH (1976), S.131; SCHUCHARD-FICHER (1979), S.28ff.; FREY/BENNING (1984), S.107.
80) Vgl. hierzu STUTEVILLE (1968), S.15f., sowie die ausführliche Schilderung dessen Beispiels bei HUMMRICH (1976), S.131f. Es sei bereits an dieser Stelle auf die enge Verwandtschaft dieser Vorgehensweise mit derjenigen der dissonanzinduzierten Informationssuche vor einer Kaufentscheidung hingewiesen, die im nächsten Kapitel behandelt wird.
81) Vgl. DICHTER (1966), passim.
82) Die Klassifizierung dieser Motive geht auf eine empirische Untersuchung zurück, in deren Verlauf 352 einzelne Kommunikationsprozesse analysiert wurden, die durch autonome Informationsabgabe initiiert worden waren. Vgl. DICHTER (1966), S.149.

Das *"product-involvement"*-Motiv knüpft an die Erkenntnis an, daß Konsumenten vor Kaufentscheidungen Erwartungen im Hinblick auf diejenigen Produkte bilden, die sie zu erwerben beabsichtigten[83]. Nach dem Kauf entstehen beim Konsumenten immer dann Spannungen, wenn seine Erwartungen entweder weit übertroffen werden oder aber weitgehend unerfüllt bleiben[84]. Vor allem dann, wenn der Konsument von dem Produkt begeistert ist und "überfließt" (DICHTER)[85], wird er diesen Spannungszustand durch die Mitteilung seiner positiven Produkterfahrungen an andere abbauen. Die Parallelen zum dissonanztheoretischen Erklärungsansatz sind hier offensichtlich[86]. DICHTERs "product-involvement"-Motiv kennzeichnet jedoch im Gegensatz zum dissonanztheoretischen Ansatz eindeutig den Grund für den Spannungszustand, nämlich positive oder negative Erfahrungen mit dem Produkt selbst. An dieser Stelle drängt sich allerdings eine Erweiterung des Ansatzes in der Hinsicht auf, daß nicht nur durch tatsächlich gemachte eigene Produkterfahrungen, sondern vielmehr auch durch ein allgemeines Produktinteresse ein derartiger Spannungszustand aufgebaut werden kann. Der Konsument beginnt in diesem Sinne z.B. deshalb ein Gepräch über CD-Plattenspieler, weil er von dem Produkt bzw. dem, was er davon weiß, begeistert ist. Vor allem im Hinblick auf neue Produkte, von denen viele Konsumenten bereits etwas wissen, bevor sie sie (vielleicht) tatsächlich auch kaufen, erscheint diese inhaltliche Erweiterung des "product-involvement"-Motivs sinnvoll.

Wird ein interpersoneller Kommunikationsprozeß durch das *"self-involvement"*-Motiv ausgelöst, so dient die Abgabe von Informationen dazu, dem Kommunikationsinitiator die Bewunderung und Anerkennung seiner sozialen Umwelt zu sichern[87]. Der Konsument übermittelt die Informationen also nicht um ihrer selbst willen, sondern als Mittel zum Zweck. Dieser Zweck läßt sich nach DICHTER unter dem Begriff "Selbstbestätigung" zusammenfassen[88].

Eine durch das *"other-involvement"*-Motiv ausgelöste autonome Informationsabgabe erfolgt mit dem Ziel, dem Kommunikationspartner einen Gefallen zu tun. So dienen z.B. produktbezogene Ratschläge dazu, Freundschaften oder gutnachbarliche Beziehungen unter Beweis zu stellen und zu festigen[89]. Eine derart ausgelöste autonome Informationsabgabe richtet sich in erster Linie an Mit-Konsumenten, zu denen man

---

83) Vgl. SCHERRER (1975), S.60.
84) Vgl. ebenda, S.60. Von den 352 ausgewerteten Kommunikationsprozessen wurden 33% durch das "product-involvement"-Motiv ausgelöst; vgl. DICHTER (1966), S.149.
85) Ebenda, S.149.
86) ABPLANALP vertritt in diesem Zusammenhang implizit die Auffassung, die Motivation zum Abbau kognitiver Dissonanzen und das "product-involvement"-Motiv seien identisch; vgl. ABPLANALP (1978), S.92.
87) Vgl. DICHTER (1966), S.149ff.; insgesamt 24% der untersuchten Kommunikationsprozesse wurden durch dieses Motiv ausgelöst. Vgl. zum "self-involvement" auch TOPRITZHOFER (1971), S.210; SCHERRER (1975), S.61f.; HUMMRICH (1976), S.132f.
88) Vgl. DICHTER (1966), S.148.
89) Vgl. ebenda, S.151; insgesamt 20% der untersuchten Kommunikationsprozesse wurden aus diesem Motiv initiiert. Vgl. hierzu auch SCHERRER (1975), S.62f.

bereits sehr enge soziale Bindungen unterhält. HUMMRICH weist darauf hin, daß gerade das "other-involvement" Ursache von *negativer* "Mund-zu-Mund"-Werbung sein kann[90], wenn nämlich der autonome Informationsgeber den Kommunikationspartner vor Schaden bewahren möchte.

Führt das *"message-involvement"*-Motiv zu einer autonomen Informationsabgabe, so ist diese Kommunikationsinitiative nicht primär auf ein Produkt selbst zurückzuführen, sondern auf die Art und Weise, in der dafür geworben wird[91]. So kann z.B. die Originalität einer Werbebotschaft den Anstoß zur Initiierung der interpersonellen Kommunikation geben. Diese Erkenntnis ist aus Marketing-Sicht von großer Bedeutung, denn ihrzufolge eröffnet sich einem Unternehmen grundsätzlich die Möglichkeit, interpersonelle Kommunikationsprozesse durch Werbung oder andere Instrumente der Kommunikationspolitik gezielt in Gang zu setzen[92].

Die vier Motive treten laut DICHTER häufig nicht isoliert, sondern vielmehr kombiniert auf, und sie sind zudem interdependent[93]. Die Vorzüge des motivationstheoretischen Ansatzes liegen in der näheren Analyse einzelner Beweggründe zur autonomen Informationsabgabe. Im Vergleich zu der allgemeiner formulierten Dissonanz-Theorie kann dieser Ansatz deshalb detailliertere Antworten auf die Frage geben, *warum* Konsumenten Informationen autonom abgeben und damit interpersonelle Kommunikationsprozesse initiieren. Mit Hilfe dieser mikroanalytischen Betrachtungsweise erscheint es möglich, einem Unternehmen konkrete Empfehlungen für die Ausgestaltung einer auf die Stimulierung derartiger Informationsabgabeaktivitäten gerichteten Kommunikationspolitik zu geben[94].

1.2.2.2 Die Suche nach Informationen

Im Gegensatz zur autonomen Informationsabgabe setzt die Kommunikationsinitiierung durch aktives Suchen nach Informationen stets ein Informationsbedürfnis des Konsumenten voraus[95].

Hierbei kann es sich zum einen um ein permanentes Interesse an einem Produkt oder einer Produktgruppe handeln[96]. So wird z.B. ein "Fotonarr" vermutlich ständig nach Informationen über das entsprechende ihn interessierende Thema suchen.

Zum anderen kann ein Informationsbedürfnis entstehen, wenn ein Konsument vor einer Kaufentscheidung steht und diese Situation bei ihm Verunsicherung hervor-

---

90) Vgl. HUMMRICH (1976), S.133.
91) Vgl. DICHTER (1966), S.151f.; HUMMRICH (1976), S.133f.
92) Vgl. ebenda, S.133f.
93) Vgl. DICHTER (1966), S.148.
94) Vgl. hierzu die Ausführungen in Kapitel 3.2.2 dieser Arbeit.
95) Vgl. HUMMRICH (1976), S.135.
96) Vgl. KROEBER-RIEL (1984), S.529.

ruft[97]. Dabei kann sich die Unsicherheit des Konsumenten sowohl auf die Qualität oder die Lebensdauer von Produktalternativen als auch auf die Haltung beziehen, die seine soziale Umwelt vermutlich zu seiner Kaufentscheidung einnehmen wird[98]. Das vom Konsumenten wahrgenommene Kaufrisiko[99] ist daher weiter zu differenzieren. Im allgemeinen werden folgende Teilrisiken unterschieden[100]:

- Das *funktionale Risiko*, d.h. die Gefahr, daß das Produkt nicht die Eigenschaften aufweist, die man bei ihm erwartet.
- Das *finanzielle Risiko*, d.h. die Gefahr, daß im Falle eines Fehlkaufs die ausgegebenen finanziellen Mittel als "verloren" betrachtet werden müssen.
- Das *soziale Risiko*, d.h. die Gefahr, bei Freunden und Bekannten an Sozialprestige zu verlieren, wenn das Produkt den herrschenden sozialen Normen nicht entspricht.
- Das *psychische Risiko*, d.h. die Gefahr, mit dem Kauf (psychologisch) unzufrieden zu sein.

Diese Teilrisiken sind nicht unabhängig voneinander. So ergaben sich im Rahmen einer empirischen Untersuchung von zwölf ausgewählten Produktbereichen insgesamt die in Tabelle 1 wiedergegebenen Zusammenhänge[101].

Tab.1: Korrelationen partieller Kaufrisiken (Quelle: KAPLAN/SZYBILLO/JACOBY (1974), S.289, Auszug)

Risiko	Funktional	Finanziell	Sozial	Psychisch
Funktional	1,00	----	----	----
Finanziell	0,76	1,00	----	----
Sozial	0,58	0,59	1,00	----
Psychisch	0,61	0,67	0,79	1,00

Die beiden höchsten Korrelationen bestehen zwischen funktionalem und finanziellem auf der einen sowie sozialem und psychischem Risiko auf der anderen Seite (siehe Tab.1). Diese empirischen Befunde erscheinen plausibel. Entspricht nämlich ein Pro-

---

97) Diese Verunsicherung läßt sich - wie bereits in Kapitel 1.2.2.1 angedeutet wurde - auch als kognitive Vorkauf-Dissonanz interpretieren; vgl. KROEBER-RIEL (1984), S.529.
98) Vgl. KROEBER-RIEL/KAAS (1981), S.126.
99) Das "Risiko" umfaßt zwei Komponenten: die "Unsicherheit" und die "Wichtigkeit"; vgl. hierzu z.B. KROEBER-RIEL (1984), S.360f., sowie Kapitel 4.1 dieser Arbeit.
100) Vgl. z.B. JACOBY/KAPLAN (1972), S.383; KAPLAN/SZYBILLO/JACOBY (1974), S.287f.; KATZ (1983), S. 78f.; SCHIFFMAN/KANUK (1987), S.214f. Das häufig angeführte fünfte Teilrisiko, welches auf die vom Produkt ausgehenden Gefahren für Leben und Gesundheit von Konsumenten abstellt, soll an dieser Stelle vernachlässigt werden, da es nur bei wenigen Produkten überhaupt auftreten wird (z.B. bei Arzneimitteln).
101) Vgl. KAPLAN/SZYBILLO/JACOBY (1974), S.289. Die in der Original-Tabelle enthaltenen Werte für das "Gesamt-Risiko" und das "gesundheitliche Risiko" werden in dieser Darstellung nicht berücksichtigt.

dukt nicht den Erwartungen des Konsumenten (funktionales Risiko), so wird er i.d.R. auch die für diesen Fehlkauf getätigte Ausgabe von finanziellen Mitteln bedauern (finanzielles Risiko). Es liegt also nahe, zusammenfassend von einem *funktional-finanziellen* Risiko zu sprechen, welches auf den wirtschaftlichen Aspekt des beabsichtigten Kaufs abstellt. Daneben würde der durch einen Kauf möglicherweise ausgelöste Verlust an Sozialprestige (soziales Risiko) dazu führen, daß der Konsument nach seiner Kaufentscheidung innerlich unzufrieden wäre (psychisches Risiko). Dies legt die Aggregierung zu einem *sozial-psychologischen* Risiko nahe, welches die sozialen Aspekte eines beabsichtigten Kaufs und die *dadurch* hervorgerufene psychologische Unsicherheit umfaßt[102].

Überschreitet das insgesamt wahrgenommene Risiko aus Sicht des Konsumenten eine bestimmte Toleranzschwelle, so wird er versuchen, durch geeignete Verhaltensweisen eine Risikoreduzierung zu erreichen[103]. Eine außerordentlich große Bedeutung kommt hierbei der Möglichkeit zu, durch die *Initiierung von interpersoneller Kommunikation* Informationen zu beschaffen. Ein Konsument vermag auf diese Weise nämlich oft zwei wichtige Ziele gleichzeitig zu erreichen. Zum einen erhält er vertrauenswürdige Informationen, die - bei entsprechender Wahl des Kommunikationspartners - zudem von kompetenter Seite stammen und damit zur Reduktion seines *funktional-finanziellen* Risikos beitragen. Zum anderen gewinnt der Konsument durch Gespräche mit seinen Freunden und Bekannten und/oder durch Beobachtung ihres Konsumverhaltens Informationen darüber, welche Konsequenzen der beabsichtigte Kauf für sein Sozialprestige haben könnte. Er vermag auf diesem Weg also auch sein *sozial-psychologisches* Risiko zu mindern. Es besteht Grund zu der Annahme, daß insbesondere das sozial-psychologische Risiko die Suche nach Informationen gerade bei anderen Konsumenten auslöst[104]. Denn wie könnte ein Konsument soziale Risiken besser abschätzen als durch die Konsultation derjenigen, die letztlich für diese Risiken "verantwortlich" sind, nämlich die Personen seines näheren sozialen Umfelds?

Der positive Zusammenhang zwischen empfundenen Kaufrisiken und der Suche nach Informationen bei anderen Konsumenten wurde mittlerweile vielfach empirisch bestätigt[105].

---

102) Vgl. GRUNERT/SAILE (1977), S.438; so auch PERRY/HAMM (1969), S.351; LUTZ/REILLY (1974), S.394. Zwar kann - wie die entsprechenden Korrelationskoeffizienten belegen - das psychische Risiko auch auf das funktionale oder finanzielle Risiko zurückzuführen sein; i.e.L. wird es jedoch offenbar durch (potentielle) Reaktionen der sozialen Umwelt hervorgerufen. Gleichwohl ist dem Verfasser bewußt, daß die vorliegenden Daten keine eindeutige Zuordnung des psychischen Risikos ermöglichen.
103) Vgl. z.B. KATZ (1983), S.79f.; KROEBER-RIEL (1984), S.254.
104) Vgl. KAAS (1973), S.58; PANNE (1977), S.382. So auch DILLER (1978), S.29.
105) Vgl. CUNNINGHAM (1965), S.231; CUNNINGHAM (1967a), S.273; PERRY/HAMM (1969), S.354; ROSELIUS (1971), S.59f.; SHET (1971), S.15ff.; LUTZ/REILLY (1974), S.403; HUMMRICH (1976), S.139ff.; KATZ (1983), S.140. GEMÜNDEN hat nach einer umfangreichen Analyse empirischer Befunde zwar Zweifel daran angemeldet, daß tatsächlich ein so starker Zusammenhang zwischen wahrgenommenen Kaufrisiken und dem Informationsverhalten besteht, wie in der Lite-

Wahrgenommene Kaufrisiken führen, wie gezeigt wurde, zu einem unsicherheitsinduzierten Informationsbedürfnis vor einem Kauf. Doch auch *nach* einem Kauf kann beim Konsumenten ein Informationsbedürfnis entstehen, welches dann u.U. die Suche nach Informationen auf dem Wege der interpersonellen Kommunikation auslöst. Im Zusammenhang mit der Kommunikationsinitiierung durch autonome Informationsabgabe wurde bereits die Theorie der kognitiven Dissonanz diskutiert. Kognitive Dissonanzen, die *nach* einem Kauf möglicherweise beim Konsumenten entstehen, kann dieser u.a. durch die *gezielte Suche* nach solchen Informationen abbauen, die die getätigte Kaufentscheidung als "richtig" bestätigen[106]. Es kommt in diesem Zusammenhang nicht nur auf den Inhalt der zu beschaffenden Informationen selbst an, sondern vielmehr auch darauf, daß diese Informationen spezifisch zur Dissonanzreduzierung geeignet sind.

Ein Beispiel soll dies erläutern. Ausgegangen wird von einem Konsumenten, der einen neuen italienischen Wagen gekauft hat und *Nach*kaufdissonanzen wahrnimmt[107]. Er befragt daher einen Freund, wie dieser die Rostanfälligkeit des Autos (Grund der Dissonanzen) einschätzt. Trägt die Antwort des Freundes nicht zur Reduktion der Dissonanz bei, wartet der Konsument möglicherweise mit sehr detaillierten Informationen darüber auf, wie der italienische Autohersteller den Rostschutz für seine Produkte seit einiger Zeit ständig verbessert hat. Der Konsument bemüht sich auf diese Weise, den Freund von dessen Auffassung abzubringen und hin zu einer positiven Beurteilung des Sachverhalts zu führen, um die eigenen Dissonanzen auf diese Weise abzubauen. Ziel seiner "Informationssuche" war somit nicht das Einholen einer konkreten Information (da er über diese bereits verfügte), sondern einzig die positive Bewertung seiner Kaufentscheidung durch den Freund.

Es erscheint gerade bei denjenigen interpersonellen Kommunikationsprozessen, die aus dem Streben nach Reduktion von Nachkaufdissonanzen heraus initiiert werden, möglich, daß der ursprünglich *ratsuchende* Kommunikationsinitiator im Verlauf der Kommunikation die Rolle des überwiegend *informationsgebenden* Kommunikators einnimmt.

---

ratur angenommen wird. Den positiven Zusammenhang zwischen Kaufrisiko und Informationssuche bei *unabhängigen, persönlichen* Informationsquellen (d.h. durch interpersonelle Kommunikation) stellt er jedoch am wenigsten in Frage. Vgl. GEMÜNDEN (1985), passim, insbes. S.35.
106) Vgl. SCHUCHARD-FICHER (1979), S.31; FREY/BENNING (1984), S.107.
107) Beim Kauf eines Autos dürfte i.d.R. ein starkes "commitment" vorliegen, das als Voraussetzung von Dissonanzen gilt; vgl. SCHUCHARD-FICHER (1979), S.24ff.

1.3 Stellung der persönlichen Kommunikation zwischen Konsumenten im Rahmen der Marktkommunikation

1.3.1 Häufigkeit interpersoneller Kommunikationsprozesse

Schon die Alltagserfahrung lehrt, daß sich Verwandte, Nachbarn, Arbeitskollegen, Freunde und Bekannte oft und gern über ihre Einstellungen zu bestimmten Produkten und/oder über ihre entsprechenden Konsumerfahrungen unterhalten. Diese Einschätzung wird durch verschiedene empirische Studien bestätigt[108]. So beträgt z.B. einer repräsentativen Untersuchung bundesdeutscher Konsumgütermärkte zufolge der Anteil der weiblichen Konsumenten, die angeben, sich über bestimmte Produktbereiche "häufig" oder "gelegentlich" zu unterhalten, in vielen Fällen über 60% (siehe Tab.2).

Tab.2: Häufigkeit der interpersonellen Kommunikation über ausgewählte Produktbereiche (Quelle: GRUNER+JAHR-Verlag (1984), S.216ff.)[109]

Produktbereich \ Häufigkeit der interpersonellen Kommunikation	Häufig	Gelegentlich	Selten	Nie
Lebensmittel, Essen und Trinken	34%	46%	17%	3%
Wohnen und Einrichten	24%	46%	25%	5%
Blumen, Pflanzen, Garten	36%	39%	20%	5%
Kosmetik, Schönheitspflege	18%	39%	30%	12%
Körperpflege	19%	40%	30%	11%
Mode	31%	43%	20%	6%
Haushaltsgeräte, Küchengeräte	9%	40%	36%	15%
Videoanlage, Videofilme	6%	19%	28%	47%
Fotografieren, Filmen	8%	26%	38%	28%
Automobile	11%	29%	34%	26%

Die empirischen Befunde legen den Schluß nahe, daß die interpersonelle Kommunikation ein weitverbreitetes Phänomen darstellt. Aus Sicht des Marketing erhebt sich jedoch vor allem die Frage, ob durch die interpersonelle Kommunikation Kaufentscheidungen von Konsumenten entscheidend beeinflußt werden. Zu untersuchen ist daher, wie *wirksam* die interpersonelle Kommunikation ist.

1.3.2 Wirksamkeit interpersoneller Kommunikationsprozesse

Konsumenten werden nicht nur durch die interpersonelle Kommunikation, sondern vielmehr auch durch andere Formen der Marktkommunikation beeinflußt. Die Bedeutung der interpersonellen Kommunikation - d.h. ihre *relative* Wirksamkeit im Hin-

---
108) Vgl. z.B. KAAS (1973), S.51f.; ABPLANALP (1978), S.140ff.; MEFFERT (1979), S.53; GRUNER+JAHR-Verlag (1979), S.43; KROEBER-RIEL (1984), S.247, und die jeweils dort angegebene Literatur.
109) Die Tabelle wurde aus noch umfangreicherem Datenmaterial zusammengestellt. Die relativ niedrigen Werte für die Bereiche "Auto", "Foto/Film" und "Video" lassen sich durch die Tatbestand erklären, daß nur Frauen befragt wurden.

blick auf das Marktverhalten von Konsumenten - läßt sich somit nur durch einen Vergleich mit diesen alternativen Kommunikationsformen ermessen. Dazu soll zunächst ein kurzer Überblick über die den Konsumenten zur Verfügung stehenden Informationsquellen gegeben werden.

Die erste "Quelle" für konsumrelevante Informationen stellen die Produkte selbst dar. Sie sind Träger von unmittelbar evidenten Informationen[110], wie z.B. Form, Farbe oder andere sichtbare Produktmerkmale.

Darüber hinaus existiert eine Vielzahl von Informationsquellen, aus denen dem Konsumenten marktrelevante Informationen übermittelt werden. Dies geschieht zum einen durch die autonome Kommunikationsinitiative der anderen Marktbeteiligten, insbesondere der Hersteller und Händler. So werden z.B. durch Fernsehwerbung Informationen vermittelt, die Konsumenten dort i.d.R. nicht bewußt suchen würden. Zum anderen jedoch kann die Kommunikationsinitiative auch vom Konsumenten ergriffen werden, wenn dieser z.B. das Verkaufspersonal des Handels oder Verbraucherberatungsstellen um Informationen ersucht. Die Informationsquelle wird in diesem Fall erst durch das aktive Handeln des Konsumenten genutzt.

Eine vollständige Aufzählung aller dem Konsumenten zur Verfügung stehenden Informationsquellen erscheint nahezu unmöglich. Es läßt sich jedoch eine Typologie ableiten, welche die hier insbesondere interessierende Stellung der interpersonellen Kommunikation im Rahmen der Marktkommunikation verdeutlichen kann. Unterscheidet man die möglichen Formen der Marktkommunikation zum einen danach, ob der Kommunikator *anbieterabhängig* ist oder nicht, und zum anderen danach, ob es sich um *persönliche* oder *unpersönliche* Kommunikation handelt, so ergeben sich vier Fälle (siehe Abb.5)[111].

		Kommunikator ist	
		anbieterabhängig	anbieterunabhängig
Kommunikationsart	persönlich	z.B. Verkaufsgespräche im Ladenlokal	z.B. interpersonelle Kommunikation unter Freunden
	unpersönlich	z.B. Herstellerwerbung	z.B. Publikationen von Testinstituten

Abb.5: Typologie von Informationsquellen[112]

---

110) Vgl. z.B. BODENSTEIN (1987), S.14.
111) KATZ weist darauf hin, daß die Verhaltensrelevanz der beiden Kriterien in mehreren Untersuchungen belegt werden konnte, so daß sich aus dieser Klassifikation unmittelbare Konsequenzen für das Marketing ziehen lassen. Vgl. KATZ (1983), S.3.
112) In Anlehnung an MEFFERT (1976), S.15.

Aus dieser Typologie lassen sich unmittelbar einige Gründe dafür ableiten, daß die interpersonelle Kommunikation nach allgemeiner Auffassung *besonders wirksam* ist, d.h. oft eine starke Beeinflussung nach sich zieht[113]. Die beiden vermutlich wichtigsten Gründe sind:

(1) Der Kommunikator besitzt eine hohe Vertrauenswürdigkeit, da der Kommunikationsempfänger bei ihm kein Eigeninteresse vermutet[114].

(2) Die Kommunikation erfolgt persönlich und unmittelbar, wodurch sich die Möglichkeit einer direkten Rückkopplung (Feedback) ergibt. Der Kommunikator vermag somit auf Widersprüche oder Unklarheiten sofort einzugehen, so daß die Kommunikation zumindest nicht aus diesen Gründen unwirksam wird[115].

Eine hohe Vertrauenswürdigkeit kommt ohne Zweifel auch den Publikationen von Testinstituten zu; hier kann wegen der fehlenden Feedback-Möglichkeit jedoch nicht auf etwa auftretende Unklarheiten eingegangen werden. Umgekehrt vermag z.B. das Verkaufspersonal des Handels im Rahmen der Verkäufer-Käufer-Interaktion flexibel auf den Konsumenten zu reagieren; hier wird es jedoch häufig an der Vertrauenswürdigkeit der übermittelten Informationen mangeln, da der Konsument bei einem Verkäufer i.d.R. ein hohes kommerzielles Interesse vermutet.

Darüber hinaus scheinen folgende Gründe für die besonders große Effizienz der interpersonellen Kommunikation ausschlaggebend zu sein[116]:

(3) Der Kommunikator ist in der Lage, im Falle der Konformität des Kommunikationsempfängers diese sofort positiv zu sanktionieren. Der Kommunikationsempfänger läßt sich also u.U. deshalb beeinflussen, weil dies vom Kommunikator "belohnt" wird, etwa in Form sozialer Anerkennung.

(4) Der Kommunikationsempfänger kennt den Kommunikator aufgrund früherer Interaktionen, denn die interpersonelle Kommunikation findet, wie bereits angesprochen, vornehmlich innerhalb von Primärgruppen statt. Der Kommunikationsempfänger nimmt deshalb an, daß der Kommunikator bestimmte Interessen mit ihm teilt.

(5) Der Kommunikationsempfänger schließt sich oft aus Gründen der persönlichen Zuneigung und Loyalität der Meinung des Kommunikators an.

Hinzu treten einige Vorteile, die die Informationsgewinnung im Rahmen der interpersonellen Kommunikation aus Sicht der Konsumenten mit sich bringt und die diese

---

113) Unter Kommunikationswirkungen werden in dieser Arbeit nur solche Effekte verstanden, die im weitesten Sinn eine Beeinflussung darstellen; vgl. hierzu Kapitel 1.1.2 dieser Arbeit.
114) Vgl. z.B. COX (1967a), S.179; KAAS (1973), S.54; KROEBER-RIEL (1984), S.526.
115) Vgl. z.B. KAAS (1973), S.54f.; KROEBER-RIEL (1984), S.527.
116) Diese Systematisierung erfolgt in Anlehnung an MÜLLER (1970), S.76f. Vgl. auch GREFE/MÜLLER (1976), S.4014. An dieser Stelle soll zunächst die Frage vernachlässigt werden, ob eine Beeinflussungsabsicht des Kommunikators vorliegt und/oder ob der Kommunikant eine solche Absicht wahrnimmt.

Informationsquelle als besonders geeignet erscheinen lassen. So ist es z.B. insbesondere bei komplexen und teuren Produkten wahrscheinlich, daß der Kommunikationsempfänger an persönlichen Produkterfahrungen interessiert ist[117]. In diesem Fall erweist sich die interpersonelle Kommunikation oft als einzig gangbarer Weg der Informationsbeschaffung. Gleiches gilt für den Fall, daß ein Konsument soziale Kaufrisiken abzubauen versucht[118]. Daneben ist hervorzuheben, daß über die interpersonelle Kommunikation Informationen meist bequem, schnell und kostengünstig gewonnen werden können[119]. Ein weiterer Vorzug besteht in der Möglichkeit, auf diesem Weg auch Nachteile eines Produktes in Erfahrung zu bringen[120].

Die *Bündelung* der oben angeführten Vorteile führt offenbar dazu, daß Konsumenten vor dem Kauf von Konsumgütern die interpersonelle Kommunikation häufig zur gezielten Gewinnung von Informationen nutzen. Empirische Untersuchungen haben die intensive Nutzung dieser Informationsquelle bei Kaufentscheidungen inzwischen mehrfach belegt[121].

Dies bedeutet nicht, daß die Informationsübermittlung aus anderen Quellen etwa unwirksam wäre oder durch interpersonelle Kommunikation vollständig ersetzt werden könnte. Bei der Nutzung von Informationsquellen sind häufig auch andere Faktoren ausschlaggebend als die oben genannten. So kann ein Konsument das Ziel verfolgen, Informationen bestimmten Inhalts zu gewinnen, die ihm nur aus wenigen der insgesamt zur Verfügung stehenden Quellen übermittelt werden können[122]. In diesem Zusammenhang kann es sich aus der Sicht eines Konsumenten z.B. als unabdingbar erweisen, das Verkaufspersonal des Handels aufgrund seiner Fachkompetenz zu konsultieren oder die Berichte von Testinstituten zu studieren, um auf diese Weise überhaupt einen Überblick über die relevanten Kriterien zur Beurteilung von Produkten zu gewinnen. Ein *Nachteil* der interpersonellen Kommunikation besteht nämlich vor allem in der oft mangelnden Kompetenz der Kommunikatoren[123]. Insgesamt nutzen Konsumenten die ihnen zur Verfügung stehenden Informationsquellen deshalb meist *komplementär*[124]. Innerhalb dieses Pakets von Informationsgewinnungs-Alternativen

---

117) Vgl. z.B. McKENNA (1986), S.68.
118) Vgl. hierzu die Ausführungen in Kapitel 1.2.2.2 .
119) So auch HUMMRICH (1976), S.136. Allerdings kann auch die Ansprache von gerade solchen Freunden und Bekannten, die über spezifisches Fachwissen verfügen, u.U. sehr viel Zeit und Mühe "kosten". Vgl. COX (1976), S.227.
120) Vgl. PANNE (1977), S.381; ENGELS/TIMAEUS (1983), S.367.
121) Vgl. z.B. LAZER/BELL (1966), S.5; ARNDT (1970), S.1109; NEWMAN/STAELIN (1973), S.21; KAAS (1973), S.52f., und die dort angegebene Literatur; SCHERRER (1975), S.170ff., sowie die dort angegebene Literatur; KUPSCH et al. (1978), S.106ff.; MEFFERT (1979), S.53; KATZ (1983), S.44ff.
122) Vgl. hierzu z.B. TÖLLE (1982a), S.176ff.
123) Vgl. z.B. PANNE (1977), S.381f.; DEDLER et al. (1984), S.103. Bereits an dieser Stelle muß jedoch darauf hingewiesen werden, daß diese Einschränkung für Meinungsführer i.d.R *nicht* gilt!
124) Vgl. KUHLMANN (1970), S.51f.; COX (1976), S.227; PANNE (1977), S.371; KUPSCH et al. (1978), S.103ff.; DEDLER et al. (1984), S.105ff.

nimmt die interpersonelle Kommunikation jedoch in vielen Fällen eine besonders wichtige Stellung ein.

Diese Aussage wird noch verstärkt, wenn man nicht nur den Tatbestand der Nutzung einer Informationsquelle an sich, sondern auch den *Zeitpunkt* der Nutzung im Ablauf eines Adoptionsprozesses berücksichtigt[125]. Offenbar gilt, daß in den ersten Phasen des Prozesses ("Awareness" und "Interest") die Nutzung unpersönlicher, insbesondere unternehmensabhängiger Informationsquellen dominiert[126]. Rückt der Zeitpunkt der Adoptionsentscheidung näher, so gewinnen Informationen, die auf dem Wege der interpersonellen Kommunikation erschlossen werden, zunehmend an Gewicht[127]. Insbesondere dann, wenn ein Konsument am Ende eines Kaufprozesses Präferenzkonflikte verspürt, gibt die interpersonelle Kommunikation häufig den Ausschlag für eine bestimmte Kaufalternative[128].

---

125) Zu den Phasen des Adoptionsprozesses - "Awareness", "Interest", "Evaluation", "Trial" und "Adoption" - vgl. ROGERS/SHOEMAKER (1971), S.100f.; BODENSTEIN (1972), S.73f.; KAAS (1973), S.14f.; HUMMRICH (1976), S.122; TURNBULL/MEENAGHAN (1980), S.6f.
126) Vgl. HUMMRICH (1976), S.123, und die dort angegebene Literatur.
127) Vgl. HUMMRICH (1976), S.127f., sowie die dort angegebene Literatur.
128) So auch KAAS (1973), S.55; KROEBER-RIEL (1984), S.527.

2. Analyse der Meinungsführer auf Konsumgütermärkten

2.1 Meinungsführer als Schlüsselfiguren in Modellen der mehrstufigen Kommunikation
2.1.1 Von der Two-Step-Flow- zur Multi-Step-Flow-Hypothese

Wie bereits eingangs dieser Arbeit kurz dargelegt wurde, entwickelten LAZARSFELD, BERELSON und GAUDET die "klassische" Two-Step-Flow-Hypothese aufgrund der Ergebnisse einer Untersuchung zum Wahlverhalten amerikanischer Bürger[1]. Die zentralen Erkenntnisse ihrer Untersuchung waren[2]:

- Persönliche Beziehungen haben einen größeren Einfluß auf die Meinungsbildung der Wähler als die Massenmedien.
- Bestimmte Personen, Meinungsführer genannt, üben im Rahmen informeller sozialer Beziehungen Einfluß auf die Meinungen der Mitglieder ihrer sozialen Gruppen aus.
- Die Meinungsführer wenden sich häufiger als andere Gruppenmitglieder den Massenmedien zu und sind aus diesem Grund besser informiert.

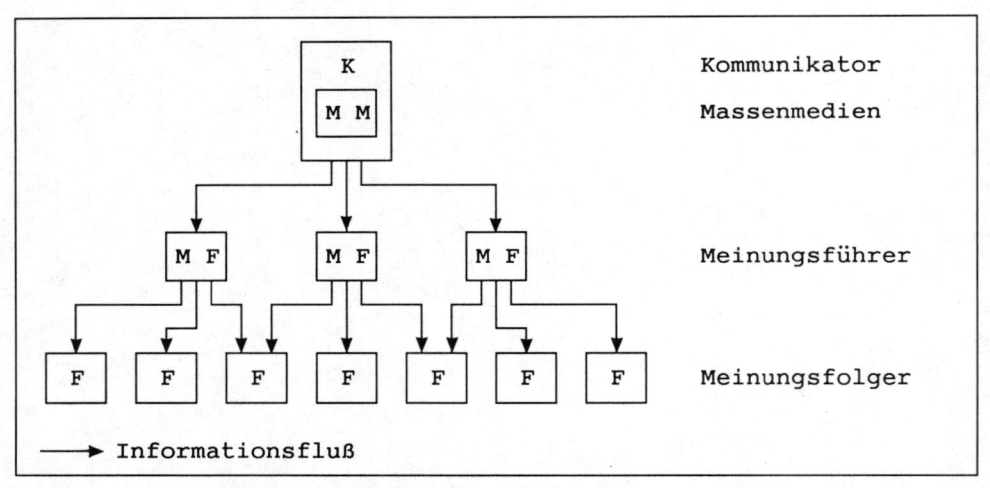

Abb.6: Das Two-Step-Flow-Modell der Kommunikation[3]

Daraus leiteten die Autoren ihre Kern-Hypothese ab: *'Ideen scheinen oft von Rundfunk und Presse zu Meinungsführern und von diesen zu den weniger aktiven Teilen*

---

1) Vgl. LAZARSFELD/BERELSON/GAUDET (1944); Dieselben (1969).
2) Vgl. GREFE/MÜLLER (1976), S.4014, sowie die dort angegebene Literatur.
3) Der Informationsfluß über die "zwei Stufen" darf dabei allerdings nicht als *vertikale* Kommunikation aufgefaßt werden; vielmehr sind die Kommunikationsbeziehungen auf der zweiten Stufe als *horizontal* zu interpretieren. Vgl. hierzu HUMMRICH (1976), S.43, sowie die Ausführungen in Kapitel 1.1.1 dieser Arbeit.

der Bevölkerung zu fließen"[4]. Die "weniger aktiven Teile der Bevölkerung" wurden in diesem Zusammenhang kurz als Meinungsfolger ("followers") bezeichnet[5]. Massenmedien, so die Vorstellung, erreichen viele Rezipienten gar nicht auf direktem Weg; vielmehr werden durch Rundfunk und Presse übermittelte "Ideen" - d.h. Informationen, Botschaften - von den Meinungsführern aufgenommen und gelangen über diese indirekt an die Meinungsfolger[6]. Das sich aus den Überlegungen ergebende Kommunikationsmodell ist in Abbildung 6 dargestellt[7].

Noch 1969 wurde das Two-Step-Flow-Konzept als die "möglicherweise aufregendste Idee der Kommunikationsforschung der letzten 25 Jahre" bezeichnet[8]. Dieser Enthusiasmus erscheint verständlich, da zuvor von einer geradezu magischen Wirkung der Massenmedien ausgegangen worden war. Die Massenmedien - so die damalige Vorstellung - beeinflussen eine "schutzlose" Rezipientenschaft nach Belieben[9]. Mit der Two-Step-Flow-Hypothese wurde nun die Primärgruppe als wichtiges Feld für Kommunikationsprozesse "wiederentdeckt"[10]. Der neue Ansatz verknüpfte die persönliche und die massenmediale Kommunikation in *einem* Modell.

Die Euphorie verstellte jedoch offensichtlich den Blick dafür, daß die Two-Step-Flow-Hypothese streng genommen gar nicht geprüft worden war: LAZARSFELD et al. hatten lediglich die *Abwesenheit* eines One-Step-Flow massenmedialer Kommunikation festgestellt[11]. Dessen ungeachtet unternahmen die Autoren der folgenden Untersuchungen keinen Versuch, die Hypothese auf ihre Gültigkeit hin zu prüfen. Sie postulierten vielmehr, daß die Zwei-Stufen-Theorie eine zutreffende Beschreibung der Realität darstellt, und konzentrierten ihre Bemühungen auf die nähere Untersuchung der Meinungsführer, welche in dem neuen Modell als Schlüsselfiguren fungierten[12].

Im Rahmen der sogenannten ELMIRA-Studie[13] wurde jedoch festgestellt, daß auch die Meinungsführer andere Personen häufig um Rat gefragt hatten[14]. Die Meinungsführer schienen sich somit auch *gegenseitig* zu beeinflussen. Als dieses Resultat durch die Ergebnisse der sogenannten DECATUR-Studie[15] bestätigt wurde, geriet die

---

4) "Ideas, often, seem to flow from radio and print to opinion leaders and from them to the less active sections of the population"; KATZ/LAZARSFELD (1955), S.32. Anmerkung: Die Vernachlässigung des Mediums "Fernsehen" ist auf den Zeitpunkt zurückzuführen, zu dem die Untersuchung durchgeführt wurde (1940).
5) Vgl. z.B. HUMMRICH (1976), S.43; GREFE/MÜLLER (1976), S.4013.
6) GREFE und MÜLLER sprechen von "Informationen", bei RENCKSTORF ist von "Botschaften" die Rede. Vgl. GREFE/MÜLLER (1976), S.4013; RENCKSTORF (1973), S.169.
7) Vgl. z.B. HUMMRICH (1976), S.43; so auch GREFE/MÜLLER (1976), S.4015; MAYER/SCHNEIDER (1978), S.130.
8) Vgl. GREFE/MÜLLER (1976), S.4029.
9) Vgl. RENCKSTORF (1973), S.168.
10) Vgl. KATZ/LAZARSFELD (1955), S.33.
11) Vgl. BOSTIAN (1970), S.110; RENCKSTORF (1973), S.169.
12) Vgl. GREFE/MÜLLER (1976), S.4016.
13) Vgl. BERELSON/LAZARSFELD/McPHEE (1954).
14) Vgl. MÜLLER (1970), S.86.
15) Vgl. KATZ/LAZARSFELD (1955).

Hypothese vom *zwei*stufigen Kommunikationsfluß ins Wanken. Der Kommunikationsfluß vollzieht sich, so die Erhebungsergebnisse, offensichtlich über soziale Kommunikations*ketten*[16]. Dies legte die Modifikation der Two-Step-Flow- in eine Multi-Step-Flow-Hypothese nahe (siehe Abb.7). Die Kernaussage der Zwei-Stufen-Theorie, derzufolge Informationen von den Massenmedien über Meinungsführer an Meinungsfolger gelangen, wurde dadurch allerdings (noch) nicht entscheidend berührt.

```
                        K                         Kommunikator
                      M  M                        Massenmedien


              M F            M F                  Meinungsführer


        M F         M F           M F


     F    F    F    F    F    F    F              Meinungsfolger

    ──────►  Informationsfluß
```

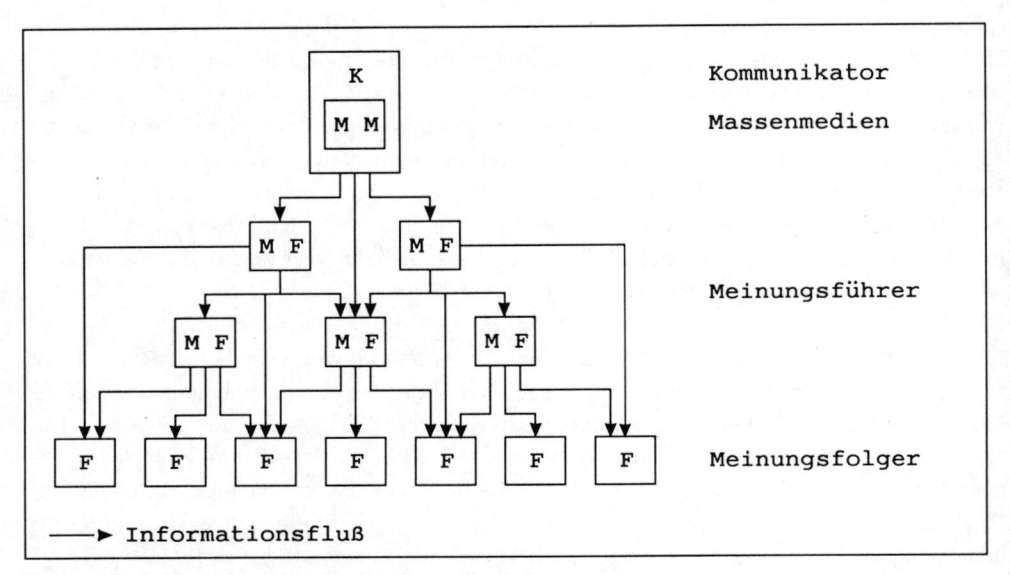

Abb.7: Das Multi-Step-Flow-Modell der Kommunikation

Im Rahmen der Diskussion über die Two-Step-Flow- Hypothese war für einige Zeit auch die Frage offen, *was* eigentlich von den Massenmedien über die Meinungsführer an Meinungsfolger gelangt. Einige Autoren sprachen von einem zweistufigen Kommunikationsfluß von *Botschaften* und *Informationen*, während andere von *Einflußnahmen* der Meinungsführer ausgingen[17]. Nun ist die Transmission von Informationen als notwendige Voraussetzung für eine Beeinflussung anzusehen; nicht jede Informationsübermittlung hat hingegen zwingend auch eine Beeinflussung zur Folge[18]. Daraus ergab sich die Notwendigkeit, das Konzept der mehrstufigen Kommunikation zu präzisieren. Zur Klärung der angesprochenen Frage ist die in der DECATUR-Studie getroffene Feststellung hilfreich, daß die Meinungsführer zwei Funktionen ausüben[19]:

---

16) Vgl. MÜLLER (1970), S.92; WISWEDE (1978), S.121.
17) Vgl. RENCKSTORF (1973), S.170.
18) Vgl. RENCKSTORF (1973), S.170. Vgl. hierzu auch die Ausführungen zum Begriff der "Kommunikationswirkung" in Kapitel 1.1.2 dieser Arbeit.
19) Vgl. KATZ/LAZARSFELD (1955), S.82f.

- *Relaisfunktion*: Die Meinungsführer wirken in diesem Sinn als persönliche Übermittler von Informationen. Ohne ihr Wirken würden diese Informationen einige Personen gar nicht erreichen.
- *Verstärkungs- und Abschwächungsfunktion*: Die Meinungsführer sind in der Lage, massenmediale Beeinflussungsversuche durch ihren wirksamen persönlichen Einfluß zu verstärken oder abzuschwächen.

Darüber hinaus nehmen sie nach allgemeiner Auffassung zwei weitere Funktionen wahr, die allerdings in engem Zusammenhang mit den oben genannten stehen[20]:

- *Selektionsfunktion*: Die Meinungsführer verzerren und filtern die erhaltenen Informationen bei der Weitergabe.
- *Resistenzfunktion*: Die Meinungsführer halten sich oft besonders stark an bestehende Gruppennormen[21] und setzen daher allen Informationen, die gegen diese Normen verstoßen, ihren Widerstand entgegen.

Es bleibt insgesamt festzuhalten, daß der Kommunikationsfluß im Modell der mehrstufigen Kommunikation sowohl die reine Übermittlung von Informationen als auch eine damit einhergehende Beeinflussung umfassen kann. Dabei ist insbesondere zu beachten, daß Meinungsführer die Informationen bei der Weitergabe häufig verzerren, bewerten oder filtern.

Die DECATUR-Studie ist in der Meinungsführer-Forschung als wegweisend anzusehen, da sie die Modifikation der Two-Step- in eine Multi-Step-Flow-Hypothese auslöste und Erkenntnisse über die Art der Kommunikation zwischen Meinungsführern und Meinungsfolgern lieferte. Eine hohe Bedeutung kommt dieser Untersuchung jedoch auch deshalb zu, weil hier das Meinungsführer-Konzept zum ersten Mal auf Konsumgüter und Dienstleistungen übertragen wurde[22].

2.1.2 Modelle des Informationsaustauschs
2.1.2.1 Ansatz von TROLDAHL und VAN DAM

Eine wesentliche Schwäche des Multi-Step-Flow-Konzepts ist in der aufrecht erhaltenen Modellvorstellung zu sehen, daß die Meinungsfolger nur über die Meinungsführer erreichbar sind[23]. Diese Annahme gilt inzwischen als obsolet, denn es konnte der Nachweis erbracht werden, daß die Übermittlung wichtiger Nachrichten häufig direkt von den Massenmedien an die Rezipienten erfolgt[24].

Daneben ist bei einer kritischen Würdigung des Multi-Step-Flow-Konzepts vor allem zu bezweifeln, daß die Meinungsfolger insgesamt passiv bleiben und allein die Mei-

---

20) Vgl. WISWEDE (1978), S.119.
21) Vgl. hierzu auch die Ausführungen in Kapitel 2.4 dieser Arbeit.
22) Vgl. KATZ/LAZARSFELD (1955), S.234ff.
23) Vgl. HUMMRICH (1976), S.47.
24) Vgl. DEUTSCHMANN/DANIELSON (1960), S.355.

nungsführer die Kommunikationsinitiative ergreifen[25]. Diese Modellvorstellung erscheint umso unverständlicher, als die Identifikation von Meinungsführern u.a. durch die Selbsteinschätzungsfrage erfolgte[26]: "Hat neulich irgend jemand Sie um Rat über ... gebeten?". Die Ermittlung der Meinungsführer basierte also auf der Annahme, daß Meinungsfolger die Kommunikationsinitiative bewußt ergreifen.

Die Einwände führen zu dem Schluß, daß es sich sowohl bei der Two-Step- als auch bei der Multi-Step-Flow-Hypothese um Modelle handelt, deren Realitätsnähe bezweifelt werden muß.

Vor diesem Hintergrund ist der Ansatz von TROLDAHL und VAN DAM zu sehen, die sich intensiver mit ratsuchenden Personen befaßten und damit das zuvor starre Schema einer dichotomen Unterscheidung zwischen aktiven Meinungsführern und passiven Meinungsfolgern auflockerten[27]. Die Autoren unterschieden in einer empirischen Untersuchung drei "Kommunikationstypen"[28]:

- *Opinion Givers*: Personen, die angaben, in letzter Zeit nach ihrer Meinung hinsichtlich einiger Neuigkeiten (Untersuchungsthemen) gefragt worden zu sein;
- *Opinion Askers*: Personen, die angaben, in letzter Zeit jemanden um seine Meinung bezüglich dieser Neuigkeiten befragt zu haben;
- *Inactives*: Personen, die keine der beiden entsprechenden Fragen bejahten.

Personen, die sowohl um ihre Meinung befragt worden waren als auch selbst die Meinung anderer in Erfahrung zu bringen versucht hatten, wurden den "Opinion Givers" zugeordnet.

Vor dem Hintergrund dieser Klassifikation wurden den Probanden Fragen gestellt, die den Ablauf der interpersonellen Kommunikationsprozesse im einzelnen näher beleuchten sollten. Die Erhebungsergebnisse lassen darauf schließen, daß im Rahmen der interpersonellen Kommunikation eher ein Meinungs*austausch* denn eine asymmetrische Meinungsführung die Regel ist[29]. Diese These resultiert aus dem Tatbestand, daß zwei Drittel derjenigen Probanden, deren Meinung von anderen Personen erfragt worden war, selbst ebenfalls die Meinung anderer zu erfahren suchten[30]. Diese Probanden übten somit bei verschiedenen interpersonellen Kommunikationsprozessen

---

25) Vgl. HUMMRICH (1976), S.47; MAYER/SCHNEIDER (1978), S.131.
26) Vgl. KATZ/LAZARSFELD (1955), S.346f. Die Meinungsführer wurden mit lediglich zwei Fragen ermittelt; vgl. ebenda, S.346f.
27) Vgl. TROLDAHL/VAN DAM (1965). Diese Untersuchung befaßte sich mit der Kommunikation über "öffentliche Themen", so daß ihre Ergebnisse nicht unmittelbar auf die Marktkommunikation übertragbar sind. Da sich die Studie jedoch später als richtungweisend auch für die Analyse der persönlichen Kommunikation zwischen Konsumenten erwies, sollen ihre Ergebnisse im folgenden skizziert werden.
28) Vgl. auch die Darstellung bei GREFE/MÜLLER (1976), S.4024f.; SCHENK (1978), S.169ff., sowie die dort angegebene Literatur.
29) TROLDAHL und VAN DAM sprechen deshalb von "opinion sharing"; vgl. TROLDAHL/VAN DAM (1965), S.633. Vgl. auch ARNDT (1968), S.462f.; SCHENK (1978), S.170.
30) Vgl. TROLDAHL/VAN DAM (1965), S.628; SCHENK (1978); S.170.

einmal die Funktion des "Opinion Givers", ein anderes Mal diejenige des "Opinion Askers" aus. Selbst während einzelner Gespräche wechselten "Opinion Givers" und "Opinion Askers" häufig ihre kommunikative Rolle. Weiterhin konnten TROLDAHL und VAN DAM im Hinblick auf einige untersuchte Merkmale - wie z.B. Medienexposition, Informationsniveau, Kontaktfreudigkeit - keine Unterschiede zwischen den beiden Kommunikationstypen feststellen[31].

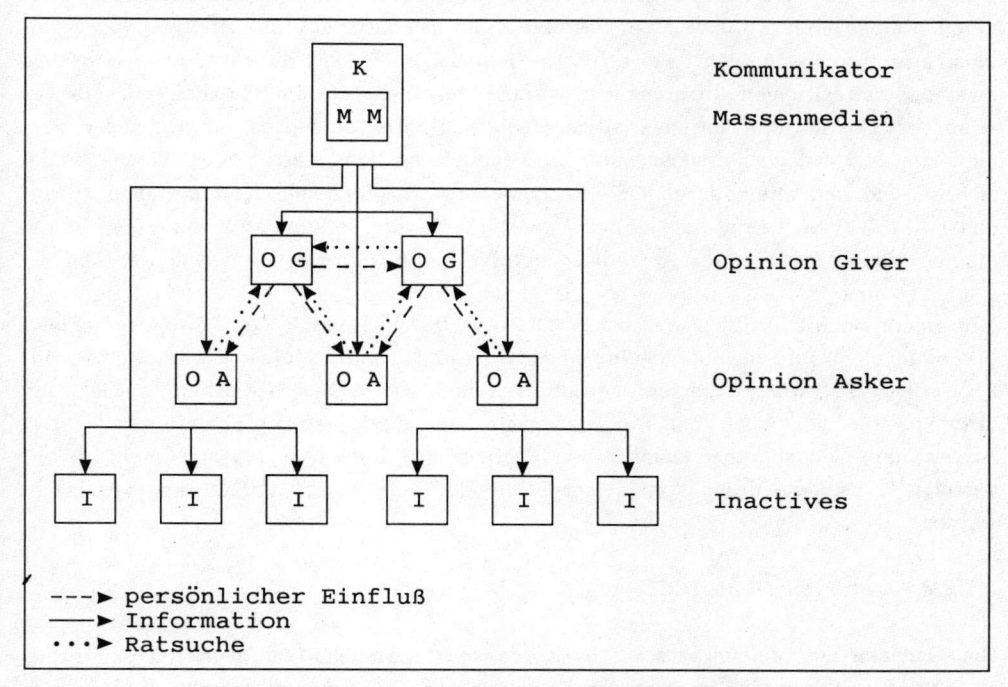

Abb.8: Kommunikationsmodell nach TROLDAHL und VAN DAM

Gegenüber den "Opinion Givers" und "Opinion Askers" hob sich der Kreis der "Inaktiven" hingegen deutlich ab. Diese Personen, die im Rahmen der interpersonellen Kommunikation über die Untersuchungsthemen sozial isoliert waren, machten insgesamt zwei Drittel (!) der Probanden aus[32]. Sie zeigten sich - wie vermutet werden konnte - im Hinblick auf diese Themen schlechter informiert als die beiden anderen Kommunikationstypen. Zudem stellte sich heraus, daß die "Inaktiven" auch im allgemeinen weniger sozial aktiv waren als die "Opinion Askers" und die "Opinion Givers"[33]. Keine Unterschiede bestanden hingegen im Hinblick auf die Mediennut-

---

31) Vgl. TROLDAHL/VAN DAM (1965), S.631f. Vgl. hierzu auch FEICK/PRICE/HIGIE (1986), S.301ff.
32) Vgl. ebenda, S.628; vgl. SCHENK (1978), S.170
33) Vgl. TROLDAHL/VAN DAM (1965), S.633.

zung durch die drei Gruppen: auch die Inaktiven wurden also offensichtlich - entgegen der originären Modellannahme des Multi-Step-Flow-Konzepts - *direkt* von den Massenmedien erreicht[34]. Die Erkenntnisse von TROLDAHL und VAN DAM lassen sich in einem Kommunikationsmodell zusammenfassen, wie es in Abbildung 8 dargestellt ist.

TROLDAHL und VAN DAM gelangen zu dem Schluß, daß die Unterscheidung zwischen Meinungsführern und Meinungsfolgern im Hinblick auf die Analyse von Kommunikationsprozessen nicht weiterführt. Vielmehr muß - so die Autoren - zwischen zwei anderen Gruppen differenziert werden: Personen, die im Hinblick auf ein bestimmtes Thema Informationen austauschen und ihre Meinungen untereinander vergleichen, und solche Personen, die im Hinblick auf das betreffende Thema sozial isoliert sind und allein durch die Massenmedien entsprechende Informationen gewinnen[35]. Von einer Beeinflussung der "weniger aktiven Teile der Bevölkerung" durch Meinungsführer kann dieser Auffassung zufolge nicht weiter ausgegangen werden.

Mit einem anderen Ansatz versuchte TROLDAHL, ein Modell des "Two-Cycle-Flow-of-Communication" zu entwickeln, in dem "ratsuchende" Meinungsführer professionelle Bedarfsberater (Experten) konsultieren und von diesen beeinflußt werden, um ihrerseits die bei ihnen um Rat suchenden Meinungsfolger zu beeinflussen[36]. Der Ansatz hielt jedoch einer empirischen Prüfung nicht stand und wurde nicht weiter verfolgt[37]. Es kann deshalb an dieser Stelle auf eine nähere Erläuterung verzichtet werden.

2.1.2.2 Ansatz von HUMMRICH

Der Gedanke des Meinungsaustauschs wurde von HUMMRICH aufgegriffen und explizit auf Kommunikationsprozesse im Rahmen der Marktkommunikation übertragen. TROLDAHL und VAN DAM hatten in ihrer Konzeption nur solche Kommunikationsprozesse berücksichtigt, die durch *Ratsuche* initiiert worden waren. HUMMRICH trägt darüber hinaus auch dem Aspekt der *autonomen Informationsabgabe* Rechnung und geht zunächst von fünf "Kommunikationstypen" aus, die im Modell der asymmetrischen Kommunikation zu berücksichtigen sind[38]:

- *Informationssucher*;
- *Abhängige Informationsgeber*: Personen, die in Abhängigkeit von einer an sie herangetragenen Ratsuche Informationen abgeben;

---

34) Vgl. ebenda, Tabelle S.632.
35) Vgl. TROLDAHL/VAN DAM (1965), S.634.
36) Vgl. TROLDAHL (1966), S.609ff.
37) Vgl. GREFE/MÜLLER (1976), S.4024.
38) Vgl. HUMMRICH (1976), S.90ff.

- *Autonome Informationsgeber*: Personen, die, ohne um Rat gefragt worden zu sein, von sich aus Informationen abgeben;
- *Passive Informationsempfänger*: Personen, die ohne eigene Suchaktivitäten Informationen von anderen Personen erhalten;
- *Sozial isolierte Konsumenten*: Personen, die im Hinblick auf ein Kommunikationsthema (Produkt oder Produktbereich) keine interpersonellen Kommunikationsbeziehungen unterhalten.

HUMMRICH reanalysierte einige umfassende empirische Untersuchungen, die sich mit verschiedenen Konsumgüterbereichen befaßt hatten[39]. Er stellt fest, daß nur wenige Konsumenten Informationen ausschließlich suchen oder abgeben, d.h. überwiegend asymmetrische Kommunikationsbeziehungen unterhalten. Vielmehr gibt es laut HUMMRICH eine große Zahl von Konsumenten, die "bezüglich eines bestimmten Kommunikationsobjektes in nahezu identischem Ausmaß Informationssuch- und abhängige Informationsabgabeaktivitäten" entwickeln[40]. Diese Personen bezeichnet er daher als "Informationsaustauscher"[41]. Daneben stellt er aufgrund seiner Reanalysen fest, daß die Gruppen der hinsichtlich bestimmter Kommunikationsobjekte sozial isolierten Konsumenten offenbar recht groß sind[42]. Auf der Grundlage dieser empirischen Befunde - und teilweise analog zu dem Ansatz von TROLDAHL und VAN DAM - entwickelte HUMMRICH ein neues Modell der interpersonellen Kommunikation, dessen wesentliches Merkmal die Unterscheidung zwischen solchen Konsumenten, die symmetrische Kommunikationsbeziehungen unterhalten ("Informations-Austauscher"), und solchen, die durch asymmetrische Beziehungen gekennzeichnet oder sozial isoliert sind ("Nicht-Austauscher"), ist. Im einzelnen zählen zu den Nicht-Austauschern "passive Informationsempfänger", "abhängige Informationsgeber", "Informationssucher" und "sozial Isolierte". Autonome Informationsabgabeaktivitäten werden nach HUMMRICH sowohl von "Informationsaustauschern" als auch von "abhängigen Informationsgebern" entfaltet: Der Kommunikationstyp des "Autonomen Informationsgebers" taucht daher in seinem Modell nicht mehr explizit auf. Seine "Symmetrische Austauscherkonzeption" ist in Abbildung 9 dargestellt.

HUMMRICH sucht mit seinem Modell die Lösung ein Problems, welches sich in zahlreichen Untersuchungen herauskristallisiert hatte: Meinungsführer unterscheiden sich hinsichtlich vieler überprüfter Diskriminanzmerkmale kaum oder gar nicht von den Meinungsfolgern[43]. Die Austauscher hingegen sind - so HUMMRICH - von den Nicht-Austauschern besser zu trennen. Dies gilt vor allem für die Differenzierung der "Austauscher" von den "Sozial Isolierten" und den "Passiven Informationsempfängern"

---

39) Vgl. CERHA (1967); INSTITUT für DEMOSKOPIE ALLENSBACH (1970).
40) HUMMRICH (1976), S.102. Vgl. hierzu auch FEICK/PRICE/HIGIE (1986), S.303f.
41) Vgl. ebenda, S.104ff.
42) Vgl. ebenda, S.102.
43) Vgl. hierzu die Darstellungen bei HUMMRICH (1976), S.58f.; MAYER/ SCHNEIDER (1978), S.147ff.; KOEPPLER (1984), S.27ff., sowie die Ausführungen in Kapitel 2.4 dieser Arbeit.

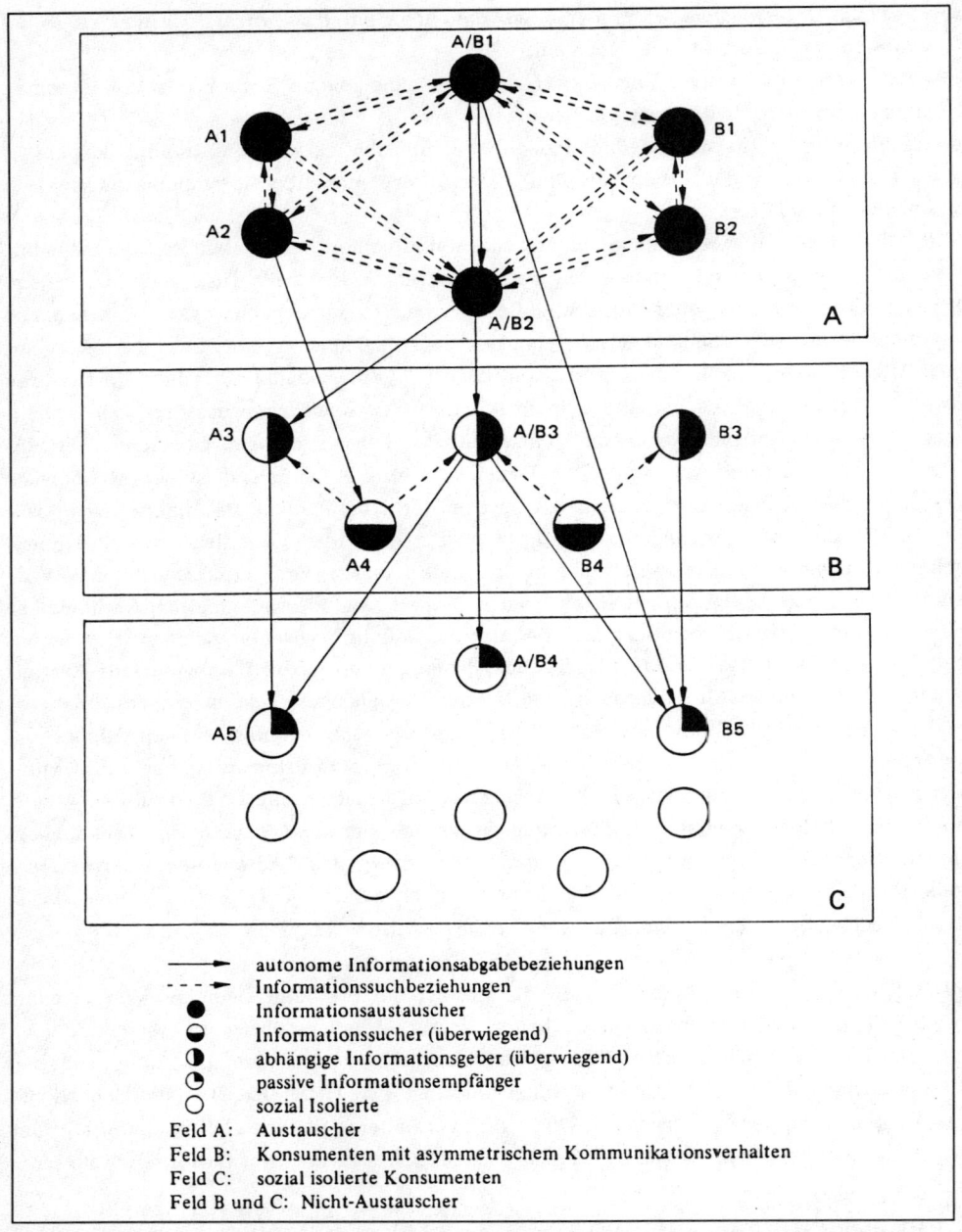

		autonome Informationsabgabebeziehungen
		Informationssuchbeziehungen
	●	Informationsaustauscher
	⊖	Informationssucher (überwiegend)
	◐	abhängige Informationsgeber (überwiegend)
	◔	passive Informationsempfänger
	○	sozial Isolierte
Feld A:	Austauscher	
Feld B:	Konsumenten mit asymmetrischem Kommunikationsverhalten	
Feld C:	sozial isolierte Konsumenten	
Feld B und C:	Nicht-Austauscher	

Abb.9: Informationsaustauschbeziehungen nach HUMMRICH (Quelle: HUMMRICH (1976), S.103)

(Feld C in Abb. 9). Doch auch die "Abhängigen Informationsgeber" und die "Informationssucher" (Feld B in Abb. 9) unterscheiden sich stark von den Kommunikationstypen in Feld C. Daher schlägt HUMMRICH vor, zwei Segmente zu unterscheiden: Die die Kommunikationstypen des Feldes C ("Nicht-Austauscher") und diejenigen der Felder A und B (sie seien im folgenden als "Austauscher *im weiteren Sinne*" bezeichnet)[44].

Vor allem zwei Merkmale erlauben seiner Auffassung nach eine deutliche Trennung zwischen den beiden Segmenten: die Austauscher zeichnen sich gegenüber den Nicht-Austauschern durch ein höheres "Produktinteresse" und durch stärkere "produktbezogene kommunikative Aktivitäten" aus. Mit Hilfe dieser Merkmale können laut HUMMRICH Austauscher-Segmente abgegrenzt und kommunikationspolitisch gezielt angesprochen werden. Er hält deshalb seine Austauscher-Konzeption im Hinblick auf die Steuerung der Konsumentenkommunikation durch das Marketing für geeigneter als das Meinungsführer/Meinungsfolger-Modell[45].

Es ist jedoch unstrittig, daß auch Meinungsfolger und Meinungsführer durch das Kriterium "Produktinteresse" gut voneinander getrennt werden können[46]. Desweiteren ist die Feststellung, daß sich die Austauscher von den Nicht-Austauschern durch das Diskriminanzmerkmal "produktbezogene soziale Aktivitäten" gut unterscheiden lassen, als trivial zu bezeichnen, denn gerade dieses Merkmal dient a priori zur Konstituierung der Gruppen. HUMMRICH bleibt daher den Beweis seiner Behauptung schuldig, sein Ansatz ermögliche eine bessere Steuerung der Konsumentenkommunikation durch das Marketing.

Man kann darüber hinaus bezweifeln, daß das Segment der "Austauscher i.w.S." (Feld A und B in Abb.9) homogener ist als das der "Meinungsführer". Es liegt sogar die Vermutung nahe, daß die "Austauscher i.w.S." nur verschiedene "Typen" von Meinungsführern darstellen, die sich graduell im Hinblick auf die Ausprägung des Merkmals "Meinungsführerschaft" unterscheiden. Das bedeutet, daß die "Austauscher-Konzeption" lediglich eine feinere Differenzierung des Meinungsführer-Modells darstellt.

2.1.3 Kritische Würdigung der Modelle

Die Entwicklung der in diesem Kapitel dargestellten Modelle zeigt, daß sich der Forschungsschwerpunkt von der simultanen Betrachtung massenmedialer und interpersoneller Einflußnahmen auf die nähere Untersuchung *horizontaler Kommunikations-*

---

44) Vgl. HUMMRICH (1976), S.115f. HUMMRICH ist explizit der Auffassung, daß einige der Typen des Feldes Feld B (siehe Abb.9) eher den Austauschern zuneigen, obwohl er sie zuvor (S.103) als "Nicht-Austauscher" tituliert.
45) Vgl. ebenda, S.115f.
46) Zu diesem Schluß gelangen übereinstimmend alle Autoren, die sich mit dem Zusammenhang zwischen Meinungsführerschaft und Produktinteresse befaßten. Vgl. im einzelnen die Ausführungen in Kapitel 2.4 dieser Arbeit.

prozesse innerhalb interpersoneller Netzwerke verlagert hat. Der im Vergleich zum einfachen Two-Step-Flow-Modell größere Facettenreichtum der Nachfolgemodelle hat allerdings nach Auffassung einiger Autoren die Brauchbarkeit der Meinungsführer-Konzeption eingeschränkt[47]. Dieser Standpunkt erscheint jedoch nicht gerechtfertigt. Die Zwei-Stufen-Konzeption hat zwar durch die sukzessiven Modellerweiterungen und -präzisierungen an Griffigkeit eingebüßt, aber dafür auf der anderen Seite an Realitätsnähe gewonnen.

Obwohl an dem Ansatz von HUMMRICH erhebliche Kritik angebracht ist, stellt dessen Austauscher-Konzeption das differenzierteste Modell der interpersonellen Kommunikation dar. Der Wert des Ansatzes liegt insbesondere darin, daß sich der Autor detailliert mit einzelnen kommunikativen Idealtypen befaßt und dabei implizit nachgewiesen hat, daß es sehr verschiedene Arten von Meinungsführern gibt, nämlich "Informationsaustauscher", "Abhängige Informationsgeber" und "Informationssucher" (welche zwar überwiegend Informationen suchen, solche aber offenbar auch abgeben). HUMMRICHs Vorschlag, in Zukunft zwischen Austauschern und Nicht-Austauschern zu differenzieren und das Kriterium der Meinungs*führerschaft* fallen zu lassen, um damit die Steuerungsmöglichkeiten durch das Marketing zu verbessern[48], führt jedoch in die falsche Richtung.

Aus Marketing-Sicht steht vor allem die Frage im Vordergrund, wie man die Segmente der besonders einflußreichen Konsumenten kommunikationspolitisch erreichen kann, um auf diesem Wege positive Multiplikatoreffekte zu realisieren. Dazu bedarf es jedoch zwingend der Lokalisierung der Meinungsführer, selbst wenn sich diese mit Hilfe der i.d.R. zu derartigen Zwecken verwendeten Diskriminanzmerkmale nicht so gut von anderen Konsumenten unterscheiden ließen wie die "Austauscher" von den "Nicht-Austauschern"[49].

Ein Nachteil des Two-Step-Flow-Modells ist vor allem darin zu sehen, daß hier allein zwischen "Meinungsführern" und den diesen gegenüberstehenden "Meinungsfolgern" differenziert wird. Als Meinungsfolger werden dabei diejenigen Personen bezeichnet, die von den Meinungsführern durch die Übermittlung von Informationen beeinflußt werden. Es ergeben sich jedoch Schwierigkeiten bei der Einordnung von Personen, die *sowohl* Informationen suchen *als auch* darum ersucht werden.

Offenbar muß daher zwischen der graduellen Meinungsführerschaft, die das Ausmaß zum Ausdruck bringt, in welchem eine Person (ein Konsument) *andere beeinflußt*[50], und einer graduellen "Meinungsfolgerschaft", die sich als das Ausmaß interpretieren läßt, in welchem eine Person (ein Konsument) *von anderen beeinflußt wird*, differenziert werden. Jedem Konsumenten kann demzufolge jeweils ein gewisser Grad an Meinungsführerschaft und Meinungsfolgerschaft zugeschrieben werden. Die Kombina-

---

47) Vgl. KOEPPLER (1984), S.87, sowie die dort angegebene Literatur.
48) Vgl. HUMMRICH (1976), S.116.
49) Vgl. ebenda, S.115f., sowie die Ausführungen in Kapitel 2.4 dieser Arbeit.
50) Vgl. Kapitel 1.1.3 dieser Arbeit.

tion dieser beiden Kriterien führt zu einer Fülle von kommunikativen Konsumententypen, denen man theoretisch auch die Idealtypen im Modell von HUMMRICH zuordnen könnte.

Grundsätzlich wäre es nun denkbar, daß die Meinungsführer zugleich auch ihre eigenen Meinungsfolger sind, daß sich also die Meinungsführer nur untereinander beeinflussen. Dann gäbe es bei grober Differenzierung lediglich zwei Gruppen von Konsumenten[51]:

- Personen (Konsumenten), die im Hinblick auf bestimmte Konsumgüter intensiv miteinander kommunizieren und dabei sowohl eine hohe graduelle Meinungsführerschaft als auch eine hohe graduelle Meinungsfolgerschaft aufweisen.
- Personen (Konsumenten), die nicht über diese Produkte kommunizieren und also weder Meinungsführer noch Meinungsfolger sind.

Dieser Extremfall stellt aber offensichtlich keine zutreffende Beschreibung der Realität dar. So ist anzunehmen, daß z.B. ein an einem Produktbereich i.d.R. nicht sonderlich interessierter Konsument im Falle einer Kaufabsicht bei anderen Konsumenten Informationen sucht und auf diese Weise - zumindest temporär - zu einem Meinungsfolger wird. Man kann daher im Hinblick auf viele Produktbereiche die Möglichkeit ausschließen, daß es - wie TROLDAHL und VAN DAM implizit unterstellen[52] - breite Konsumentenschichten gibt, die auf *lange Sicht* stets "inaktiv" bleiben. Schon aus diesem Grunde erscheint es unwahrscheinlich, daß sich Meinungsführer ausschließlich untereinander beeinflussen.

Abschließend ist festzuhalten, daß das Two-Step-Flow-Modell eine unzureichende Beschreibung der Realität darstellt. Man hat sich insbesondere die horizontalen Kommunikationsbeziehungen zwischen Konsumenten wesentlich differenzierter vorzustellen, als es die dichotome Klassifizierung in Meinungsführer und Meinungsfolger nahelegt. Im Rahmen dieser Arbeit interessieren vor allem diejenigen Personen, die andere in hohem Maße beeinflussen. Daher wird im folgenden die unterschiedlich stark ausgeprägte Meinungsführerschaft von Konsumenten im Mittelpunkt des Interesses stehen. Dabei wird - gestützt auf Plausibilitätsüberlegungen - unterstellt, daß die Meinungsführer nicht gleichzeitig auch ihre eigenen und einzigen Meinungsfolger sind, sondern daß von ihnen positive Multiplikatoreffekte auf andere Konsumentenschichten ausgehen.

---

51) Diese Auffassung entspricht in etwa derjenigen, die TROLDAHL und VAN DAM vertreten. Vgl. TROLDAHL/VAN DAM (1965), S.633f.
52) TROLDAHL und VAN DAM ermittelten in ihrer Studie, daß etwa zwei Drittel aller Konsumenten zu den "Inaktiven" zählen; vgl. TROLDAHL/VAN DAM (1965), S.628.

2.2 Ermittlung von Meinungsführern
2.2.1 Problematik der Messung und Zuordnung von "Einfluß"

Meinungsführer zu "ermitteln" bedeutet, die *graduelle Meinungsführerschaft* von Konsumenten zu erfassen, um dann eine grobe Klassifizierung von "Meinungsführern" und "Nicht-Meinungsführern" vornehmen zu können. Die graduelle Meinungsführerschaft eines Konsumenten ergibt sich aus der Häufigkeit, mit der er auf die Konsumentscheidungen seiner Verwandten, Freunde und Bekannten Einfluß nimmt[53]. Die Messung dieses Konstrukts erfordert eine zweistufige Vorgehensweise:
(1) der auf andere Konsumenten ausgeübte Einfluß muß gemessen und
(2) dem Beeinflusser zugeschrieben werden.

Bereits auf der ersten Stufe - bei der Operationalisierung und Quantifizierung des im Verlauf interpersoneller Kommunikationsprozesse ausgeübten Einflusses - ergeben sich jedoch erhebliche Schwierigkeiten.
Dies liegt zum einen darin begründet, daß der Einflußbegriff in dieser Arbeit weit ausgelegt wird. Spräche man z.B. nur dann von der Beeinflussung eines Konsumenten, wenn durch interpersonelle Kommunikation auf sein *tatsächliches Kaufverhalten* eingewirkt wird, so wäre die Erfassung derartiger Einflußnahmen vergleichsweise einfach. Da jedoch bereits die Veränderung von *Meinungen und Einstellungen* als Beeinflussung zu verstehen ist, stellt die Einflußerfassung eine komplexe Aufgabe dar[54].
Zum anderen resultieren die angesprochenen Schwierigkeiten aus der Notwendigkeit, nur solche Beeinflussungen zu erfassen, die tatsächlich auf interpersonelle Kommunikationsprozesse zurückzuführen sind. Die Wirkungen anderer Faktoren, die das potentielle und faktische Kaufverhalten (mit-)bestimmen, müssen deshalb bei den Messungen isoliert werden, was ebenfalls Probleme bereitet.

Grundsätzlich kann die Messung von Einflußnahmen - wie jede Form der Datengewinnung - durch Beobachtung und/oder durch Befragung erfolgen[55]. Es ist daher zu prüfen, welche Vorgehensweise sich im Hinblick auf die vorliegende Fragestellung am besten eignet. Aus Gründen der Vereinfachung soll dabei anstelle der komplexen Kommunikationsnetze sozialer Gruppen zunächst nur eine Kommunikations*dyade* betrachtet werden, an der ein beeinflussender Konsument A und ein beeinflußter Konsument B beteiligt sind.

---

53) Vgl. ROGERS (1983), S.271. ROGERS spricht hier von der "relativen Häufigkeit" des Einflusses, die die Meinungsführerschaft bestimmt.
54) Vgl. zum Begriff des Einflusses die Ausführungen zu den "Kommunikationswirkungen" in Kapitel 1.1.2 dieser Arbeit.
55) Vgl. z.B. SALCHER (1978), S.24; HAMMANN/ERICHSON (1978), S.27; NIESCHLAG/DICHTL/HÖRSCHGEN (1985), S.692; BÖHLER (1985), S.74.

Die Messung des von A auf B ausgeübten Einflusses durch *Beobachtung* ist vor allem in zwei Formen denkbar:
- durch (teilnehmende) Beobachtung des Beeinflussungsvorganges, z.B. im Rahmen eines Experiments;
- durch Ex-Post-Beobachtung der Beeinflussung bei B.

Eine *zeitgleiche Messung* des Beeinflussungsvorgangs im Rahmen eines Labor-Experiments erscheint möglich, wenn es sich um die Beobachtung der interpersonellen Kommunikation zwischen Familienmitgliedern handelt[56]. Bei derartigen Experimenten wird zumeist die Zielsetzung verfolgt, das Rollenverhalten der Familienmitglieder und ihre Entscheidungs-Kompetenzen im Hinblick auf bestimmte Konsumgüter zu untersuchen. So können z.B die produktbezogenen Gespräche innerhalb einer auf eine Familie begrenzten Gruppe durch Interaktionsanalysen ausgewertet werden[57]. Die interpersonelle Kommunikation innerhalb der meist wesentlich größeren und schlechter abgrenzbaren Gruppen von Freunden, Bekannten oder Arbeitskollegen kann jedoch i.d.R. *nicht* in einem Labor simuliert und gemessen werden. Darüber hinaus erscheint auch die Beobachtung der Beeinflussungsvorgänge in der natürlichen Umwelt der Konsumenten (Feldexperiment) in den meisten Fällen ausgeschlossen[58]. Daher kommt dieses Meßverfahren für die Erfassung von Einflußnahmen - und damit auch für die Ermittlung von Meinungsführern - in aller Regel nicht in Betracht[59].

Eine *Ex-Post-Erfassung* des auf B ausgeübten Einflusses kann z.B. durch die Beobachtung seiner Verhaltensweisen erfolgen. So maßen COLEMAN, KATZ und MENZEL in ihrer DRUG-Studie, wie sich die Ärzte einer Kleinstadt im Hinblick auf ein neues Medikament gegenseitig beeinflußten, indem sie die von den Ärzten ausgeschriebenen Rezepte auswerteten[60]. Analog hierzu wäre in einer gegebenen Situation zu prüfen, ob das durch interpersonelle Kommunikation induzierte *Kaufverhalten* von Konsumenten derart erfaßt werden kann[61]. Unter interpersoneller Beeinflussung ist jedoch auch die Veränderung von konsumrelevanten Meinungen und Einstellungen zu verstehen; diese läßt sich aber nicht oder nur unter sehr hohem Aufwand (Messung im Labor) *beobachten*[62]. Daher ist es i.d.R. nicht möglich, interpersonelle Einflußnahmen auf Konsumenten *vollständig* mit dem Instrument der Ex-Post-Beobachtung zu messen[63].

---

56) Vgl. z.B. HUBEL (1986), S.119ff.
57) Vgl. KROEBER-RIEL (1984), S.452ff., sowie die dort angegebene Literatur.
58) Es ist jedoch bereits an dieser Stelle darauf hinzuweisen, daß in Ausnahmefällen eine Erfassung von interpersonellen Einflußnahmen durch Beobachtung im Feld möglich erscheint. Vgl. hierzu die Schilderung der beispielhaften Vorgehensweise der Firma "Küppers Kölsch" in Kapitel 3.3.1 dieser Arbeit.
59) So auch ROGERS (1983), S.280.
60) Vgl. MENZEL/KATZ (1955), S.344ff.; KATZ (1964), S.107; COLEMAN/KATZ/MENZEL (1968), S.101f.; COLEMAN/KATZ/MENZEL (1972), S.123.
61) Vgl. hierzu die Vorgehensweise von ARNDT. Vgl. ARNDT (1967a), S.291ff.; Derselbe (1970), S.1105ff.
62) Zu den Verfahren der Einstellungsmessung durch Beobachtung vgl. KROEBER-RIEL (1984), S.182ff.
63) Vgl. ROGERS (1983), S.280; KUMPF (1983), S.329.

Die Messung von ausgeübtem Einfluß beim Beeinflußten mit Hilfe des Instruments der Ex-Post-Beobachtung wirft darüber hinaus ein weiteres Problem auf. Direkt gemessen werden kann auf diese Weise der Grad der Meinungs*folgerschaft* des Beeinflußten B. Soll jedoch die graduelle Meinungs*führerschaft* eines Konsumenten A ermittelt werden, so muß der Rückschluß auf den Beeinflusser möglich sein. Damit ergibt sich jedoch meist die Notwendigkeit, zumindest zusätzlich das Instrument "Befragung" zur Ermittlung von Meinungsführerschaft heranzuziehen[64], wenn nicht sogar ganz auf die Verwendung des Meßinstruments "Beobachtung" verzichtet wird.

Sollen Einflußnahmen im Rahmen der interpersonellen Kommunikation auf dem Wege der *Befragung* gemessen werden, so sind in diesem Zusammenhang Befragungen des Beeinflussers A, des Beeinflußten B oder auch beider am Kommunikationsprozeß Beteiligten denkbar. Allerdings ergibt sich hier das grundsätzliche Problem, daß durch Befragungen nur solche Sachverhalte gemessen werden können, die die Probanden *bewußt* erlebt haben[65]. Die daraus resultierenden Schwierigkeiten lassen sich beispielhaft wieder anhand einer Kommunikationsdyade zwischen dem beeinflussenden Konsumenten A und dem beeinflußten Konsumenten B aufzeigen.

Es soll zunächst davon ausgegangen werden, daß A in einem Kommunikationsprozeß tatsächlich Einfluß auf B ausgeübt hat. Dabei kann sich A seiner Einflußnahme sowohl *bewußt* als auch *nicht bewußt* sein. Daneben ist es offen, ob sich Konsument B über die stattgefundene Beeinflussung im klaren ist oder nicht. Daraus ergeben sich vier mögliche Formen ausgeübten Einflusses (siehe Abb.10).

		B nimmt Beeinflussung wahr	nicht wahr
A beeinflußt	bewußt	direkter Einfluß	Manipulation
	unbewußt	antizipierter Einfluß	Assimilation/ Sozialisation

Abb.10: Formen der Einflußnahme in einer Kommunikationsdyade (Quelle: BÖCKER (1987), S.19)

Selbst wenn man davon ausgeht, daß die Probanden A und B nach bestem Wissen und wahrheitsgetreu antworten, ergeben sich Probleme bei der Erfassung der stattgefundenen Beeinflussung. Befragt man nämlich den beeinflußten Konsumenten B, so

---

64) So ermittelten auch MENZEL und KATZ in ihrer DRUG-Studie die Meinungsführer auf diesem Weg. Vgl. MENZEL/KATZ (1955), S.340ff. Vgl. auch KATZ (1968), S.89; COLEMAN/KATZ/MENZEL (1968), S.101; COLEMAN/KATZ/MENZEL (1972), S.123ff. Vgl. auch die Darstellungen dieser Vorgehensweise bei SCHENK (1978), S.151ff.; KROEBER-RIEL (1984), S.552f.
65) Vgl. z.B. SALCHER (1978), S.29, sowie die dort angegebene Literatur.

wird dieser den auf ihn ausgeübten Einfluß als Summe von "direktem" und "antizipiertem" Einfluß auffassen (siehe Abbildung 10). Der beeinflussende Konsument A hingegen wird unter Einfluß die Summe von "direktem" Einfluß und "Manipulation" verstehen[66].

Für die Messung von Einflußnahmen und die Ermittlung von Meinungsführerschaft mit Hilfe des Instruments der Befragung ergeben sich daraus wichtige Konsequenzen:
- Einflußnahmen, die weder vom Beeinflusser noch vom Beeinflußten als solche wahrgenommen werden ("Assimilation"/"Sozialisation"), können durch Befragung *nicht* erfaßt werden;
- wird nur einer der an der Kommunikationsdyade Beteiligten befragt, so stellt dies eine Verkürzung der Betrachtungsweise dar, da u.U. "Manipulationen" oder "antizipierte Einflußnahmen" *vernachlässigt* werden.

Darüber hinaus stellt sich die Frage, wie *reliabel* und *valide* eine Einflußmessung mit Hilfe des Instruments "Befragung" ist[67]. Es besteht zum einen die Gefahr, daß sich ein Konsument zu Unrecht als Beeinflusser eines anderen einstuft. Zum anderen ist nicht auszuschließen, daß ein beeinflußter Konsument eine erfolgte Einflußnahme aus Gründen der sozialen Unerwünschtheit leugnet.

Zusammenfassend bleibt festzuhalten, daß die Messung von Einfluß mit Hilfe von Befragungen unverkennbare Schwächen aufweist. Dennoch ist diese Erhebungsform Grundlage aller gebräuchlichen Verfahren zur Ermittlung von Meinungsführern. Dies ist nicht zuletzt darauf zurückzuführen, daß sich das Instrument der "Beobachtung" für diese Aufgabenstellung größtenteils nicht eignet. Die geschilderten Erfassungsprobleme machen jedoch deutlich, daß bei der Bewertung der Leistungsfähigkeit der im nächsten Kapitel vorgestellten Verfahren zur Ermittlung von Meinungsführern eine gewisse Vorsicht geboten ist.

---

66) Vgl. BÖCKER (1987), S.19. Die von BÖCKER verwendeten Begriffe für die verschiedenen Formen der Beeinflussung sollen an dieser Stelle nicht weiter analysiert und diskutiert werden.
67) Zu den Begriffen "Reliabilität" und "Validität" vgl. BÖHLER (1985), S.99ff., sowie die Ausführungen in Kapitel 2.2.3 dieser Arbeit.

2.2.2 Verfahren zur Ermittlung von Meinungsführern

Drei Verfahren sind im allgemeinen gebräuchlich, um Meinungsführer zu ermitteln bzw. graduelle Meinungsführerschaft zu messen[68]:
- Soziometrische Methode;
- Verfahren des Schlüsselinformanten;
- Verfahren der Selbstauskunft.

Bei Anwendung der auf MORENO[69] zurückgehenden *soziometrischen Methode* wird eine Befragung der Mitglieder sozialer Gruppen durchgeführt. Ist die Zusammensetzung der Gruppen vorab nicht bekannt, so können im "Schneeballverfahren" alle diejenigen Personen in die Erhebung aufgenommen werden, die nach Auskunft der zuvor Befragten zu der betrachteten Gruppe zählen.

Die Probanden werden aufgefordert, diejenigen Personen zu nennen, bei denen sie Ratschläge oder Informationen bezüglich bestimmter Konsumentscheidungen einholen. Dabei kann sowohl das *faktische* Verhalten in der Vergangenheit - "bei wem haben Sie in den letzten Wochen Ratschläge über ... eingeholt?" - als auch das *potentielle* Verhalten in der Zukunft - "bei wem würden Sie Ratschläge über ... einholen?" - Gegenstand der Untersuchung sein[70]. Die Antworten werden in einer Soziomatrix oder einem Soziogramm zusammengefaßt[71].

Am Beispiel der bereits angesprochenen DRUG-Studie soll die Methode veranschaulicht werden. Die Autoren ermittelten die Meinungsführer unter den Ärzten einer Kleinstadt mit der an jeden von ihnen gerichteten Frage: "Wenn Sie zusätzliche Informationen und Ratschläge im Hinblick auf das Medikament X benötigen, an welche Ärzte wenden Sie sich üblicherweise?" Das Ergebnis der Untersuchung läßt sich in einem Soziogramm darstellen (siehe Abb.11)[72].

---

68) Vgl. z.B. HUMMRICH (1976), S.54; MAYER/SCHNEIDER (1978), S.136; KROEBER-RIEL (1984), S.550; KOEPPLER (1984), S.9. ROGERS zählt als vierte Methode die "Objektive Technik" der Beobachtung hinzu; vgl. ROGERS (1983), S.278; so auch KUMPF (1983), S.329. Diese Auffassung gilt jedoch als Mindermeinung, da das Instrument "Beobachtung" im vorliegenden Zusammenhang - wie im vorhergehenden Kapitel gezeigt wurde - in den meisten Fällen nicht sinnvoll einsetzbar ist.
69) Vgl. MORENO (1974), passim. Vgl. auch MAYNTZ/HOLM/HÜBNER (1978), S.122ff.
70) Vgl. KUMPF (1983), S.328; so auch KOEPPLER (1984), S.11. Ein Beispiel für eine Operationalisierung, die auf das potentielle Verhalten abstellt, findet sich bei WRIGHT (1975), S.5.
71) Vgl. MAYNTZ/HOLM/HÜBNER (1978), S.124ff.
72) Vgl. MENZEL/KATZ (1955), S.341; so auch COLEMAN/KATZ/MENZEL (1972), S.122ff. Die Abbildung wurde der Referierung der Original-Studie bei SCHENK entnommen; vgl. SCHENK (1978), S.155. Eine ausführliche Darstellung der empirischen Untersuchung findet sich auch bei KROEBER-RIEL (1984), S.552f.

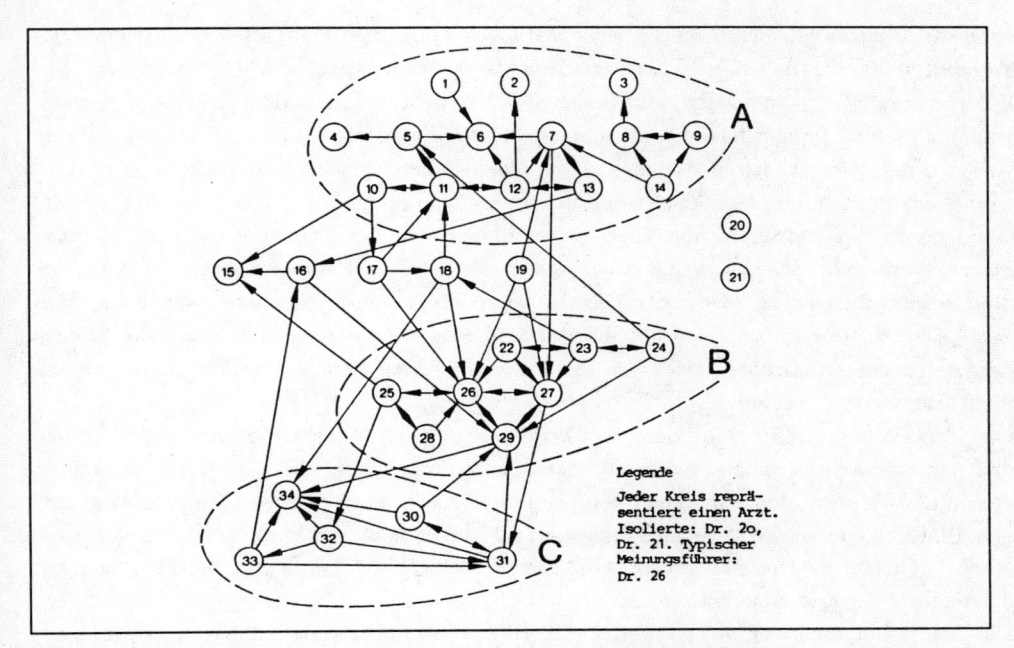

Abb.11: Soziogramm der DRUG-Studie (Quelle: SCHENK (1978), S.155)

Als Meinungsführer wurden die Ärzte klassifiziert, die besonders viele Wahlen auf sich vereinigen konnten. In diesem Beispiel handelte es sich demnach bei den Ärzten 26, 27, 31 und 34 (siehe Abb.11) um Meinungsführer[73].

Es ist zu beachten, daß bei einer solchen Vorgehensweise lediglich die Kommunikationsstrukturen und -präferenzen in sozialen Gruppen gemessen werden und die Frage nach der Kommunikationswirkung zunächst offen bleibt[74]. Das Einholen von Ratschlägen und Informationen gilt offensichtlich als ausreichender Indikator dafür, daß auch tatsächlich Einfluß auf den Rat- bzw. Informationssuchenden ausgeübt wurde. Zwar wäre bei Anwendung der soziometrischen Methode auch eine direktere Fragestellung möglich, etwa in der Form: "Von wem fühlten Sie sich in ihrem Kaufverhalten hinsichtlich ... in den letzten Monaten beeinflußt?". Es ist jedoch zu befürchten, daß dann Messungen vorgenommen würden, die eine nur geringe interne Validität aufwiesen, weil die Probanden erfolgte Einflußnahmen möglicherweise leugnen würden. Deshalb erscheint die in der Marktforschungspraxis übliche Verwendung indirekter Fragestellungen auch im vorliegenden Fall angezeigt[75].

---

73) Zusätzlich überprüften die Autoren durch die bereits erwähnte Auswertung der verschriebenen Rezepte, inwieweit die ermittelten Kommunikationsstrukturen in der Gruppe mit der Diffusion des neuen Medikaments in Einklang standen. Vgl. COLEMAN/KATZ/MENZEL (1972), S.123.
74) So auch MAYER/SCHNEIDER (1978), S.136; KOEPPLER (1984), S.11.
75) So z.B. auch HAMMANN/ERICHSON (1978), S.68; BÖHLER (1985), S.78f.

Eine Alternative zur soziometrischen Methode stellt das *Verfahren des Schlüsselinformanten* dar[76]. Bei der soziometrischen Methode besteht - wie gezeigt wurde - die Notwendigkeit, sämtliche Mitglieder der betrachteten sozialen Gruppe zu ermitteln (und nicht immer handelt es sich dabei um die relativ leicht zu lokalisierenden Ärzte einer Kleinstadt!) und dann aufwendige Einzelinterviews zu führen. Wird hingegen das Verfahren des Schlüsselinformanten angewendet, so läßt sich dieser Aufwand durch die Befragung nur eines oder einiger weniger Probanden erheblich reduzieren. Man geht dabei von der Überlegung aus, daß es Personen gibt, die den oder die Meinungsführer in der betrachteten sozialen Gruppe benennen können. Dabei kann es sich sowohl um *interne* Schlüsselinformanten handeln, die selbst Mitglieder der betrachteten Gruppe sind, als auch um *externe* Schlüsselinformanten, welche nicht zur Gruppe zählen.

Die Anwendung dieser Methode zur Ermittlung von Meinungsführern setzt voraus, daß der Schlüsselinformant einen besonders guten Überblick über die Gruppenstruktur und die zwischen den einzelnen Gruppenmitgliedern herrschenden Kommunikations- und Einflußbeziehungen - jeweils bezogen auf einen bestimmten Untersuchungsgegenstand - besitzt[77]. Darüber hinaus muß vorab weitgehend festgelegt werden, wie die betrachtete Gruppe abzugrenzen ist.

Die Ermittlung von Meinungsführern mit Hilfe von Schlüsselinformanten ist mit erheblichen Problemen verbunden. Diese betreffen zum einen die Identifizierung der Schlüsselinformanten[78]; zum anderen stellt sich die Frage, inwieweit die interpersonellen Beeinflussungen mit diesem Verfahren überhaupt gemessen werden können.

Es erscheint am einfachsten, *externe* Schlüsselinformanten - wie z.B. Lehrer oder Vorgesetzte - zu lokalisieren. Allerdings ist zu bedenken, daß externe Schlüsselinformanten in der Mehrzahl der Fälle keinen ausreichend detaillierten Einblick in die Kommunikations- und Einflußbeziehungen haben, die zwischen den Gruppenmitgliedern im Hinblick auf bestimmte Konsumgüter bestehen. Darunter muß zwangsläufig die Qualität ihrer Angaben leiden, was die Validität der Meßmethode stark einschränken wird. Zudem handelt es sich bei den zu betrachtenden Gruppen in den meisten Fällen nicht um formale, sondern um informale Gruppen, so daß i.d.R. nicht der relativ leicht zu ermittelnde formale Gruppenführer als Schlüsselinformant herangezogen werden kann.

Es ist deshalb anzustreben, die Mitarbeit *interner* Schlüsselinformanten zu gewinnen. Denkbar wäre die Befragung sozialer Führer oder derjenigen Personen, die im sozialen Netz ihrer Gruppe eine Schlüsselposition einnehmen[79]. Die Ermittlung dieser Personen setzt jedoch beim Untersuchenden detaillierte Kenntnisse der Gruppenstruk-

---

76) Vgl. ROGERS/CARTANO (1962), S.438. In der angelsächsischen Literatur ist vom "key informant" die Rede; vgl. z.B. ebenda, S.438; JACOBY (1974), S.81; ROGERS (1983), S.279f.
77) Vgl. MAYER/SCHNEIDER (1978), S.136.
78) Vgl. KUMPF (1983), S.328f.
79) Vgl. JACOBY (1974), S.84f.

tur voraus; diese können aber zumeist nur durch Befragungen einzelner Gruppenmitglieder gewonnen werden. Damit wird jedoch der Vorteil des geringeren Erhebungsaufwandes wieder aufgezehrt, den das Verfahren des Schlüsselinformanten im Vergleich zu der soziometrischen Methode zunächst aufzuweisen scheint[80]. Zudem kann der Fall eintreten, daß es sich bei den ermittelten internen Schlüsselinformanten um die gesuchten Meinungsführer handelt[81]. Dann besteht das Meßergebnis aus einer Selbsteinschätzung der Meinungsführer sowie deren subjektiven Einschätzungen der jeweiligen graduellen Meinungsführerschaft der anderen Gruppenmitglieder. Hierunter leidet aber möglicherweise die interne Validität des Erhebungsergebnisses.
Die geschilderten Einwände und - vor allem - der hohe Anwendungsaufwand haben dazu geführt, daß das Verfahren des Schlüsselinformanten bislang nur selten zur Ermittlung von Meinungsführern herangezogen wurde[82].

Die dritte Methode zur Ermittlung von Meinungsführern, das *Verfahren der Selbstauskunft*, wird in der Praxis am häufigsten angewendet. Die Probanden werden - vereinfacht ausgedrückt - danach gefragt, ob und in welchem Ausmaß sie sich *selbst* als Meinungsführer einstufen[83]. Dabei differierten Anzahl und Formulierung der verwendeten Fragen bei den bisher durchgeführten Untersuchungen.
Einige Autoren begnügen sich damit, die Probanden anhand einer einzigen Frage als "Meinungsführer" und "Nicht-Meinungsführer" (bzw. Meinungsfolger) zu klassifizieren[84]. Dabei werden i.d.R. Formulierungen verwendet, die sich eng an die Vorgehensweise in der DECATUR-Studie anlehnen[85].
Andere Autoren verwenden hingegen Item-Sets zur Operationalisierung von Meinungsführerschaft[86]. Dabei stützen sich die meisten auf eine von ROGERS und CARTANO entwickelte 6-Item-Skala (siehe Abb.12). Jeder Antwort wird dabei ein Punktwert zugeteilt. Die Addition der - gewichteten oder ungewichteten - Punktwerte ergibt einen Gesamtindex, der die Meinungsführerschaft einer Person zum Ausdruck bringen soll. Das Erreichen oder Überschreiten eines bestimmten Schwellenwertes führt zur Einstufung einer Person als Meinungsführer[87].

---

80) So auch KUMPF (1983), S.329; KOEPPLER (1984), S.11.
81) Vgl. MAYER/SCHNEIDER (1978), S.139.
82) Vgl. KUMPF (1983), S.329; KOEPPLER (1984), S.11.
83) Vgl. z.B. KROEBER-RIEL (1984), S.554. In der angelsächsischen Literatur ist von der "self-designating-method" die Rede; vgl. z.B. ROGERS/CARTANO (1962), S.438; SILK (1971), S.383; ROGERS (1983), S.279f.
84) Vgl. u.a. COREY (1971), S.49; MONTGOMERY/SILK (1971), S.318; MYERS/ROBERTSON (1972), S.42.
85) Vgl. KATZ/LAZARSFELD (1955), S.346f.
86) Vgl. u.a. SILK (1971), S.386; DARDEN/REYNOLDS (1972), S.325; BAUMGARTEN (1975), S.13; ARMSTRONG/FELDMAN (1976), S.23; CHILDERS (1986), S.186.
87) Vgl. MAYER/SCHNEIDER (1978), S.137f.

> 1) During the past six months have you told anyone about ...?
>
> 2) Compared with your circle of friends are you (a) more or (b) less likely to be asked for advice about ...?
>
> 3) Thinking back to your last discussion about ..., (a) were you asked for your opinion of ... or (b) did you ask someone else?
>
> 4) When you and your friends discuss new ideas about ..., what part do you play? (a) Mainly listen or (b) try to convince them of your ideas?
>
> 5) Which of these happens more often, (a) you tell your neighbors about ..., or (b) they tell you about ...?
>
> 6) Do you have the feeling that you are generally regarded by your neighbors as a good source of advice about ...?

Abb.12: ROGERS-Skala zur Ermittlung von Meinungsführern[88] (Quelle: ROGERS/CARTANO (1962), S.439f.)

Die Verwendung derartiger Item-Batterien zur Ermittlung von Meinungsführern ist den Einzelfragen vorzuziehen, da es bei sorgfältiger Entwicklung der Fragen möglich sein sollte, verschiedene Dimensionen des komplexen Konstrukts "Meinungsführerschaft" zu messen. Zudem stellt diese Vorgehensweise die Voraussetzung dafür dar, daß graduelle Unterschiede in den Ausprägungen der Variablen "Meinungsführerschaft" gebührend berücksichtigt werden können[89].

Auch beim Verfahren der Selbstauskunft wird in der Regel versucht, von der kommunikativen Rolle eines Probanden auf die (von ihm ausgeübten) Einflußnahmen zu schließen. Lediglich in einer Antwortvorgabe der ROGERS-Skala (Item 4, siehe Abb.12) klingt deutlich an, daß Prozesse des Überzeugens ("convince"), d.h. der Einflußnahme, im Mittelpunkt des Interesses stehen. Noch direkter stellen MYERS und ROBERTSON ihre (einzige) Frage zur Einstufung der Probanden: "Now, let's consider how much you feel you *influence* [Heraushebung durch den Verfasser] friends and relatives on each of the following topics?"[90]. Bei einer solchen Formulierung besteht jedoch die Gefahr, daß grobe Verzerrungen bei der Ermittlung der Meinungsführer entstehen, weil Aspekte der sozialen Erwünschtheit in die Antworten einfließen können. Es erscheint daher - wie bereits ausgeführt wurde - zweckmäßiger, die indirekten Fragestellungen beizubehalten, zumal der Einfluß-Begriff hier weit ab-

---

88) Der Tatbestand, daß vor allem die kommunikativen Beziehungen zu Nachbarn erfragt werden, ist auf den Untersuchungsgegenstand zurückzuführen: die Erhebung zielte auf Farmer und deren Kommunikation über neue landwirtschaftliche Techniken. Vgl. ROGERS/CARTANO (1962), S.435ff. Für andere Zwecke muß die Skala entsprechend modifiziert werden.
89) Vgl. KOEPPLER (1984), S.14f.
90) MYERS/ROBERTSON (1972), S.42.

gegrenzt wird, so daß die kommunikativen Verhaltensweisen vermutlich geeignete Indikatoren für tatsächlich ausgeübte Einflußnahmen darstellen[91].

2.2.3 Kritischer Vergleich der Verfahren

Das Verfahren des Schlüsselinformanten weist, wie gezeigt wurde, erhebliche Unzulänglichkeiten auf. Da das Verfahren zudem kaum Anwendung findet[92], soll es im folgenden vernachlässigt werden. Die Betrachtung beschränkt sich somit auf einen kritischen Vergleich zwischen der soziometrischen Methode und dem Verfahren der Selbstauskunft.

Methode Merkmal	Soziometrische Methode	Verfahren der Selbstauskunft
Befragte Personen	Mitglieder einer sozialen Gruppe	einzelne Personen ohne expliziten Bezug auf ihre Mitgliedschaft in Gruppen
Vorgehensweise	Frage nach dem eigenen Verhalten bzw. den Präferenzen bei der Suche nach Rat/ Information	Frage nach der selbst wahrgenommenen kommunikativen Rolle
Erhebungsresultat	Soziomatrix oder Soziogramm: Struktur der Rat-/Informationssuchbeziehungen in abgegrenzten Gruppen	Selbsteinstufungen der Probanden hinsichtlich ihrer kommunikativen Rolle
Ermittlung der Meinungsführer	willkürlich: z.B. "alle Personen, die mehr als X Wahlen auf sich vereinigen"	willkürlich: "alle Personen, deren Punktwert eine kritische Schwelle Y überschreitet"
Kontrolle der Ergebnisse	u.U. möglich durch Vergleich der Ergebnisse mit der Einschätzung von Schlüsselinformanten	nur im Falle der Betrachtung konkreter Kommunikationsdyaden möglich (Rücksprache mit Kommunikationspartnern)

Abb.13: Vergleich zwischen soziometrischer Methode und Verfahren der Selbstauskunft

Die bekannten Untersuchungen, bei denen die Meinungsführer mit Hilfe der interessierenden Verfahren ermittelt wurden, unterscheiden sich jeweils im Hinblick auf Anzahl und Formulierungen der verwendeten Fragen. Es ist daher streng genommen nicht möglich, von "dem" Verfahren der Selbstauskunft und "der" soziometrischen

---

91) Vgl. Kapitel 1.1.2 dieser Arbeit.
92) Vgl. KUMPF (1983), S.329.

Methode zu sprechen. Dieser Tatbestand erschwert eine vergleichende Beurteilung der beiden Verfahren. Zusammenfassend lassen sich jedoch Aussagen in bezug auf einige wesentliche Erhebungsmerkmale machen (siehe Abb.13)[93].

Bei beiden Verfahren erfolgt die Einstufung von Personen als "Meinungsführer" willkürlich, und zwar in Abhängigkeit von einem kritischen "Punktwert" (Verfahren der Selbstauskunft) bzw. einer kritischen Anzahl von "Wahlen" (soziometrische Methode).

Ein wesentlicher Vorteil des Verfahrens der Selbstauskunft besteht darin, daß das Meßkonzept ohne die explizite Erfassung der Kommunikationspartner der Befragten auskommt. Aus diesem Grunde sind mit dem Verfahren *repräsentative* Erhebungen auf Stichprobenbasis möglich. Von Nachteil ist dabei allerdings, daß es sich bei den Messungen um *einseitige* Momentaufnahmen individuell wahrgenommener und selbstausgeübter Einflußnahmen handelt[94].

Im Rahmen der soziometrischen Methode beschränkt sich die Betrachtung hingegen auf eine oder einige wenige soziale Gruppe(n). Das hat zur Folge, daß nur relativ wenige Probanden befragt werden können. Es erscheint weiterhin kaum möglich, mit Hilfe dieses Verfahrens zu repräsentativen Ergebnissen zu gelangen, da die Struktur der (wenigen) untersuchten Gruppe(n) kaum diejenige aller relevanten Konsumentengruppen in der Grundgesamtheit widerspiegeln kann. Darüber hinaus besteht das Problem, daß im Falle von Antwortverweigerungen einiger Gruppenmitglieder das gesamte Meßkonzept gefährdet ist[95]. Die Erhebung mit Hilfe der soziometrischen Methode ist zudem technisch aufwendiger als das Verfahren der Selbstauskunft und verursacht höhere Kosten[96]. Diese Nachteile führen dazu, daß die soziometrische Methode im Hinblick auf die Ermittlung von Meinungsführern z.T. sogar für "nicht anwendbar" ("unworkable") gehalten wird[97].

Der bisherige Vergleich der beiden Verfahren läßt nur den Schluß zu, daß das Verfahren der Selbstauskunft der soziometrischen Methode *überlegen* ist. Dem steht jedoch entgegen, daß die soziometrische Methode nach allgemeiner Auffassung als das *validere* Verfahren gilt[98]. Diese Aussage bezieht sich auf die interne Validität, denn eine hohe externe Validität ist mit der soziometrischen Methode - aufgrund der mangelnden Repräsentativität der jeweiligen Teilauswahl - a priori nicht zu erzielen. Im Hinblick auf eine abschließende Beurteilung der beiden Verfahren ist deshalb zu prüfen, ob das Verfahren der Selbstauskunft tatsächlich zu Meßergebnissen führt, die eine geringe Validität aufweisen.

---

93) Vgl. hierzu auch ROGERS (1983), S.278.
94) So auch KAAS (1980), S.193.
95) Vgl. KUMPF (1983), S.328.
96) So auch MAYER/SCHNEIDER (1978), S.139; KOEPPLER (1984), S.26.
97) FENTON/LEGGETT (1971), S.22.
98) Vgl. ROGERS (1983), S.278; KROEBER-RIEL (1984), S.555.

Als Voraussetzung für eine hohe interne Validität von Meßergebnissen muß grundsätzlich gewährleistet sein, daß die Messungen *reliabel* sind[99]. In der Literatur finden sich einige Angaben zur Reliabilität von Messungen, die mit dem Verfahren der Selbstauskunft vorgenommen wurden[100]. So erweist sich die Retest-Reliabilität der von KATZ und LAZARSFELD verwendeten zwei Items mit 0,24 (Bereich "Mode") als sehr gering[101]. Die Split-Half-Reliabilität dieser "Skala" beträgt hingegen 0,56, wobei sich allerdings die Frage stellt, ob die Berechnung dieses Testwertes bei nur zwei Items sinnvoll ist[102]. Auch das von MYERS und ROBERTSON verwendete Item ("Ich beeinflusse andere im Bereich von X ... ziemlich stark, etwas, sehr wenig ...") ist nicht sehr reliabel. Der entsprechende Retest-Koeffizient lag für 6 von 12 betrachteten Bereichen unter 0,5, wobei die zweite Messung neun Monate nach der ersten erfolgte[103].

Im Gegensatz dazu schneidet die 6-Item-Skala von ROGERS und CARTANO (siehe Abb.12) besser ab. Die Autoren selbst stellen (für ihre Untersuchung landwirtschaftlicher Techniken) eine Split-Half-Reliabilität von 0,70 fest[104]. Ihre Skala wurde auch von KIRCHNER analysiert, der eine Retest-Reliabilität von 0,59 und eine Split-Half-Reliabilität von 0,79 ermittelte[105]. Im Rahmen einer Untersuchung der Bereiche "Konsumgüter" und "Mode", bei der eine Modifikation der ROGERS-Skala verwendet wurde, ergaben sich Reliabilitätskoeffizienten von 0,87 und 0,83 (für Cronbach's Alpha)[106]. CHILDERS verwendete eine modifizierte 7-Item-Skala mit einer Bandbreite von jeweils fünf Antwortvorgaben zur Erfassung der Meinungsführerschaft für Kabelfernsehen. Er ermittelt einen Wert von 0,79 für Cronbach's Alpha[107].

Es wird deutlich, daß die Reliabilität von Messungen mit Hilfe des Verfahrens der Selbstauskunft umso größer ist, je mehr Items man für die Operationalisierung heranzieht. Insgesamt ist die Reliabilität des Verfahrens als *hoch* einzustufen, wenn

---

99) Zum Begriff der Reliabilität vgl. z.B. MAYNTZ/HOLM/HÜBNER (1978), S.22f.; PARAMESWARAN et al. (1979), S.19ff.; FENWICK/SCHELLINCK/KENDALL (1983), passim; BÖHLER (1985), S.100. Bei BÖHLER finden sich zudem prägnante Erläuterungen der im folgenden verwendeten Begriffe "Retest-Reliabilität" und "Split-Half-Reliabilität". Vgl. hierzu auch die Ausführungen in Kapitel 6.3.1.1 dieser Arbeit.
100) Vgl. auch die Zusammenfassungen bei KUMPF (1983), S.329f.; KOEPPLER (1984), S.14f.
101) Vgl. ROGERS/CARTANO (1962), S.440. Vgl. zur Retest-Reliabilität auch SILK (1977), S.476ff.
102) Vgl. ebenda, S.440. Die "Split-Half"-Reliabilität ist bei nur zwei verwendeten Items gleich dem Korrelationskoeffizienten; das Programmpaket SPSS setzt deshalb zur Berechnung dieses Reliabilitäts-Koeffizienten die Operationalisierung der betreffenden Variablen mit mindestens drei Items voraus!
103) Vgl. MYERS/ROBERTSON (1974), S.424.
104) Vgl. ROGERS/CARTANO (1962), S.440.
105) Vgl. KIRCHNER (1969), zitiert bei KUMPF (1983), S.329.
106) Vgl. YAVAS/RIECKEN (1982), S.154f. Vgl. auch RIECKEN/YAVAS (1983), S.325f. Eine nähere Beschreibung von Cronbach's Alpha findet sich z.B. bei FENWICK/SCHELLINK/KENDALL (1983), S.63f. Vgl. hierzu auch die Ausführungen in Kapitel 6.3.1.1 dieser Arbeit.
107) Vgl. CHILDERS (1986), S.187.

gewährleistet ist, daß mehrere, sorgfältig ausgewählte Items mit einer ausreichenden Anzahl von Antwortmöglichkeiten verwendet werden[108].

Eine weitergehende Beurteilung der Validität des Verfahrens der Selbstauskunft erweist sich als überaus schwierig. Es ist dabei die Frage zu prüfen, ob das gewonnene Meßergebnis, d.h. die ermittelten Ausprägungen der Variablen "Meinungsführerschaft", den für die Gruppe von Probanden (interne Validität) bzw. den für die Grundgesamtheit (externe Validität) "wahren Wert" der Meßvariablen darstellt. Da dieser Wert grundsätzlich unbekannt ist, werden in der Marktforschungspraxis heuristische Schätzverfahren eingesetzt, um unterschiedliche Aspekte der Validität zu prüfen[109].

Im Rahmen der vorliegenden Fragestellung drängt es sich geradezu auf, bei empirischen Untersuchungen sowohl die soziometrische Methode als auch das Verfahren der Selbstauskunft einzusetzen und die gewonnenen Ergebnisse auf Übereinstimmung zu prüfen (Kriterium der Konvergenzvalidität[110]).

ROGERS und CARTANO sowie BELLENGER und HIRSCHMAN kommen dabei zu dem Schluß, daß die Ergebnisse der beiden Verfahren signifikant positiv miteinander korrelieren[111]. Bei einer Untersuchung von JACOBY fallen die entsprechenden Korrelationskoeffizienten sogar erstaunlich hoch aus: in drei von vier Fällen sind sie signifikant auf dem 99%-Niveau, im vierten Fall beträgt die Vetrauenswahrscheinlichkeit immerhin noch 95%[112]. Gleichwohl kann nicht davon die Rede sein, daß die beiden Verfahren zu exakt gleichen Resultaten führen. Da nun im allgemeinen eine hohe interne Validität der soziometrischen Methode postuliert wird[113], schließen einige Autoren aus den Konvergenzuntersuchungen, daß das Verfahren der Selbstauskunft eine relativ geringe Validität aufweist[114].

Dieser Schlußfolgerung kann jedoch nur bedingt zugestimmt werden. Es besteht ohne Zweifel die Möglichkeit, daß Probanden sich beim Verfahren der Selbstauskunft aus Gründen der sozialen Erwünschtheit oder der Selbstüberschätzung als Meinungsführer klassifizieren, obwohl dies aus Sicht ihrer sozialen Umwelt nicht zutrifft. Solche "Pseudo-Leaders"[115] gefährden durch ihre Angaben die Validität des gesamten Meßverfahrens. Andererseits bleibt jedoch festzuhalten, daß *weder* mit der soziometrischen Methode *noch* mit dem Verfahren der Selbstauskunft *alle* Formen der Einflußnahme gemessen werden können. Im Hinblick auf das Verfahren der Selbstauskunft

---

108) So auch YAVAS/RIECKEN (1982), S.154; CHILDERS (1986), S.187.
109) Vgl. BÖHLER (1985), S.102.
110) Vgl. KOEPPLER (1984), S.15, sowie die dort zu findende Zusammenfassung der Untersuchungen zur Konvergenzvalidität.
111) Vgl. ROGERS/CARTANO (1962), S.440, und die dort angegebene Literatur; BELLENGER/HIRSCHMAN (1977), zitiert bei KROEBER-RIEL (1984), S.555.
112) Vgl. JACOBY (1974), S.87.
113) Vgl. z.B. KROEBER-RIEL (1984), S.553.
114) Vgl. z.B. KUMPF (1983), S.330.
115) Vgl. ROGERS/CARTANO (1962), S.441 (Fußnote33).

wurde bereits ausgeführt, daß selbst im günstigsten Fall nur solche Einflußnahmen gemessen werden können, die der Beeinflussende selbst wahrgenommen hat. Bei der soziometrischen Methode werden hingegen solche Einflußnahmen *nicht erfaßt*, die der Beeinflußte nicht bewußt erlebte oder die nicht unmittelbar auf seine Rat- und Informationssuche hin erfolgten[116].

Wenn aber beide Verfahren jeweils bestimmte Einflußnahmen a priori nicht erfassen können, wird mit ihnen streng genommen nicht derselbe Sachverhalt gemessen. Daher müssen die Verfahren *zwangsläufig* zu unterschiedlichen Ergebnissen führen. Diese Divergenz darf aber nicht zu dem Fehlurteil verleiten, daß das Verfahren der Selbstauskunft keine validen Meßergebnisse hervorbringt. Vielmehr ist die Frage zu stellen, ob die Abschätzung der Konvergenzvalidität im vorliegenden Zusammenhang sinnvoll ist, da die Verwendung dieses Kriteriums voraussetzt, daß unterschiedliche Messungen *gleicher* Merkmale vorliegen[117].

Die Überprüfung anderer Validitätsaspekte des Verfahrens der Selbstauskunft kommt in den meisten empirischen Untersuchungen zu kurz. Oft begnügen sich die Autoren mit dem Hinweis darauf, daß ROGERS und CARTANO bei Messungen mit ihrer Skala eine hohe Validität festgestellt haben[118]. Ausnahmen von dieser Regel bilden die Untersuchungen von SILK, JACOBY und CHILDERS. JACOBY gelangt im Hinblick auf die sog. "Diskriminanzvalidität" in zwei von vier Fällen zu einem positiven Urteil[119]. Auch SILK bescheinigt dem Verfahren der Selbstauskunft insgesamt eine hohe Diskriminanzvalidität[120]. CHILDERS führte einige weitere Tests durch und stellt ebenfalls fest, daß die von ihm untersuchte revidierte Fassung der ROGERS-Skala zu sehr validen Messungen führt[121].

Zusammenfassend ist festzuhalten, daß das Verfahren der Selbstauskunft bei geeigneter Operationalisierung, d.h. bei Verwendung mehrerer Items mit jeweils mehreren Antwortvorgaben, Ergebnisse mit hoher Reliabilität und zufriedenstellender Validität hervorbringt. Gegenüber der soziometrischen Methode weist das Verfahren erhebliche Vorteile im Hinblick auf die Kosten und den technischen Aufwand auf. Da es zudem für *repräsentative* Erhebungen eingesetzt werden kann, wird dem Verfahren der Selbstauskunft meistens der Vorzug vor der vielleicht etwas genaueren soziometrischen Methode gegeben.

---

116) Vgl. hierzu die Ausführungen in Kapitel 2.2.1 dieser Arbeit, die sich mit der generellen Problematik der Messung von Einflußnahmen durch Befragung befassen.
117) Vgl. PETER (1981), S.136f.; KOEPPLER (1984), S.15; PETER/CHURCHILL (1986), S.4.
118) Vgl. z.B. SUMMERS (1970), S.179.
119) Vgl. JACOBY (1974), S.87f. Zur Diskriminanzvalidität vgl. PETER (1981), S.136ff.; KOEPPLER (1984), S.15; PETER/CHURCHILL (1986), S.4.
120) Vgl. SILK (1971), S.388ff.
121) Vgl. CHILDERS (1986), S.187.

2.3 Reichweite der Meinungsführerschaft

Im Verlauf der DECATUR-Untersuchung, der Pionierstudie im Rahmen der Erforschung von Meinungsführerschaft auf Konsumgütermärkten, analysierten KATZ und LAZARSFELD die interpersonelle Kommunikation für die Bereiche "Mode" und "Haushaltsgüter"[122]. Auch die nachfolgenden Untersuchungen befaßten sich stets mit der Meinungsführerschaft für *abgegrenzte Produktbereiche*.

Es drängt sich deshalb die Frage auf, ob Personen, die als Meinungsführer für einen bestimmten Produktbereich fungieren, darüber hinaus auch im Hinblick auf *andere* Bereiche eine stark ausgeprägte Meinungsführerschaft aufweisen. Diese Fragestellung wird in der Literatur unter dem Schlagwort "Überlappung von Meinungsführerschaft" diskutiert[123]. Die dahinter stehende Idee ist offensichtlich: *Falls* nämlich Meinungsführer ihre soziale Umwelt im Hinblick auf *mehrere* Produktbereiche beeinflussen, so könnten derartige generelle "Konsum-Meinungsführer" wesentlich ökonomischer in die Absatzpolitik von Unternehmen "eingespannt" werden[124].

Als Antwort auf die oben gestellte Frage lassen sich grundsätzlich zwei Extremfälle unterscheiden:

- Meinungsführerschaft ist **monomorph:** Es existieren - von zufälligen Ausnahmen abgesehen - nur "spezialisierte" Meinungsführer, die ihre soziale Umwelt ausschließlich im Hinblick auf *einen* Produktbereich beeinflussen.
- Meinungsführerschaft ist **polymorph:** Es existieren in der Regel "generelle" Meinungsführer, die gleichzeitig in *vielen* Produktbereichen Einfluß ausüben.

Einige Autoren - insbesondere die der älteren Untersuchungen - neigen eher zur ersten Auffassung. So stellen KATZ und LAZARSFELD fest, daß Meinungsführerinnen für "Haushaltsgüter" nicht gleichzeitig auch Meinungsführerinnen für "Mode" sind[125]. ROBERTSON und MYERS untersuchten die Bereiche "Kleidung", "Nahrungsmittel" und "Haushaltsgeräte". Sie gelangen ebenfalls zu dem Schluß, Meinungsführerschaft sei monomorph[126].

Andere Autoren teilen diese Auffassung nicht. MARCUS und BAUER weisen in einer Re-Analyse der DECATUR-Daten nach, daß KATZ und LAZARSFELD bei ihrer Auswertung methodische Fehler begangen haben[127]. MARCUS und BAUER stellen eine *leichte*, überzufällige Überlappung der Meinungsführerschaft für "Haushaltsgüter" und

---

122) Vgl. KATZ/LAZARSFELD (1955), S.4. Daneben befaßten sich die Autoren auch mit den hier nicht weiter interessierenden Bereichen "Kino" und "Politik".
123) Vgl. z.B. SILK (1966), S.255; KING/SUMMERS (1970), S.43; KROEBER-RIEL (1984), S.561.
124) Vgl. KROEBER-RIEL (1984), S.560.
125) Vgl. KATZ/LAZARSFELD (1955), S.334. Vgl. auch KOEPPLER (1984), S.88; KROEBER-RIEL (1984), S.561.
126) Vgl. ROBERTSON/MYERS (1969), S.167. Dabei berechneten die Autoren die Korrelationen zwischen den "Opinion-Leadership"-Variablen: Keiner der drei Korrelationskoeffizienten war signifikant auf dem 95%-Niveau.
127) Vgl. MARCUS/BAUER (1964), S.629ff.

"Mode" fest. GROSS untersuchte Meinungsführer für Nahrungsmittel und Gebrauchsgüter im Hinblick auf ihre soziodemographischen Merkmale. Da sich für beide gebietsspezifische Meinungsführer-Typen ein ähnliches soziodemographisches Profil ergab, kommt der Autor zu dem Schluß, daß es sich um dieselben Personen handeln müsse und Meinungsführerschaft somit polymorph sei[128]. Allerdings ist an dieser Stelle zu kritisieren, daß die *indirekte* Argumentationsführung von GROSS nicht dazu geeignet scheint, seine Schlußfolgerung zweifelsfrei zu belegen.

Eine wesentlich umfassendere und methodisch ausgereifter angelegte Untersuchung stammt von KING und SUMMERS. Dabei wurden zunächst sechs Produktkategorien bzw. -bereiche abgegrenzt, die durch unterschiedliche Grade von Kaufrisiko, Kaufhäufigkeit und sozialer Auffälligkeit der jeweiligen Produkte gekennzeichnet waren[129]. Die Autoren erfaßten in ihrer Untersuchung die jeweilige graduelle Meinungsführerschaft der Probanden im Hinblick auf diese sechs Produktbereiche. Im Anschluß daran wurde geprüft, inwieweit die Meinungsführerschaft für die einzelnen Bereiche überlappt. Die Ergebnisse sind in Tabelle 3 zusammengefaßt.

Tab.3: Überlappung von Meinungsführerschaft (Quelle: KING/SUMMERS (1970), S.46)

N	Meinungsführer in genau N Bereichen	Meinungsführer in N oder mehr Bereichen
0	31%	100%
1	23%	69%
2	18%	46%
3	15%	28%
4	6%	13%
5	5%	7%
6	2%	2%

Es fällt auf, daß immerhin 28% der Probanden Meinungsführer für drei oder mehr Bereiche sind, und daß es tatsächlich einige Konsumenten zu geben scheint, die für *alle* untersuchten Bereiche als Meinungsführer anzusehen sind. Der Typus des generellen "Konsum-Meinungsführers" scheint somit *grundsätzlich* zu existieren[130].
Weiterhin berechneten KING und SUMMERS eine Korrelationstabelle der sechs "Meinungsführerschafts-Variablen"[131]. Es ergibt sich, daß *alle* Korrelationen mit einer

---
128) Vgl. GROSS (1969), S.51f.
129) Vgl. KING/SUMMERS (1970), S.46.
130) Vgl. KING/SUMMERS (1970), S.49. FEICK und PRICE befassen sich näher mit solchen Konsumenten, die Meinungsführer für viele Produktbereiche sind, und kreieren für diesen Konsumententypus den Begriff des "Market Maven"; vgl. FEICK/PRICE (1987), passim, insbes. S.85. Die Parallelen zur Konzeption der "Information Seeker" sind dabei unverkennbar; vgl. hierzu z.B.
TÖLLE/HOFACKER/KAAS (1981), S.47ff., sowie die dort angegebene Literatur.
131) Da die gebietsspezifischen Meinungsführerschaften mit Hilfe einer 7-Item-Skala operationalisiert worden waren, konnten die Daten als metrisch skaliert inter-

Vertrauenswahrscheinlichkeit von 99,9% statistisch signifikant sind (siehe Tab.4). Die Autoren gelangen daher zu der Schlußfolgerung, daß generelle Meinungsführer existieren und Meinungsführerschaft somit eher *polymorph* als monomorph ist[132]. Einwände, die SUDMAN im Hinblick auf ihre Ergebnisse formuliert[133], bezeichnen die Autoren zu Recht als sehr spekulativ[134].

Tab.4: Korrelationen zwischen Meinungsführerschaften für ausgewählte Produktbereiche (Quelle: KING/SUMMERS (1970), S.49)

	N	D	H	K	GH	KH
Nahrungsmittel N	1,00					
Damenmode D	0,32	1,00				
Haushaltsreiniger H	0,50	0,33	1,00			
Kosmetik/Körperpflege K	0,27	0,51	0,35	1,00		
Große Haushaltsgeräte GH	0,29	0,23	0,31	0,19	1,00	
Kleine Haushaltsgeräte KH	0,32	0,24	0,33	0,24	0,66	1,00

Neben der Feststellung, daß Meinungsführerschaft ein eher polymorphes Phänomen darstellt, erscheint insbesondere das Ergebnis wichtig, daß die Überlappung von Meinungsführerschaft bei solchen Produktkategorien stark ausfällt, bei denen ein *ähnliches Interesse* der jeweiligen Meinungsführer vermutet werden kann[135]. So sind die Korrelationen der Meinungsführerschaft für die Bereiche "Kleine-" und "Große Haushaltsgeräte", "Damenmode" und "Kosmetik/Körperpflege" sowie "Nahrungsmittel" und "Haushaltsreiniger" am höchsten (siehe Tab.4). Auch andere Autoren kommen zu dem Schluß, daß Meinungsführerschaft vor allem dann überlappt, wenn die Produktbereiche sich selbst ähnlich sind oder ähnliche Interessen der jeweiligen Meinungsführer erwartet werden können[136].

Die Überlappung von Meinungsführerschaft kann ihren Ursprung dabei zum einen in der *Person des Meinungsführers* selbst haben: der technisch interessierte Meinungsführer für Personal Computer kennt sich möglicherweise auch mit CD-Plattenspielern aus. Zum anderen kann die Überlappung von Meinungsführerschaft auch auf die von den Meinungsführern *Beeinflußten* zurückzuführen sein. Wenn sich nämlich ein ratsuchender Konsument an einen Freund oder Bekannten wendet, der sich gut mit Personal Computern auskennt, so wird der Ratsucher u.U. annehmen, daß "sein"

---

pretiert werden, so daß die Berechnung von Korrelationskoeffizienten zulässig erscheint.
132) Vgl. KING/SUMMERS (1970), S.49.
133) Vgl. SUDMAN (1971), S.258f.
134) Vgl. SUMMERS/KING (1971), S.261.
135) Vgl. KING/SUMMERS (1970), S.49.
136) Vgl. MONTGOMERY/SILK (1971), S.318ff.; MYERS/ROBERTSON (1972), S.44f.
Es sei an dieser Stelle auf einen anderen Erklärungsansatz hingewiesen, demzufolge polymorphe Meinungsführerschaft in offenen, monomorphe Meinungsführerschaft in geschlossenen gesellschaftlichen Gruppen den Regelfall darstellt; vgl. hierzu RICHMOND (1980), S.111ff.

Meinungsführer für Personal Computer auch im Hinblick auf CD-Plattenspieler kompetent ist. Eine solche *Kompetenzgeneralisierung* wird vermutlich am stärksten entwickelt sein, wenn sich die betreffenden Produktbereiche sehr ähnlich sind[137].

Der Tatbestand, daß Meinungsführerschaft insbesondere bei ähnlichen Produktbereichen überlappt, kann auch als Erklärung für die eingangs dieses Kapitels angeführten Befunde herangezogen werden, denen zufolge Meinungsführerschaft ein *monomorphes* Phänomen ist. Die von KATZ und LAZARSFELD untersuchten Produktbereiche unterscheiden sich sehr stark voneinander, was das Untersuchungsergebnis - daß kein signifikanter Zusammenhang zwischen der Meinungsführerschaft für "Haushaltsgüter" und "Mode" besteht[138] - plausibel erscheinen läßt. Gleichzeitig wird an dieser Stelle offenkundig, wie stark die empirischen Ergebnisse zur "Überlappung" von den zugrunde gelegten Abgrenzungen der Produktbereiche bzw. -kategorien abhängen. So wurde in der DECATUR-Studie der Bereich "Haushaltsgüter" untersucht, während KING und SUMMERS in diesem Zusammenhang zwei Bereiche - "Kleine -" und "Große Haushaltsgeräte" - abgrenzten. In der zuerst genannten Studie wurde offenbar die Kategorie "Haushaltsgüter" als ausreichend homogen angesehen, während den Autoren der zweiten Studie augenscheinlich eine Differenzierung angebracht erschien. Dieser Unterschied in der Abgrenzung hat verschiedene Konsequenzen. Zum einen ist die Wahrscheinlichkeit, als Meinungsführer für einen bestimmten Produktbereich klassifiziert zu werden, umso größer, je *weiter* dieser Bereich abgegrenzt wurde[139]. Zum anderen wird umso eher eine Überlappung von Meinungsführerschaft festzustellen sein, je *mehr* enger abgegrenzte Produktbereiche untersucht werden, da damit tendenziell die Wahrscheinlichkeit steigt, daß sich diese Kategorien ähnlich sind.

Es stellt sich daher die Frage, welche Abgrenzungen "richtig" sind. Aus Marketing-Sicht wäre zu fordern, möglichst solche Produktkategorien zu bilden, die *relevanten Produkt-Märkten* entsprechen[140]. So könnte man z.B. darauf achten, daß die einer Kategorie zugeordneten Produkte denselben Verwendungszweck haben und sich hinsichtlich der Merkmale "Kaufrisiko" (insbesondere finanzielles Risiko), "Soziale Auffälligkeit" und "Kauffrequenz" ähneln[141]. Eine an diesen Kriterien orientierte Zerlegung der Gesamtheit aller Konsumgüter in disjunkte Teile wird zu einer relativ großen Zahl von Produktkategorien führen, so daß die Vorgehensweise von KING und SUMMERS - die allerdings auch noch eine sehr grobe Differenzierung darstellt - jedenfalls derjenigen von KATZ und LAZARSFELD vorzuziehen ist. Vor dem Hintergrund dieser Überlegungen ist folgendes Fazit zu ziehen:

---

137) Vgl. KROEBER-RIEL (1984), S.562.
138) Vgl. KATZ/LAZARSFELD (1955), S.334.
139) So auch SILK (1966), S.259.
140) So auch KING/SUMMERS (1970), S.46.
141) Vgl. ebenda, S.46; KROEBER-RIEL (1984), S.560f.

- Meinungsführerschaft ist *grundsätzlich* eine produktbereichsspezifische Variable. Ein Meinungsführer für den Produktbereich "A" ist nicht zwingend auch Meinungsführer für den Bereich "B".
- Meinungsführerschaft *überlappt*; dabei ist die Wahrscheinlichkeit, daß ein Konsument Meinungsführer für zwei bestimmte Bereiche ist, umso größer, je ähnlicher sich die Bereiche selbst sind.
- Es ist davon auszugehen, daß es auch *generelle* Konsum-Meinungsführer gibt, die im Hinblick auf sehr viele Produktbereiche einflußreich sind.
- Die These, daß Meinungsführerschaft *generell* polymorph ist, muß insgesamt ebenso abgelehnt werden wie die Gegenthese, derzufolge es *nur* spezialisierte Meinungsführer gibt.

2.4 Charakteristische Merkmale der Meinungsführer

Eine Reihe von Autoren ging der Frage nach, ob sich die Meinungsführer durch bestimmte Merkmale auszeichnen, anhand derer sie sich von den Nicht-Meinungsführern - bzw. den Meinungsfolgern[142] - unterscheiden lassen[143]. Die dahinter stehende Idee erscheint einleuchtend: falls derartige Diskriminanzmerkmale existierten, ließen sich mit einem relativ geringen Aufwand Marktsegmente von Meinungsführern abgrenzen. Es ist offensichtlich, daß sich daraus vielversprechende Ansatzpunkte für die Berücksichtigung von Meinungsführern aus Marketing-Sicht ergäben[144].

Die zahlreichen empirischen Untersuchungen, bei denen das Ziel verfolgt wurde, typische Eigenschaften von Meinungsführern aufzudecken, führten jedoch zu sehr heterogenen Ergebnissen. HUMMRICH sowie MAYER und SCHNEIDER haben versucht, die Resultate der einzelnen Studien in einem Überblick tabellarisch darzustellen[145]. Dabei ergab sich das Problem, daß die diversen Untersuchungen aus verschiedenen Gründen nur schwer miteinander zu vergleichen sind:

---

142) In den meisten Studien ist von den "Followers" die Rede, obgleich lediglich ein Nicht-Vorhandensein von "Leadership" gemessen wurde (vgl. Kapitel 2.2.2 dieser Arbeit). Die Bezeichnung "Nicht-Meinungsführer" ist präziser und wird daher im folgenden verwendet.
143) Vgl. KATZ/LAZARSFELD (1955); RANDOE (1968); ROBERTSON/MYERS (1969); SIGL (1970); SUMMERS (1970); COREY (1971); GRUNER+JAHR-VERLAG (1971); MONTGOMERY/SILK (1971); REYNOLDS/DARDEN (1971); SUMMERS (1971); DARDEN/REYNOLDS (1972); MYERS/ROBERTSON (1972); SCHRANK/GILMORE (1973); BAUMGARTEN (1975); BRETT/KERNALEGUEN (1975); WRIGHT (1975); ARMSTRONG/FELDMAN (1976).
144) Vgl. z.B. KROEBER-RIEL/KAAS (1981), S.133, sowie die Ausführungen in Kapitel 3.3.2 dieser Arbeit.
145) Vgl. HUMMRICH (1976), S.58f.; MAYER/SCHNEIDER (1978), S.147-149 und S.156f. Eine Zusammenfassung der empirischen Befunde vermittelt - gestützt auf diese tabellarischen Übersichten - auch KOEPPLER. Vgl. KOEPPLER (1984), S.27ff.

- Die Variable "Meinungsführerschaft" wird in den Untersuchungen unterschiedlich operationalisiert[146].
- Die Studien befassen sich mit verschiedenen Produktbereichen. Ein Vergleich erscheint zuweilen selbst dann schwierig, wenn es sich auf den ersten Blick um Untersuchungen desselben Produktbereichs handelt, da auch vermeintlich identische Bereiche unterschiedlich abgegrenzt werden[147].
- Es werden sehr viele verschiedene Merkmale auf ihre Diskriminanzfähigkeit hin untersucht. Die dadurch entstehende Unübersichtlichkeit der Ergebnisse wird zudem noch verstärkt, indem diese Merkmale z.T. unterschiedlich operationalisiert werden, selbst wenn es sich auf den ersten Blick um identische Größen handelt[148].
- Einige Untersuchungen liefern Aussagen über die Ausprägungen eines Merkmals bei den Meinungsführern im Vergleich zu den Nicht-Meinungsführern. Andere Studien machen hingegen lediglich Aussagen über die absoluten Ausprägungen bei den Meinungsführern, so daß ein Vergleich nicht unmittelbar möglich ist[149].

Im folgenden werden deshalb die wichtigsten Ergebnisse der empirischen Untersuchungen nicht tabellarisch, sondern sukzessiv - unter Berücksichtigung der geschilderten Probleme - dargestellt. Dabei sollen jeweils die Erkenntnisse zusammengefaßt werden, die sich in bezug auf einzelne Merkmale herauskristallisiert haben. Der Generalisierbarkeit der Aussagen sind dabei jedoch aufgrund der aufgezeigten Unterschiede in den Erhebungsdesigns enge Grenzen gesetzt.

Die Vielzahl der untersuchten Merkmale läßt sich (1) in solche unterscheiden, die die einen Konsumenten *allgemein* charakterisieren, und (2) solche, die im Zusammenhang mit einem *bestimmten Produktbereich* stehen:

(1.1) Sozioökonomische Merkmale

(1.2) Persönlichkeitsmerkmale und soziale Aktivitäten

(1.3) Allgemeines Medien-Nutzungsverhalten

(2.1) Produktbereichsbezogenes Interesse und Wissen

(2.2) Produktbereichsbezogenes Medien-Nutzungsverhalten

(2.3) Produktbereichsbezogene Innovationsbereitschaft

---

146) So werden die "Meinungsführer" in der GRUNER+JAHR-Studie durch die Frage ermittelt, ob sie "manchmal" oder "häufig" Rat in bezug auf ... geben; vgl. GRUNER+JAHR-Verlag (1971), S.16ff. Im Gegensatz dazu identifiziert SUMMERS die Meinungsführer durch eine 6-Item-Batterie; vgl. SUMMERS (1970), S.179. Vgl. hierzu auch Kapitel 2.2.2 dieser Arbeit.

147) So fassen SCHRANK und GILMORE den Begriff "Mode" z.B. weiter als REYNOLDS und DARDEN. Vgl. SCHRANK/GILMORE (1973), S.534f.; REYNOLDS/DARDEN (1971), S.449.

148) So messen KATZ und LAZARSFELD die "Geselligkeit" durch die Frage nach der Menge freundschaftlicher Kontakte (und der Beteiligung an Organisationen, Clubs und Diskussionszirkeln). MYERS und ROBERTSON hingegen erfassen die "Geselligkeit", indem sie nach der Anzahl der Freundeskreise fragen. Vgl. KROEBER-RIEL (1984), S.556.

149) Vgl. hierzu z.B. GRUNER+JAHR-Verlag (1971), Band 1, S.25ff., und Band 2, S.60ff.

zu (1.1): Sozioökonomische Merkmale

Die am häufigsten untersuchten sozioökonomischen Merkmale sind das Alter, der berufliche/soziale Status, der Bildungsgrad und das Einkommen.

Für den Bereich "Mode" ergibt sich in bezug auf das *Alter* eine weitgehende Übereinstimmung der Ergebnisse. Demnach sind Meinungsführer jünger als Nicht-Meinungsführer bzw. (absolut gesehen) jung[150]. Für den Bereich "Automobile" fallen die Ergebnisse dagegen weniger eindeutig aus. Die GRUNER+JAHR-Studie legt den Schluß nahe, Meinungsführer seien i.d.R. jung, während COREY zu der Auffassung gelangt, sie seien kaum jünger als die Nicht-Meinungsführer[151]. Ähnliches gilt für die Produktbereiche "Wasch- und Reinigungsmittel" sowie "Möbel/Einrichtung": RANDOE konstatiert, die Meinungsführer seien jünger, während die GRUNER+JAHR-Studie eine hohe Konzentration der Meinungsführer in den mittleren Altersgruppen ausweist[152]. MYERS und ROBERTSON gelangen in ihrer Erhebung, bei der zehn Produktbereiche untersucht wurden, zu dem Schluß, daß die Meinungsführer allenfalls "ein bißchen jünger" seien[153].

Im Hinblick auf den *sozialen bzw. beruflichen Status* der Meinungsführer lassen sich aus den empirischen Untersuchungen ebenfalls keine eindeutigen Aussagen ableiten. So stellen COREY für den Automobilbereich und SUMMERS für den Modebereich fest, daß der berufliche Status der Meinungsführer höher ist als derjenige der Nicht-Meinungsführer[154]. SCHRANK und GILMORE gelangen hingegen - gleichfalls für den Modebereich - zu dem Schluß, daß es zwischen den beiden Gruppen keinen Unterschied im Hinblick auf den sozialen Status gibt[155].

Eng verknüpft mit dem sozialen bzw. beruflichen Status sind die darüber hinaus häufig untersuchten Merkmale *Einkommen* und *Bildung*. SUMMERS stellt für den Modebereich fest, daß die Meinungsführer sowohl über ein höheres Einkommen verfügen als auch einen höheren Bildungsgrad aufweisen[156]. Die zweite Aussage wird tendenziell auch durch die Studie von REYNOLDS und DARDEN gestützt[157]. COREY konstatiert, daß Meinungsführer für "Automobile" ein höheres Einkommen erzielen als die Nicht-Meinungsführer; im Hinblick auf den Bildungsgrad ergeben sich in seiner Untersuchung hingegen keine Unterschiede[158]. RANDOE gelangt für vier von ihm

---

150) Vgl. SUMMERS (1970), S.180; GRUNER+JAHR-Verlag (1971), Band 2, S.89ff.; HUMMRICH (1976), S.58; HIRSCHMAN/ADCOCK (1978), zitiert bei KAAS (1980), S.190.
151) Vgl. GRUNER+JAHR-Verlag (1971), Band 2, S.87; COREY (1971), S.52; HUMMRICH (1976), S.58.
152) Vgl. RANDOE (1968), zitiert bei HUMMRICH (1976), S.58; GRUNER+JAHR-Verlag (1971), Band 2, S.78 und 81.
153) Vgl. MYERS/ROBERTSON (1972), S.44.
154) Vgl. COREY (1971), S.52; SUMMERS (1970), S.179f.
155) Vgl. SCHRANK/GILMORE (1973), S.539.
156) Vgl. SUMMERS (1970), S.179f.
157) Vgl. REYNOLDS/DARDEN (1971), S.450.
158) Vgl. COREY (1971), S.52.

untersuchte Produktbereiche im Hinblick auf das Merkmal "Bildung" zu unterschiedlichen Ergebnissen[159]. Demgegenüber stellt er für die vier Bereiche übereinstimmend fest, daß die Meinungsführer jeweils über ein höheres Einkommen als die Nicht-Meinungsführer verfügen. Die GRUNER+JAHR-Studie vermittelt in bezug auf das Merkmal "Einkommen der Meinungsführer" hingegen kein einheitliches Bild. Für die Bereiche "Autos", "Möbel/Einrichtung" und "Kosmetik" wird es als hoch, für den Bereich "Mode" nur als mittel ausgewiesen. Für den Bereich "Wasch- und Reinigungsmittel" läßt sich aus der Studie keine entsprechende Aussage ableiten[160]. MYERS und ROBERTSON gelangen für die zehn von ihnen untersuchten Produktgruppen zu dem Urteil, daß es weder hinsichtlich des Einkommens noch in bezug auf den Bildungsgrad wesentliche Unterschiede zwischen Meinungsführern und Nicht-Meinungsführern gibt[161].

Es soll an dieser Stelle darauf verzichtet werden, weitere sozioökonomische Merkmale, die in einigen empirischen Untersuchungen bezüglich etwaiger Zusammenhänge mit Meinungsführerschaft geprüft wurden, einer näheren Betrachtung zu unterziehen[162]. Festzustellen ist, daß sich die ermittelten Eigenschaften der Meinungsführer - falls sie überhaupt als signifikant angesehen werden dürfen - von Produktgruppe zu Produktgruppe unterscheiden. Generell weisen Meinungsführer *weder* ein bestimmtes Alter *noch* einen bestimmten sozialen bzw. beruflichen Status auf. Auch der Bildungsgrad und die Höhe des Einkommens können *nicht* allgemeingültig als geeignete Indikatoren von Meinungsführerschaft betrachtet werden[163].

Diese Erkenntnisse dürfen eigentlich nicht überraschen, da Meinungsführerschaft vornehmlich innerhalb von Primärgruppen ausgeübt wird. Primärgruppen aber sind im allgemeinen dadurch gekennzeichnet, daß ihre Mitglieder hinsichtlich sozioökonomischer Merkmale jeweils ähnliche Profile aufweisen.

Dem steht auch nicht entgegen, daß die empirischen Untersuchungen bestimmter Produktbereiche den Schluß nahelegen, daß sich Meinungsführer und Nicht-Meinungsführer anhand einzelner sozioökonomischer Merkmale signifikant unterscheiden. So hat sich übereinstimmend herauskristallisiert, daß Meinungsführer für den Modebereich jung - bzw. jünger als die Nicht-Meinungsführer - sind. Dies läßt sich jedoch möglicherweise auf den Tatbestand zurückführen, daß "Mode" ein Thema darstellt, das insbesondere jüngere Menschen beschäftigt[164]. Unterstellt man, daß in relativ

---

159) Demnach ist der Bildungsgrad der Meinungsführer im Vergleich mit demjenigen der Nicht-Meinungsführer etwas schlechter für den "Nahrungsmittel"-Bereich, kaum unterschiedlich für den Bereich der "Wasch- und Reinigungsmittel", etwas besser für den "Mode"-Bereich und viel besser für den Bereich "Möbel/ Einrichtung". Vgl. RANDOE (1968), zitiert bei HUMMRICH (1976), S.58.
160) Vgl. GRUNER+JAHR-Verlag (1971), Band 2, S.76ff.
161) Vgl. MYERS/ROBERTSON (1972), S.44.
162) So wurde z.B. von KATZ und LAZARSFELD sowie von RANDOE die "Haushaltsgröße" als Diskriminanzmerkmal untersucht; vgl. HUMMRICH (1976), S.58.
163) So bereits NOELLE-NEUMANN (1963), S.1145.
164) Vgl. z.B. WALD (1985), S.272.

"älteren" Primärgruppen weniger interpersonelle Kommunikation über Modethemen stattfindet als in "jüngeren" Primärgruppen, so erscheint es verständlich, daß die Meinungsführer jünger sind als die Nicht-Meinungsführer, denn zu letzteren zählen auch diejenigen Konsumenten, die sich überhaupt nicht über "Mode" unterhalten. Das "Alter" als Diskriminanzmerkmal kann deshalb nicht isoliert von dem betrachteten Produktbereich gesehen werden.

Abschließend ist daher das Fazit zu ziehen, daß die sozioökonomischen Merkmale *keine* geeigneten Diskriminanzvariablen zur produktbereichs*unabhängigen* Beschreibung von Meinungsführersegmenten darstellen.

zu (1.2): Persönlichkeitsmerkmale und soziale Aktivitäten

Neben den sozioökonomischen Merkmalen wurden in verschiedenen Studien weitere Variablen untersucht, die sich bei weiter Begriffsauslegung als *Persönlichkeitsmerkmale* bezeichnen lassen. Daneben standen Variablen der *sozialen Aktivität* im Mittelpunkt des Interesses. Die Suche galt auch hier solchen Merkmalen, die im Hinblick auf die Unterscheidung zwischen Meinungsführern und Nicht-Meinungsführern eine hohe Diskriminanzkraft aufweisen. Dabei befaßten sich die verschiedenen Autoren mit einer Fülle von Variablen, die ihnen jeweils subjektiv als geeignet erschienen.

Insbesondere bei der Zusammenfassung *dieser* Untersuchungsergebnisse bestehen die eingangs dieses Kapitels angedeuteten Schwierigkeiten. Zum einen finden sich beim Vergleich der Studien Variablen, die zwar synonym bezeichnet, jedoch unterschiedlich operationalisiert wurden, wodurch ein unmittelbarer Vergleich der Erhebungsresultate erschwert wird. Zum anderen bestehen zwischen den in verschiedenen Untersuchungen verwendeten Variablen z.T. hohe Interdependenzen, ohne daß dies an der Bezeichnung der Variablen zu erkennen wäre.

Die beiden umfassendsten Untersuchungen von Persönlichkeitsmerkmalen stammen von ROBERTSON und MYERS sowie von SUMMERS. ROBERTSON und MYERS zogen achtzehn Persönlichkeitsvariablen aus dem "California Psychological Inventory" zu ihrer Analyse heran[165]. Sie kommen zu dem Schluß, daß keine dieser Variablen - wie z.B. Dominanz, Verantwortungsgefühl, Selbstkontrolle, Lebenszufriedenheit, Toleranz und verschiedene andere - in einem signifikanten Zusammenhang mit Meinungsführerschaft steht[166]. Diese Feststellung gilt für die drei Bereiche "Haushaltsgeräte", "Nahrungsmittel" und "Kleidung".

SUMMERS bestätigt dieses Ergebnis teilweise für die von ihm untersuchten "Mode"-Meinungsführer. Er stellt z.B. fest, daß kein Zusammenhang zwischen Meinungsführerschaft und den Merkmalen "Verantwortungsgefühl", "Impulsivität" sowie "Selbst-

---

165) Die Variablen wurden dabei mit Hilfe von insgesamt 480 Items (!) operationalisiert. Vgl. ROBERTSON/MYERS (1969), S.165, und die dort angegebene Literatur zum "California Psychological Inventory".
166) Vgl. ebenda, S.166f.

kontrolle" besteht[167]. Daneben findet SUMMERS jedoch auch solche Variablen, die mit "Mode"-Meinungsführerschaft signifikant assoziiert sind. Die Meinungsführer erweisen sich demnach als beliebter und weniger depressiv; sie verfügen zudem über ein großes Durchsetzungsvermögen sowie ein hohes Potential zur Ausübung sozialer Führerschaft. Darüber hinaus sind die Meinungsführer - so SUMMERS - u.a. extrovertiert, progressiv, gesellig und selbstbewußt[168].

REYNOLDS und DARDEN attestieren den Meinungsführern für "Mode" ein hohes Selbstvertrauen; deren "physische Mobilität" ist hingegen - so das Ergebnis der Studie - im Vergleich zu den Nicht-Meinungsführern nicht signifikant stärker ausgeprägt[169].

SCHRANK und GILMORE stellen fest, daß Meinungsführer für "Mode" ein hohes Maß an *Konformität* gegenüber den Gruppennormen ihrer näheren sozialen Umwelt aufweisen[170]. Damit bestätigen sie tendenziell eine bereits früher postulierte These, derzufolge die Meinungsführer die Normen ihrer sozialen Gruppen geradezu verkörpern und sich selbst sehr stark danach ausrichten[171]. In engem Zusammenhang damit ist auch die Erkenntnis zu sehen, daß es sich bei den Meinungsführern vor allem um solche Personen handelt, die in hohem Maße *sozial integriert* sind[172]. Diese Aussage wird auch durch die weitverbreitete Auffassung gestützt, derzufolge Meinungsführer als besonders *gesellig* gelten[173].

Im Hinblick auf die allgemeinen *sozialen Aktivitäten* von Meinungsführern liegen zahlreiche empirische Befunde vor. Zunächst ist festzustellen, daß die "Geselligkeit" und die "Soziale Integration" bereits als Resultanten sozialer Aktivitäten aufgefaßt werden können. KATZ und LAZARSFELD maßen z.B. den Grad der Geselligkeit von Konsumenten, indem sie nach der Anzahl freundschaftlicher Kontakte sowie der Beteiligung an Organisationen, Clubs und Diskussionszirkeln fragten[174]. Unabhängig davon herrscht in der Literatur Übereinstimmung darüber, daß die Meinungsführer *sozial aktiver* sind als die Nicht-Meinungsführer[175]. Diese Erkenntnis erscheint plausibel, denn umfangreiche soziale Aktivitäten stellen i.d.R. die Voraussetzung dafür

---

167) Vgl. SUMMERS (1970), S.181.
168) Vgl. ebenda, S.181.
169) Vgl. REYNOLDS/DARDEN (1971), S.450.
170) Vgl. SCHRANK/GILMORE (1973), S.539.
171) Vgl. ROGERS/CARTANO (1962), S.437. Auf diese wichtige Erkenntnis wird später noch näher eingegangen; vgl. Kapitel 4.2.2 dieser Arbeit.
172) Vgl. REYNOLDS/DARDEN (1971), S.451. KOEPPLER leitet diese Aussage aus der Studie "Persönlichkeitsstärke" ab; vgl. KOEPPLER (1984), S.45; SPIEGEL-Verlag (1983).
173) Vgl. KAAS (1973), S.44; KROEBER-RIEL (1984), S.556f.
174) Vgl. KATZ/LAZARSFELD (1972), S.115.
175) Vgl. RANDOE (1968), zitiert nach HUMMRICH (1976), S.58; SUMMERS (1970), S.180; REYNOLDS/DARDEN (1971), S.450; ARMSTRONG/FELDMAN (1976), S.25; ROGERS (1983), S.282. Die einzige davon abweichende Meinung, die von MYERS und ROBERTSON formuliert wurde, ist auf eine andersartige Operationalisierung zurückzuführen; vgl. KROEBER-RIEL (1984), S.556; MYERS/ROBERTSON (1972), S.44.

dar, daß ein Konsument überhaupt in hohem Maße interpersonellen Einfluß ausüben und damit zum Meinungsführer avancieren kann.

Zusammenfassend ist festzuhalten, daß die "Soziale Integration", die "Geselligkeit" sowie die "Sozialen Aktivitäten" Merkmale darstellen, die bei den Meinungsführern im allgemeinen stärker ausgeprägt sind als bei den Nicht-Meinungsführern. Die darüber hinaus untersuchten Persönlichkeitsmerkmale weisen jedoch nur eine geringe Diskriminationsfähigkeit auf. Hierfür bieten sich einige Erklärungsansätze an:

- Die Persönlichkeitsvariablen wurden bisher z.T. "auf's Geratewohl" untersucht; besser wäre es gewesen, sich auf solche Variablen zu beschränken, bei denen a priori ein Zusammenhang mit Meinungsführerschaft zu erwarten ist. Für zukünftige Untersuchungen muß deshalb das vorherige Ableiten von *Kausalhypothesen* aus theoretisch begründeten Zusammenhängen gefordert werden.
- Messungen mit z.T. nur einem Item sind i.d.R. nicht geeignet, komplexe Persönlichkeitsdimensionen hinreichend zu erfassen. Es muß deshalb zukünftig die Verwendung von *Item-Pools*, etwa in Form standardisierter Persönlichkeitsinventare, verlangt werden.
- Darüber hinaus ist die Frage zu stellen, ob man sich nicht von der *Eigenschafts*theorie der Persönlichkeit lösen[176] und in Zukunft solche Merkmale stärker berücksichtigen sollte, die eng mit den *sozialen Aktivitäten* der Konsumenten verbunden sind[177]. Diese Vorgehensweise birgt nicht zuletzt die Möglichkeit, der Forderung einiger Autoren nachzukommen, die für eine verstärkte Berücksichtigung interaktionstheoretischer Ansätze im Rahmen der Meinungsführer-Forschung eintreten[178].

zu (1.3): Allgemeines Medien-Nutzungsverhalten

In verschiedenen Studien wurden Merkmale des allgemeinen Medien-Nutzungsverhaltens auf ihren Zusammenhang mit Meinungsführerschaft hin untersucht. Diese Vorgehensweise lag nahe, denn ein wesentliches Element des Two-Step-Flow-Modells ist die Vorstellung, daß sich die Meinungsführer den Massenmedien stärker aussetzen als die Nicht-Meinungsführer[179].

Die These, daß sich Meinungsführer durch ein stärker ausgeprägtes allgemeines Mediennutzungsverhalten auszeichnen, ist jedoch inzwischen als *widerlegt* anzusehen. So stellt SUMMERS fest, daß sich die Meinungsführer für "Mode" hinsichtlich der Nutzung von Fernsehen und Radio nicht von den Nicht-Meinungsführern unterscheiden[180]. Diese Auffassung teilen auch ARMSTRONG und FELDMAN, die sich mit

---

176) Vgl. HASELOFF (1986), S.1247ff.
177) So auch MAYER/SCHNEIDER (1978), S.169.
178) Vgl. z.B. KAAS (1980), S.193.
179) Vgl. hierzu Kapitel 2.1.1 dieser Arbeit.
180) Vgl. SUMMERS (1970), S.181f.

dem Automobilbereich beschäftigten[181].

Eine mögliche Erklärung für diesen offensichtlichen Widerspruch zur ursprünglichen Modellvorstellung ist darin zu sehen, daß zumindest das Fernsehen zur Zeit der ersten Untersuchungen zur Meinungsführerschaft ein sehr neues, wenig verbreitetes Medium darstellte. Mit zunehmender Diffusion von Radio und Fernsehen wurden diese Medien dann jedoch nicht mehr vornehmlich von Meinungsführern genutzt.

zu (2.1): Produktbereichsbezogenes Interesse und Wissen

Im Hinblick auf das *Interesse*, das die Meinungsführer ihren jeweiligen Produktbereichen entgegenbringen, stimmen die Ergebnisse der verschiedenen Untersuchungen weitgehend überein. Die Autoren gelangen zu dem Schluß, daß Meinungsführer ein signifikant höheres Interesse für den jeweiligen Produktbereich zeigen. Dieses Ergebnis gilt nicht nur für den in dieser Hinsicht am häufigsten untersuchten Bereich "Mode"[182]. Vielmehr weisen MYERS und ROBERTSON nach, daß ein starker Zusammenhang zwischen Meinungsführerschaft und produktspezifischem Interesse u.a. auch für die Bereiche "Nahrungsmittel", "Kosmetik und Körperpflege" sowie "Autos" besteht[183].

Eng verknüpft mit dem Interesse ist das *Wissen*, über das Konsumenten in bezug auf bestimmte Produktbereiche verfügen. Die empirischen Untersuchungen führen auch hier zu einer eindeutigen Aussage: die Meinungsführer wissen signifikant mehr über "ihren" Produktbereich als die Nicht-Meinungsführer. Zu diesem Ergebnis gelangen die Autoren einzelner Studien, die sich mit den Bereichen "Automobile"[184], "Mode"[185], "Nahrungsmittel"[186] und "Rasierapparate"[187] befaßten. Daneben ist auf die breit angelegte Untersuchung von MYERS und ROBERTSON hinzuweisen, bei der sich dieses Resultat für zehn verschiedene (Konsum-)Bereiche ergibt[188].

Allerdings kann es nicht überraschen, daß die Meinungsführer an "ihren" Bereichen stärker interessiert sind und auch mehr darüber wissen. Vielmehr wird dadurch ihre Kompetenz begründet, die es ihnen zum einen oft erst ermöglicht, autonom Informationsabgabeprozesse zu initiieren, und die zum anderen dazu führt, daß andere Konsumenten sie bevorzugt um Rat ersuchen.

---

181) Vgl. ARMSTRONG/FELDMAN (1976), S.24.
182) Vgl. SUMMERS (1970), S.183; REYNOLDS/DARDEN (1971), S.450; DARDEN/REYNOLDS (1972), S.326f.; SCHRANK/GILMORE (1973), S.538.
183) Vgl. MYERS/ROBERTSON (1972), S.42f.
184) Vgl. RANDOE (1968), zitiert nach HUMMRICH (1976), S.59; COREY (1971), S.51.
185) Vgl. SUMMERS (1970), S.183.
186) Vgl. WRIGHT (1975), S.3.
187) Vgl. SIGL (1970), S.23.
188) Vgl. MYERS/ROBERTSON (1972), S.42f.

zu (2.2): Produktbereichsbezogenes Medien-Nutzungsverhalten

Die empirischen Untersuchungen liefern auch Anhaltspunkte für die Beantwortung der Frage, auf welche Weise sich die Meinungsführer ihr signifikant höheres Wissen aneignen[189]. Der einhelligen Meinung verschiedener Autoren zufolge nutzen sie in *stärkerem Maße* als Nicht-Meinungsführer *spezifische Medien* "ihres" Produktbereichs, wie z.B. Modemagazine[190] oder Autozeitschriften[191]. Gerade für hiesige Konsumgütermärkte erscheint diese Erkenntnis sehr interessant, denn in der Bundesrepublik Deutschland existiert eine Vielzahl von sog. "Special-Interest-Zeitschriften", welche sich mit spezifischen Produktbereichen beschäftigen[192].

Es kann allerdings nicht überraschen, daß Meinungsführer produktbereichsspezifische Medien intensiver nutzen als die Nicht-Meinungsführer. Denn das erhöhte Interesse, das die Meinungsführer für "ihren" Produktbereich aufweisen, wird beinahe zwangsläufig dazu führen, daß sie sich mit entsprechenden Informationen versorgen wollen. Zu diesem Zweck drängt sich aus ihrer Sicht etwa die Lektüre von Spezial-Zeitschriften - so vorhanden - geradezu auf, so daß die empirische Bestätigung dieses Zusammenhangs trivial anmutet.

Interessanter erscheint dagegen das Resultat, daß Meinungsführer aus produktbereichsspezifischen Medien auch *mehr Informationen* gewinnen als diejenigen Nicht-Meinungsführer, die diese Medien *ebenfalls* nutzen[193]. Dieser Unterschied in der Kontaktqualität ist z.B. für Werbetreibende von hoher Relevanz.

zu (2.3): Produktbereichsbezogene Innovationsbereitschaft

Der Zusammenhang zwischen Meinungsführerschaft und *Innovationsbereitschaft* ist vielfach untersucht worden. Dabei wurde die Innovationsbereitschaft auf verschiedene Weise operationalisiert, wie z.B. durch das Interesse für neue Produkte, durch die Einstellung gegenüber neuen Produkten, durch den Kauf sowie durch den Besitz von Neuprodukten[194].

---

189) Neben den hier betrachteten fachspezifischen Medien existieren noch andere Quellen, aus denen die Meinungsführer Informationen gewinnen und sich damit ihr Wissen aneignen. Dazu zählen u.a. auch häufige Gespräche mit anderen Konsumenten bzw. Meinungsführern. SUMMERS konstatiert für den Modebereich, daß Meinungsführer signifikant häufiger Ratschläge von Freunden und Bekannten erhalten als Nicht-Meinungsführer (!); vgl. SUMMERS (1970), S.183. MYERS und ROBERTSON gelangen für verschiedene Produktbereiche zu der Schlußfolgerung, daß Meinungsführer signifikant häufiger mit anderen Personen über "ihren" Produktbereich diskutieren als Nicht-Meinungsführer; vgl. MYERS/ROBERTSON (1972), S.42f.
190) Vgl. SUMMERS (1970), S.182; REYNOLDS/DARDEN (1971), S.450.
191) Vgl. COREY (1971), S.51; ARMSTRONG/FELDMAN (1976), S.23.
192) Solche "Special-Interest"-Zeitschriften existieren in der Bundesrepublik bereits für zwölf Produktbereiche, und es zeichnet sich auch weiterhin ein Wachstum dieser Märkte ab. Vgl. o.V. (1986a), S.62.
193) Vgl. PRICE/FEICK (1984), S.38ff.
194) Vgl. HUMMRICH (1976), S.62.

Zwei Untersuchungen legen den Schluß nahe, daß Meinungsführer für den Produktbereich "Nahrungsmittel" *nicht* innovationsfreudiger sind als die Nicht-Meinungsführer. So stellen ROBERTSON und MYERS fest, daß zwischen Meinungsführerschaft und Innovationsfreude kein signifikanter Zusammenhang besteht[195], während RANDOE konstatiert, daß die Meinungsführer nur eine etwas höhere Innovationsfreudigkeit als die Nicht-Meinungsführer aufweisen[196].

In den meisten Fällen vertreten die verschiedenen Autoren jedoch die Auffassung, daß Meinungsführer i.d.R. *innovationsfreudiger* sind als die Nicht-Meinungsführer. Am häufigsten wurde diese These für den Bereich "Mode" bestätigt[197]. Aber auch für andere Produktkategorien konnte eine höhere Innovationsbereitschaft festgestellt werden. So spricht SUMMERS zwar davon, daß in den von ihm untersuchten sechs Produktbereichen kein "starker" Zusammenhang" besteht; gleichwohl überschneiden sich die Segmente der Meinungsführer und der Innovatoren in seiner Untersuchung überzufällig[198]. Auch MYERS und ROBERTSON stellen für diverse von ihnen untersuchte Produktbereiche signifikante Zusammenhänge zwischen Meinungsführerschaft und innovativem Verhalten fest, wenngleich keine der jeweiligen Korrelationen stärker ausgeprägt ist als diejenige im Modesektor[199].

Für diese Resultate bieten sich zwei Erklärungsansätze an. Geht man von einem Meinungsführer aus, so kann man unterstellen, daß sich dieser für "seinen" Produktbereich besonders interessiert (s.o.). Daher erscheint es plausibel, daß er auch an neuen Produkten des betreffenden Bereichs interessiert ist und diese oft in einem frühen Stadium des Diffusionsprozesses kauft. Daneben kann man von einem Innovator ausgehen, der als einer der ersten das neue Produkt gekauft hat. Dieser wird mit einer gewissen Wahrscheinlichkeit aufgrund dieses Kaufs auch zum Meinungsführer[200]. Denn zum einen ist er bemüht, etwaige Nachkaufdissonanzen abzubauen, und wird deshalb interpersonelle Kommunikationsprozesse initiieren. Zum anderen wird er möglicherweise aufgrund des "product"- oder "self-involvement"-Motivs Gespräche über die Innovation beginnen[201]. Schließlich werden auch die Personen seines sozialen Umfelds bei ihm nach Informationen suchen, indem sie sein Konsumverhalten beobachten oder seine Produkterfahrungen erfragen[202].

---

195) Vgl. ROBERTSON/MYERS (1969), S.167. Die beiden Autoren ermitteln jedoch in einer zweiten Studie einen sehr hohen Zusammenhang zwischen Meinungsführerschaft und Innovationsbereitschaft für den Bereich "Nahrungsmittel"; den offensichtlichen Widerspruch zu dem Ergebnis ihrer o.a. Studie kommentieren sie jedoch nicht; vgl. MYERS/ROBERTSON (1972), S.43f.
196) Vgl. RANDOE (1968), zitiert nach HUMMRICH (1976), S.58.
197) Vgl. ebenda, S.58; ROBERTSON/MYERS (1969), S.167; SUMMERS (1970), S.183; SUMMERS spricht hier von "venturesomeness", ebenso wie DARDEN/REYNOLDS (1972), S.326f. Vgl. auch MYERS/ROBERTSON (1972), S.43;
SCHRANK/GILMORE (1973), S.538; BAUMGARTEN (1975), S.14.
198) Vgl. SUMMERS (1970), S.316.
199) Vgl. ROBERTSON/MYERS (1969), S.167; MYERS/ROBERTSON (1972), S.43.
200) So auch BUCHHOLZ (1985), S.177.
201) Vgl. Kapitel 1.2.2.1 dieser Arbeit.
202) So auch ENGEL/KEGERREIS/BLACKWELL (1969), S.17; SUMMERS (1972), S.43.

Die These, derzufolge es sich bei Meinungsführern und Innovatoren *stets* um identische Personen handelt, ist jedoch vor dem Hintergrund der empirischen Befunde nicht haltbar[203]. Dies ist möglicherweise auf den Tatbestand zurückzuführen, daß Meinungsführer - wie gezeigt wurde[204] - ein hohes Maß an Gruppenkonformität aufweisen, die Werte und Normen ihrer Primärgruppen also besonders beachten. Falls ein Meinungsführer nun Mitglied relativ wertkonservativer Gruppen ist, wird er eine tendenziell reserviertere Haltung gegenüber Neuerungen einnehmen[205]. Umgekehrt wird ein Meinungsführer eher innovationsfreudig sein, wenn in seinen Primärgruppen relativ progressive Werte und Normen existieren, die die Annahme von Neuerungen grundsätzlich begünstigen[206]. Wenn jedoch ein Innovator gleichzeitig auch als Meinungsführer angesehen werden kann, nimmt er aus Sicht des Marketing eine *doppelt wichtige* Schlüsselposition ein[207].

---

203) Vgl. SUMMERS (1971), S.316; MYERS/ROBERTSON (1972), S.43f.
204) Vgl. hierzu die Ausführungen zu den "Persönlichkeitsmerkmalen und sozialen Aktivitäten" in diesem Kapitel, sowie SCHRANK/GILMORE (1973), S.538f.
205) Als Beispiel können hier die Erfahrungen mit der Annahme von Innovationen in ländlichen Subkulturen herangezogen werden; vgl. KAAS (1973), S.48f.; HUMMRICH (1976), S.65f.; ROGERS (1983), S.284ff. und die dort jeweils angeführte Literatur.
206) Vgl. ROGERS (1983), S.284. Allerdings ist dieser Zusammenhang nicht unumstritten; vgl. HUMMRICH (1976), S.66.
207) BAUMGARTEN bezeichnet Konsumenten, die diese "Doppel"-Funktion innehaben, als "Innovative Communicators" und plädiert für deren gezielte Ansprache durch das Marketing. Vgl. BAUMGARTEN (1975), passim, insb. S.17f.

3. Steuerung der interpersonellen Kommunikation durch die Kommunikationspolitik von Unternehmen unter besonderer Berücksichtigung der Meinungsführer

3.1 Spezifische und unspezifische Steuerung der interpersonellen Kommunikation

Die interpersonelle Kommunikation prägt, wie gezeigt wurde, die konsumrelevanten Einstellungen und Verhaltensweisen von Konsumenten in sehr hohem Maße. Dies gilt insbesondere für (Produkt-)Innovationen und Produkte mit hohem Ego-Involvement[1]. Aus Marketing-Sicht sollte daher geprüft werden, welche Ansatzpunkte für ein Unternehmen bestehen, um die interpersonelle Kommunikation zu beeinflussen und damit zu steuern.

In der Literatur wird eine Fülle von Möglichkeiten zur Beeinflussung der interpersonellen Kommunikation diskutiert. Dabei lassen sich grundsätzlich zwei Vorgehensweisen unterscheiden[2]:

(1) *Unspezifische Steuerung*: Das Unternehmen versucht, auf die interpersonelle Kommunikation *insgesamt* Einfluß zu nehmen.
(2) *Spezifische Steuerung*: Das Unternehmen spricht die *Meinungsführer* als qualitativ besonders wichtige Zielgruppe an.

Bei der ersten Vorgehensweise ist die Zielgruppe derartiger kommunikationspolitischer Maßnahmen i.d.R. identisch mit den relevanten Nachfragersegmenten[3]. Im zweiten Fall wird hingegen ein bestimmtes Sub-Segment von Konsumenten, die Meinungsführer für den betreffenden Produktbereich, gezielt angesprochen[4]. Dieser Unterschied ist jedoch nicht so gravierend, wie er auf den ersten Blick zu sein scheint. Denn "Meinungsführerschaft" ist - wie bereits ausgeführt wurde - eine graduell ausgeprägte Variable, die das Ausmaß der Einflußnahme von Konsumenten im Rahmen interpersoneller Kommunikationsprozesse zum Ausdruck bringt[5]; daher zielen alle Maßnahmen, die auf die *unspezifische* Steuerung der interpersonellen Kommunikation ausgerichtet sind, letztlich auf "Meinungsführer unterschiedlicher Grade" ab.

---

1) Vgl. HASELOFF (1986), S.1262. Unter dem "Ego-Involvement" ist ein persönliches Engagement ("Ich-Beteiligung") zu verstehen, das Konsumenten beim Kauf und Ge- oder Verbrauch von Produkten entwickeln; vgl. z.B. KROEBER-RIEL (1984), S.321f. Auf den Involvement-Begriff wird in Kapitel 4.2.1 noch näher eingegangen.
2) So auch KROEBER-RIEL (1984), S.534.
3) Grundsätzlich ist es denkbar, daß derartige Maßnahmen auch auf solche Konsumenten abzielen, die zwar nicht unmittelbar als Nachfrager in Betracht kommen, aber Einfluß auf aktuelle oder potentielle Käufer ausüben.
4) Es wird im folgenden davon ausgegangen, daß die Meinungsführer ein Sub-Segment der aktuellen oder potentiellen Nachfrager aus Sicht eines Unternehmens darstellen, wenngleich auch der Fall denkbar ist, daß nicht zu dieser eigentlichen Zielgruppe zählende Meinungsführer relevanten Einfluß ausüben (etwa wenn sich ein Bankdirektor beim Kauf einer Luxuslimousine von seinem 18-jährigen, autobegeisterten Sohn beraten läßt).
5) Vgl. hierzu auch Kapitel 1.1.3 dieser Arbeit.

Insofern weisen die beiden Vorgehensweisen Parallelen auf, was sich auch darin widerspiegelt, daß z.T. dieselben Maßnahmen als Steuerungsmittel Verwendung finden.

Bei grober Unterteilung lassen sich aus Unternehmenssicht drei Arten der *unspezifischen Steuerung* unterscheiden[6]:
- *Simulation* interpersoneller Kommunikationsprozesse,
- *Stimulierung* von positiver bzw. *Unterdrückung* von negativer interpersoneller Kommunikation,
- *Aktive Teilnahme* an der interpersonellen Kommunikation.

Diese Möglichkeiten können vom Unternehmen komplementär genutzt werden. Sie werden im folgenden Kapitel 3.2 näher erläutert.

Die zweite der o.a. Vorgehensweisen weist den Vorteil auf, daß der Einsatz des kommunikationspolitischen Instrumentariums gezielt auf die besonders einflußreichen Konsumenten, die Meinungsführer im engeren Sinn, ausgerichtet ist. Da diesen Personen für die Meinungsbildung unter Konsumenten eine entscheidende Rolle zukommt, ist eine zielgenaue Ansprache von Meinungsführern - soweit möglich - der unspezifischen Beeinflussung der interpersonellen Kommunikation vorzuziehen. Seit der "Entdeckung" des Einflußpotentials von Meinungsführern galt daher das Interesse stets auch der Ableitung von Maßnahmen, mit denen diese Schlüsselpersonen der interpersonellen Kommunikationsnetze gezielt für die Zielsetzungen von Unternehmen eingesetzt werden können.

Voraussetzung für eine Ansprache der Meinungsführer ist deren Identifizierung[7]. Hierzu lassen sich grundsätzlich die bereits geschilderten Verfahren heranziehen: die soziometrische Methode, das Verfahren des Schlüsselinformanten und das Verfahren der Selbstauskunft[8]. Daneben ist es, wie noch zu zeigen sein wird, auch möglich, Indikatoren der Meinungsführerschaft zur Abgrenzung heranzuziehen. Die sich daran anschließende Ansprache der Meinungsführer kann auf zwei Wegen erfolgen[9]:
- Namentliche Ermittlung der Meinungsführer und *direkte* Ansprache;
- *Indirekte* Ansprache von Meinungsführer-Segmenten.

Die Ausgestaltung der Steuerungsmittel erfolgt dabei z.T. in Anlehnung an die Maßnahmen, die auch bei der unspezifischen Steuerung der interpersonellen Kommunikation denkbar sind. Daneben ist jedoch zu überlegen, welche Steuerungsmittel sich speziell für die Ansprache des kleineren Segments der kompetenten Meinungsführer eignen. Auf die sich in diesem Zusammenhang ergebenden Möglichkeiten wird in

---

6) In Anlehnung an die ausführliche Behandlung dieser Möglichkeiten bei HUMMRICH (1976), S.166ff. Vgl. auch KROEBER-RIEL/KAAS (1981), S.129ff.; KROEBER-RIEL (1984), S.534ff.
7) Vgl. KROEBER-RIEL/KAAS (1981), S.132.
8) Vgl. hierzu die Ausführungen in Kapitel 2.2.2 dieser Arbeit.
9) Vgl. HUMMRICH (1976), S.166f. So auch KROEBER-RIEL (1984), S.559.

Kapitel 3.3 näher eingegangen.

In Abbildung 14 werden die Ansatzpunkte zur spezifischen und unspezifischen Steuerung der interpersonellen Kommunikation zusammenfassend dargestellt.

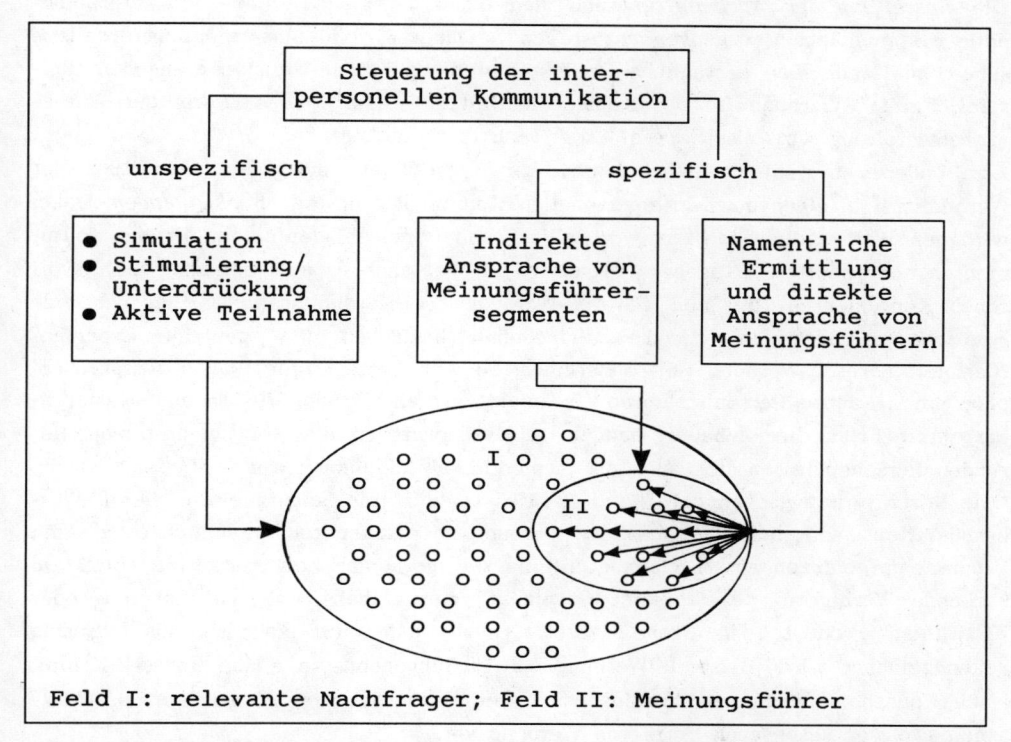

Abb.14: Spezifische und unspezifische Steuerung der interpersonellen Kommunikation

3.2 Ansatzpunkte zur unspezifischen Steuerung der interpersonellen Kommunikation
3.2.1 Simulation interpersoneller Kommunikationsprozesse

Ein Unternehmen kann versuchen, die interpersonelle Kommunikation durch eine entsprechende Ausgestaltung seiner kommunikationspolitischen Maßnahmen *nachzuahmen*. Mit einer derartigen *Simulation* wird das Ziel verfolgt, die (geringe) Vertrauenswürdigkeit, die der anbieterabhängigen Kommunikationspolitik aus Sicht der Konsumenten zukommt, zu erhöhen. Dahinter steht die Überlegung, daß die *Wirksamkeit* der Kommunikationspolitik auf diese Weise gesteigert werden kann[10].

---

10) Vgl. hierzu die Ausführungen zur spezifischen Wirksamkeit der interpersonellen Kommunikation in Kapitel 1.3.2 dieser Arbeit.

In der Literatur werden hierzu vor allem zwei Ansatzpunkte diskutiert[11]:
- Simulation durch entsprechende Ausgestaltung der Werbemittel;
- Simulation durch den Einsatz von "Informationsagenten".

Die *Gestaltung der Werbemittel* kann zum einen darauf gerichtet sein, interpersonelle Kommunikationsvorgänge *darzustellen*[12]. Dabei wird in einer möglichst realistischen Spielszene eine persönliche Produktempfehlung "unter Freunden" gegeben (Beispiel: Fernseh-Werbung für das Kopfschmerzmittel "Togal"). Diese Form der Werbemittelgestaltung wird als "Slice-of-Life"-Technik bezeichnet[13].

Zum anderen besteht die Möglichkeit, das Werbesubjekt durch die Gestaltung der Werbemittel in einen quasi-interpersonellen Kommunikationsprozeß *einzubinden*. Dabei wird den Werberezipienten das Werbeobjekt von Personen empfohlen, die als Konsumenten oder neutrale Ratgeber auftreten[14]. Dabei kann es sich um anonyme, "typische" Konsumenten (Beispiel: Fernseh-Werbung für Haushaltsreiniger, bei der eine "typische" Hausfrau ihre Produktzufriedenheit bekundet), um "neutrale Experten" (Beispiel: Fernseh-Werbung für Zahncremes, bei der Ärzte Empfehlungen aussprechen) oder um bekannte Persönlichkeiten (Beispiel: Fernseh-Werbung für "Braun"-Rasierapparte mit Franz Beckenbauer) handeln[15]. Die derart an die Konsumenten appellierenden Personen lassen sich auch als "symbolische" Meinungsführer auffassen[16].

Eine Mischform zwischen der "Slice-of-Life"-Technik mit Schauspielern, die in Werbespots Konsumenten mimen, und der Werbung mit "bekannten Persönlichkeiten", die Produktempfehlungen aussprechen, stellt die seit geraumer Zeit stärker ins Blickfeld rückende Werbeform des "Product-Placement" dar. Dabei werden in Fernseh- oder Kinofilmen Produkte "in Szene" gesetzt, ohne daß dies eindeutig als Werbung gekennzeichnet wird (Beispiel: Werbung für Hustenbonbons in einem Fernseh-Krimi). Nach Kenntnis d.V. liegen allerdings noch keine zuverlässigen Daten über die Wirksamkeit dieser besonderen Form von Werbung vor.

Es lassen sich im Detail keine allgemeingültigen Empfehlungen für die weitere konkrete Ausgestaltung der Werbemittel geben[17]. Vielmehr kommt es hierbei auf den jeweiligen Werbekontext an, wie z.B. die Art des Produktes und die Art des Werbe-

---

11) Vgl. KAAS (1973), S.69f.; HUMMRICH (1976), S.168 und 182; KUMPF (1983), S.331.
12) So auch SCHERRER (1975), S.159.
13) Vgl. OGILVY (1984), S.105.
14) Diese Werbeappelle werden als "Testimonials" bezeichnet; vgl. KAAS (1973), S.70.
15) Vgl. ROBERTSON (1971), S.215; KAAS (1973), S.70; HUMMRICH (1976), S.182; MAYER (1985), S.315ff.; vgl. auch die Ausführungen zu "Bedarfsberatern" und "Leitbildern" in Kapitel 1.1.3 dieser Arbeit.
16) Vgl. MAYER et al. (1982), S.207; KROEBER-RIEL (1984), S.559f.
17) Bei KROEBER-RIEL finden sich jedoch zumindest einige Hinweise darauf, wie eine erfolgversprechende Gestaltung aussehen könnte; vgl. KROEBER-RIEL (1984), S.535f.

mittels. Wichtig erscheint, daß eine Atmosphäre des Vertrauens geschaffen wird, in der die kommerziellen Interessen der Werbung aus Sicht der Umworbenen in den Hintergrund rücken. Der Konsument muß die in der Werbung auftretenden Personen als "Freunde" auffassen, die typische Konsumenten-Probleme kennen und teilen, gleichzeitig aber kompetente Ratschläge erteilen können[18].

Die Simulation der interpersonellen Kommunikation in den oben gezeigten Formen ist relativ leicht durchzuführen und in der Praxis weit verbreitet. Allerdings fehlen bislang empirische Untersuchungen zur spezifischen Wirksamkeit dieser Form von Werbung[19]. Die Entscheidung, interpersonelle Kommunikationsprozesse durch eine entsprechende Ausgestaltung der Werbemittel zu simulieren, fußt daher bislang weitgehend auf intuitivem Vertrauen in die Effizienz dieser Vorgehensweise[20]. Gleichwohl erscheint dieser Ansatz interessant, vor allem dann, wenn aufgrund der Produktbeschaffenheit (z.B. geringwertige, nicht erklärungsbedürftige Verbrauchsgüter) andere Maßnahmen zur Steuerung der interpersonellen Kommunikation - insbesondere die gezielte Ansprache der Meinungsführer - nicht geeignet sind.

Die zweite Möglichkeit zur Simulation der interpersonellen Kommunikation besteht im Einsatz sog. *"Informationsagenten"*. Darunter sind Personen zu verstehen, die entweder als Mitglieder des Unternehmens oder in dessen Auftrag persönliche Kommunikationsprozesse initiieren[21].

Dabei treten sie als Konsumenten auf, die "Tips unter Gleichgesinnten" weitergeben. Die Informationsagenten können zum einen die zu beeinflussenden Konsumenten *direkt* ansprechen. Zum anderen können sich auch mehrere solcher Agenten gut vernehmlich *miteinander* über ein zu förderndes Produkt unterhalten, um auf diese Weise die "zufälligen" Zeugen ihres Gesprächs zu beeinflussen.

Die Beeinflussungsversuche können - soweit vorhanden - im Ladenlokal des Unternehmens stattfinden. Daneben ist es auch möglich, die Informationsagenten an stark frequentierten Orten auftreten zu lassen, wie z.B. in Untergrundbahnen, in Kaufhäusern, in Aufzügen, an Haltestellen oder auf Bahnsteigen[22]. Aus Sicht des Unternehmens ist es insbesondere von Vorteil, daß bei dieser Simulation der interpersonellen Kommunikation tatsächlich *positiv* über das zu fördernde Produkt (oder z.B. über den zu fördernden Anbieter) gesprochen wird, was bei einer Beeinflussung der interpersonellen Kommunikation zwischen "richtigen" Konsumenten (siehe Kapitel 3.2.2

---

18) Vgl. DICHTER (1966), S.160; KAAS (1973), S.69; HUMMRICH (1976), S.182.
19) Vgl. KAAS (1973), S.70. Diese Aussage stammt zwar aus dem Jahr 1973, nach Kenntnis d.V. hat sich an ihrer Gültigkeit jedoch bis heute nichts geändert.
20) So meint z.B. OGILVY, daß die "Slice-of-Life"-Technik "immer wieder erfolgreich", "wirksam" und "ansprechend" sei. Werbung mit bekannten Persönlichkeiten (Testimonials) hält er hingegen für unterdurchschnittlich wirksam. Vgl. OGILVY (1984), S.105 und 109f.
21) Vgl. HUMMRICH (1976), S.168.
22) Dieser Vorschlag stammt von ARNDT; vgl. ARNDT (1967b), S.190f.; ROBERTSON (1971), S.221.

und 3.2.3) keineswegs gewährleistet ist[23]. Daneben ist es im übrigen auch grundsätzlich denkbar, die Informationsagenten bewußt *negativ* über Konkurrenzprodukte bzw. -anbieter sprechen zu lassen[24]. Dies erscheint deshalb sehr interessant, weil ratsuchende Konsumenten offenbar insbesondere negativen Informationen einen hohen Stellenwert einräumen[25].

Es liegen nur wenige Angaben hinsichtlich der Wirksamkeit des Einsatzes von Informationsagenten vor. ARNDT führt jedoch ein Beispiel an, demzufolge diese Technik sehr erfolgreich war und den Absatz von zuvor schlecht verkäuflichen Regenmänteln drastisch steigerte[26].

Die Anwendung des Verfahrens ist allerdings nicht unproblematisch. So wäre im Einzelfall zu prüfen, ob der Einsatz von Informationsagenten rechtlich zulässig ist, und/oder ob er gegen bestehende Werbecodices verstößt[27]. Darüber hinaus ist zu vermuten, daß das Verfahren - gemessen an seinem Erfolgspotential - einen sehr hohen finanziellen Aufwand erfordert, was seiner Anwendbarkeit enge Grenzen setzt[28]. Schließlich darf nicht außer acht gelassen werden, daß die Möglichkeit einer "Enttarnung" der Agenten besteht. Falls aber Konsumenten wahrnehmen, daß sie derart beeinflußt werden sollen, kann sich der beabsichtigte Effekt ins Gegenteil verkehren. Der für das Unternehmen dann zu erwartende Vertrauensverlust wäre vermutlich immens, nicht zuletzt wegen der ethischen Bedenken, die man dem Verfahren grundsätzlich entgegenbringen kann[29]. Diese Einwände sind wahrscheinlich auch der Grund dafür, daß sich diese auf amerikanischen Experimenten beruhende Methode nicht durchgesetzt hat[30].

3.2.2 Stimulierung positiver interpersoneller Kommuniktionsprozesse

Im Rahmen der Stimulierung interpersoneller Kommunikationsprozesse wird i.d.R. das Ziel verfolgt, ein Produkt positiv "ins Gespräch zu bringen"[31]. Zur Erreichung dieser Zielsetzung kommt vor allem der Einsatz der Instrumente "Werbung" und "Verkaufsförderung" in Betracht[32]. Die entsprechenden Maßnahmen müssen darauf ausgerichtet sein,

---

23) Vgl. HUMMRICH (1976), S.168.
24) Vgl. ARNDT (1967b), S.191.
25) Vgl. BODENSTEIN (1987), S.30. Diese These wurde im übrigen von ARNDT empirisch bestätigt; vgl. ARNDT (1967a), S.292.
26) Vgl. ARNDT (1967b), S.191.
27) Vgl. KUMPF (1983), S.331.
28) Vgl. HUMMRICH (1976), S.168; KUMPF (1983), S.331.
29) Vgl. KUMPF (1983), S.331.
30) Vgl. HUMMRICH (1976), S.168.
31) Daneben ist es denkbar, z.B. eine Markenfamilie, ein Unternehmen oder sogar eine ganze Branche zum Gegenstand der positiven interpersonellen Kommunikation zu machen.
32) Vgl. KROEBER-RIEL/KAAS (1981), S.131. Die folgenden Überlegungen lassen sich auch auf den Fall übertragen, daß - wie oben angedeutet - eine Produktgruppe oder ein Anbieter "positiv ins Gespräch gebracht" werden soll.

- die *autonome Abgabe* von Informationen zu fördern und/oder
- die *Suche* nach Informationen zu stimulieren.

Dabei kann das Unternehmen an den Beweggründen ansetzen, die bei Konsumenten zur Initiierung interpersoneller Kommunikationsprozesse führen (siehe Abb.15).

```
┌─────────────────────────────────────────────────────────────┐
│              ┌─────────────────────────────┐                │
│              │  Maßnahmen zur Stimulierung...│              │
│              └─────────────────────────────┘                │
│   ┌──────────────────────┐      ┌──────────────────────┐    │
│   │ der autonomen Abgabe │      │   der Suche nach     │    │
│   │   von Informationen  │      │    Informationen     │    │
│   └──────────────────────┘      └──────────────────────┘    │
│         → "product involvement"                             │
│         → "self involvement"                                │
│         → "message involvement"      → Interesse            │
│         → "other involvement"                               │
│                                      → Kaufrisiken          │
│         → Nachkauf-                                         │
│           dissonanzen                → Nachkauf-            │
│                                        dissonanzen         │
└─────────────────────────────────────────────────────────────┘
```

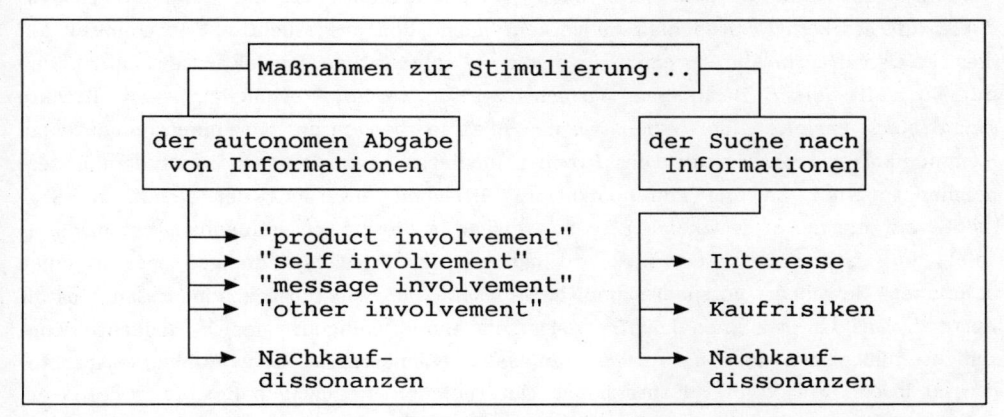

Abb.15: Ansatzpunkte zur Stimulierung interpersoneller Kommunikationsprozesse[33]

Als dominantes Motiv für die *autonome Abgabe von Informationen* gilt das *"product involvement"*[34]. Grundlage einer derart motivierten Kommunikationsinitiierung ist die Begeisterung für ein Produkt, die i.d.R. Ge- oder Verbrauchserfahrungen voraussetzt[35]. Die Maßnahmen des Unternehmens können deshalb darauf abzielen, Konsumenten diese Produkterfahrung zu *verschaffen*. Hier kommen z.B. Produktgeschenke, unentgeltliche Warenproben oder Gutscheine zum preisermäßigten Kauf der Produkte in Betracht[36]. Dieser Vorgehensweise kommt insbesondere bei Produktinnovationen eine hohe Bedeutung zu[37]. Daneben können jedoch auch eingeführte Produkte, für die bereits in hohem Maße Produkterfahrungen bestehen, auf diese Weise erneut "ins Gespräch" gebracht werden[38]. Allerdings erscheint es insgesamt nur bei relativ

---

33) Zur Initiierung von interpersonellen Kommunikationsprozessen vgl. auch Kapitel 1.2.2 dieser Arbeit.
34) Vgl. DICHTER (1966), S.149, sowie die Ausführungen in Kapitel 1.2.2.1 dieser Arbeit. Vgl. auch SCHERRER (1975), S.59ff.; HUMMRICH (1976), S.173.
35) Vgl. HUMMRICH (1976), S.173. In Ausnahmefällen kann "product involvement" vermutlich auch ohne unmittelbare Produkterfahrung auftreten (Beispiel: Begeisterung für einen italienischen Sportwagen der Luxusklasse).
36) Vgl. HUMMRICH (1976), S.173.
37) So stellte z.B. ARNDT in einer Studie über die Einführung einer neuen Kaffeemarke fest, daß 60% der Informationsempfänger von autonomen Informationsgebern angesprochen worden waren. Als Anreiz hatte dabei ein Gutschein zum verbilligten Bezug des Kaffees gedient. Vgl. ARNDT (1970), S.1108.
38) DICHTER macht hierzu einige konkrete Vorschläge, wie z.B. die Verdeutlichung von zuvor kaum herausgestelltem Zusatznutzen, den das Produkt stiften kann ("new facets of the product"); vgl. DICHTER (1966), S.162ff. Vgl. auch HUMMRICH (1976), S.173f.

geringwertigen Produkten möglich, Geschenke, Proben oder Gutscheine breit zu streuen und somit die gesamte Zielgruppe - d.h. die relevanten Nachfrager-Segmente - anzusprechen.

Bei höherwertigen Produkten empfiehlt sich demgegenüber die persönliche Ansprache weniger, gezielt ausgewählter Personen[39]. Hier besteht u.a. die Möglichkeit, Produkte mit starkem Preisnachlaß zu verkaufen und den ausgesuchten Konsumenten auf diese Weise die für das "product involvement" notwendige Produkterfahrung zu vermitteln. Mit einer derartigen Vorgehensweise werden vermutlich zwei Effekte gleichzeitig erzielt. Zum einen werden die so bedachten Konsumenten autonom Kommunikationsprozesse über das Produkt initiieren. Zum anderen ist es dem Unternehmen möglich, bei der kommunikationspolitischen Ansprache der Nachfrager-Segmente auf diese Referenzkunden zu verweisen. In diesem Zusammenhang ist das Beispiel eines Schwimmbadherstellers zu nennen, der in Wohnsiedlungen jeweils einen beliebigen Bewohner aussuchte und bei diesem zu Selbstkosten ein Bassin installierte[40]. Das Unternehmen knüpfte daran nur eine Bedingung: der so bedachte Konsument mußte sich dazu bereit erklären, seine Nachbarn das Schwimmbad ausprobieren zu lassen. Anschließend sprach das Unternehmen die übrigen Bewohner des Viertels durch Werbung an und verwies auf den Nachbarn, bei dem der "Swimming-Pool" in Augenschein genommen werden konnte.

Daneben erscheint es aus der Sicht von Unternehmen möglich, den Konsumenten eine zeitlich begrenzte Nutzung von Produkten zu gewähren[41]. In diesem Zusammenhang ist z.B. an das Angebot von Skiherstellern oder Händlern zu denken, die fortgeschrittenen Freizeit-Skiläufern für einige Tage neue, oft noch nicht auf dem Markt eingeführte Skier zum "Test" überlassen. Die Ansprache entsprechender "Kandidaten" kann z.B. über Ski-Vereine erfolgen.

Die angeführten Maßnahmen erfordern allerdings bei hochwertigen Produkten z.T. einen sehr hohen finanziellen Aufwand. Falls dieser überhaupt gerechtfertigt erscheint, sollten bei den beschriebenen Vorgehensweisen daher nicht einfach beliebige Konsumenten angesprochen werden. Vielmehr ist zu prüfen, ob die Möglichkeit einer gezielten Ansprache von Meinungsführern besteht[42].

Neben dem "product involvement" stellt vor allem das *"message involvement"* einen Ansatzpunkt dar, an dem das Unternehmen Maßnahmen zur Stimulierung autonomer

---

39) Vgl. ebenda, S.173. Die anzusprechenden Personen können dabei auch nach dem Kriterium der Meinungsführerschaft ausgewählt werden; die spezifische Ansprache dieser Personen wird in Kapitel 3.3.1 behandelt.
40) Vgl. ROBERTSON (1971), S.212; KROBER-RIEL (1984), S.560. Ein ähnliches Beispiel stellt der preisgünstige Verkauf eines Traktors an ausgewählte Landwirte dar, mit dem ebenfalls Multiplikatoreffekte erzielt werden sollten; vgl. MAYER et al. (1982), S.207.
41) Vgl. HUMMRICH (1976), S.155.
42) Vgl. Kapitel 3.3.1 dieser Arbeit.

Informationsabgabe-Prozesse ausrichten kann[43]. Das Kommunikationsmotiv "message involvement" kann definitionsgemäß nur durch Werbung aktiviert werden. Die Werbebotschaft muß in diesem Zusammenhang als Gesprächsstoff für die Kommunikation zwischen Menschen geeignet sein. Auch hierzu lassen sich einige Gestaltungsempfehlungen geben[44].

So kann etwa eine wichtige Nachricht verbreitet werden, die per se einen hohen Informationswert beinhaltet. Hier wäre beispielsweise die Ankündigung eines Automobilherstellers zu nennen, von einem bestimmten Termin an Katalysator-Versionen eines begehrten Produkttyps liefern zu können[45].

Daneben ist an die Schaltung von humorvoller und/oder origineller Werbung zu denken. Als Beispiel läßt sich hier die Werbung für "Jägermeister" anführen, bei der originelle "Sprüche" vermittelt werden, die grundsätzlich dazu geeignet sind, im Rahmen von zwischenmenschlicher Kommunikation als Gesprächsstoff zu dienen[46].

Weiterhin ist es denkbar, Preisausschreiben, Gewinnspiele u.ä. zu veranstalten und werblich zu vermitteln. Dabei ist insbesondere darauf zu achten, daß bei derartigen Aktionen entweder mehrere Personen gleichzeitig beteiligt sind oder die Konsumenten dazu gebracht werden, andere Leute zum Mitmachen zu bewegen[47]. Auf diese Weise wird ebenfalls Stoff für persönliche Gespräche geschaffen.

Auch das *"self involvement"* und das *"other involvement"* stellen Motive zur autonomen Abgabe von Informationen dar, die sich durch geeignete Maßnahmen gezielt aktivieren lassen[48]. Falls etwa durch Werbung Informationen übermittelt werden, deren Weitergabe dem Konsumenten Aufmerksamkeit und Geltung verschafft, wird dieser die Informationen aufgrund des erstgenannten Motivs vermutlich verbreiten. Hier könnte - beispielsweise durch den entsprechenden Einsatz von Direkt-Werbung - bei den Umworbenen das Gefühl erweckt werden, sie gehörten zu einem exklusiven Kreis von Werbe-Adressaten und gelangten an "Insider-Wissen"[49]. Soll dagegen der Einsatz der Werbung auf die Aktivierung des "other-involvement"-Motivs abzielen, so ist der Eindruck zu vermitteln, daß eine Weitergabe der Informationen ein "freund-

---

43) Zum "message involvement" vgl. DICHTER (1966), S.151f.; HUMMRICH (1976), S.133f.
44) Vgl. DICHTER (1966), S.162ff.
45) Allerdings besteht hier die Gefahr, daß bei Ankündigung eines neuen Produktes Frustrationen beim Nachfrager erzeugt werden, wenn es gleichzeitig noch nicht erhältlich ist. Daneben ist auch an die Gefahr zu denken, daß andere Produkte des eigenen Sortiments bereits durch die Ankündigung des neuen "kannibalisiert" werden.
46) So auch KROEBER-RIEL/KAAS (1981), S.131. DICHTER spricht in diesem Zusammenhang davon, der Werbung durch einprägsame Slogans "Flügel" zu verleihen; vgl. DICHTER (1966), S.162. Zur humorvollen Werbung vgl. z.B. OGILVY (1984), S.103f.
47) Vgl. KROEBER-RIEL/KAAS (1981), S.131.
48) Vgl. HUMMRICH (1976), S.174.
49) Vgl. ebenda, S.174; DICHTER (1966), S.165.

schaftliches Geschenk" an nahestehende Personen darstellt[50].

Die *Suche nach Informationen* ist weitgehend auf wahrgenommene Kaufrisiken zurückzuführen[51]. Insofern zieht eine Kommunikationspolitik, die direkt auf die Stimulierung von Kaufakten abzielt, vermutlich häufig auch die Suche nach (risikoreduzierenden) Informationen im Zuge interpersoneller Kommunikationsprozesse nach sich. Daneben läßt sich das Risikoreduzierungsmotiv bei den Konsumenten auch direkt aktivieren. Zu diesem Zweck kann die Werbebotschaft z.B. darauf abzielen, den Konsumenten die Risiken aufzuzeigen, die er bei Wahl "irgendeines" - und nicht des beworbenen - Produktes in Kauf zu nehmen hat.

Daneben kann die Suche nach Informationen stimuliert werden, indem bei den Konsumenten das *Interesse* für das Produkt gefördert wird, welches dann i.d.R. zu Suchaktivitäten führt[52]. So kann ein Unternehmen versuchen, durch Werbung oder Verkaufsförderung die Neugierde der Konsumenten zu wecken[53]. Eine solche Vorgehensweise erscheint insbesondere deshalb sinnvoll, weil sie den Erkenntnissen zum Informationsverhalten der Konsumenten im zeitlichen Ablauf einer Kaufentscheidung Rechnung trägt. So bevorzugen - wie bereits gezeigt wurde - Konsumenten in den ersten Phasen eines Kaufprozesses ("Awareness" und "Interest") anbieterabhängige, unpersönliche Informationsquellen[54]. Erst in späteren Phasen gewinnt die interpersonelle Kommunikation an Gewicht.

Die Induzierung von Suchaktivitäten durch Werbung erscheint vor allem bei der Einführung neuer Produkte sinnvoll. Daneben ist diese Vorgehensweise jedoch auch bei bereits eingeführten Produkten denkbar. So kann z.B. durch Herausstellung neuer Anwendungsmöglichkeiten die Neugierde der Konsumenten geweckt werden[55].

Es wird an dieser Stelle deutlich, daß offenbar ein enger Zusammenhang zwischen den Maßnahmen zur Förderung der Informations*such*- und -*abgabe*aktivitäten besteht. Zu den Maßnahmen, die auf das "product involvement" abzielen und damit autonome Informationsabgabeaktivitäten fördern sollen, zählt z.B. die werbliche Verdeutlichung des Zusatznutzens, den ein Produkt stiften kann[56]; dieselbe Vorgehensweise wird jedoch u.U. auch die Suche nach Informationen fördern. Verallgemeinernd läßt sich festhalten, daß die Maßnahmen zur Erhöhung des "product involvement" i.d.R. auch das Interesse am Produkt steigern werden, so daß damit neben der Abgabe auch die

---

50) Vgl. DICHTER (1966), S.165.
51) Zu den Motiven, welche zur Suche nach Informationen führen, vgl. die Ausführungen in Kapitel 1.2.2.2 dieser Arbeit.
52) Vgl. HUMMRICH (1976), S.179; COX (1967a), S.185ff.
53) Vgl. COX (1967a), S.186.
54) Vgl. HUMMRICH (1976), S.123ff., sowie die Ausführungen in Kapitel 1.3 dieser Arbeit.
55) Vgl. HUMMRICH (1976), S.180. Zur durch Werbung induzierten Konsumentenkommunikation über neue und bereits eingeführte Produkte vgl. auch DAY (1971), S.31ff.
56) Vgl. DICHTER (1966), S.165.

Suche nach Informationen stimuliert wird[57].

Auch das Bestreben eines Konsumenten, *Nachkaufdissonanzen* abzubauen, kann sowohl die Suche als auch die Abgabe von Informationen auf dem Wege der interpersonellen Kommunikation auslösen[58]. Aus Unternehmenssicht ist hier etwa an After-Sales-Maßnahmen zu denken, die den Konsumenten von der Richtigkeit seiner Kaufentscheidung überzeugen und auf diese Weise Informationen autonom abgeben lassen. Als Beispiel ist in diesem Zusammenhang an die Bereitstellung von umfangreichem Informationsmaterial zu denken, das den Konsumenten zusammen mit dem gekauften Produkt übergeben wird. Entsprechende Vorgehensweisen dienen letztlich auch der Erhöhung des "product involvement". Ein weiteres Beispiel ist in diesem Zusammenhang die persönliche Kommunikation mit Kunden-Clubs, wie sie z.B. die "Porsche AG" betreibt. Das Unternehmen versucht dabei, durch Rallyes, gesellschaftliche Veranstaltungen u.ä. aus Kunden Stammkunden zu machen und eng an das Unternehmen zu binden. Die "Porsche AG" hat hier richtig erkannt, daß die Club-Mitglieder als wichtige Initiatoren von Mund-zu-Mund-Werbung betrachtet werden müssen[59]. Gleichzeitig wird den Kunden auf diesem Wege auch die Möglichkeit geschaffen, Nachkaufdissonanzen durch die autonome Abgabe von Informationen über die Kunden-Clubs abzubauen.

Beabsichtigt ein Unternehmen hingegen, die durch Nachkaufdissonanzen entstehende *Suche nach Informationen* zu fördern, muß es das Entstehen dieser Dissonanzen selbst unterstützen. Dies kann z.B. erreicht werden, indem die Werbebotschaft auf die mögliche Unzufriedenheit nach dem Kauf "irgendeines" - und nicht des beworbenen - Produktes hinweist. Hier bestehen offensichtliche Parallelen zu der o.a. Vorgehensweise, Kaufrisiken aufzuzeigen und dadurch die Suche nach Informationen auszulösen.

3.2.3 Unterdrückung negativer interpersoneller Kommunikationsprozesse

Neben der Förderung interpersoneller Kommunikationsprozesse kann es aus Sicht des Unternehmens auch wichtig sein, *negative* "Mund-zu-Mund"-Werbung zu *hemmen*[60]. Diese Zielsetzung gewinnt insbesondere deshalb an Bedeutung, weil Grund zu der Annahme besteht, daß eine ein Produkt abwertende interpersonelle Kommunikation

---

57) Vgl. HUMMRICH (1976), S.180.
58) Vgl. hierzu die Ausführungen in Kapitel 1.2.2 dieser Arbeit.
59) Vgl. o.V. (1986b), S.28ff. Ein negatives Beispiel liefert in diesem Zusammenhang der Computer-Hersteller "Apple", der die zahlreichen User-Clubs bewußt *nicht* unterstützt. Mittlerweile läuft das Unternehmen Gefahr, daß sich viele dieser Clubs, welche sich ursprünglich nur auf die Anwendung von "Apple"-Computern beschränkten, zukünftig auch anderen Herstellern öffnen; vgl. ebenda, S.39. Vgl. zu den Kundenclubs auch BÜRGER/BERLEMANN (1987), S.312ff.
60) In diesem Zusammenhang sollen nur verbale Kommunikationsprozesse interessieren. Daher kann hier "Mund-zu-Mund"-Werbung mit dem Begriff "interpersonelle Kommunikation" gleichgesetzt werden. Zu den Begriffen vgl. Kapitel 1.1.2 dieser Arbeit.

eine größere Wirkung entfaltet als umgekehrt eine für das Produkt positive Kommunikation[61]. Im folgenden sollen daher einige Möglichkeiten aufgezeigt werden, die sich einem Unternehmen zur Unterdrückung bereits eingesetzter negativer "Mund-zu-Mund"-Werbung bieten. Bei der Abwägung des Einsatzes verschiedener Maßnahmen ist dabei zunächst jeweils zu prüfen, welche Gründe das Entstehen der negativen interpersonellen Kommunikation hatte.

Im "einfachsten" Fall kann es sich hier etwa um ein Image-Problem einer Produktgattung handeln. So gerät z.B. das Rauchen von Tabakwaren in letzter Zeit negativ ins Gespräch. Die Branche reagiert darauf zunehmend mit "Sympathie-Werbung", wie etwa dem Slogan "Ich rauche gern". In ähnlichem Zusammenhang ist auch das Bemühen der Chemischen Industrie zu sehen, ihr "ökologisches Image" zu verbessern.

Daneben besteht für das Unternehmen u.U. die Möglichkeit, durch kommunikationspolitische Maßnahmen Informationen an die Konsumenten zu übermitteln, um der negativen "Mund-zu-Mund"-Werbung auf diese Weise die Grundlage zu entziehen. Dies kann gegebenenfalls durch Richtigstellung falscher Informationen geschehen, welche die negative interpersonelle Kommunikation ausgelöst haben. Ferner kann das Unternehmen bei begründeten Konsumentenbedenken produktpolitische Maßnahmen ergreifen, um z.B. die für die negative "Mund-zu-Mund"-Werbung ursächlichen Mängel abzustellen, und den Konsumenten diese Vorgehensweise vermitteln. So geriet im Jahr 1987 die Fischindustrie negativ ins Gespräch, weil in den Massenmedien über das Vorhandensein von Wurmlarven in Fischen berichtet wurde. Die Anbieter reagierten, indem sie selbst umfangreiche Maßnahmen zur Qualitäts-Kontrolle einleiteten und dies zum Inhalt ihrer Kommunikationspolitik machten. Ein ähnlicher Ansatzpunkt ist in der Vorgehensweise zu sehen, negativen interpersonellen Kommunikationsprozessen durch eine schnelle und kulante Abwicklung von Kunden-Reklamationen - auch prophylaktisch - zu begegnen[62].

In Ausnahmefällen bietet sich dem Unternehmen auch die Möglichkeit, juristische Maßnahmen zu ergreifen. So kann unter bestimmten Umständen Personen oder Medien untersagt werden, weiterhin bestimmte Behauptungen über ein Produkt aufzustellen. Als Beispiel läßt sich hier der "Mineralwasser-Test" der Zeitschrift "natur" anführen[63]. Bei diesem Test ergab sich, daß einige Mineralwassermarken bedenkliche Konzentrationen von Stoffen aufweisen, die in bestimmten Mengen schädlich für den menschlichen Organismus sein können. Dieses Ergebnis wurde durch die Massenmedien verbreitet und war daher auch Gesprächsstoff für die persönliche Kommunikation zwischen Konsumenten. Die z.T. erheblichen Umsatzrückgänge einiger Marken

---

61) Vgl. ARNDT (1967a), S.292; KROEBER-RIEL/KAAS (1981), S.132; GATIGNON/ ROBERTSON (1985), S.856f., und die dort angegebene Literatur; LEONARD-BARTON (1985), S.915; BAYUS (1985), S.32; BODENSTEIN (1987), S.30.
62) Vgl. RICHINS (1983), S.76f. Dort finden sich noch zahlreiche weitere Beispiele, wie ein Unternehmen durch die Eindämmung von Kundenunzufriedenheit negative interpersonelle Kommunikation stoppen kann.
63) Vgl. BÖHME (1987), S.87ff.

waren deshalb vermutlich nicht zuletzt auf negative "Mund-zu-Mund"-Werbung zurückzuführen. Die Branche ging daraufhin mit einer einstweiligen Verfügung gegen "natur" vor, da sie die Meinung vertrat, daß der Test nicht adäquat durchgeführt und interpretiert worden war[64].

Eine andere Möglichkeit zur Unterdrückung negativer "Mund-zu-Mund"-Werbung besteht darin, daß ein Unternehmen die eigenen Marketing-Aktivitäten reduziert und auf diese Weise "weniger sichtbar" agiert[65]. Nach gewisser Zeit - so die dahinter stehende Überlegung - klingt dann möglicherweise die negative interpersonelle Kommunikation ab. Allerdings birgt diese Vorgehensweise erhebliche Gefahren in sich, da nur schwer abgeschätzt werden kann, welche Konsequenzen ein temporärer Verzicht auf den Einsatz absatzpolitischer Instrumente haben kann.

Es erscheint an dieser Stelle unmöglich, einen vollständigen Überblick über alle Möglichkeiten zur Eindämmung von negativer interpersoneller Kommunikation zu geben. Die wenigen Beispiele haben jedoch gezeigt, daß ein Unternehmen über einige Instrumente zur Gegensteuerung verfügt. Angesichts der großen Gefahren, die einem Unternehmen durch eine negative "Mund-zu-Mund"-Werbung entstehen können, bedarf es jedoch einer weiteren intensiven Erforschung dieses bislang vernachlässigten Aspekts der interpersonellen Kommunikation[66].

3.2.4 Aktive Teilnahme an interpersonellen Kommunikationsprozessen

Eine weitere Möglichkeit zur unspezifischen Steuerung der interpersonellen Kommunikation besteht darin, daß sich ein Unternehmen aktiv an der Kommunikation zwischen Konsumenten beteiligt. Dabei ergeben sich grundsätzlich zwei Ansatzpunkte[67]:

- Beteiligung an der interpersonellen Kommunikation in den Verkaufsräumen des Unternehmens;
- Beteiligung an interpersonellen Kommunikationsprozessen in den Wohnungen von Konsumenten.

Dabei fungieren zum einen die Verkäufer im Ladenlokal, zum anderen die Außendienstmitarbeiter als Träger der Unternehmensinteressen. Sie werden im folgenden zusammenfassend als "Verkäufer" bezeichnet.

Die aktive Beteiligung an Prozessen der interpersonellen Kommunikation erfordert auf seiten der Verkäufer die Beherrschung von Verkaufstechniken, die den Erkenntnissen über die besondere Wirksamkeit der interpersonellen Kommunikation Rechnung tragen. Daher soll im folgenden zunächst auf diese Techniken eingegangen werden, um anschließend die Möglichkeiten im einzelnen zu diskutieren, die sich aus Unternehmenssicht bei einer gezielten Beteiligung an der Konsumentenkommunikation

---

64) Nach Kenntnis d.V. ist dieser Rechtsstreit noch nicht abschließend entschieden worden.
65) Vgl. BAYUS (1985), S.35.
66) Vgl. WEINBERGER (1986), S.127; BODENSTEIN (1987), S.30.
67) So auch KROEBER-RIEL/KAAS (1981), S.129ff.

ergeben.

Beim Einsatz des Instruments "Persönlicher Verkauf" erscheint es grundsätzlich riskant, "Hard-Selling"-Praktiken - wie etwa Überredungsversuche, Ausübung von zeitlichem Druck usw. - zu pflegen, da diese Vorgehensweise bei den Konsumenten Reaktanz hervorzurufen droht[68]. Vielmehr herrscht schon seit geraumer Zeit die Meinung vor, daß der Verkaufsvorgang als sozialer Interaktionsprozeß aufgefaßt werden muß[69], in welchem nur ein persönliches Engagement des Verkaufspersonals auf Dauer zum Erfolg führt[70]. Der Verkäufer sollte sich demnach als "Anwalt" der Konsumenten begreifen und auch entsprechend mit ihnen kommunizieren. In diesem Sinn kann es z.B. hilfreich sein, über eigene Produkterfahrungen zu berichten. Der Verkäufer vermag damit gegenüber den Konsumenten zu verdeutlichen, daß auch er Käufer der Produkte ist und entsprechende Interessen mit den Kunden teilt. Daneben erscheint es ratsam, gemeinsam mit den Kunden über die Lösung seiner Probleme nachzudenken. Diese "gemeinsame" Vorgehensweise kann sogar so weit gehen, daß der Verkäufer "Koalitionen" mit den Konsumenten eingeht, indem er dabei hilft, Kaufvorteile gegenüber dem Unternehmen zu realisieren[71]. So kann sich z.B. beim Verkauf von Automobilen der Fall ergeben, daß der Verkäufer gemeinsam mit dem Kunden Überlegungen darüber anstellt, auf welche Weise gegenüber der Geschäftsführung des Unternehmens ein möglichst hoher Preis für den in Zahlung zu nehmenden alten Wagen erzielt werden kann[72]. Daher ist es nicht auszuschließen, daß ein Verkäufer den Interessen eines Kunden im Einzelfall schließlich sogar besser dient als dem Unternehmen, für das er arbeitet[73]. Auf diese Weise gelingt es dem Verkaufspersonal jedoch möglicherweise, das Vertrauen der Konsumenten zu gewinnen und damit den entscheidenden Nachteil der anbieterabhängigen Kommunikation zu mindern. Derartige Verkaufsinteraktionen lassen sich auch als quasi-interpersonelle Kommunikationsprozesse auffassen. In der Literatur wird in diesem Zusammenhang der Vorschlag diskutiert, das Verkaufspersonal unter dem Gesichtspunkt der "Ähnlichkeit" mit den relevanten Nachfragern auszusuchen[74], um auf diese Weise die

---

68) Vgl. ebenda, S.129f.; WISWEDE (1979), S.107; UNGER (1984), S.125f. und die dort jeweils angegebene Literatur. Unter Reaktanz wird die Reaktion von Individuen auf Einschränkungen ihres Freiheits- und/oder Kontrollbereichs verstanden. So wird sich auch ein Konsument u.U. gegen einen wahrgenommenen Beeinflussungsversuch zur Wehr setzen; vgl. WISWEDE (1979), S.81 u. 105ff.; SILBERER (1980b), S.386f.; UNGER (1984), S.118f. u. 125f.
69) Vgl. SCHOCH (1969), S.59f., und die dort angegebene Literatur. Vgl. auch ENGELS/TIMAEUS (1983), S.354ff.; KROEBER-RIEL (1984), S.537f.
70) Vgl. KROEBER-RIEL/KAAS (1981), S.130. SCHOCH zitiert in diesem Zusammenhang ein sehr anschauliches Beispiel aus dem Automobilbereich; vgl. SCHOCH (1969), S.57.
71) Zur Bildung von Käufer-Verkäufer-Koalitionen vgl. z.B. MÜLLER (1983), S.714ff.
72) Vgl. KROEBER-RIEL/KAAS (1981), S.130.
73) Vgl. SCHOCH (1969), S.58. SCHOCH weist darauf hin, daß dieses mögliche Resultat der angeführten Verkaufstechnik für das Unternehmen sehr problematisch sein kann. Grund hierfür ist der Rollenkonflikt, in den der Verkäufer in solchen Situationen gerät.
74) Vgl. TURNBULL/MEENAGHAN (1980), S.28; MÜLLER (1983), S.690ff.

Fiktion zu untermauern, es handele sich bei den Verkaufsgesprächen um persönliche Kommunikation zwischen "Gleichgestellten". Wenn das Verkaufspersonal zudem auch sachkompetent ist - was i.d.R. der Fall sein sollte -, so besteht hier eine Möglichkeit, "Meinungsführung" in Prozessen des "Persönlichen Verkaufs" nachzuahmen. Im Gegensatz zur Simulation der interpersonellen Kommunikation durch "Informationsagenten"[75] ist es dem Konsumenten jedoch bei dieser Vorgehensweise bewußt, daß er es mit letztlich doch kommerziell motiviertem Verkaufspersonal zu tun hat.

Die angeführte Technik läßt sich zum einen in einer einfachen Kommunikationsdyade zwischen einem Verkäufer und einem Konsumenten anwenden. Sie erscheint zum anderen jedoch insbesondere auch dann interessant, wenn sich das Verkaufspersonal in die persönliche Kommunikation zwischen Konsumenten einschaltet. Dieser Fall kann als Beteiligung des Unternehmens an der interpersonellen Kommunikation aufgefaßt werden. Die sich in diesem Zusammenhang ergebenden Handlungsoptionen eines Unternehmens sollen im folgenden näher analysiert werden.

Zunächst sei die interpersonelle Kommunikation in den *Verkaufsräumen des Unternehmens* betrachtet. Diese kommt zum einen dann zustande, wenn ein Konsument, der einen Kauf beabsichtigt, beim Aufsuchen des Ladenlokals von Familienangehörigen, Freunden oder Bekannten begleitet wird. Zum anderen besteht die Möglichkeit, daß Konsumenten Kaufentscheidungen gemeinsam treffen (wie z.B. Ehepaare, gute Freunde usw.)[76]. Vor allem im zweiten Fall sind die Verkäufer gefordert, denn sie müssen beim Verkaufsvorgang oft mit mehreren Konsumenten gleichzeitig persönlich kommunizieren. Dabei erscheint es ratsam, die o.a. Technik einzusetzen und gegenüber der Gruppe von Konsumenten nicht als "Hard Seller" aufzutreten; denn der Verkäufer steht, falls die Begleitpersonen aktiv in das Verkaufsgespräch eingreifen, einer "Koalition" von mehreren Konsumenten gegenüber, was die Wahrscheinlichkeit erhöht, daß die Konsumenten Beeinflussungsversuche mit Reaktanz beantworten[77]. In dieser Situation besteht nämlich - zusätzlich zu dem i.d.R. unterstellbaren Wunsch, sich nicht offensichtlich beeinflussen zu lassen[78] - aus Sicht eines Konsumenten die Gefahr, daß seine Beeinflußbarkeit von der (den) anderen Person(en) der Konsumentenkoalition wahrgenommen wird, was er vermutlich als sozial unerwünscht betrachtet. Zudem erhöht sich die Wahrscheinlichkeit, daß z.B. das Geltendmachen von Informationsvorsprüngen als "hartes" Verkaufsargument[79] widerlegt werden kann, da der Verkäufer gegenüber mehreren Konsumenten vermutlich einen geringeren Vorsprung hat als gegenüber nur einer Person. Es kann darüber hinaus zu Problemen für

---

75) Vgl. hierzu auch Kapitel 3.2.1 dieser Arbeit.
76) Vgl. SCHOCH (1969), S.56. Auf die Betrachtung rein zufällig zustande kommender Kommunikation zwischen einander nicht bekannten Konsumenten kann verzichtet werden, da in diesem Fall keine interpersonelle Kommunikation im Sinne dieser Arbeit vorliegt.
77) So auch MÜLLER (1983), S.715.
78) Vgl. WISWEDE (1979), S.81.
79) Vgl. ebenda, S.107.

den Verkäufer kommen, wenn innerhalb der Konsumentengruppe verschiedene Meinungen existieren. Der Verkäufer muß dann u.U. wechselseitige Koalitionen eingehen, indem er jeweils die aus seiner Sicht vorteilhafte Position unterstützt[80].

Die geschilderten Situationen erfordern auf seiten des Verkäufers die Beherrschung komplexer Verhandlungsstrategien[81]. Da sich diese Situationen in den Verkaufsräumen von Unternehmen häufig einstellen, bedarf es deshalb eines besonderen Verkäufertrainings, das darauf ausgelegt sein muß, das Verkaufen als Sozialtechnik zu begreifen und umzusetzen[82]. Diese Notwendigkeit läßt sich jedoch auch als Chance begreifen. Denn durch eine gut vorbereitete, aktive Teilnahme an der in seinen Verkaufsräumen stattfindenden interpersonellen Kommunikation bietet sich einem Unternehmen die Möglichkeit, zusätzliche positive Effekte zu erzielen.

Der zweite Ansatzpunkt zur aktiven Beteiligung an der interpersonellen Kommunikation besteht im Einsatz von Außendienstmitarbeitern, die die Produkte in den *Wohnungen der Konsumenten* verkaufen (Direktvertrieb)[83]. Grundsätzlich lassen sich dabei zunächst die oben angestellten Überlegungen analog übertragen. Es ergibt sich hier allerdings zusätzlich eine besondere Chance zur Steuerung der persönlichen Kommunikation zwischen Konsumenten. Während nämlich interpersonelle Kommunikation in Verkaufsräumen weitgehend zufällig zustande kommt[84], läßt sie sich beim Einsatz von "Persönlichem Verkauf" in den Wohnungen von Konsumenten gezielt auslösen und damit genauer steuern.

Voraussetzung hierfür ist, daß der Außendienstmitarbeiter seine Produkte gleichzeitig mehreren potentiellen Nachfragern präsentiert. Hierzu wird üblicherweise zunächst ein Gastgeber gewonnen, der zu einer solchen Verkaufsveranstaltung Gäste - i.d.R. Freunde und Bekannte - einlädt. Ein wesentlicher Vorteil dieses sog. "Party-" oder "Heimvorführungssystems" (Beispiel: Vertriebssystem der Firma "Tupperware"[85]) besteht darin, daß bei den Konsumenten mögliche Kaufrisiken abgebaut werden, weil die Veranstaltung in privater Atmosphäre stattfindet, und die Konsumenten dem Außendienstmitarbeiter zudem gemeinsam mit ihren Freunden und Bekannten gegenüberstehen[86]. Damit reduziert sich aus ihrer Perspektive vermutlich die Gefahr, beim Verkaufsgespräch "überrollt" zu werden. Der Außendienstmitarbeiter leitet sodann eine Verkaufsveranstaltung, die schon aufgrund der vertrauten Atmosphäre nicht als "Hard Selling" wahrgenommen wird. Vielmehr findet zwischen den anwesenden Konsumenten eine eher zwanglose interpersonelle Kommunikation über die prä-

---

80) Vgl. SCHOCH (1969), S.56f.
81) Vgl. SCHOCH (1969), S.56.
82) Vgl. KROEBER-RIEL/KAAS (1981), S.130.
83) Vgl. hierzu z.B. DALLMER/THEDENS (1981b), S.22; ENGELHARDT/ KLEINALTENKAMP/RIEGER (1984), S.25ff.
84) Es kommt nämlich einzig darauf an, ob der Konsument allein oder in Begleitung anderer Personen am Verkaufsort erscheint.
85) Vgl. KROEBER-RIEL (1984), S.535; KÖHLER (1988), S.30ff.
86) Vgl. ENGELHARDT/KLEINALTENKAMP/RIEGER (1984), S.89.

sentierten Produkte statt, wobei der Außendienstmitarbeiter u.U. nur noch lenkend eingreifen muß. Dabei wäre es z.B. auch möglich, durch *Beobachtung* diejenigen Konsumenten zu ermitteln, die innerhalb der Gesprächszirkel als *Meinungsführer* fungieren. Auf diese Weise könnten Unternehmen möglicherweise Kundendateien nach dem Kriterium der Meinungsführerschaft aufbauen und zusätzlich nutzen; hierauf wird im nächsten Kapitel noch eingegangen.

Eine Erweiterung des "Party-Konzeptes" stellt die Vorgehensweise dar, als Außendienstmitarbeiter gezielt solche Personen zu gewinnen, die diese Tätigkeit mit relativ geringem zeitlichen Aufwand nebenberuflich ausüben[87]. Diese Modifikation führt dazu, daß die Zahl der Außendienstmitarbeiter (bei annähernder Kostenneutralität!) steigt und diese von ihrer Zielgruppe eher als "gleichgestellte" Konsumenten denn als kommerziell orientierte Verkäufer betrachtet werden[88]. Zugleich steigt damit die Zahl der persönlichen Beziehungen, die für das Unternehmen eingesetzt werden, denn die kooperierenden Konsumenten werden die "Parties" vermutlich zunächst in den Wohnungen von Freunden und Bekannten durchführen[89]. Dieses erweiterte System wird von der Firma "Tupperware" praktiziert, für die allein in der Bundesrepublik etwa 15.000 (!) Hausfrauen als nebenberufliche Außendienstmitarbeiterinnen tätig sind[90].

Allerdings sind der Anwendung des "Party"-Systems enge Grenzen gesetzt. Für dieses Verfahren kommen nur solche Produkte in Betracht, welche auf ein hinreichend großes Konsumenteninteresse stoßen und sich somit überhaupt als Diskussionsstoff auf solchen "Parties" eignen[91]. Zudem lehnen viele Anbieter dieses System ab, weil sich die persönliche Kommunikation zwischen Freunden und Bekannten ihrer Auffassung nach thematisch zu häufig vom eigentlichen (Verkaufs-)Zweck der Veranstaltung entfernt[92]. Dieser Einwand ist zwar nicht von der Hand zu weisen; gleichwohl vergibt ein Unternehmen im Falle des Verzichts auf ein solches System eine große Chance, durch die Steuerung interpersoneller Kommunikationsprozesse Präferenzen für das eigene Angebot zu schaffen.

Eine weitere Variante der Kooperation mit Konsumenten ist in der Vorgehensweise der Firma "Audioplay" zu sehen, die Lautsprecher-Boxen anbietet. Der Vertrieb erfolgt ausschließlich per Versand, was bei der Erklärungsbedürftigkeit des Produktes zunächst überrascht. Die Firma glaubt jedoch, diesen Nachteil ausgleichen zu können, indem sie die interpersonelle Kommunikation gezielt in ihr Vertriebskonzept einbindet. Jeder Käufer von "Audioplay"-Boxen kann sich nämlich in eine Liste auf-

---

87) Vgl. ebenda, S.90.
88) Vgl. KÖHLER (1988), S.32.
89) Vgl. KROEBER-RIEL/KAAS (1981), S.130.
90) Vgl. KÖHLER (1988), S.32.
91) Vgl. KROEBER-RIEL/KAAS (1981), S.130f. Ein Überblick über diejenigen Themen (Produktbereiche), über die Hausfrauen in der Bundesrepublik vornehmlich interpersonell kommunizieren, findet sich in der "Kommunikationsanalyse 1". Vgl. GRUNER+JAHR-Verlag (1984), S.216ff.
92) Vgl. ENGELHARDT/KLEINALTENKAMP/RIEGER (1984), S.89.

nehmen lassen, die Adressen und Telefonnummern von Referenzkunden umfaßt. Diese Kunden müssen sich dazu bereit erklären, ihre Boxen interessierten Nachfragern vorzuführen. Zieht eine derartige Vorführung eine Bestellung nach sich, so erhalten die Referenzkunden Verkaufsprovisionen. Zwar lassen sich solche Personen nur bedingt als Außendienstmitarbeiter bezeichnen, weil keine weiteren Kontakte mit Audioplay (wie z.B. Schulungen) bestehen. Gleichwohl kann auch diese Vorgehensweise noch als Beteiligung an interpersonellen Kommunikationsprozessen verstanden werden, da die Referenzkunden durch den Provisionsanreiz im Interesse des Unternehmens handeln.

3.3 Ansatzpunkte zur spezifischen Steuerung der interpersonellen Kommunikation
3.3.1 Direkte Ansprache namentlich ermittelter Meinungsführer

Die direkte Ansprache von lokalisierten Meinungsführern kann z.B. durch persönliche Kommunikation oder Direktwerbung erfolgen. Voraussetzung hierfür ist jedoch zunächst die *namentliche Ermittlung* der anzusprechenden Konsumenten.

Im Rahmen einiger Studien, die sich mit der Diffusion von Innovationen unter Ärzten und Landwirten befaßten, stellte die Lokalisierung von Meinungsführern kein großes Problem dar[93]. Dies ist darauf zurückzuführen, daß die Untersuchungen in kleinen Städten bzw. Gemeinden stattfanden. Die interpersonellen Kommunikationsnetzwerke waren daher einfach zu überschauen. So war es möglich, die soziometrische Methode zur namentlichen Ermittlung der Meinungsführer anzuwenden.

Auch in Investitionsgütermärkten existieren i.d.R. verhältnismäßig transparente Kommunikationsstrukturen, die eine Lokalisierung besonders einflußreicher Kommunikationspartner - und damit der "Meinungsführer" - mit oft nur geringem Aufwand zulassen[94]. Diese können dann gezielt durch Direktwerbung oder Verkaufsförderungsmaßnahmen angesprochen werden[95].

In Konsumgütermärkten sind die interpersonellen Kommunikationsnetze der Nachfrager dagegen komplex, was den Einsatz etwa der soziometrischen Methode unmöglich macht. Da zudem einem Konsumgüteranbieter i.d.R. sehr viele Nachfrager gegenüberstehen, ist auch die Zahl der Meinungsführer sehr groß. So legen die Ergebnisse diverser repräsentativer Untersuchungen die Vermutung nahe, daß auf Konsumgütermärkten durchschnittlich etwa 10-30% der Konsumenten als Meinungsführer einge-

---

93) Vgl. FUCHS (1970), S.243f.; HUMMRICH (1976), S.166. Zur Diffusion einer Innovation unter Ärzten vgl. MENZEL/KATZ (1955), S.340ff.; COLEMAN/KATZ/ MENZEL (1972), S.123, sowie die Darstellung bei KROEBER-RIEL (1984), S.552f. Vgl. auch die zusammenfassenden Ausführungen zu den Agrar- und Ärzte-Studien bei KATZ (1964), S.107ff.; LAZARSFELD/MENZEL (1964), S.124ff.
94) Vgl. HUMMRICH (1976), S.166f.; SCHIFFMAN/GACCIONE (1974), S.53; CZEPIEL (1974), S.174ff.
95) Vgl. ROBERTSON (1971), S.211; KROEBER-RIEL (1984), S.553. Unter "Meinungsführern" werden in diesem Zusammenhang vor allem *Unternehmen* verstanden, repräsentiert durch einzelne Personen. Daneben können jedoch auch *innerhalb* eines Unternehmens - z.B. innerhalb eines "Buying Centers" - einzelne Personen als "Meinungsführer" wirken. Vgl. MARTILLA (1971), S.173ff.

stuft werden müssen[96]. Daraus könnte man die Schlußfolgerung ziehen, daß sich die namentliche Ermittlung von Meinungsführern grundsätzlich schon aufgrund der hohen Kosten[97] sowie des großen erfassungstechnischen Aufwands verbietet, und daß deshalb auf eine direkte Ansprache von Meinungsführern in Konsumgütermärkten *verzichtet* werden muß.

Dieses Fazit ist jedoch voreilig. Die Entwicklung moderner EDV-Systeme eröffnet mittlerweile große Möglichkeiten bei der Nutzung von Adreß- und Kundendateien. So verfügen z.B. Unternehmen des Versandhandels inzwischen über differenzierte Kundendateien, woraus sich Ansätze zu Segmentierungen unterschiedlicher Art ergeben[98]. So könnten z.B. diejenigen Kunden als Meinungsführer aufgefaßt und entsprechend in einer Sonderdatei ausgewiesen werden, die sich durch die Organisation von Sammelbestellungen im Freundes- und Bekanntenkreis als sozial aktiv erwiesen haben[99]. Daneben erscheint es grundsätzlich möglich, die graduelle Meinungsführerschaft von Kunden als Diskriminanzkriterium mit dem "Verfahren der Selbstauskunft" direkt zu erfassen. So könnten z.B. Fragebögen - zusammen mit den üblichen Katalogen - versendet werden. Als Anreiz zur Beantwortung der Fragen wäre etwa die Verbindung mit einem Preisausschreiben denkbar. Es besteht allerdings grundsätzlich die Gefahr, daß die Versandhandelskunden zu umfangreiche oder zu indiskrete Befragungen mit einem rückläufigen Bestellverhalten quittieren[100], so daß vor der Anwendung dieses Erhebungsverfahrens zu prüfen ist, inwieweit derartige negative Konsequenzen zu erwarten sind.

Daneben besteht die Möglichkeit, die Meinungsführerschaft von Konsumenten durch Beobachtung zu ermitteln, falls der eigene Außendienst regelmäßig an interpersonellen Kommunikationsprozessen teilnimmt. Diese Erfassungsmethode ist daher etwa bei den bereits angeführten "Party"-Systemen anwendbar[101]. Der Außendienst hätte dann die zusätzliche Aufgabe, dem Unternehmen Namen und Adressen der bei den Verkaufsparties besonders kommunikationsaktiven Konsumenten zu übermitteln. Nach Aggregation der Daten entstünde eine Adreßdatei derjenigen Konsumenten, die ein hohes Maß an Meinungsführerschaft aufweisen.

Daneben bieten sich auch solchen Unternehmen, die kein Direktmarketing betreiben und daher zunächst keine unmittelbaren Kontakte mit den Nachfragern haben, Möglichkeiten zum Aufbau von Meinungsführeradreßdateien. Dabei ist zum einen - so-

---

96) Vgl. FEICK/PRICE/HIGIE (1986), S.303; GRUNER+JAHR-Verlag (1971), Band 2, S.14-57; INSTITUT für DEMOSKOPIE ALLENSBACH (1984), Band 2, S.1-156. Allerdings muß darauf hingewiesen werden, daß die Operationalisierung von "Meinungsführerschaft" im Rahmen der zuletzt genannten Studien nicht befriedigen kann, so daß die Aussagekraft der Ergebnisse stark eingeschränkt ist; vgl. z.B. GRUNER+JAHR-Verlag (1971), Band 1, S.16ff.
97) Vgl. KAAS (1973), S.67; KUMPF (1983), S.331. So auch FUCHS (1970), S.244f.
98) Vgl. GERARDI (1981) S.850ff.; LEHR (1981), S.242ff.
99) So auch KAAS (1971), S.37.
100) Vgl. GERARDI (1981), S.855f.
101) Vgl. die entsprechenden Ausführungen in Kapitel 3.2.4 dieser Arbeit.

weit vorhanden und rechtlich unproblematisch[102] - an den Ankauf von Dateien zu denken, in denen dieses Merkmal ausgewiesen wird[103]. Zum anderen besteht die Möglichkeit, die Konsumenten zur Aufnahme eines Dialogs mit dem Unternehmen zu bewegen. Als Ansatzpunkt dient dabei der Tatbestand, daß Meinungsführer i.d.R. an Informationen über "ihren" Produktbereich besonders interessiert sind[104]. Das Unternehmen könnte - z.B. im Rahmen der Werbung - den Konsumenten die Möglichkeit offerieren, zusätzliche Informationen, etwa durch Einsendung eines Coupons, abzurufen. Auf diesem Weg würde man - möglicherweise bei gleichzeitiger Initiierung von interpersoneller Kommunikation in diesem speziellen Fall (!)[105] - an Adressen von besonders interessierten Nachfragern gelangen, unter denen vermutlich auch zahlreiche Meinungsführer zu finden wären[106]. Wiederholte man diese Aktion in bestimmten zeitlichen Abständen, so könnte auf diesem Wege eine aktuelle und kontinuierlich erweiterte Adreßdatei aufgebaut werden, mit deren Nutzung man viele Meinungsführer erreicht.

Daneben existieren noch weitere Möglichkeiten, Meinungsführer namentlich zu ermitteln. Das Wesen der Meinungsführer bringt es nämlich oft mit sich, daß sie geradezu "von selbst" aus der Anonymität heraustreten[107]. Dies ist so zu verstehen, daß man u.U. an bestimmten, objektiv beobachtbaren Indikatoren ablesen kann, ob ein Konsument bestimmte Voraussetzungen dafür mitbringt, in Prozessen der interpersonellen Kommunikation besonders einflußreich zu sein. So kann ein Unternehmen z.B. gezielt diejenigen Konsumenten ansprechen, die offenbar viele soziale Kontakte haben und von ihren Mitmenschen anerkannt sind, was sich etwa in Vereinsmitgliedschaften oder im Status von gewählten, informellen sozialen Führern nieder-

---

102) Zu den rechtlichen Problemen bei der Verwendung von Adreßdateien vgl. z.B. ANDERSSOHN (1981), S.703ff.
103) Möglich scheint hier - so vorhanden - der Ankauf derartiger Dateien von anderen Unternehmen, welche den Direkt-Versand oder den Direkt-Vertrieb nutzen. Wichtig ist jedoch, daß diese Unternehmen *ähnliche* Produkte anbieten; denn nur in diesem Fall läßt sich die Vermutung anstellen, daß die ermittelten Meinungsführer im Zuge einer Kompetenzgeneralisierung auch als Meinungsführer für den "eigenen" Produktbereich angesehen werden können.
104) Vgl. z.B. PEPELS (1986), S.18, sowie die Ausführungen in Kapitel 2.4 dieser Arbeit.
105) Ein Beispiel hierfür - allerdings aus dem Dienstleistungsbereich - ist die Coupon-Aktion, die die Firma "Autohansa" (Autovermietung) durchführte. Die Rücklaufquote betrug hier 15% (!), und noch im Verlauf der Werbeaktion setzte eine forcierte Nachfrage nach dem in den Anzeigen ausgelobten Angebot ein; vgl. o.V. (1986a), S.66. Dieses Resultat ist vermutlich nicht zuletzt auf durch "product"- und "self-involvement"-Motive ausgelöste interpersonelle Kommunikationsprozesse zurückzuführen.
106) Vgl. z.B. KÄSTING/WAGNER (1970), S.47. So auch PEPELS (1986), S.18. Man muß an dieser Stelle allerdings beachten, daß es sich hier nicht um Meinungsführeradreßdateien im engeren Sinne handelt, sondern um Dateien, in denen - neben anderen Konsumenten - relativ viele Meinungsführer zu finden sein werden.
107) Vgl. TOPRITZHOFER (1971), S.216. So auch JANSEN (1970), S.177f.

schlagen kann[108].

In diesem Zusammenhang ist auch der Ansatz zu sehen, Meinungsführer zu "schaffen". So wurden in einem Experiment soziale Führer an amerikanischen "Highschools" - Klassensprecher, Sportkapitäne und "cheerleader" - gebeten, neue Schallplatten auf ihre "Hitverdächtigkeit" hin zu beurteilen[109]. Als Belohnung für ihre Mitarbeit wurden ihnen diese Platten vorab mit der Bitte geschenkt, sich vor ihrem endgültigen Votum mit ihren Freunden und Bekannten zu beraten. Gleichzeitig stellte man ihnen zusätzliche Informationen über Platten und Interpreten zur Verfügung. Die sozialen Führer wurden auf diese Weise zu Meinungsführern gemacht, indem man ihnen durch die Vermittlung von Hintergrundwissen Kompetenz verschaffte. Das Experiment führte zu dem Ergebnis, daß einige dieser neuen Platten in den Untersuchungsgebieten unter die "Top Ten" gelangten, ohne daß weitere kommunikationspolitische Aktivitäten zur Förderung des Verkaufserfolgs entfaltet worden waren. In anderen Städten hingegen kam keine der betreffenden Platten in die "Hitliste".

Es wäre im Einzelfall zu prüfen, ob der Einsatz dieser Technik wirtschaftlich ist. Dabei muß insbesondere untersucht werden, ob sich der betreffende Produktbereich überhaupt grundsätzlich für solche Förderungsmaßnahmen eignet. Es kommen dabei vor allem solche Produkte in Betracht, die interessanten Gesprächsstoff für die interpersonelle Kommunikation liefern. Hier ist in erster Linie an neue, teure und/oder sozial auffällige Produkte zu denken[110].

Ein Beispiel aus der jüngsten Zeit stellt die Marketing-Konzeption der Brauerei "Küppers" für das Jahr 1988 dar (siehe Abb.17)[111]. Ansatzpunkt scheint dabei die Überlegung zu sein, daß "Bier" in bestimmter Hinsicht ein sozial auffälliges Produkt ist, über das "man spricht". Das Unternehmen geht davon aus, daß sich unter den Intensivverbrauchern von Bier einige Konsumentengruppen a priori besonders dazu eignen, als Meinungsführer für "Kölsch"-Bier zu fungieren, und zwar u.a.

---

108) Vgl. HUMMRICH (1976), S.170. In diesem Fall findet zwar im engeren Sinn keine Ansprache der Meinungsführer statt, da für die Auswahl lediglich Indikatoren für eine mutmaßlich hohe Meinungsführerschaft dieser Konsumenten herangezogen werden. Gleichwohl stellt diese Vorgehensweise eine substantielle Weiterentwicklung des bereits angesprochenen Ansatzes dar, Schwimmbäder durch die kostengünstige Überlassung an zufällig ausgewählte Konsumenten "ins Gespräch" zu bringen; vgl. zu dieser unspezifischen Steuerung die Ausführungen in Kapitel 3.2.2 dieser Arbeit.
109) Vgl. MANCUSO (1969), S.21f. Vgl. auch die ausführlichen Darstellungen bei SCHERRER (1975), S.165f., und HUMMRICH (1976), S.169.
110) So auch MANCUSO (1969), S.24. Angaben zur Häufigkeit, mit der weibliche Konsumenten im Hinblick auf ausgewählte Produktbereiche interpersonelle Kommunikation betreiben, finden sich in der "Kommunikations-Analyse1"; vgl. GRUNER+JAHR-Verlag (1984), S.216ff., sowie Tab.2 in Kapitel 1.3.1 dieser Arbeit.
111) Vgl. MCD Direktmarketing GmbH (1987), passim.

- Taxifahrer (große Zahl von sozialen Kontakten),
- Handwerker (große Zahl von sozialen Kontakten),
- Leitfiguren in Kegel-Clubs (informelle Führer)[112].

Die Adressen der Taxifahrer sollen in diesem Zusammenhang über bestehende Kontakte des Unternehmens akquiriert werden. Die Anschriften der Handwerker beabsichtigt man über frei zugängliche Verzeichnisse (Publikationen der Kammern, Branchenverzeichnis) zu gewinnen[113]. Die Adressen der Kegelclub-Leitpersonen sollen schließlich durch Befragung der mit der Brauerei verbundenen Wirte ermittelt werden. Letztere will man bitten, Angaben über diejenigen Kegelclub-Mitglieder zu machen, die an den Kegelabenden in den Gaststätten als "führende" Personen auftreten[114]. Die Wirte sollen somit als externe Schlüsselinformanten eingesetzt werden[115].

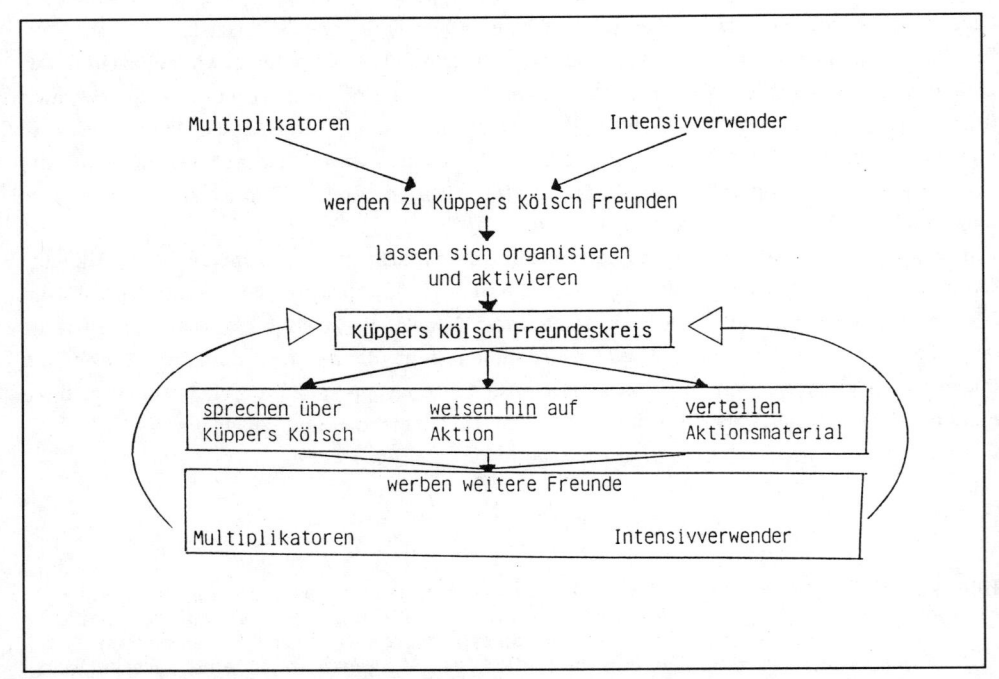

Abb.16: Kommunikation über namentlich ermittelte Meinungsführer für "Küppers Kölsch" (Quelle: MCD Direktmarketing GmbH (1987), S.31)

---

112) Vgl. ebenda, S.17ff.
113) Vgl. ebenda, S.34 und 45.
114) Die Wirte erhalten für ihre Mitarbeit einen materiellen Anreiz und können sich ebenfalls für die Aufnahme in den "Freundeskreis" bewerben. Vgl. MCD Direktmarketing GmbH (1987), S.53.
115) Vgl. hierzu auch Kapitel 2.2.2 dieser Arbeit.

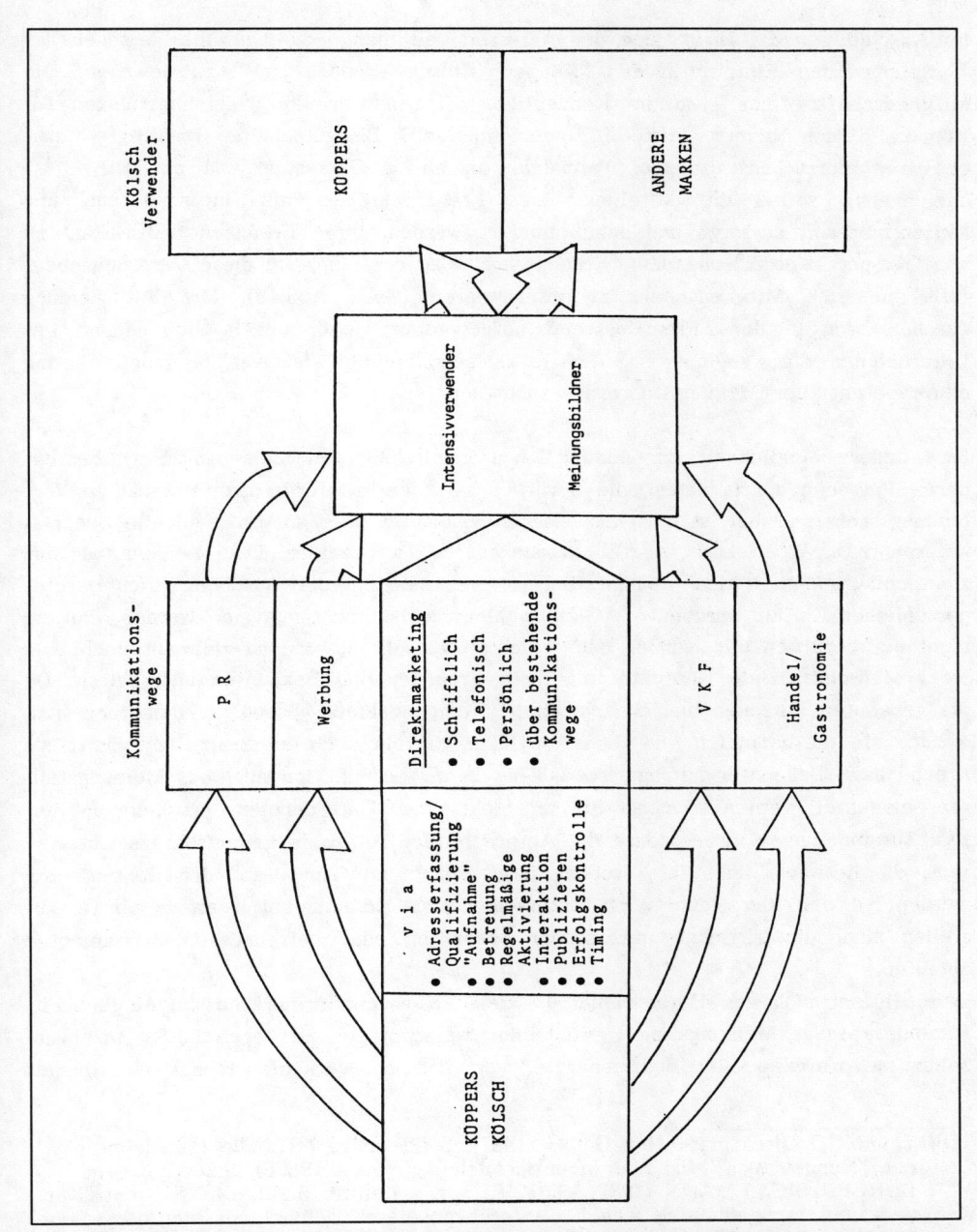

Abb.17: Konzeption zur mehrstufigen Kommunikation über Meinungsführer - das Beispiel "Küppers Kölsch" (Quelle: MCD Direktmarketing GmbH (1987), S.16)

Im Anschluß an die Ermittlung der Adressen will man versuchen, die Personen der Zielgruppe zum Eintritt in den "Küppers Kölsch Freundeskreis" zu bewegen. Die Mitgliedschaft bringt - so die Konzeption - den potentiellen "Meinungsführern für Küppers Kölsch" diverse Vorteile. Dazu zählen z.B. Biergutscheine, verbilligte Besuche von Sportveranstaltungen, Teilnahme an einem Galaabend und an Rallyes[116]. Gleichzeitig sollen die Mitglieder des Freundeskreises mit Informationen und Aktionsmaterial versorgt und dazu animiert werden, ihren Freunden und Bekannten von "Küppers Kölsch" und dem "Freundeskreis" zu erzählen, um diese Personen ebenfalls für eine Mitgliedschaft zu interessieren (siehe Abb.16). Die Entscheidung darüber, wer in den "Freundeskreis" aufgenommen wird, behält sich jedoch das Unternehmen vor; geplant ist, den Kreis ausschließlich "aktiven" Personen - und damit potentiellen Meinungsführern - zu öffnen[117].

Eine andere Möglichkeit zur namentlichen Ermittlung von Meinungsführern besteht darin, Personen auszumachen, die beruflich mit dem zu fördernden Produkt in Verbindung stehen. Dabei ist beispielsweise an Verkäufer oder an professionelle Bedarfsberater (z.B. Architekten, Ärzte) zu denken[118]. Zwar zählen diese Personen definitionsgemäß *nicht* zu den Meinungsführern, wenn sie bei der Ausübung ihres Berufes persönlichen Einfluß ausüben[119]. Gleichwohl kann davon ausgegangen werden, daß sie nicht nur beruflich mit Kunden oder Klienten verkehren, sondern vielmehr auch, wie jeder Mensch, soziale Kontakte mit ihren Freunden und Bekannten unterhalten. Da die genannten Personen hinsichtlich "ihrer" Themengebiete besonders kompetent sind, werden sie diesbezüglich von ihrem sozialen Umfeld auch in ihrer Eigenschaft als Freund bzw. Bekannter befragt, so daß sie in *dieser* Funktion auch als Meinungsführer betrachtet werden können. Aus der Sicht eines Unternehmens erscheint in diesem Zusammenhang insbesondere die Ansprache der neutralen Bedarfsberater interessant, da diese oft auch in Ausübung ihres Berufs zu "Anwälten" der Konsumenten werden, so daß hier kaum noch Unterschiede zu Kommunikationsprozessen festzustellen sind, die zwischen miteinander bekannten oder befreundeten Konsumenten ablaufen.

Damit bietet sich den Unternehmen in vielen Konsumgütermärkten die Möglichkeit, zumindest einige Meinungsführer problemlos zu ermitteln. So liegen i.d.R. Adreßverzeichnisse professioneller Bedarfsberater vor, und das Verkaufspersonal des Handels

---

116) Vgl. MCD Direktmarketing GmbH (1987), S.42f und S.74ff. Die Parallelen zu den "Kundenclubs" sind hier offensichtlich; vgl. o.V. (1986b), S.28ff.; BÜRGER/BERLEMANN (1987), S.312ff., sowie Kapitel 3.2.2. Das Beispiel "Küppers" unterscheidet sich jedoch insofern von diesen "Clubs", als hier nur solche Personen in den "Freundeskreis" aufgenommen werden, die a priori intuitiv als Meinungsführer für den Produktbereich - in diesem Falle "Bier" - eingestuft werden können.
117) Vgl. MCD Direktmarketing (1987), S.32.
118) Vgl. HUMMRICH (1976), S.170.
119) Vgl. hierzu die Ausführungen in Kapitel 1.1.3 dieser Arbeit.

kann vermutlich ebenfalls - durch Kooperation mit den entsprechenden Unternehmen - erreicht werden. Die Kontaktierung des eigenen Außendienstes dürfte gleichfalls keine Schwierigkeiten bereiten.

Wenn das Problem der namentlichen Ermittlung der Meinungsführer gelöst ist, können diese gezielt angesprochen werden. Dabei sind grundsätzlich sämtliche Maßnahmen geeignet, die bereits im Zusammenhang mit der Stimulierung interpersoneller Kommunikationsprozesse diskutiert wurden[120]. Der Vorteil gegenüber der unspezifischen Ansprache aller relevanten Nachfrager liegt auf der Hand: aufgrund der hohen Multiplikatorwirkung der Meinungsführer ergeben sich durch die Ansprache dieses kleineren Teilsegments vermutlich wesentlich geringere Kosten, um vorgegebene Marketing-Ziele zu erreichen. Es ist jedoch im Einzelfall zu prüfen, inwieweit die zuvor erforderlichen Segmentierungsmaßnahmen diese Kosteneinsparung möglicherweise aufzehren.

Daneben ist noch ein besonderer Aspekt zu berücksichtigen. Meinungsführer haben einen sehr hohen Informationsbedarf in bezug auf "ihr" Thema, wissen aber gleichzeitig auch mehr darüber als andere Konsumenten. Das hat zur Folge, daß die den namentlich ermittelten Meinungsführern zugedachten Informationen ein hohes Niveau aufweisen müssen, so daß zu diesem Zweck nicht einfach die üblichen Werbeinformationen übernommen werden dürfen[121]. Die Notwendigkeit eines hohen Informationsniveaus ist aber zugleich auch als *Chance* zu verstehen. Durch die Vermittlung von z.B. komplexen, technisch-funktionalen Informationen kann den Meinungsführern das Gefühl vermittelt werden, über "Insider"-Wissen zu verfügen. Dies erhöht die Wahrscheinlichkeit, bei ihnen das "self-involvement"-Motiv zur Initiierung autonomer Informationsabgabeaktivitäten zu aktivieren[122].

3.3.2 Indirekte Ansprache von Meinungsführer-Segmenten

Wie gezeigt wurde, ist die direkte Ansprache der Meinungsführer in Konsumgütermärkten oft nicht möglich, da die namentliche Erfassung dieser Konsumenten z.B. einen zu hohen finanziellen Aufwand erfordert oder technisch unmöglich erscheint. Dennoch könnten Meinungsführer - und zwar durch Werbung - gezielt erreicht werden, wenn bekannt wäre, *welche Medien* sie signifikant intensiver nutzen als die Nicht-Meinungsführer[123]. Diese Medien wären dann im Rahmen der Werbeträger-Ent-

---

120) Vgl. die Ausführungen in Kapitel 3.2.2 dieser Arbeit. In diesem Zusammenhang sei auch auf eine Untersuchung hingewiesen, die sich mit den Einstellungen und Urteilen der Meinungsführer zur Direktwerbung befaßt; vgl. LAUKHUFF-TEAM (1981), passim. Da hier jedoch unter "Meinungsführern" pauschal Journalisten, Lehrer, Ärzte u.ä. Personen verstanden wurden, soll an dieser Stelle nicht näher auf diese Studie eingegangen werden.
121) Vgl. PEPELS (1986), S.18.
122) Vgl. HUMMRICH (1976), S.171.
123) Vgl. KAAS (1973), S.67; HUMMRICH (1976), S.176f.

scheidung besonders zu gewichten[124], womit die Streuverluste bei der Erreichung des Ziels "Erreiche die Meinungsführer" reduziert würden. In diesen Medien wäre zudem vor allem solche Werbung zu schalten, die den spezifischen Informationsbedürfnissen der Meinungsführer entspricht, wie etwa umfassende, funktional-technische Angaben über die betreffenden Produkte[125]. Voraussetzung hierfür ist jedoch zunächst die Ermittlung derjenigen Medien, die die Meinungsführer bevorzugt nutzen. Dazu können zunächst die bereits in Kapitel 2.4 angeführten Forschungsresultate herangezogen werden. Diesen Ergebnissen zufolge nutzen Meinungsführer diejenigen Medien signifikant intensiver, welche sich speziell mit "ihrem" Themengebiet befassen. Da in der Bundesrepublik Deutschland zunehmend sogenannte "Special-Interest"-Zeitschriften auf den Markt gelangen[126], können für viele Produktbereiche - wie z.B. Skiausrüstung, HiFi-Geräte, Surfzubehör, Automobile usw. - spezifische Medien gewählt werden, über welche wahrscheinlich viele Meinungsführer für den jeweiligen Bereich zu erreichen sind. Beschränkt sich ein Unternehmen bei der Werbeträgerauswahl allerdings auf derartige Spezialzeitschriften, so ergeben sich vor allem zwei Probleme:

- Man erreicht u.U. viele Meinungsführer *nicht*, da nur erwiesen ist, daß die Meinungsführer die Spezialzeitschriften *relativ* häufiger nutzen als die Nicht-Meinungsführer. Will das Unternehmen wirklich *alle* Meinungsführer erreichen, müssen u.U. zusätzlich auch andere Medien mit *großer Reichweite* gewählt werden.
- Der Vorschlag, z.B. HiFi-Geräte vor allem in HiFi-Zeitschriften zu bewerben, erscheint trivial und hätte kaum der Meinungsführer-Forschung bedurft[127]. So werden auch andere Unternehmen, welche das Meinungsführer-Konzept in ihrer Kommunikationspolitik nicht *bewußt* berücksichtigen, in den entsprechenden Medien werben. Als Resultat ergibt sich jedoch oft ein unüberschaubarer "Anzeigen-Friedhof" in den Spezialzeitschriften[128]. Will ein Unternehmen in dieser Situation bei den Meinungsführern Präferenzen für das eigene Angebot erzeugen, kann es dieses Ziel u.U. nur erreichen, indem es *zusätzlich* auch über *andere* Medien wirbt.

Selbst wenn also für den betreffenden Produktbereich Spezialzeitschriften existieren - was nicht immer der Fall ist! -, erscheint es aus den genannten Gründen oft unumgänglich, auch *andere* Medien zu nutzen, will man die Meinungsführer in großer Zahl erreichen und für die Zwecke des Unternehmens "einspannen". Damit stellt sich das Problem, die von den Meinungsführern über die Spezialzeitschriften hinaus besonders intensiv genutzten Medien zu ermitteln. Dabei sind grundsätzlich zwei Vor-

---
124) Zu den dabei verwendbaren Modellen zur Mediaselektion vgl. z.B. FRETER (1974), S.129ff.; BÖCKER/GIERL (1986), passim, insbes. S.30ff.
125) Vgl. z.B. KÄSTING/WAGNER (1970), S.48; KAAS (1973), S.68; PEPELS (1986), S.18.
126) Vgl. o.V. (1986a), S.62ff.
127) Vgl. KUMPF (1983), S.333.
128) JECK-SCHLOTTMANN weist auf das Problem der Informationsüberlastung in Spezialzeitschriften hin; vgl. JECK-SCHLOTTMANN (1988a), S.34.

gehensweisen denkbar[129]:

(1) das Unternehmen ermittelt, welche Medien die für seinen Markt relevanten Meinungsführer präferieren;
(2) das Unternehmen wählt diejenigen Medien, deren Nutzer in ihren Eigenschaften denjenigen der Meinungsführer gleichen.

In den meisten Fällen betreibt ein Unternehmen keine eigene Mediaforschung, da eine solche Primärforschung hohe Kosten verursacht[130]. Dies ist vor allem darauf zurückzuführen, daß bei derartigen Erhebungen eine sehr hohe Fallzahl realisiert werden muß, um verläßliche Daten über die Nutzung der zahlreichen Medien durch die in vielfacher Hinsicht sehr heterogene Konsumentenschaft zu erhalten. Daher scheidet die erste der oben angeführten Alternativen zur Erfassung derjenigen Medien, die von Meinungsführern besonders intensiv genutzt werden, in den meisten Fällen aus[131].

Die zweite Alternative erscheint dagegen leichter realisierbar und fußt auf den in der Bundesrepublik zur Verfügung stehenden *Werbeträgeranalysen*. Diese enthalten detaillierte Informationen über die Nutzer einer Vielzahl von einzelnen Medien, insbesondere sozioökonomische Merkmale wie z.B. Alter, Geschlecht und Einkommen. Die beiden wichtigsten - da umfassendsten - Analysen dieser Art sind die MA (Medienanalyse) und die AWA (Allensbacher Werbeträger-Analyse)[132]. Daneben stellen auch verschiedene Verlage den Werbetreibenden Informationen über die Nutzer ausgewählter Medien zur Verfügung. Beispiele hierfür sind die Analysereihen "Brigitte-Typologie", "Kommunikationsanalyse" [beide GRUNER+JAHR-Verlag] und "Typologie der Wünsche" [BURDA-Verlag][133].

Im Hinblick auf die hier interessierende Problemstellung gälte es also zunächst zu prüfen, ob die Meinungsführer anhand typischer Eigenschaften beschrieben werden

---

129) Vgl. KAAS (1973), S.67f.; HUMMRICH (1976), S.176f.
130) Vgl. z.B. NIESCHLAG/DICHTL/HÖRSCHGEN (1981), S.356f (Anmerkung: Dieser Gedanke wird in der neuesten Auflage nicht mehr explizit formuliert; die entsprechenden Ausführungen lassen jedoch keine Zweifel daran aufkommen, daß die Aussage auch heute noch Gültigkeit besitzt; vgl. NIESCHLAG/DICHTL/ HÖRSCHGEN (1985), S.510ff.).
131) KAAS vertritt zwar die Auffassung, daß sich die von den Meinungsführern bevorzugten Medien relativ einfach durch Stichprobenanalysen ermitteln lassen; zu den dabei anfallenden Kosten äußert er sich jedoch nicht. Vgl. KAAS (1973), S.67f.
132) Vgl. FRETER (1983), S.95; INSTITUT für DEMOSKOPIE ALLENSBACH (1984); ARBEITSGEMEINSCHAFT MEDIA-ANALYSE E.V. (1985). Die Analysen erscheinen jährlich.
133) Die "Brigitte-Typologie" erschien erstmals 1973 und gilt noch heute als eine der umfassensden Analysen ihrer Art; vgl. GRUNER+JAHR-Verlag (1973); MEYN (1978), S.473; KOLUS-DARIUS (1979), S.252. Als Fortsetzung der Reihe erschien 1984 die sog. "Kommunikationsanalyse"; vgl. GRUNER+JAHR-Verlag (1984). Mittlerweile ist bereits die dritte Studie dieser Reihe auf dem Markt. Die "Typologie der Wünsche" erschien erstmals 1974; vgl. BURDA-GmbH (1974).

können[134]. Falls dies möglich wäre, stellten die Gruppen der Meinungsführer jeweils abgrenzbare Marktsegmente ("Meinungsführersegmente") dar[135], die man über diejenigen Medien ansprechen könnte, deren Nutzer den Werbeträgeranalysen zufolge dieselben Merkmale aufweisen.

Den bisherigen Forschungsergebnissen zufolge existieren jedoch keine sozioökonomischen Variablen, mit Hilfe derer sich "die" Meinungsführer diskriminieren lassen[136]. Lediglich für *einzelne* Produktbereiche konnten einige typische Merkmale der Meinungsführer nachgewiesen werden. So herrscht, wie gezeigt wurde, weitgehend Übereinstimmung darüber, daß z.B. die Meinungsführer für den Bereich "Mode" i.d.R. jünger sind als die Nicht-Meinungsführer[137]. Dementsprechend könnte ein Unternehmen dieser Branche versuchen, vor allem über solche Medien zu werben, die nachweislich der Werbeträgeranalysen insbesondere von jüngeren Personen genutzt werden. Allerdings stellt der Bereich "Mode" eine sehr *grobe* Differenzierung dar. Aus der Sicht eines werbungtreibenden Unternehmens wäre es hingegen wünschenswert, daß der Produktbereich, für den "typische" Eigenschaften der Meinungsführer ermittelt wurden, möglichst mit seinem relevanten Markt übereinstimmt[138]. Das bedeutet jedoch, daß der Detailliertheitsgrad der bislang untersuchten Produktbereiche oft bei weitem nicht ausreicht, um aus den Ergebnissen kommunikationspolitische Maßnahmen abzuleiten.

> So wird z.B. ein Anbieter von modischen Damenmänteln, der das Marktsegment des "gehobenen Bedarfs der Frauen zwischen 40 und 50" bedient, kaum Konsequenzen aus der Erkenntnis ziehen können, daß die Meinungsführer für "Mode" jünger sind als die Nicht-Meinungsführer. Aus seiner Sicht erschiene es abwegig, sich aufgrund des Forschungsergebnisses bei der Mediaselektion auf solche Werbeträger zu konzentrieren, die verstärkt von jungen Frauen genutzt werden.

Der angeführte "Mode"-Bereich ist im Hinblick auf trennscharfe, typische sozioökonomische Merkmale der Meinungsführer insgesamt noch am intensivsten untersucht worden. Für andere Produktbereiche ergaben sich z.T. widersprüchliche Ergebnisse, und für einige Bereiche liegen noch gar keine Angaben vor[139]. Daher scheidet i.d.R. die Möglichkeit aus, Meinungsführer-Segmente mit Hilfe der in den Werbeträgeranalysen ausgewiesenen sozioökonomischen Merkmale anzusprechen.

---

134) Vgl. KROEBER-RIEL (1984), S.559.
135) Vgl. KROEBER-RIEL/KAAS (1981), S.133.
136) Vgl. die Ausführungen in Kapitel 2.4 dieser Arbeit.
137) Vgl. z.B. SUMMERS (1970), S.180; GRUNER+JAHR-Verlag (1971), Band 2, S.89ff.; HUMMRICH (1976), S.58, sowie die Ausführungen in Kapitel 2.4 dieser Arbeit.
138) So auch BÖHLER (1977), S.455.
139) Vgl. HUMMRICH (1976), S.58, sowie die Ausführungen in Kapitel 2.4 dieser Arbeit; so auch BÖCKER/GIERL (1986), S.48.

Wie bereits in Kapitel 2.4 gezeigt wurde, unterscheiden sich die Meinungsführer jedoch im Hinblick auf einige *produktbereichsspezifische* Variablen von den Nicht-Meinungsführern. So sind sie stärker an "ihrem" Bereich interessiert und wissen mehr darüber. Derartige Variablen werden mittlerweile - zumindest ansatzweise - in einigen der genannten Werbeträgeranalysen ausgewiesen. So enthält z.B. die AWA Angaben darüber, in welchem Ausmaß sich Konsumenten für Informationen über ausgewählte Produktbereiche interessieren (siehe Tab.5)[140]. Ein Unternehmen könnte somit im Rahmen der Werbeträgerentscheidung diejenigen Medien besonders gewichten, welche signifikant stärker von solchen Konsumenten genutzt werden, die in hohem Maße an Informationen über den relevanten Produktbereich interessiert sind. Auch bei dieser Vorgehensweise ergeben sich jedoch gravierende Probleme.

Tab.5: Interesse und Ratgeberfunktion der Nutzer ausgewählter Medien für den Bereich "Alkoholische Getränke" (Quelle: INSTITUT für DEMOSKOPIE ALLENSBACH (1984), Band 2, S.26 [Auszug]).

	GESAMT (ABS.)	GANZ BESONDERS INTERESSIERT		NICHT SO SEHR		INTERESSIERT INSGESAMT		GEBE RAT, TIPS -EXPERTE-	
	MIO	%	MIO	%	MIO	%	MIO	%	MIO
Gesamt ab 14 Jahre	49,00	4,6	2,25	28,3	13,86	32,9	16,10	6,5	3,21
Bunte	4,39	5,4	0,23	29,9	1,31	35,2	1,55	7,9	0,34
Neue Revue	3,58	7,2	0,26	33,1	1,18	40,3	1,44	10,5	0,38
Quick	3,25	7,2	0,23	32,0	1,04	39,2	1,27	10,2	0,33
Stern	8,72	6,2	0,54	31,2	2,72	37,4	3,26	7,8	0,68
Weltbild	0,97	4,1	0,04	33,9	0,33	37,9	0,37	9,8	0,09
Bild + Funk	2,26	4,9	0,11	27,4	0,62	32,3	0,73	8,1	0,18
Fernsehwoche	4,41	5,1	0,23	32,6	1,44	37,7	1,66	9,1	0,40
Funk Uhr	4,37	5,2	0,23	30,8	1,34	36,0	1,57	8,1	0,35
Gong	2,86	5,1	0,14	31,2	0,89	36,3	1,04	6,3	0,18
Hörzu	11,76	4,5	0,53	28,3	3,33	32,8	3,86	6,9	0,81
TV Hören und Sehen	5,84	5,0	0,29	29,2	1,70	34,2	1,99	6,4	0,37
Die aktuelle	2,16	4,7	0,10	26,3	0,57	30,9	0,67	7,1	0,15
Bella	1,58	5,7	0,09	28,2	0,44	33,9	0,53	8,8	0,14
Frau im Spiegel	2,52	4,1	0,10	23,6	0,59	27,6	0,70	7,5	0,19
Freizeit Revue	2,82	5,4	0,15	27,8	0,79	33,2	0,94	8,4	0,24
Das Goldene Blatt	1,95	4,9	0,09	22,1	0,43	27,0	0,52	7,2	0,14
Heim und Welt	0,56	4,4	0,02	27,3	0,15	31,7	0,18	11,2	0,06
Das Neue Blatt	2,43	4,2	0,10	24,3	0,59	28,5	0,69	7,9	0,19
Neue Post	2,62	4,8	0,13	23,5	0,62	28,3	0,74	8,1	0,21
Praline	1,51	10,0	0,15	37,3	0,56	47,2	0,71	12,2	0,18
Tina	3,06	4,9	0,15	26,8	0,82	31,7	0,97	7,2	0,22
Wochenend	1,29	11,8	0,15	34,9	0,45	46,7	0,60	14,8	0,19
7 Tage	0,88	5,9	0,05	31,3	0,27	37,2	0,33	11,2	0,10
Die Zwei	1,07	3,9	0,04	23,9	0,26	27,8	0,30	6,6	0,07
Brigitte	6,10	4,2	0,26	26,0	1,59	30,2	1,84	5,8	0,35
Carina	1,06	6,4	0,07	31,7	0,34	38,0	0,40	9,3	0,10
Freundin	4,11	4,8	0,20	28,4	1,17	33,2	1,37	6,6	0,27
Für Sie	4,25	4,7	0,20	26,1	1,11	30,8	1,31	5,9	0,25
Anna Handarbeiten	1,54	2,9	0,04	29,5	0,45	32,4	0,50	5,9	0,09
Burda Moden	4,66	4,1	0,19	24,4	1,14	28,4	1,32	5,4	0,25
Chic	0,48	5,6	0,03	31,3	0,15	37,0	0,18	10,3	0,05
Cosmopolitan	0,96	8,0	0,08	31,2	0,30	39,1	0,38	8,9	0,09

---

140) Vgl. INSTITUT für DEMOSKOPIE ALLENSBACH (1984), Band 2, S.1-155. Das Interesse für diverse Produktbereiche wird z.B. auch in der "Kommunikationsanalyse" ausgewiesen; vgl. GRUNER+JAHR-Verlag (1984), S.205-208.

Zum einen wird das "Interesse an Informationen über einen Produktbereich" in einer Form operationalisiert, die Zweifel an der Aussagekraft der gewonnenen Daten aufkommen läßt. So wird z.B. in der AWA die Anweisung gegeben[141]:

> "Es ist ja bei jedem so, daß man über das eine gern mehr erfahren möchte, anderes interessiert einen weniger. Könnten Sie jetzt bitte einmal die Karten [*auf den Karten waren die Produktbereiche vermerkt; Anmerkung d.V.*] hier ansehen und auf dieses Blatt verteilen, je nachdem, wie sehr Sie an Informationen darüber interessiert sind. Sie sehen ja, was hier steht."

Die vorgegebenen Antwortmöglichkeiten waren "Interessieren mich ganz besonders", "Interessieren mich auch, aber nicht so sehr" und "Interessieren mich kaum, gar nicht".

Offenbar müssen die Daten mit einer derart "weichen" Fragestellung gewonnen werden, weil man das "Interesse" für eine Vielzahl von Produktbereichen erheben will. Derselbe Grund scheint ausschlaggebend dafür zu sein, daß lediglich drei Antwortvorgaben Verwendung finden. Diese sind jedenfalls sehr *vage* und z.T. *uneindeutig* ("interessieren mich kaum/gar nicht") formuliert. Es erscheint daher fragwürdig, ob die auf diese Weise vorgenommenen Messungen als reliabel und valide betrachtet werden können. Darüber hinaus ist zu bezweifeln, daß ein solchermaßen erhobenes Merkmal "Interesse" überhaupt vergleichbar mit denjenigen Operationalisierungen ist, für die ursprünglich der enge Zusammenhang mit "Meinungsführerschaft" nachgewiesen wurde. So verwendeten z.B. SUMMERS fünf, SCHRANK und GILMORE sogar insgesamt zwanzig (!) Items zur Erfassung des Merkmals "Interesse für Mode"[142]. Weiterhin ist anzunehmen, daß auch ein Unterschied zwischen dem grundlegenden "Interesse" für einen Produktbereich und dem in der AWA erhobenen "Interesse an Informationen" über einen Produktbereich besteht. Ein bloßes Interesse *an Informationen* setzt - im Gegensatz zu einem grundlegenden Interesse - vermutlich keine "innere Beziehung" zu einem Produktbereich voraus. Insgesamt kann somit von dem in der AWA erhobenen "Interesse"-Merkmal wahrscheinlich *nicht* problemlos auf "Meinungsführerschaft" geschlossen werden.

Zum anderen ergibt sich die Schwierigkeit, daß wiederum nur relativ undifferenzierte Daten für "Produktbereiche" vorliegen, die zumeist nicht mit den Abgrenzungen relevanter Märkte übereinstimmen[143]. So ist zu bezweifeln, daß z.B. die Mei-

---
141) INSTITUT für DEMOSKOPIE ALLENSBACH (1984), Band 3, S.12.
142) Vgl. SUMMERS (1970), S.183; SCHRANK/GILMORE (1973), S.542. Anders MYERS/ROBERTSON (1972), S.42, die ebenfalls nur ein Item verwendeten.
143) In der AWA wurden z.B. 1984 nur 39 Bereiche erfaßt. Davon umfassen einige zudem konsumtive Dienstleistungen, und andere stellen allgemeine Kategorien ohne direkten Produktbezug dar (z.B. der Bereich "Medizinische Fragen"); vgl. INSTITUT für DEMOSKOPIE ALLENSBACH (1984), Band 3, S.12f. Diese Differenzierung der "Konsumgüter" erscheint insgesamt sehr grob. BÖHLER spricht in diesem Zusammenhang vom "Dilemma" der Konsumententypologien, da sie auf der einen Seite keine (ausreichend detaillierten) Informationen über die

nungsführer für "Bier" mit denjenigen Konsumenten identisch sind, die in den entsprechenden Untersuchungen angaben, "an Informationen über alkoholische Getränke interessiert" zu sein (siehe hierzu auch Tab.5). Ein dennoch auf solchen Merkmalen aufbauender Segmentierungsansatz erscheint daher fragwürdig.

In den Werbeträgeranalysen werden z.T. auch diejenigen Konsumenten ermittelt, die sich jeweils für einzelne Produktbereiche als "Ratgeber" und "Experten" einstufen (siehe Tab.5)[144]. Der Ansatz ist als Versuch zu werten, die Meinungsführer für einzelne Produktbereiche *unmittelbar* zu erfassen und ihr Mediennutzungsverhalten auszuweisen. Diese Vorgehensweise knüpft an ein bereits früher eingesetztes Verfahren an, mit dem nachgewiesen wurde, daß unter den Lesern einer bestimmten Zeitschrift signifikant mehr Meinungsführer für ausgewählte Produktbereiche zu finden sind als im (männlichen) Bevölkerungsdurchschnitt (siehe Tab.6)[145].

Tab.6: Meinungsführung und Nutzung der Zeitschrift "m" (Quelle: KÄSTING/WAGNER (1970), S.47)

Es können als Meinungsführer angesprochen werden auf dem Gebiet	männliche "m"-Käufer in %	männliche Bevölkerung in %
Autos, Autofahren	38	32
Kleidung, Herrenmode	14	9
Alkoholische Getränke	34	27
Geldfragen, Geldanlagen	32	26
Technische Geräte	33	34

Auch dieser Ansatz ist jedoch mit erheblichen Problemen verbunden. Zum einen erscheint die Operationalisierung des Konstruktes "Meinungsführerschaft" sehr fragwürdig. In der AWA werden die "Ratgeber" z.B. mit der Frage ermittelt[146]:
"...können Sie die Karten [*auf denen diejenigen Produktbereiche vermerkt waren, für die sich ein Proband zumindest "etwas interessiert" - siehe oben - gezeigt hatte; Anmerkung d.V.*] noch einmal durchsehen und alle heraussuchen, wo Sie Bekannten oder Verwandten öfter einen Rat geben oder wo Sie um Rat gefragt werden, wo Sie als Experte gelten ?"

Struktur eines unternehmensspezifischen Marktes liefern, und andererseits die in ihnen ausgewiesenen allgemeinen "Konsumententypen" oft keine Relevanz für spezifische Märkte besitzen; vgl. BÖHLER (1977), S.455.
144) Vgl. SPIEGEL-Verlag (1983), S.58ff.; INSTITUT für DEMOSKOPIE ALLENSBACH (1984), Band 2, S.1-156.
145) Dabei handelte es sich um eine Untersuchung des Instituts für Demoskopie Allensbach aus dem Jahr 1969; vgl. KÄSTING/WAGNER (1970), S.47.
146) INSTITUT für DEMOSKOPIE ALLENSBACH (1984), Band 3, S.12. Die Operationalisierung wurde in der Studie "Persönlichkeitsstärke" ähnlich vorgenommen; vgl. SPIEGEL- Verlag (1983), S.466.

Offenbar kann die Meinungsführerschaft aufgrund der nur begrenzten Belastbarkeit der Probanden (insgesamt wurden in der AWA '84, wie bereits ausgeführt, 39 Bereiche untersucht) nicht mit *mehreren* Fragen ermittelt werden. Eine Ermittlung mit nur einem Selbsteinschätzungs-Item ist jedoch, wie in Kapitel 2.2.3 gezeigt wurde, unter Reliabilitäts- und Validitätsgesichtspunkten abzulehnen. Daher muß bezweifelt werden, daß mit der genannten Frage tatsächlich die Meinungsführerschaft von Konsumenten gemessen werden kann. Diese Kritik gilt im übrigen auch für die Ermittlung der Meinungsführerschaft der Käufer von "m", bei der eine ähnliche Vorgehensweise gewählt wurde[147].

Daneben besteht auch hier das Problem, daß die untersuchten Produktbereiche nur sehr grobe Differenzierungen des breiten Spektrums der Konsumgüter darstellen und häufig nicht mit relevanten Märkten gleichgesetzt werden können. Daher sind gegen die Verwendung der "Ratgeber"-Variablen bei der Mediaselektion dieselben Einwände geltend zu machen wie im Falle des Merkmals "Interesse".

Insgesamt könnte somit das ernüchternde Fazit gezogen werden, daß die Werbeträgeranalysen zwar eine Fülle von Informationen über die Nutzer der verschiedenen Medien anbieten, daß aber ein werbetreibendes Unternehmen aus diesen Angaben keinen tragfähigen Ansatz zur Ansprache von Meinungsführer-Segmenten ableiten kann.

An dieser Stelle setzen jedoch einige Konsumententypologien an, die auf der Grundlage meist psychologischer Merkmale gebildet werden[148]. Im Rahmen der entsprechenden Analysen versucht man, den Konsumententypus des "Konsum-Meinungsführers" auszuweisen. Zwar werden diese Kommunikationstypen nicht direkt als "Meinungsführer" bezeichnet, sondern vielmehr als "Persönlichkeitsstarke", "Modellpersonen" oder "Moderatoren" tituliert[149]. Die Herausgeber der Analysen vertreten gegenüber den Werbetreibenden jedoch zumindest implizit die Auffassung, daß diese "Kommunikationstypen" mit den Meinungsführern identisch sind[150], und weisen die

---

147) Vgl. KÄSTING/WAGNER (1970), S.47.
148) Vgl. BÖHLER (1977), S.447ff.; BERGLER (1980), S.247ff.; FRETER (1983), S.64ff.; FAEHLING (1985), S.344ff.
149) "Persönlichkeitsstarke" wurden erstmals in der Studie "Persönlichkeitsstärke" ausgewiesen; vgl. SPIEGEL-Verlag (1983), passim. Mittlerweile wurde das Merkmal auch in die AWA aufgenommen; vgl. INSTITUT für DEMOSKOPIE ALLENSBACH (1984), Band 2, S.N603f. "Modellpersonen" und "Moderatoren" werden in der AWA ausgewiesen; vgl. INSTITUT für DEMOSKOPIE ALLENSBACH (1984), Band 2, S.N605f.
150) Die "Persönlichkeitsstarken" und die "Moderatoren" werden explizit als "Meinungsführer" bezeichnet. Die Modellpersonen üben ihren Einfluß dadurch aus, daß ihr Konsumverhalten von anderen *beobachtet* und *nachgeahmt* wird. Vgl. SPIEGEL-Verlag (1983), S.7f.; INSTITUT für DEMOSKOPIE ALLENSBACH (1984), Band 2, S.E62ff. Im Sinne der in dieser Arbeit verwendeten Terminologie zählen deshalb auch die Modellpersonen zu den Meinungsführern; vgl. die Ausführungen in den Kapiteln 1.1.2 und 1.1.3 dieser Arbeit.

Häufigkeitsverteilungen dieser Typen unter den Nutzern ausgewählter Medien aus.

Zunächst ist hierzu festzustellen, daß der Typus des Konsum-Meinungsführers, der für viele Produktbereiche seinen Einfluß ausübt, offenbar existiert[151]. Allerdings ist die Anzahl dieser Konsumenten insgesamt nicht sehr groß, wie die wenigen hierzu veröffentlichten Studien vermuten lassen[152]. Daher erscheint es nicht seriös, wenn die Herausgeber der entsprechenden Werbeträgeranalysen suggerieren, "die" für quasi alle Produktbereiche "zuständigen" Konsum-Meinungsführer in *großer Zahl* "entdeckt" zu haben und unter den Nutzern der einzelnen Medien ausweisen zu können. So gelten z.B. 22% aller Konsumenten als "sehr persönlichkeitsstark", weitere 31% als "persönlichkeitsstark"[153].

Zur Messung der "Persönlichkeitsstärke" werden 10 Selbsteinschätzungen (0/1-Variablen) herangezogen:

- Gewöhnlich rechne ich bei dem, was ich mache, mit Erfolg.
- Ich bin selten unsicher, wie ich mich verhalten soll.
- Ich übernehme gern Verantwortung.
- Ich übernehme bei gemeinsamen Unternehmungen gern die Führung.
- Es macht mir Spaß, andere Menschen von meiner Meinung zu überzeugen.
- Ich merke öfter, daß sich andere nach mir richten.
- Ich kann mich gut durchsetzen.
- Ich bin anderen oft einen Schritt voraus.
- Ich besitze vieles, worum mich andere beneiden.
- Ich gebe anderen Ratschläge/Empfehlungen.

Dazu kommen drei objektive Merkmale:

- Berufliche Führungsposition, Stellung als Vorgesetzter.
- Während der Freizeit Mitarbeit in Partei, Gewerkschaft, Bürgerinitiative.
- Ausübung eines Amtes in einem Verein, einer Organisation.

Nach gewichteter Addition ergeben sich Punktwerte, die die "Persönlichkeitsstärke" zum Ausdruck bringen sollen.

<u>*Abb.18:*</u> Operationalisierung der Variablen "Persönlichkeitsstärke" (Quelle: SPIEGEL-Verlag (1983), S.9)

Vor allem aber ist zu kritisieren, auf welche Weise die "Konsum-Meinungsführer" im Rahmen der Analysen identifiziert werden.

---

151) Vgl. FEICK/PRICE (1987), S.83ff., sowie die Ausführungen in Kapitel 2.3 dieser Arbeit.
152) Vgl. hierzu die entsprechenden Tabellen bei SILK (1966), S.258, KING/SUMMERS (1970), S.47f., sowie die Ausführungen in Kapitel 2.3 dieser Arbeit.
153) Vgl. SPIEGEL-Verlag (1983), S.9. Insgesamt werden vier Ausprägungen der Variablen "Persönlichkeitsstärke" unterschieden.

So ermittelt man die "Persönlichkeitsstarken" durch die in Abbildung 18 aufgeführten Items. Dabei wird deutlich, daß sich das Konzept der "Persönlichkeitsstärke" an der alten Eigenschaftstheorie orientiert, derzufolge Menschen unabhängig vom situativen Kontext und von den Gruppen, in denen sie leben, allein durch Persönlichkeitsmerkmale dazu befähigt sind, andere zu beeinflussen[154]. Meinungsführer kann diesem Konzept zufolge nur derjenige sein, der anderen überlegen, eben "persönlichkeitsstark" ist. Im Rahmen dieser Konzeption kommen jedoch zum einen, wie bereits angedeutet wurde, bestimmte Determinanten des Einflußpotentials von Meinungsführern zu kurz, wie z.B. "Geselligkeit" oder "Soziale Integration"[155]. Zum anderen wird in diesem Ansatz vollkommen vernachlässigt, daß die Meinungsführer für "ihre" jeweiligen Produktbereiche auch überwiegend kompetent sein müssen, um wirksam Einfluß ausüben zu können. Daher ist die pauschale Vorstellung, die "Persönlichkeitsstarken" seien "die" Meinungsführer[156], vermutlich nicht länger zu halten.

HASELOFF bedauert in diesem Zusammenhang, daß NOELLE-NEUMANN [Allensbach] "es für richtig gehalten" hat, den "fragwürdigen Begriff" der Persönlichkeitsstärke "wiederzubeleben"[157]. Dieser vernichtende Kommentar wird der Konzeption jedoch nicht gerecht, da eine ausgeprägte Persönlichkeitsstärke - *jedoch neben anderen Determinanten (!)* - in einigen Fällen mit der Meinungsführerschaft von Konsumenten in erkennbarem Zusammenhang steht[158]. Dennoch bleibt festzuhalten, daß die "Persönlichkeitsstarken" nicht *pauschal* mit den Meinungsführern *gleichgesetzt* werden dürfen.

Während das Konzept der "Persönlichkeitsstärke" zwar systematisch operationalisiert, aber theoretisch nicht ausreichend fundiert wirkt, scheint für die Einführung der Kommunikationstypen "Modellperson" und "Moderator" eher das Gegenteil zu gelten (Operationalisierung siehe Abbildung 19). So versteht man unter den Modellpersonen "selbstbewußte, selbständige Menschen, die oft von anderen imitiert werden, ohne daß sie von sich aus Ratschläge erteilen oder Empfehlungen aussprechen"[159]. Die Moderatoren hingegen "wirken weniger durch ihre Persönlichkeit an sich, sondern erwerben eine Meinungsführerposition durch ihr Engagement, indem sie aktiv auf ihre Umgebung zugehen, oft Ratschläge und Tips geben und selbst den Rat von anderen suchen"[160]. Vereinfacht könnte man sagen, daß die Modellpersonen dadurch meinungsführend wirken, daß sie von anderen *beobachtet* werden, während die Mode-

---

154) Vgl. HASELOFF (1986), S.1248.
155) Vgl. hierzu auch die Ausführungen in Kapitel 2.4 dieser Arbeit.
156) Vgl. SPIEGEL-Verlag (1983), S.7f.
157) HASELOFF (1986), S.1265 (Fußnote 3).
158) So konnten mit Hilfe dieses Merkmals für einige Produktbereiche - zumindest tendenziell - Konsumenten diskriminiert werden, die von anderen "um Rat gefragt" werden. Vgl. SPIEGEL-Verlag (1983), S.17.
159) INSTITUT für DEMOSKOPIE ALLENSBACH (1984), Band 2, S.E62.
160) Ebenda, S.E62.

ratoren Meinungsführer im Sinne der *verbal kommunizierenden* "Informationsaustauscher"[161] sind. Die vorgenommenen Operationalisierungen erscheinen jedoch wenig plausibel (siehe Abb.19); jedenfalls fehlt in den Werbeträgeranalysen eine theoretische Begründung für die entsprechenden Vorgehensweisen. Zudem muß bemängelt werden, daß - wie schon im Fall des "Persönlichkeitsstärke"-Ansatzes - auch hier keine Einbettung der Konzeption in die bisherigen Forschungserkenntnisse wahrzunehmen ist, denen zufolge die Meinungsführer für "ihr" jeweiliges Gebiet kompetent sein müssen. Daher verleitet die suggerierte Vorstellung, Modellpersonen und Moderatoren seien "die" Meinungsführer, zu Fehlschlüssen.

Modellpersonen...

- sagen von sich selbst, daß sie gern Verantwortung übernehmen.
- tun nur das, wovon sie überzeugt sind.
- lassen sich von einer Einladung nicht abhalten, wenn sie einen ziemlich großen Fleck auf dem Hemd haben bzw. der Saum ihres Rockes sich gelöst hat.
- haben in den letzten drei oder vier Wochen bei anderen keine schmutzigen Schuhe bemerkt.
- werden vom Interviewer nach persönlichem Eindruck als Modellperson eingestuft.

Moderatoren...

- spüren oft, wenn sie von hinten angesehen werden.
- betrachten sich nicht als unentschlossen, schüchtern.
- glauben, anderen einen Schritt voraus zu sein.
- sprechen eher laut als leise.
- werden vom Interviewer nach persönlichem Eindruck als Moderatoren eingestuft.

Abb.19: Operationalisierungen der Kommunikations-Typen "Modellperson" und "Moderator" (Quelle: INSTITUT für DEMOSKOPIE ALLENSBACH (1984), Band 2, S.E62 und E64)

Zusammenfassend ist festzustellen, daß die Versuche, den allgemeinen Typus des "Konsum-Meinungsführers" zu operationalisieren und in den Werbeträgeranalysen auszuweisen, bisher *nicht* als erfolgreich betrachtet werden können. Weder die "Persönlichkeitsstarken" noch die "Modellpersonen" und "Moderatoren" sind in jedem Fall identisch mit den Meinungsführern. Vor allem aber erscheinen die theoretischen Begründungen für die postulierten Zusammenhänge unzureichend.

Damit müssen auch insgesamt die Möglichkeiten, die Meinungsführer-Segmente über die von ihnen präferierten Medien anzusprechen (siehe Abb.20), als (noch) nicht zufriedenstellend bewertet werden. Es stellt sich daher die Frage, ob und gegebenen-

---

[161] Vgl. hierzu HUMMRICH (1976), passim, insbes. S.95ff., sowie die Ausführungen in Kapitel 2.1.2.2 dieser Arbeit.

falls auf welche Weise diese Möglichkeiten verbessert werden können.

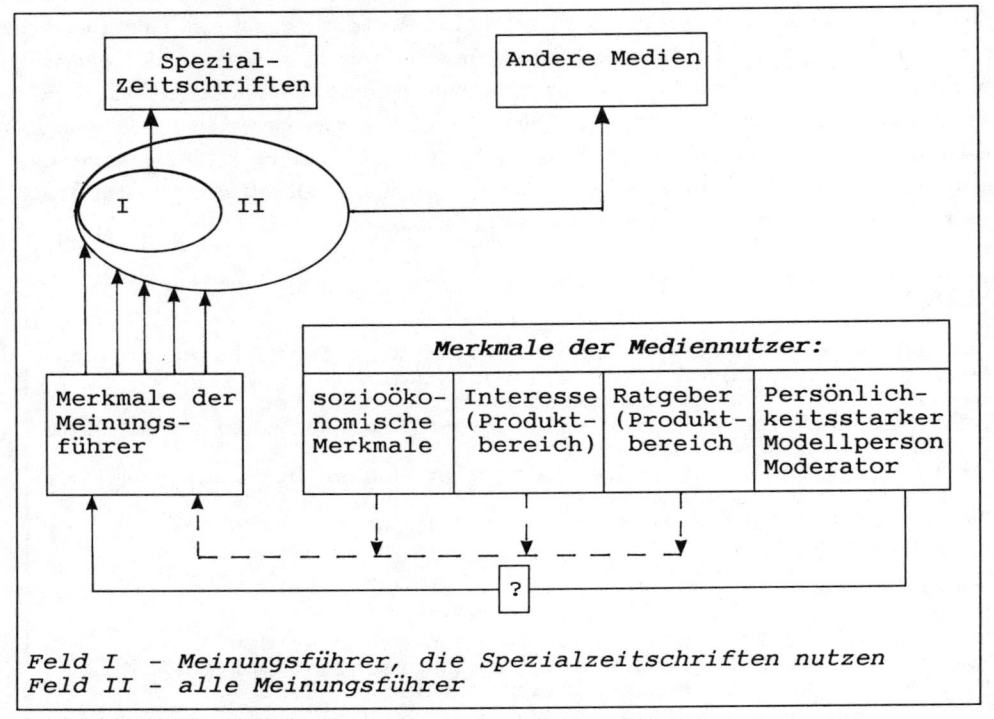

```
┌─────────────────────────────────────────────────────────────────┐
│          ┌──────────────┐         ┌──────────────┐              │
│          │  Spezial-    │         │ Andere Medien│              │
│          │ Zeitschriften│         │              │              │
│          └──────────────┘         └──────────────┘              │
│                 ▲                         ▲                     │
│            ╱─────────╲                    │                     │
│           ╱           ╲                   │                     │
│          │  I    II    │──────────────────┘                     │
│           ╲           ╱                                         │
│            ╲─────────╱                                          │
│           ▲ ▲ ▲ ▲                                               │
│           │ │ │ │    ┌────────────────────────────────────────┐ │
│           │ │ │ │    │       Merkmale der Mediennutzer:       │ │
│         ┌─┴─┴─┴─┴──┐ ├─────────┬─────────┬─────────┬──────────┤ │
│         │Merkmale  │ │sozioöko-│Interesse│Ratgeber │Persönlich-│ │
│         │der       │ │nomische │(Produkt-│(Produkt-│keitsstarker│ │
│         │Meinungs- │ │Merkmale │bereich) │bereich  │Modellperson│ │
│         │führer    │ │         │         │         │Moderator │ │
│         └──────────┘ └─────────┴─────────┴─────────┴──────────┘ │
│             ▲ ▲          │         │         │         │        │
│             │ └ ─ ─ ─ ─ ─┘         ▼         ▼         ▼        │
│             │                  ┌─────┐                          │
│             └──────────────────┤  ?  │                          │
│                                └─────┘                          │
│                                                                 │
│   Feld I  - Meinungsführer, die Spezialzeitschriften nutzen     │
│   Feld II - alle Meinungsführer                                 │
└─────────────────────────────────────────────────────────────────┘
```

Abb.20: Möglichkeiten der indirekten Ansprache von Meinungsführern über ausgewählte Medien

Die Ansprache über sozioökonomische Segmentierungen scheidet von vornherein aus, da sich die Meinungsführer mit Hilfe dieser Merkmale nicht oder nicht ausreichend gut beschreiben lassen. Eine Ansprache über die produktbereichsspezifischen Variablen "Interesse an Informationen" und "Ratgeber-/Expertenfunktion" ist problematisch, da die untersuchten Produktbereiche meist nur unzureichende Beschreibungen relevanter Märkte darstellen. Die Forderung, die Produktbereiche noch weiter zu differenzieren, ist vermutlich wegen der dann zu erwartenden Belastung der Probanden nicht zu erfüllen. Daher gilt es, sich auf die Frage zu konzentrieren, wie die Meinungsführer *allgemeiner* beschrieben werden können. Ein erster Versuch ist in der Einführung der Konsumententypen "Persönlichkeitsstarke", "Modellpersonen" und "Moderatoren" zu sehen. Aufbauend auf dieser Vorgehensweise müssen produktbereichs*unabhängige* Merkmale der Meinungsführer gefunden werden, die jedoch - im Gegensatz zu den genannten Ansätzen - den bisherigen Erkenntnissen der Meinungsführer-Forschung stärker Rechnung tragen. Dies bedeutet insbesondere, daß nachgewiesene Merkmale von Meinungsführern - wie etwa "Geselligkeit", "Soziale Integration" und "Umfangreiche Soziale Aktivitäten" - bei der Ableitung eines allgemeinen Meinungsführer-Typs berücksichtigt werden müssen[162].

3.4 Kritische Würdigung der Steuerungsmöglichkeiten

Einem Unternehmen eröffnen sich - wie gezeigt wurde - insgesamt zahlreiche Möglichkeiten, die interpersonelle Kommunikation zu beeinflussen. Die spezifische Wirksamkeit der einzelnen Maßnahmen hängt dabei vermutlich in hohem Maße auch von situativen Faktoren ab. Ein Unternehmen wird daher vorab oft intuitiv darauf vertrauen müssen, daß mit den beabsichtigten Maßnahmen die gesetzten Ziele erreicht werden können. Ein solches Vetrauen erscheint jedoch insgesamt aufgrund der in der Literatur ausgewiesenen positiven Beispiele angebracht[163].

Hat sich ein Unternehmen dazu entschlossen, Aktivitäten zur Steuerung der interpersonellen Kommunikation zu entfalten, so steht ihm eine Reihe von Kontrollmöglichkeiten zur Verfügung, mit denen ex post die Effizienz der Maßnahmen beurteilt werden kann[164]. Insofern kann der Einsatz der entsprechenden Instrumente u.U. frühzeitig abgebrochen werden, falls sich abzeichnet, daß die angestrebten Kommunikationsziele nicht erreicht werden.

Aus Sicht der Unternehmen spricht daher insgesamt vieles dafür, sich grundsätzlich für den Einsatz derartiger Steuerungsinstrumente zu entscheiden. Dies gilt - wie bereits ausgeführt wurde - insbesondere für die Vermarktung teurer, sozial auffälliger und/oder solcher Produkte, die mit einem hohen Ego-Involvement der Konsumenten behaftet sind[165]. Daneben sind auch einige Szenarien denkbar, in denen die Steuerung der interpersonellen Kommunikation besonders erfolgversprechend erscheint[166]:

- Eine Konkurrenzsituation, in der kleine, über wenige Ressourcen verfügende Wettbewerber in den Markt eintreten oder ihren Marktanteil vergrößern wollen.
- Verfolgung des Ziels, langfristig ein positives Unternehmensimage aufzubauen, um das Unternehmen vorausschauend für den Krisen- oder Konfliktfall zu sichern.
- Einführung neuer Produkte[167].

---

162) Vgl. Kapitel 2.4 dieser Arbeit.
163) Vgl. die Ausführungen in den Kapiteln 3.2 und 3.3 dieser Arbeit.
164) Bei HUMMRICH findet sich eine umfassende Aufstellung über derartige Kontrollmöglichkeiten; vgl. HUMMRICH (1976), S.184ff.
165) Vgl. die Ausführungen in Kapitel 3.1 und 3.3.1 dieser Arbeit sowie z.B. MANCUSO (1969), S.24; TURNBULL/MEENAGHAN (1980), S.21; HASELOFF (1986), S.1262.
166) Vgl. HASELOFF (1986), S.1264f.
167) In diesem Zusammenhang sei auf die Entwicklung von Modellen hingewiesen, mit denen die Optimierung des Werbeeinsatzes bei der Diffusion von Produkten bzw. Dienstleistungen unter Berücksichtigung unterschiedlich intensiver, positiver oder negativer interpersoneller Kommunikation möglich ist; vgl. MONAHAN (1984), S.169ff.; MAHAJAN et al. (1984), S.1389ff. Vgl. hierzu auch HESSE (1987), S.111ff.

Es stellt sich im folgenden die Frage, welche der diskutierten Maßnahmen besonders geeignet wirken, um die interpersonelle Kommunikation zu steuern.

Eine *unspezifische* Steuerung erscheint in diesem Zusammenhang insgesamt relativ problemlos anwendbar. Entsprechende Maßnahmen - wie z.B. Stimulierung der interpersonellen Kommunikation durch Verkaufsförderungsmaßnahmen oder Simulation durch geeignete Werbemittelgestaltung - können auch flankierend zum Einsatz anderer kommunikationspolitischer Aktivitäten ergriffen werden. Allerdings weist die spezifische Steuerung gegenüber der unspezifischen einen wesentlichen Vorteil auf:
- Durch die gezielte Ansprache der Meinungsführer können bei gleich hohen Kosten zusätzliche positive Ausstrahlungseffekte erzielt bzw.
- bei geringeren Kosten aufgrund der Multiplikatoreffekte dieselben kommunikationspolitischen Zielerreichungsgrade realisiert werden.

Daher wäre grundsätzlich - soweit möglich - die spezifische Steuerung der unspezifischen *vorzuziehen*.

Die direkte Ansprache namentlich ermittelter Meinungsführer ist hier vermutlich eine sehr erfolgversprechende Strategie[168]. Allerdings entstehen dabei bereits vor dem eigentlichen Einsatz der kommunikationspolitischen Instrumente erhebliche Kosten, da zunächst die Meinungsführeradressen ermittelt werden müssen. Zudem ist davon auszugehen, daß auch die Adreßpflege - d.h. die permanente Aktualisierung der Adressen - vermutlich einen hohen finanziellen Aufwand erfordert[169]. Weiterhin verursacht die direkte Ansprache der Meinungsführer - z.B. durch persönliche Werbebriefe oder Hausbesuche von Akquisiteuren - immer dann erhebliche Kosten, wenn es relativ viele Meinungsführer anzusprechen gilt, was auf Konsumgütermärkten der Regelfall ist[170]. Darüber hinaus erscheint die namentliche Ermittlung von Meinungsführern in einigen Märkten auch technisch nicht möglich.

Daher ist es für die meisten Unternehmen vermutlich am interessantesten, die interpersonelle Kommunikation durch die *indirekte Ansprache von Meinungsführer-Segmenten* zu steuern. Diese Vorgehensweise weist - vereinfacht ausgedrückt - den Vorteil auf, zielgenauer zu sein als die unspezifische Steuerung der interpersonellen Kommunikation, ohne den Nachteil der hohen (Vorlauf-)Kosten im Falle der direkten Ansprache namentlich ermittelter Meinungsführer mit sich zu bringen. Zudem stellt die indirekte Ansprache von Meinungsführer-Segmenten u.U. die einzige Möglichkeit der spezifischen Steuerung dar, wenn nämlich die persönliche Ermittlung der Meinungsführer technisch nicht durchführbar ist. Wie gezeigt wurde, ergeben sich bei der indirekten Ansprache der Meinungsführer jedoch Probleme:

---

168) Vgl. HUMMRICH (1976), S.192.
169) Zur Adreßpflege vgl. z.B. DALLMER (1981), S.287f.
170) Vgl. BÄNSCH (1986), S.117.

- Falls für den betreffenden Produktbereich Spezialzeitschriften existieren, kann ein Unternehmen durch die Werbung über diese Medien u.U. nur bedingt Präferenzen für das eigene Angebot erzeugen, da sämtliche Konkurrenten ebenfalls in diesen Medien werben. Vor allem aber besteht die Gefahr, daß nicht *alle* Meinungsführer erreicht werden, weil die Spezialzeitschriften häufig nur eine begrenzte Reichweite haben.
- Die in Werbeträgeranalysen vorgenommene Ausweisung von "Ratgebern" und "Interessierten" für bestimmte Produktbereiche ist nur bedingt verwendbar, da die Operationalisierung dieser bereichsspezifischen Kommunikationstypen fragwürdig erscheint. Darüber hinaus besteht vor allem das Problem, daß die abgegrenzten Produktbereiche nur grobe Differenzierungen darstellen und daher meist nicht mit relevanten Märkten identisch sind.

Es ist somit leicht einzusehen, daß die Herausgeber der Werbeträgeranalysen mittlerweile erhebliche Anstrengungen unternommen haben, um die Anteile der Meinungsführer unter den Nutzern der verschiedenen Medien auf alternativen Wegen auszuweisen. Dabei konzentrierte man die Bemühungen auf die Herausstellung von "Meinungsführersurrogaten", wie die "Persönlichkeitsstarken", die "Modellpersonen" und die "Moderatoren". Die Vorgehensweise erscheint grundsätzlich richtig, ist jedoch theoretisch nicht ausreichend abgesichert.

Daher ist es im folgenden das Ziel dieser Arbeit, die Ansätze der Werbeträgeranalysen aufzunehmen und allgemeine Persönlichkeitsvariablen abzuleiten, mit denen Meinungsführerschaft erklärt werden kann. Damit soll letztlich die Grundlage dafür verbessert werden, Meinungsführer *indirekt* über geeignete Medien anzusprechen. Gleichzeitig wird der neue Erklärungsansatz in den theoretischen Bezugsrahmen eingebettet, der in Form der bisherigen Erkenntnisse der Meinungsführerforschung vorgegeben ist.

4. Ansatz zur zweidimensionalen Erklärung der Meinungsführerschaft von Konsumenten als Grundlage einer Verbesserung der indirekten Ansprache von Meinungsführer-Segmenten

4.1 Bestimmungsgründe der interpersonellen Beeinflussung in einer Kommunikationsdyade

Die Möglichkeiten einer indirekten Ansprache von Meinungsführer-Segmenten sind, wie gezeigt wurde, als bislang unzureichend einzustufen. Das Problem besteht darin, daß die in den Werbeträgeranalysen ausgewiesenen produktbereichs*unabhängigen* Variablen gemäß eher intuitiven Überlegungen operationalisiert wurden.
Es existiert allerdings auch ein gewisses Theorie-Defizit im Hinblick auf die Beantwortung der Frage, auf welche *Determinanten* sich die graduelle Meinungsführerschaft von Konsumenten zurückführen läßt. Eine theoretisch fundierte Ableitung solcher Bestimmungsgründe könnte jedoch die Suche nach meßbaren Merkmalen erleichtern, welche mit Meinungsführerschaft assoziiert und somit im hier interessierenden Zusammenhang diskriminationsfähig sind. Deshalb wird im folgenden untersucht, welche Determinanten die graduelle Meinungsführerschaft von Konsumenten bestimmen.

Zur Vereinfachung soll dabei zunächst nur eine einzelne Kommunikations*dyade* betrachtet werden. An dieser seien die Konsumenten A und B beteiligt, die über den Meinungsgegenstand K, ein Konsumgut, kommunizieren. Es lassen sich nun einige wesentliche Bestimmungsgründe dafür anführen, ob und in welchem Ausmaß A Einfluß auf B ausüben kann[1].

Demnach ist eine Beeinflussung umso wahrscheinlicher,
(1) je weniger Erfahrungen und Informationen B über K besitzt,
(2) je weniger die Einstellungsstruktur von B in bezug auf K fixiert ist,
(3) je unsicherer B im Hinblick auf die Beschaffenheit von K ist,
(4) je wichtiger die (Kauf-)Handlung aus Sicht von B ist,
(5) je erfolgreicher (kompetenter) A bisher auf diesem oder einem ähnlichen Sektor gewirkt hat,
(6) je größer das von B wahrgenommene negative Kompetenzgefälle gegenüber A bezüglich K ist,
(7) je ähnlicher sich A und B in bezug auf ihre Wertvorstellungen sind,
(8) je attraktiver (anziehender, sympathischer) A für B ist,
(9) je intensivere relevante Sanktionsmöglichkeiten B bei A wahrnimmt,
(10) je häufiger A und B miteinander interagieren.

---

1) Die Zusammenfassung der im vorliegenden Zusammenhang wichtigsten Bestimmungsgründe erfolgt in Anlehnung an WISWEDE (1978), S.116ff., wobei dessen Formulierungen jedoch z.T. modifiziert werden. Es sei darauf hingewiesen, daß zwischen den Bestimmungsgründen starke Interdependenzen bestehen, auf die im folgenden noch näher eingegangen wird.

Die ersten vier Aussagen bzw. Bestimmungsgründe spiegeln die *Beziehung des Konsumenten B zum Konsumgut K* wider. Im einzelnen rückt dabei zunächst mit Aussage (1) der *Informationsstock* des Konsumenten B ins Blickfeld[2]. Unter dem Informationsstock ist dabei der zu einem bestimmten Zeitpunkt bestehende Fundus an angeeignetem Wissen und selbst gemachten Produkterfahrungen zu verstehen[3]. Es erscheint plausibel, daß ein Konsument tendenziell umso weniger anfällig gegenüber Beeinflussungen jeglicher Art - also auch denjenigen durch andere Konsumenten - ist, je mehr er bereits über das Produkt K weiß[4]. Die Informationen, über die der Konsument B verfügt, fließen - soweit relevant - als kognitive Komponente in seine Einstellung gegenüber Produkt K ein[5]. Befinden sich zahlreiche Informationen über K im Informationsstock und sind diese widerspruchsfrei, so wird das i.d.R. die Bildung einer relativ stabilen Einstellung zu Produkt K fördern. In diesem Fall ist es für jeden Kommunikator - also auch für den Konsumenten A - grundsätzlich nicht einfach, den Konsumenten B zu beeinflussen (Aussage 2)[6]. Die Bestimmungsgründe (1) und (2) sind also offensichtlich eng miteinander verzahnt.

Die Bestimmungsgründe (3) und (4) verkörpern die zwei Komponenten, aus denen sich nach allgemeiner Auffassung das wahrgenommene Kaufrisiko zusammensetzt[7]. Das

---

2) Vgl. WISWEDE (1978), S.116.
3) Vgl. KUHLMANN (1970), S.49; ABPLANALP (1978), S.121ff. Zum angeeigneten Wissen zählen insbesondere auch die ermittelten Produkterfahrungen anderer Konsumenten. Zur Verwendung gespeicherter Informationen im Kaufprozeß vgl. auch PUNJ/STAELIN (1983), S.367ff.; BIEHAL/CHAKRAVARTI (1983), S.1ff.; Dieselben (1986), S.382ff.; JOHNSON (1984), S.743f.
4) An dieser Stelle sei der Fall ausgeklammert, daß ein Konsument, der über besonders viele Informationen verfügt, deshalb stark beeinflußbar ist, weil die Informationsvielfalt zu einer Intransparenz der Entscheidungssituation geführt hat (Problem des "information overload"), die der Konsument durch die Suche nach Entscheidungsinformationen (siehe Kapitel 1.1.2) aufzulösen versucht. Zum Problem des "information-overload" vgl. z.B. BERNDT (1984), S.181, und die dort angegebene Literatur.
5) Der sog. "Drei-Komponenten-Theorie" zufolge umfaßt die Einstellung zu einem Meinungsgegenstand u.a. eine kognitive (d.h. "Wissens-")Komponente. Vgl. KROEBER-RIEL (1984), S.159.
6) Informationen, die mit dem bestehenden Informationsstock kompatibel sind und diesen ergänzen, werden jedoch vermutlich von B übernommen. Ihre Übermittlung stellt somit eine Beeinflussung im Sinne einer Einstellungs*verstärkung* dar; so auch KROEBER-RIEL (1984), S.504. Darüber hinaus können Beeinflussungen erfolgen, obwohl die übermittelten Informationen *nicht* mit dem Informationsstock und den vorhandenen Einstellungen vereinbar sind. Dies ist z.B. dann zu erwarten, wenn die übermittelten Informationen bzw. der übermittelnde Kommunikator besonders glaubwürdig sind; so auch KROEBER-RIEL (1984), S.505. Gleichwohl gilt die Aussage, daß stabile Einstellungsstrukturen des B tendenziell eine Einflußnahme durch A erschweren.
7) Vgl. z.B. COX (1967c), S.37; CUNNINGHAM (1967b), S.84; SCHWEIGER/MAZANEC/WIEGELE (1976), S.94ff.; PANNE (1977), S.49ff.; ABPLANALP (1978), S.112ff.; KUHLMANN (1980), S.523ff.; KROEBER-RIEL (1984), S.360f.; GEMÜNDEN (1985), S.30. Die *Komponenten* des Risikos sind nicht zu verwechseln mit den Risiko*inhalten*, auf welche in Kapitel 1.2.2.2 eingegangen wurde. Theoretisch lassen sich alle Risikoinhalte - wie z.B. das funktionale oder das soziale Risiko - noch weiter in jeweils zwei Komponenten zerlegen. Ein Beispiel hierzu

Risiko, welches Konsument B bezüglich eines Kaufs von Produkt K empfindet, besteht zum einen aus der *Unsicherheit*, die er z.B. im Hinblick auf die objektive Beschaffenheit dieses Produkts verspürt (1.Komponente). Allerdings kann er auch sehr unsicher bezüglich funktionaler Produkteigenschaften sein, ohne gleichzeitig ein Kaufrisiko zu empfinden. Dieser Fall wird z.B. dann eintreten, wenn es sich um einen Bagatellkauf handelt[8]. Neben der Unsicherheit ist es für die Höhe des empfundenen Kaufrisikos deshalb entscheidend, wie *wichtig* oder *bedeutsam* der Kauf von Produkt K aus der Sicht des Konsumenten B ist (2.Komponente)[9].

Die Unsicherheit beim Kauf des Produkts K ist tendenziell umso geringer, je mehr relevante Informationen im Informationsstock des Konsumenten B gespeichert sind. Zusammenfassend läßt sich somit sagen, daß zwischen den ersten vier Bestimmungsgründen für die Beeinflußbarkeit des Konsumenten B durch den Konsumenten A hohe Interdependenzen bestehen. Für die Analyse der Frage, was nun *ausgerechnet* den Konsumenten A dazu befähigt, Einfluß auf B auszuüben, sind die ersten vier Aussagen jedoch zunächst von sekundärer Bedeutung. Da sie ausschließlich auf die *Beziehung des Konsumenten B zum Konsumgut K* abstellen, sind sie aus der Perspektive des Konsumenten A als Datum zu betrachten.

Die Bestimmungsgründe (5) und (6) spiegeln die *Beziehung des Konsumenten A zum Konsumgut K* wider. Das Beeinflussungspotential jedes Kommunikators - also auch dasjenige des Konsumenten A - hängt von seiner Vertrauenswürdigkeit und seiner spezifischen Kompetenz ab[10]. Ein Kommunikator gilt als vertrauenswürdig, wenn er seine Informationen möglichst unverzerrt und ohne eigene Interessen wiedergibt[11]. Da hier vornehmlich Kommunikationsprozesse innerhalb von Primärgruppen interessieren, darf die Vertrauenswürdigkeit eines Kommunikators als i.d.R. gegeben betrachtet werden[12], so daß das Beeinflussungspotential des Konsumenten A i.e.L. von sei-

---

finde sich bei KATZ (1983), S.104.
8) Vgl. WISWEDE (1978), S.118.
9) Herrscht bezüglich der Frage, was unter der ersten Komponente ("Unsicherheit") zu verstehen ist, noch weitgehend Übereinstimmung, so wird die zweite Komponente in der Literatur unterschiedlich definiert. Die Ansätze laufen jedoch letztlich alle darauf hinaus, daß es auf die "Wichtigkeit" bzw. "Bedeutung" einer Kaufhandlung ankommt. Vgl. z.B. COX (1967c), S.37; CUNNINGHAM (1967b), S.84; SCHWEIGER/MAZANEC/WIEGELE (1976), S.94ff.; ROSENSTIEL/EWALD (1979), S.94ff.; KUHLMANN (1980), S.523ff.; KROEBER-RIEL (1984), S.360f.; GEMÜNDEN (1985), S.30. Vgl. auch den darüber hinaus gehenden Ansatz von BETTMAN (1973), S.184ff.
10) Vertrauenswürdigkeit und Kompetenz ("Expertentum") stellen die beiden wichtigsten Komponenten der "Glaubwürdigkeit" eines Kommunikators dar; vgl. z.B. HUMMEL (1975), S.178f.; SCHWEIGER/SCHWARZ (1980), S.369; KROEBER-RIEL (1984), S.500.
11) Vgl. KROEBER-RIEL (1984), S.500f.
12) Die Vertrauenswürdigkeit kann allerdings eingeschränkt werden, wenn der Kommunikant beim Kommunikator eine Beeinflussungsabsicht wahrnimmt; vgl. FREY (1979), S.32; SCHWEIGER/SCHWARZ (1980), S.369. So auch BÄNSCH (1986), S.55.

ner *Kompetenz* in bezug auf K abhängt.

Die Kompetenz des Konsumenten A beruht vor allem auf seinem Informationsstock, aber auch auf seiner Fähigkeit, relevante Informationen transparent zu vermitteln (Aussage 5)[13]. Dabei sind zunächst unmittelbar auf Konsumgut K bezogene Informationen von Bedeutung. Darüber hinaus kann die Kompetenz des A jedoch auch durch sein Expertentum in bezug auf ähnliche Produkte begründet sein. Zum einen lassen sich nämlich oft Informationen über andere Produkte auf ein Produkt K *objektiv* übertragen. So können beispielsweise Teilaspekte der Funktionsweise von CD-Plattenspielern aus dem technischen Arbeitsprinzip etwa von Personal Computern hergeleitet werden. Zum anderen ist es möglich, daß der Konsument B dem Konsumenten A im Zuge einer *Kompetenzgeneralisierung* den Status einer kompetenten Auskunftsperson auch für Produkt K zuerkennt, obgleich ihm dieser nur als Experte für ähnliche (z.B. "technische") Produkte bekannt ist[14].

Für das Ausmaß des Beeinflussungspotentials des Konsumenten A kommt es nicht (nur) auf seine absolute, sondern vielmehr auf seine *relative* Kompetenz im Vergleich mit Konsument B an (Aussage 6). Somit bezieht sich Bestimmungsgrund (6) also nicht ausschließlich auf das Verhältnis zwischen Konsument A und Produkt K, sondern steht vielmehr auch in engem Zusammenhang mit den Aussagen (1) und (2). Konsument A wird jedoch mit einer umso größeren Wahrscheinlichkeit einen Kompetenzvorsprung gegenüber einem Konsumenten B aufweisen, je größer seine absolute Kompetenz ist. Da die Kompetenz des Konsumenten B aus Sicht des Kommunikators A als Datum betrachtet werden muß, lassen sich die Aussagen (5) und (6) wie folgt zusammenfassen:

*Ein Konsument A kann einen Konsumenten B im Hinblick auf ein Produkt K umso eher beeinflussen, je **kompetenter** er in diesem (oder einem ähnlichen) Bereich ist.*

Die letzten vier Aussagen stellen auf das *Verhältnis zwischen den Konsumenten A und B* ab. Gemäß der Bezugsgruppentheorie gilt, daß sich eine Person in ihrem Verhalten umso eher an einer anderen Person orientiert, je *ähnlicher* sich die beiden insgesamt sind[15]. Im vorliegenden Zusammenhang kann Konsument A den Konsumenten B daher umso eher beeinflussen, je ähnlicher sich die beiden z.B. in bezug auf ihren Sozialstatus und ihre Wertvorstellungen sind (Aussage 7).

Weiterhin kann unterstellt werden, daß Konsument B umso eher beeinflußt werden kann, je größer die sozialen Sanktionsmöglichkeiten sind, die Kommunikator A ihm gegenüber besitzt (Aussage 9). Darunter ist z.B. die soziale Mißbilligung von Kaufentscheidungen in Form von geringschätzigen Äußerungen oder gar Spott, aber auch die soziale Anerkennung in Form von Lob zu verstehen[16].

---

13) So auch HUMMEL (1975), S.182f.; ALBA/HUTCHINSON (1987), S.411ff.
14) Vgl. KROEBER-RIEL (1984), S.562, sowie die Ausführungen in Kapitel 2.3 dieser Arbeit.
15) So auch KUMPF (1983), S.294, sowie die dort angegebene Literatur.
16) Vgl. z.B. KROEBER-RIEL (1984), S.488; WISWEDE (1978), S.117. WISWEDE ver-

Auch eine hohe soziale Attraktivität, die der Kommunikator A aus Sicht des Kommunikanten B aufweist, steigert tendenziell dessen Einflußpotential (Aussage 8)[17]. Unter der Attraktivität ist das Maß zu verstehen, in dem sich B zu A hingezogen fühlt, etwa weil ihm dieser sympathisch ist.

Schließlich spiegelt die Anzahl der insgesamt zwischen A und B stattfindenden Interaktionen (Aussage 10) die "soziale Nähe" zwischen diesen beiden Personen wider, welche wiederum in engem Zusammenhang mit der sozialen Attraktivität (Aussage 8) steht, die A aus Sicht von B aufweist. Eine große Zahl von Interaktionen bedeutet auch, daß A grundsätzlich sehr häufig die Gelegenheit hat, Einfluß auf B auszuüben[18].

Die Aussagen (7) bis (10) sind in hohem Maße interdependent. Vor allem ist festzustellen, daß sich die in diesen Aussagen postulierten Wirkungszusammenhänge sämtlich auf die Referenzgruppentheorie zurückführen lassen[19]. Folgt man der Terminologie dieser Theorie, so lassen sich die Bestimmungsgründe (7) bis (10) wie folgt zusammenfassen:

Ein Konsument A kann insgesamt - und damit auch im Hinblick auf ein Produkt K - umso eher Einfluß auf einen Konsumenten B ausüben, je mehr er für diesen eine **Bezugsperson** *darstellt.*

Es ist festzuhalten, daß sich die zehn angeführten Bestimmungsgründe, die für das Einflußpotential des Konsumenten A gegenüber einem Konsumenten B ausschlaggebend sind, insgesamt zu drei Haupteinflußgrößen zusammenfassen lassen (siehe Abb.21).

Konzentriert man sich auf die Frage, was *ausgerechnet* einen bestimmten Konsumenten A dazu befähigt, einen Konsumenten B zu beeinflussen, so kann eine dieser Größen - nämlich die Beziehung des Konsumenten B zum Konsumgut K - *vernachlässigt* werden. Sie stellt aus Sicht des beeinflussenden Konsumenten A ein Datum dar, ebenso wie *situative Faktoren*, auf die in diesem Zusammenhang ebenfalls nicht näher eingegangen wird (z.B. Ort der Kommunikation, Zeitdruck u.ä.). Somit läßt sich das Einflußpotential des Konsumenten A gegenüber dem Konsumenten B auf zwei Faktoren zurückführen (siehe Abb.21):

---

weist auf eine empirische Studie von WHYTE, in welcher dieser Beispiele dafür anführt, wie sich die Einwohner eines Stadtviertels aufgrund der wahrgenommenen sozialen Normen in ihrem Konsumverhalten aneinander anpassen; vgl. WHYTE (1966), passim, insbes. S.116f.

17) Zur sozialen Attraktivität vgl. KUMPF (1983), S.296, und die dort angegebene Literatur; KROEBER-RIEL (1984), S.505; BÄNSCH (1986), S.58.
18) So auch KROEBER-RIEL (1984), S.507.
19) Vgl. WISWEDE (1978), S.116f.; KUMPF (1983), S.293ff. Zur Bezugsgruppentheorie vgl. z.B. auch WISWEDE (1972), S.186ff.; STAFFORD (1976), S.95ff.; KROEBER-RIEL (1984), S.475ff.; BÄNSCH (1986), S.102ff.; SCHIFFMAN/KANUK (1987), S.375ff., sowie Kapitel 4.2.2 dieser Arbeit.

- seine *Kompetenz* im Hinblick auf K und
- das *Ausmaß*, in dem er für B eine *Bezugsperson* darstellt.

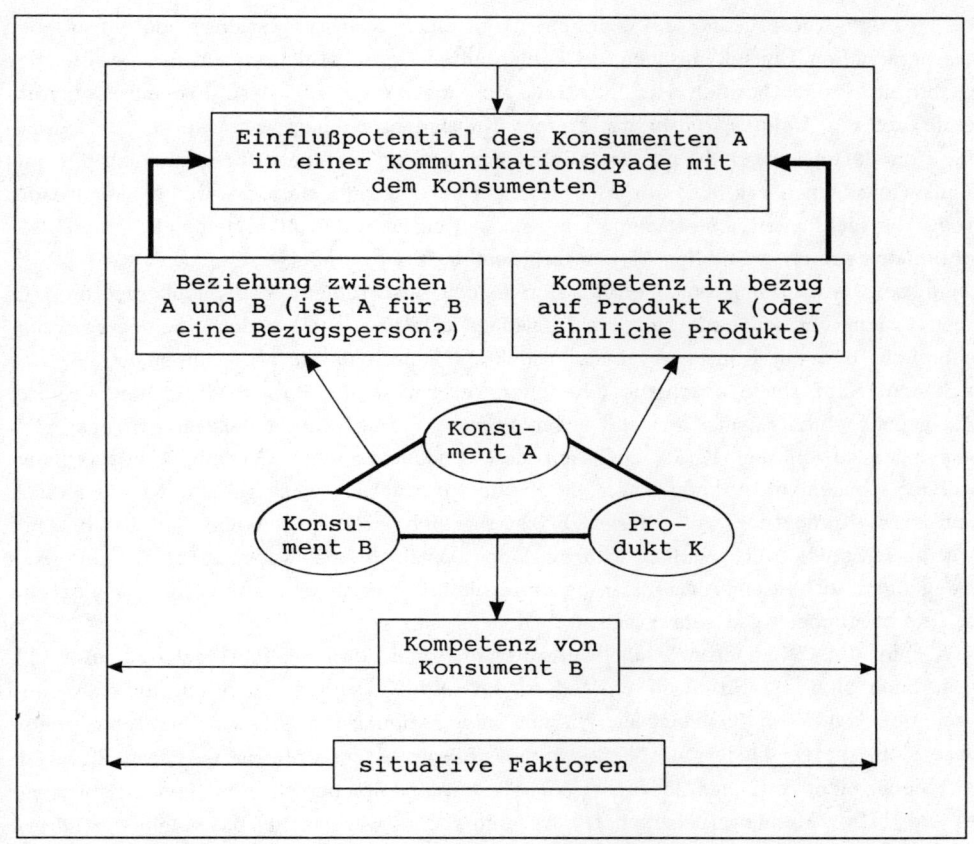

Abb.21: Bestimmungsfaktoren des Einflußpotentials eines Konsumenten in einer Kommunikationsdyade

Diese beiden Bestimmungsfaktoren beziehen sich jedoch zunächst nur auf das Einflußpotential eines bestimmten Konsumenten A im Rahmen einer Kommunikations-*dyade*. Es gilt im folgenden zu klären, inwiefern aus den beiden Bestimmungsfaktoren die Determinanten von Meinungsführerschaft für einen Produktbereich abgeleitet werden können. Zu diesem Zweck sind *sämtliche* relevanten interpersonellen Kommunikationsprozesse in die theoretische Analyse einzubeziehen, an denen der Konsument A beteiligt ist, denn Meinungsführerschaft ergibt sich definitionsgemäß aus der Häufigkeit, mit der ein Konsument Personen seines sozialen Umfelds beeinflußt[20].

---

20) Vgl. ROGERS (1983), S.271, sowie die Ausführungen in Kapitel 1.1.3 dieser Arbeit.

4.2 Determinanten der Meinungsführerschaft von Konsumenten
4.2.1 Intrapersonale Determinante: Involvement in bezug auf einen Produktbereich

Wie gezeigt wurde, kann ein Konsument in einer Kommunikationsdyade umso eher interpersonellen Einfluß ausüben, je kompetenter er im Hinblick auf den jeweils betrachteten Produktbereich ist. Es stellt sich die Frage, ob diese Erkenntnis unmittelbar auf die *Meinungsführerschaft* eines Konsumenten übertragen werden darf, welche sich definitionsgemäß aus den Einflußnahmen im Rahmen aller relevanten Kommunikationsdyaden ergibt. Falls eine solche Übertragung zulässig wäre, so könnte die produktbereichsspezifische Kompetenz eines Konsumenten allgemein als (eine) Determinante seiner graduellen Meinungsführerschaft aufgefaßt werden.

Bei dieser Betrachtungsweise ergibt sich jedoch ein Problem: Die Sachkompetenz für einen Produktbereich kann sich im Zeitablauf relativ schnell ändern. So ist es wahrscheinlich, daß ein Käufer A eines Produkts K durch die Informationssuche vor und nach dem Kauf sowie durch die (Ge- oder Verbrauchs-)Erfahrungen mit dem Produkt häufig über einen Fundus an relevantem Wissen verfügt. Dieses Wissen erstreckt sich vermutlich sowohl auf K als auch auf den Produktbereich "X", dem K zuzurechnen ist. Der Konsument A kann somit durch die Informationsaufnahme im Rahmen eines Kaufaktes Kompetenz für diesen Produktbereich erlangen. Wenn jedoch die im Informationsstock vorhandenen Informationen veralten und Konsument A keine Anstrengungen zu deren Aktualisierung unternimmt, verringert sich seine Kompetenz für "X" möglicherweise sehr rasch.

Falls nun die "Kompetenz" als Determinante von Meinungsführerschaft aufgefaßt wird, kann sich die Situation einstellen, daß ein Konsument A allein aufgrund des durch den Kauf von K erlangten Wissens zum Meinungsführer avanciert, aber schon kurze Zeit später wieder als Nicht-Meinungsführer einzustufen wäre. Diese Situation ist jedoch nicht mit der in dieser Arbeit vorgenommenen inhaltlichen Abgrenzung des Begriffs "Meinungsführerschaft" vereinbar[21]. Zwar stellt die Meinungsführerschaft eine im Zeitablauf grundsätzlich veränderliche Größe dar; gleichwohl wird im allgemeinen postuliert, daß diese Variable zumindest mittelfristig als *stabil* anzusehen ist[22]. Diese restriktive Begriffsabgrenzung erscheint im übrigen schon deshalb zweckmäßig, weil es nur bei Unterstellung von zeitlicher Stabilität der Meinungsführerschaft lohnend erscheint, kommunikationspolitische Maßnahmen auf die Meinungsführer auszurichten[23]. Folglich kann ein Konsument jedoch nicht allein aufgrund

---

21) Vgl. hierzu die Ausführungen in Kapitel 1.1.3 dieser Arbeit, in dem die Meinungsführerschaft als zeitraumbezogene Variable abgegrenzt wird.
22) Dies kommt bereits in den Operationalisierungsansätzen zum Ausdruck. So wird z.B. gefragt: "Haben Sie den Eindruck, daß Sie *im allgemeinen* [Heraushebung d.d.V.] von Ihren Nachbarn als gute Quelle für Ratschläge bezüglich ... betrachtet werden ?" (Item 6 der ROGERS-Skala); vgl. ROGERS/CARTANO (1962), S.440. Vgl. auch KING/SUMMERS (1970), S.45, sowie Abb.12 in Kapitel 2.2.2 dieser Arbeit.
23) So auch KUMPF (1983), S.330.

kurzfristig vorhandenen Wissens - und damit nur kurzfristiger Kompetenz - zum Meinungsführer werden.

Eine stark ausgeprägte Meinungsführerschaft basiert vielmehr auf im Zeitablauf relativ stabiler Kompetenz. Eine solche dauerhafte Kompetenz setzt eine beständige, langfristige *innere Bindung* des Konsumenten an "seinen" Produktbereich voraus. Diese innere Bindung manifestiert sich, wie auch die zahlreichen empirischen Untersuchungen zeigen, offenbar vor allem in einem generell hohen *Interesse* an dem Produktbereich[24]. Das *Wissen*, welches letztlich die Kompetenz begründet, stellt in diesem Zusammenhang das Ergebnis von Informationsbeschaffungsmaßnahmen dar, die durch das hohe Interesse ausgelöst wurden[25]. Weiterhin kann davon ausgegangen werden, daß die "innere Bindung" an einen Produktbereich auch einen Handlungsantrieb umfaßt. So ist davon auszugehen, daß ein hohes Interesse und ein umfangreiches Wissen dazu führen, daß ein Konsument von sich aus Kommunikationsprozesse initiiert, welche den betreffenden Produktbereich zum Gegenstand haben[26].

Im folgenden wird davon ausgegangen, daß die *langfristige Kompetenz* für einen Produktbereich als Resultante einer starken "inneren Bindung" an diesen Bereich aufgefaßt werden kann. Damit jedoch läßt sich diese Bindung als die *eigentliche (erste) Determinante von Meinungsführerschaft* auffassen. Die "innere Bindung" an einen Produktbereich soll im folgenden kurz als **Involvement** bezeichnet werden. Dabei wird auf die Sichtweise einiger Autoren Bezug genommen, denen zufolge das "Involvement" u.a. im Sinne einer Bindung ("commitment") an einen Produktbereich zu interpretieren ist[27]. Die hier gewählte Vorgehensweise bedarf jedoch einer näheren Erläuterung, da der Involvement-Begriff vielfach verwendet und sehr unterschiedlich abgegrenzt wird.

---

24) Vgl. SUMMERS (1970), S.183; REYNOLDS/DARDEN (1971), S.450; DARDEN/REYNOLDS (1972), S.326f.; MYERS/ROBERTSON (1972), S.42f.; SCHRANK/GILMORE (1973), S.538. Vgl. auch die Zusammenfassungen bei HUMMRICH (1976), S.59; MAYER/SCHNEIDER (1978), S.145f. und 158, sowie die Ausführungen in Kapitel 2.4 dieser Arbeit.
25) Zum Zusammenhang zwischen produktbereichsspezifischem Wissen und Meinungsführerschaft vgl. SIGL (1970), S.23; SUMMERS (1970), S.183; COREY (1971), S.51; MYERS/ROBERTSON (1972), S.42f.; WRIGHT (1975), S.3. Vgl. auch die Zusammenfassungen bei HUMMRICH (1976), S.59; MAYER/SCHNEIDER (1978), S.145f. und 158, sowie die Ausführungen in Kapitel 2.4 dieser Arbeit.
26) Das Wissen wird z.B. aufgrund des "product-" und "self-involvement"-Motivs zu autonomen Informationsabgabeaktivitäten, das Interesse zur Suche nach Informationen führen. Vgl. hierzu DICHTER (1966), S.149ff., sowie die Ausführungen in Kapitel 1.2.2 dieser Arbeit.
27) Eine Aufstellung einiger Beiträge, in denen das "commitment" als Facette des Involvement-Begriffs explizit hervorgehoben wird, findet sich bei GENSCH/JAVALGI (1987), S.72. Es sei an dieser Stelle darauf hingewiesen, daß sich das "commitment" im hier verstandenen Sinne auf einen Produktbereich bezieht, während das "commitment", das für die Entstehung von *Nachkaufdissonanzen* eine entscheidende Rolle spielt, die Bindung eines Konsumenten an eine konkrete *Kaufentscheidung* zum Ausdruck bringt; vgl. hierzu SCHUCHARD-FICHER (1979), S.24ff., sowie die Ausführungen in Kapitel 1.2.2.1 dieser Arbeit.

Unter dem "Involvement" wird - vereinfacht dargestellt - im allgemeinen eine *"Ich-Beteiligung"* verstanden, welche das Engagement eines Individuums zum Ausdruck bringen soll, mit dem es sich einem bestimmten Sachverhalt oder einer bestimmten Aufgabe widmet[28]. Das Involvement wird mittlerweile in zunehmendem Maße zur Erklärung des Konsumentenverhaltens herangezogen[29]. Allerdings stellt es ein Konstrukt dar, das in verschiedenen Begriffsauslegungen und Operationalisierungen verwendet wird, so daß man trotz zahlreicher Veröffentlichungen zu diesem Thema (noch) nicht von einer geschlossenen wissenschaftlichen Konzeption sprechen kann[30].

Zunächst existieren bereits unterschiedliche Auffassungen darüber, *worauf* sich das Involvement von Konsumenten überhaupt beziehen kann. So können Konsumenten nach Meinung der Literatur z.B. im Hinblick auf Produkte (Marken), Produktbereiche, Werbebotschaften und/oder Werbeträger unterschiedlich stark "involviert" sein[31]. Darüber hinaus kann ein Konsument auch besonders stark in einen Kaufprozeß - im Sinne der zieladäquaten Lösung einer Aufgabe - involviert sein (z.B. wenn er ein starkes Engagement bei der Verfolgung des Ziels: "Finde den preiswertesten braunen Wollmantel, den es in der Stadt gibt!" entwickelt)[32]. Im Rahmen dieser Arbeit beschränkt sich die Betrachtung auf das *allgemeine* - d.h. von konkreten Kaufprozessen *unabhängige* - *Involvement im Hinblick auf einen Produktbereich*.

Weiterhin wird der Involvement-Begriff - unabhängig von der Frage, worauf sich das "Engagement" bezieht - sehr unterschiedlich spezifiziert und operationalisiert[33]. Bereits im Jahr 1984 wurden über 30 (!) verschiedene Operationalisierungsansätze gezählt[34]. Die Operationalisierung kann z.B. an der persönlich empfundenen *Wichtigkeit* anknüpfen, die ein Konsument einem Produktbereich beimißt[35]. Diese Wichtigkeit bezieht sich auf die Frage, inwiefern zentrale und selbstidentifizierende Einstellungen eines Individuums durch den betreffenden Produktbereich berührt

---

28) Vgl. KROEBER-RIEL (1984), S.321.
29) Vgl. MÜHLBACHER (1982), S.188ff., sowie die dort angegebene Literatur; so auch JECK-SCHLOTTMANN (1988a), S.33. Der Involvement-Begriff wurde von KRUGMAN in die Konsumentenforschung eingeführt. Der Autor verfolgte damit ursprünglich das Ziel, Prozesse der Werbewirkung zu erklären; vgl. KRUGMAN (1965), passim. Ein aktueller Überblick über neuere Beiträge im Rahmen der Konsumentenforschung findet sich bei SCHIFFMAN/KANUK (1987), S.256ff. Vgl. auch JECK-SCHLOTTMANN (1988a), S.33ff.; Dieselbe (1988b), passim.
30) Vgl. z.B. MÜHLBACHER (1982), S.188ff.; ZAICHKOWSKY (1985), S.341f.; SCHIFFMAN/KANUK (1987), S.257f.; GENSCH/JAVALGI (1987), S.72f.
31) Vgl. z.B. MÜHLBACHER (1982), S.188ff., sowie die dort angegebene Literatur; DIETERICH (1986), S.142f.
32) Vgl. CLARKE/BELK (1978), S.313. So auch JECK-SCHLOTTMANN (1988b), S.7ff.
33) Vgl. z.B. MÜHLBACHER (1982), S.188ff.; BLEICKER (1983), S.142ff.; LAURENT/KAPFERER (1985), S.42ff.; SCHIFFMAN/KANUK (1987), S.256ff.
34) Vgl. PARAMESWARAN/SPINELLI (1984), S.57ff.; SCHIFFMAN/KANUK (1987), S.257.
35) Eine zusammenfassende Behandlung dieses Operationalisierungsansatzes findet sich bei BLEICKER (1983), S.142ff. Vgl. z.B. auch LAURENT/KAPFERER (1985), S.43; DIETERICH (1986), S.143f.

werden[36]. Daneben wird u.a. auch das *"wahrgenommene Risiko"* zur Spezifizierung und Operationalisierung des Involvements herangezogen[37].

Im Rahmen dieser Arbeit wird, wie bereits anklang, einem anderen Ansatz gefolgt, demzufolge das *Interesse* für den Produktbereich (*"general level of interest"*) als zentrale Komponente des Involvements zu betrachten ist[38]. Dieser Ansatz steht in Einklang mit demjenigen, der an der persönlich empfundenen "Wichtigkeit" eines Produktbereichs ansetzt, da anzunehmen ist, daß eine als "hoch" empfundene Wichtigkeit eines Produktbereichs vermutlich auch ein entsprechendes Interesse für diesen Bereich zur Folge hat.

Das generelle Interesse führt i.d.R. zu verstärkten allgemeinen Informationsbeschaffungsaktivitäten[39], welche wiederum ein hohes produktbereichsspezifisches Wissen nach sich ziehen. Faßt man das Interesse als *affektive* Komponente des Involvements auf, so läßt sich das daraus resultierende Wissen als *kognitive* Komponente interpretieren[40].

Der in dieser Arbeit verwendete Involvement-Begriff umfaßt darüber hinaus noch eine dritte Komponente. Dabei wird der Auffassung von KROEBER-RIEL gefolgt, derzufolge die Ich-Beteiligung (das Involvement) eine generelle Disposition des Individuums zum Ausdruck bringt, *aktiv* zu werden[41]. Im Zusammenhang damit ist auch die Terminologie DICHTERs zu sehen, der explizit vom "product involvement" als Motiv zur Initiierung von interpersoneller Kommunikation spricht. Er meint damit die "Begeisterung", die ein Konsument bezüglich eines Produktes entwickelt und die ihn dazu veranlaßt, sie anderen mitzuteilen[42]. Im vorliegenden Zusammenhang ist dieser Gedankengang auf einen ganzen Produktbereich zu übertragen. In diesem Sinn wird die durch ein großes Interesse und ein dadurch bedingtes hohes Wissen entste-

---

36) Vgl. BLEICKER (1983), S.142, sowie die dort angegebene Literatur; so auch JECK-SCHLOTTMANN (1988b), S.5f. Dieser Ansatz weist Parallelen zum "Selbstkonzept" auf, das einen Konsumenten bei seinem Konsumverhalten leitet; vgl. hierzu SIRGY (1982), S.287ff.
37) Vgl. z.B. CHAFFEE/McLEOD (1973), S.393; MÜHLBACHER (1982), S.215f.; LAURENT/KAPFERER (1985), S.43; SCHIFFMAN/KANUK (1987), S.257.
38) Vgl. DAY (1974), S.131. Vgl. hierzu auch COREY (1971), S.50f.
39) Es wird im allgemeinen angenommen, daß hoch involvierte Konsumenten verstärkte Informationsbeschaffungsaktivitäten entfalten; vgl. z.B. GENSCH/JAVALGI (1987), S.73; BEATTY/SMITH (1987), S.85, und die dort angegebene Literatur. Vgl. zur Informationssuche aufgrund eines generellen Interesses auch die Ausführungen in Kapitel 1.2.2.2 dieser Arbeit.
40) So ist z.B. SUMMERS der Auffassung, daß sowohl das Interesse als auch das Wissen Komponenten des Involvements darstellen; vgl. SUMMERS (1970), S.182f. und 185. Man könnte das "Wissen" auch als Ergebnis - und nicht als Komponente ! - des Involvements interpretieren. Da jedoch eine *wechselseitige* Beziehung zwischen Interesse und Wissen im Hinblick auf einen Produktbereich wahrscheinlich ist, wurde die o.a. Vorgehensweise gewählt.
41) Vgl. KROEBER-RIEL (1984), S.321.
42) Vgl. DICHTER (1966), S.149, sowie die Ausführungen in Kapitel 1.2.2.1 dieser Arbeit.

hende Bereitschaft, über den betreffenden Produktbereich zu sprechen, als *konative* Komponente des Involvements aufgefaßt.

Zusammenfassend ist festzuhalten, daß im Rahmen dieser Arbeit unter Involvement das Engagement verstanden wird, mit dem sich ein Konsument im allgemeinen - d.h. nicht nur bei konkretem Kaufanlaß - einem Produktbereich widmet, weil er sich dem Bereich innerlich verbunden fühlt. In diesem Sinne besteht ein stark ausgeprägtes Involvement aus drei Komponenten:
- ein großes Interesse für den Produktbereich,
- ein umfangreiches Wissen in bezug auf den Produktbereich sowie
- eine große Bereitschaft, über den Produktbereich interpersonell zu kommunizieren.

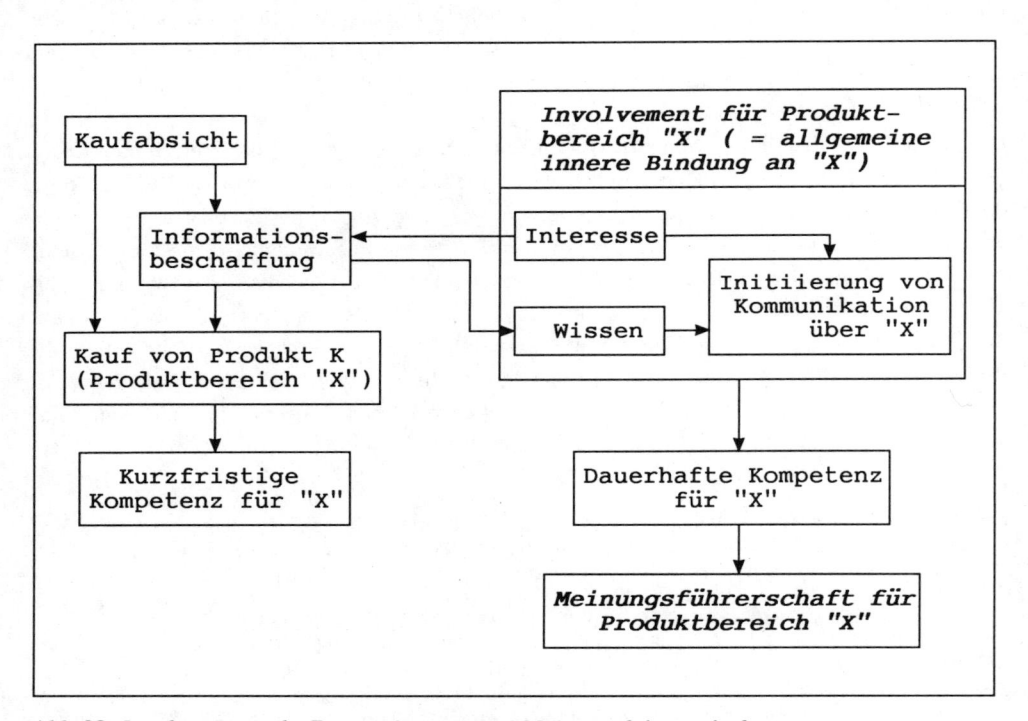

Abb.22: Involvement als Determinante von Meinungsführerschaft

Weist ein Konsument ein starkes Involvement in bezug auf einen Produktbereich auf, so wird er i.d.R. aufgrund seines umfangreichen Wissens auch kompetent sein. Die Bereitschaft, über den Produktbereich zu sprechen, vermittelt seinem sozialen Umfeld u.a. die Information, *daß* er kompetent ist. Das hohe Interesse schließlich stellt die Voraussetzung dafür dar, daß diese Kompetenz im Zeitablauf relativ stabil ist. Aus diesen Überlegungen folgt, daß ein starkes Involvement eine *hohe, langfristig stabile* und *von anderen wahrgenommene* **Kompetenz** für einen Produktbereich

nach sich zieht. Da eine derartig dauerhafte Kompetenz wahrscheinlich ein Bestimmungsgrund von Meinungsführerschaft ist, läßt sich die Vermutung anstellen, daß ein Konsument umso eher zum Meinungsführer wird, je involvierter er in den betreffenden Produktbereich ist. Diese Überlegungen können in der folgenden *Hypothese* zusammengefaßt werden:
Das Involvement im Hinblick auf einen Produktbereich stellt eine Determinante der Meinungsführerschaft dar.

Das Involvement läßt sich auch als *intrapersonale* Determinante der Meinungsführerschaft bezeichnen, da es ausschließlich aus der Beziehung eines Konsumenten A zu einem Produktbereich "X" resultiert.
Die Überlegungen dieses Kapitels werden abschließend in Abbildung 22 zusammengefaßt.

4.2.2 Interpersonale Determinante: Das Bezugspersonen-Einfluß-Potential (BEP)

In Kapitel 4.1 wurde gezeigt, daß ein Konsument A in einer Kommunikationsdyade mit einem Konsumenten B umso eher Einfluß ausüben kann, je mehr er für diesen eine Bezugsperson darstellt. Um aus dieser Aussage Schlüsse im Hinblick auf die Meinungsführerschaft des Konsumenten A ziehen zu können, müssen zunächst sämtliche relevanten Kommunikationsprozesse, an denen A beteiligt ist, in die Analyse einbezogen werden. Demnach wiese er einen umso höheren Grad an Meinungsführerschaft auf, je mehr er für sein gesamtes soziales Umfeld, d.h. vor allem für die Mitglieder "seiner" Primärgruppen, eine Bezugsperson darstellt. Zum besseren Verständnis dieser Aussage soll im folgenden näher darauf eingegangen werden,
(1) was im vorliegenden Zusammenhang unter einer Bezugsperson zu verstehen ist,
(2) welcher Art die Einflüsse von Bezugspersonen sind,
und
(3) was einen Konsumenten dazu prädestiniert, für sein soziales Umfeld in hohem Maße als Bezugsperson zu fungieren.

Unter *Bezugsgruppen* werden im allgemeinen solche Gruppen verstanden, an denen sich ein Individuum orientiert und seine Meinungen und Verhaltensweisen ausrichtet[43]. Da jedem Individuum die Entscheidung selbst vorbehalten bleibt, welche Gruppen es zur Orientierung heranzieht, kann eine Bezugsgruppe - im Gegensatz etwa zur Primärgruppe "Familie" - stets nur aus der Sicht eines bestimmten Individuums abgegrenzt werden.
Im allgemeinen richtet sich ein Individuum gleichzeitig an mehreren Bezugsgruppen aus[44]. Dabei ist es nicht zwingend notwendig, daß es seinen Bezugsgruppen auch

---
43) Vgl. z.B. WISWEDE (1972), S.187; ADLWARTH (1983), S.33; KROEBER-RIEL (1984), S.438; BÄNSCH (1986), S.102f.; SCHIFFMAN/KANUK (1987), S.375.
44) Dies kann u.U. zu Konflikten führen, wenn sich die zur Orientierung herangezo-

selbst angehört[45]. Vielmehr kann es sich z.B. auch an solchen Gruppen orientieren, denen es gern angehören *würde*[46]. Ferner ist es möglich, daß eine Bezugsgruppe lediglich das sich orientierende Individuum und *eine* weitere Person umfaßt. Nicht zuletzt deshalb legen verschiedene Autoren den Begriff "Bezugsgruppe" so weit aus, daß darunter auch eine einzelne Person - die Bezugs*person* - verstanden werden kann[47]. Weiterhin kann ein Individuum auch innerhalb einer Bezugsgruppe einzelne Bezugspersonen wählen, an denen es sich *vornehmlich* orientiert[48].

In den meisten Fällen wird sich ein Individuum im *positiven* Sinne an seinen Bezugsgruppen bzw. -personen orientieren, d.h. es wird sich konform zu den entsprechenden Meinungen und Verhaltensweisen verhalten[49]. Neben solchen positiven Bezugsgruppen bzw. -personen existieren jedoch häufig auch negative, deren Meinungen und Verhaltensweisen das Individuum grundsätzlich ablehnt. Es orientiert sich an einer solchen Gruppe, indem es sich bewußt nonkonform verhält[50].

Zu den eigenen Meinungen und Verhaltensweisen, die ein Individuum an "seinen" Bezugsgruppen bzw. -personen ausrichten kann, gehören auch seine konsumrelevanten Einstellungen und Meinungen - etwa zu Produkten oder Unternehmen - sowie sein Kaufverhalten. Da hier nur dieser Teilbereich der Bezugspersonenorientierung interessiert, soll im folgenden das "Individuum" lediglich in seiner Eigenschaft als Konsument gesehen werden.

Weiterhin wird im Rahmen dieser Arbeit der Begriff der "Bezugsperson" enger gefaßt. Unter "Bezugspersonen" werden im folgenden nur solche Personen verstanden, die auch *derselben* Gruppe angehören wie das sich an ihnen orientierende Individuum. Auf diese Weise soll der Fall ausgeschlossen werden, daß z.B. ein zufälliger Kontakt zwischen zwei einander nicht bekannten Konsumenten (etwa in einem Ladenlokal), bei dem sich der eine am Kaufverhalten des anderen orientiert, bereits als Bezugspersoneneinfluß aufzufassen wäre.

Darüber hinaus sollen nur solche Bezugsgruppen betrachtet werden, die für den betreffenden Konsumenten gleichzeitig *Primärgruppen* darstellen, denn die interpersonelle Kommunikation findet vorwiegend innerhalb solcher Gruppen statt. Das hat zur Folge, daß Bezugspersonen und die sich an ihnen ausrichtenden Konsumenten

---

genen Meinungen und Verhaltensweisen der verschiedenen Gruppen widersprechen; derartige Konflikte entstehen aber nicht zwangsläufig. Vgl. hierzu KUMPF (1983), S.291.
45) Vgl. z.B. SIEGEL/SIEGEL (1968), S.394; WISWEDE (1972), S.186f.; KROEBER-RIEL (1984), S.438; BÄNSCH (1986), S.103; SCHIFFMAN/KANUK (1987), S.376f.
46) So postulierten und prüften COCANOUGHER und BRUCE die Hypothese, daß sich Studenten an der (Sekundär-)"Gruppe" der "Manager" orientieren; vgl. COCANOUGHER/BRUCE (1971), S.379ff.
47) Vgl. WISWEDE (1972), S.187; KUMPF (1983), S.311; ADLWARTH (1983), S.33; KROEBER-RIEL (1984), S.438.
48) So auch WISWEDE (1972), S.187.
49) Vgl. BÄNSCH (1986), S.103.
50) Vgl. z.B. BURNKRANT/COUSINEAU (1975), S.207f.; BÄNSCH (1986), S.103; SCHIFFMAN/KANUK (1987), S.376.

regelmäßige, persönliche und nicht nur zufällige Kontakte zueinander unterhalten[51]. Bezugspersonen sind gemäß dieser Auffassung im Kreise von Familienangehörigen, Freunden, Nachbarn, Bekannten oder Arbeitskollegen zu finden.

Schließlich sollen nur *positive* Bezugspersonen betrachtet werden, welche beim Konsumenten grundsätzlich ein konformes Verhalten bewirken[52]. Diese Einschränkung wird durch den Untersuchungsgegenstand gerechtfertigt, denn es interessiert, inwieweit Meinungsführerschaft auf Bezugspersoneneinflüsse zurückzuführen ist. Die Orientierung an Meinungsführern in dem Sinne, daß man ihren Ratschlägen bewußt *nicht* folgt, kann an dieser Stelle vernachlässigt werden.

Abschließend bleibt - als Antwort auf die oben angeführte Fragestellung (1) - festzuhalten, daß in dieser Arbeit unter den *Bezugspersonen eines Konsumenten* solche Personen zu verstehen sind,
- an denen er sich in seinen konsumrelevanten Meinungen und Verhaltensweisen im positiven Sinn orientiert und
- zu denen er regelmäßige, persönliche und nicht zufällige Kontakte unterhält.

Für die Beantwortung der Frage (2) nach der *Art* der von Bezugspersonen ausgeübten Einflüsse erscheint es hilfreich, die in der Referenzgruppentheorie gebräuchliche Unterscheidung zwischen *normativen* und *komparativen* Funktionen bzw. Wirkungen von Bezugsgruppen aufzunehmen[53]. Dementsprechend soll im folgenden zwischen normativen und komparativen Einflüssen von Bezugspersonen differenziert werden. Um Mißverständnissen vorzubeugen, sei bereits an dieser Stelle darauf hingewiesen, daß eine bestimmte Bezugsperson grundsätzlich sowohl normativen als auch komparativen Einfluß ausüben kann[54].

Normative Bezugsgruppen (-personen) setzen für den Konsumenten Normen - wie z.B. Wertvorstellungen, Anspruchshaltungen oder Geschmacksnormen -, die dieser in seinem Konsumverhalten zu beachten hat[55]. Gemäß der Verbindlichkeit, mit der die

---

51) Vgl. zum Primärgruppenbegriff Kapitel 1.1.2.
52) Allerdings kann es auch bei positiven Bezugsgruppen zur Nonkonformität des sich orientierenden Individuums kommen, wenn nämlich von diesem ein Beeinflussungsversuch wahrgenommen wird und Reaktanz entsteht. Zum Problem der Reaktanz vgl. z.B. WISWEDE (1979), S.81ff.; SILBERER (1980b), S.386ff.; UNGER (1984), S.118ff.
53) Vgl. z.B. HÖRNING (1970), S.83; ASSAEL (1981), S.316ff.; KUMPF (1983), S.284f.; ADLWARTH (1983), S.33ff.; KROEBER-RIEL (1984), S.476f.; BÄNSCH (1986), S.103; SCHIFFMAN/KANUK (1987), S.375. Diese Unterscheidung geht im übrigen auf KELLEY zurück; vgl. KELLEY (1968), S.80f.
54) Nach KELLEY weisen Bezugsgruppen, die für das sich orientierende Individuum gleichzeitig Mitgliedschaftsgruppen darstellen, i.d.R. beide Funktionen auf; vgl. KELLEY (1968), S.81. Vgl. auch KUMPF (1983), S.285.
55) Vgl. z.B. KELLEY (1968), S.80f.; HÖRNING (1970), S.86ff.; HILLMANN (1971), S.83ff.; ADLWARTH (1983), S.34; KUMPF (1983), S.285; KROEBER-RIEL (1984), S.477; SCHIFFMAN/KANUK (1987), S.375.

einzelnen Normen einzuhalten sind, lassen sich Muß-, Soll- und Kann-Normen unterscheiden[56]. Die Beachtung dieser (Konsum-)Normen wird durch Sanktionsmechanismen gewährleistet. Dabei sind sowohl positive als auch negative Sanktionen denkbar[57]. Positive Sanktionen lassen sich dabei als "Belohnungen" für normenkonformes Konsumverhalten auffassen. Darunter sind z.B. die soziale Anerkennung oder die Steigerung (bzw. Sicherung) des Sozialprestiges zu verstehen. Zu den negativen Sanktionen zählen etwa soziale Mißbilligung, Spott oder Verminderung des Sozialprestiges. Mit den Sanktionen kann zum einen sozialer Druck in der Form ausgeübt werden, daß ein Konsument ein bestimmtes Produkt kauft, wie z.B. ein modisches Kleidungsstück[58]. Zum anderen kann normativer Bezugspersoneneinfluß dazu führen, daß ein Konsument ein Produkt *nicht* kauft, weil dadurch eine wichtige Konsumnorm - wie z.B. "Kaufe ausschließlich umweltverträgliche Produkte!" - verletzt würde.

Komparative Bezugsgruppen (-personen) hingegen liefern dem Konsumenten Vergleichsmaßstäbe, mit deren Hilfe er z.B. seine produktbezogenen Meinungen und Kaufentscheidungen einzuordnen vermag[59]. Die Wirkung komparativer Bezugspersonen läßt sich anhand FESTINGERs *Theorie der sozialen Vergleichsprozesse* erläutern[60]. Übertragen auf die hier interessierende Problemstellung hat dieser Theorie zufolge jeder Konsument das Bedürfnis, seine eigenen Meinungen, Fähigkeiten und Verhaltensweisen zu bewerten. Falls für diese Bewertung keine objektiven Vergleichsmöglichkeiten zur Verfügung stehen, dienen die Meinungen, Fähigkeiten und Verhaltensweisen anderer Konsumenten als Vergleichsmaßstab[61]. So kann ein Konsument z.B. bereits allein durch die Beobachtung, welche modische Kleidung "man" gerade trägt, seine eigenen diesbezüglichen Einstellungen und Konsumverhaltensweisen einstufen. Stellt er in diesem Zusammenhang bei sich selbst ein "Defizit" fest, so wird er dazu tendieren, sich entsprechend anzupassen[62].

Neben den komparativen und normativen Einflüssen schreibt man Bezugspersonen auch *"informationale"* Wirkungen zu[63]. In diesem Sinne wäre z.B. ein Konsument, der einem Freund Informationen über die objektive Beschaffenheit eines Produktes

---

56) Vgl. HILLMANN (1971), S.51ff.; WISWEDE (1972), S.89ff.; KROEBER-RIEL (1984), S,487.
57) Vgl. HILLMANN (1971), S.86; BURNKRANT/COUSINEAU (1975), S.207; PINCUS/WATERS (1977), S.615; KROEBER-RIEL (1984), S.488; BÄNSCH (1986), S.100.
58) Vgl. WISWEDE (1976), S.407f.
59) Vgl. KELLEY (1968), S.81; HÖRNING (1970), S.84ff.; KUMPF (1983), S.285; ADLWARTH (1983), S.35; KROEBER-RIEL (1984), S.476f.; SCHIFFMAN/KANUK (1987), S.375.
60) Vgl. FESTINGER (1954), passim; vgl. auch die Ausführungen bei IRLE (1975), S.165ff.; HAISCH/FREY (1978), passim, insbes. S.76f.
61) Vgl. FESTINGER (1954), S.118; HAISCH/FREY (1978), S.78; PRICE/FEICK (1984), S.250.
62) Hier wird deutlich, daß die Grenze zwischen normativen und komparativen Bezugsgruppeneinflüssen oft fließend verläuft.
63) Vgl. KROEBER-RIEL (1984), S.477.

übermittelt, bereits als dessen Bezugsperson anzusehen[64]. Eine rein informationale Beeinflussung z.B. vor dem Kauf eines Produktes erscheint jedoch noch nicht ausreichend, um dem Beeinflusser den Status einer Bezugsperson zuzuerkennen, da in diesem Fall keine *dauerhafte* Orientierung des Beeinflußten vorliegt. Zwar können informationale Einflüsse auch von Bezugspersonen ausgeübt werden, aber umgekehrt ist nicht jeder "informationale Beeinflusser" gleichzeitig eine Bezugsperson[65]. Allerdings ist zu beachten, daß - z.B. im Fall wahrgenommener Kaufrisiken - ein Konsument auch reine Dateninformationen insbesondere bei seinen Bezugspersonen sucht[66]. Dies ist zum einen darauf zurückzuführen, daß Bezugspersonen neben Informationen über die objektive Beschaffenheit eines Produktes auch solche Informationen liefern können, die für den Konsumenten im normativen und komparativen Sinn relevant sind. Zum anderen liegt es auch deshalb nahe, Dateninformationen bevorzugt bei Bezugspersonen in Erfahrung zu bringen, weil diese i.d.R. aufgrund der häufigen Interaktionen leicht erreichbar sind. Zusammenfassend kann damit festgehalten werden:

- Ein Konsument A stellt für einen Konsumenten B eine Bezugsperson dar, wenn er auf diesen *normativen* und/oder *komparativen* Einfluß ausübt.
- Falls ein Konsument A für einen Konsumenten B eine Bezugsperson darstellt, so ist es wahrscheinlich, daß er diesen darüber hinaus auch *informational* beeinflußt.

Die bisherigen Ausführungen beschäftigten sich mit der Fragestellung, welcher Art die Einflüsse sind, die von Bezugspersonen auf Konsumenten ausgeübt werden. Im vorliegenden Zusammenhang interessiert nun nicht so sehr die Perspektive des Beeinflußten, sondern vielmehr diejenige des *Beeinflussenden*. Das Einflußpotential eines Konsumenten A hängt offensichtlich von der Anzahl derjenigen Personen ab, welche ihn zur Bezugsperson wählen (quantitative Komponente), sowie von dem jeweiligen Ausmaß, in welchem sich diese Personen an ihm orientieren (qualitative Komponente)[67]. Das Einflußpotential umfaßt die *allgemeinen* - d.h. von spezifischen Produktbereichen unabhängigen - Möglichkeiten des Konsumenten, auf sein soziales Umfeld **normativen** und **komparativen** Einfluß auszuüben. Es soll im folgenden kurz als *"BEP"* - *"Bezugspersonen-Einfluß-Potential"* - bezeichnet werden.

Im folgenden gilt es die Frage (3) zu beantworten: Welche Faktoren prädestinieren einen bestimmten Konsumenten A dazu, für sein soziales Umfeld in hohem Maß eine

---

64) Vgl. PARK/LESSIG (1977), S.102f.; LESSIG/PARK (1978), S.41f. Zu den "informationalen sozialen Einflüssen" vgl. DEUTSCH/GERARD (1955), S.629; COHEN/GOLDEN (1972), S.54ff.; BURNKRANT/COUSINEAU (1975), S.206f.; PINCUS/WATERS (1977), S.615.
65) Vgl. KROEBER-RIEL (1984), S.477.
66) Vgl. ASSAEL (1981), S.327ff.; KROEBER-RIEL (1984), S.477. Unter Dateninformationen sind z.B. Angaben zur technischen Beschaffenheit von Produkten zu verstehen; vgl. hierzu auch Kapitel 1.1.2 dieser Arbeit.
67) Vgl. hierzu auch die Klassifizierung von "schwachen" und "starken" sozialen Bindungen zwischen interpersonell miteinander kommunizierenden Konsumenten bei BROWN/REINGEN (1987), passim, insbes. S.356ff.

Bezugsperson darzustellen, d.h. ein hohes BEP aufzuweisen? Sowohl die Ausprägung der quantitativen Komponente als auch diejenige der qualitativen Komponente des BEP lassen sich anhand von Indikatoren abschätzen, die aus den Erkenntnissen der Bezugsgruppentheorie abgeleitet werden können. Sie betreffen zum einen die Position des Konsumenten A im interpersonellen Kommunikationsnetz, zum anderen spezifische Merkmale des A, und sollen im folgenden näher betrachtet werden.

Grundsätzlich erscheint ein hohes BEP des Konsumenten A umso wahrscheinlicher, je größer die Anzahl der Personen ist, mit denen er wiederholte, persönliche und nicht zufällige Kontakte unterhält. Denn erst eine hohe Anzahl sozialer Kontakte verschafft den Personen seines sozialen Umfelds die Gelegenheit, sich z.B. durch Beobachtung oder nach verbaler Kommunikation an ihm zu orientieren[68]. Die Kontaktzahl hängt wiederum davon ab, wievielen Primärgruppen Konsument A angehört und wieviele Mitglieder diese Gruppen jeweils haben. Weiterhin ist nicht nur die Gesamtzahl der Personen, mit denen er insgesamt soziale Kontakte unterhält, für sein BEP maßgeblich, sondern vielmehr auch die Häufigkeit und Intensität der jeweiligen Interaktionen, d.h. die Stärke der jeweiligen Bindungen zu anderen Personen[69]. Offenbar muß ein Konsument also im interpersonellen Kommunikationsnetz eine soziozentrale Position einnehmen[70], um ein hohes BEP aufzuweisen.

Die "Soziozentralität" wiederum steht in engem Zusammenhang mit einigen Merkmalen des Konsumenten A, die für seine Beziehungen zu anderen Personen relevant sind. So werden die Personen seines sozialen Umfelds tendenziell umso häufiger mit A interagieren, je höher aus ihrer Sicht seine soziale Attraktivität ist[71]. Unter "sozialer Attraktivität" ist dabei die Gesamtheit der Merkmale zu verstehen, aufgrund derer sich andere Personen zu A hingezogen fühlen. Diese Anziehungskraft kann sich z.B. in Sympathie, Wertschätzung oder Respekt äußern[72].

Eine hohe Attraktivität des Konsumenten A erhöht seine sozialen Sanktionsmöglichkeiten, da in diesem Fall die Kontakte mit ihm aus Sicht seines sozialen Umfelds wünschenswert erscheinen. Dies verstärkt die tendenzielle Bereitschaft der mit ihm interagierenden Personen, sich konform zu den von ihm vermittelten Konsumnormen zu verhalten[73]. Gleichzeitig führt eine hohe soziale Attraktivität des Konsumenten A dazu, daß seine konsumrelevanten Meinungen und Verhaltensweisen von anderen

---

68) So auch REINGEN/FOSTER/BROWN/SEIDMAN (1984), S.773.
69) So auch PENZKOFER/KÖLBLINGER (1973), S.23; WISWEDE (1978), S.116f.; HASELOFF (1986), S.1250f. Vgl. zur Stärke der Bindungen BROWN/REINGEN (1987), passim.
70) STAFFORD spricht in ähnlichem Zusammenhang von der "Positionszentralität im Kommunikationsnetz"; vgl. STAFFORD (1976), S.106. Der hier verwendete Begriff der "Soziozentralität" meint dasselbe; er erscheint jedoch prägnanter und findet deshalb in dieser Arbeit Verwendung. Zum Begriff der "Soziozentralität" vgl. auch KROEBER-RIEL (1984), S.551.
71) Vgl. KUMPF (1983), S.296. So auch KROEBER-RIEL (1984), S.505.
72) So auch KROEBER-RIEL (1984), S.505.
73) Vgl. KUMPF (1983), S.296.

Personen verstärkt als Vergleichsmaßstäbe herangezogen werden[74]. Eine hohe Attraktivität vergrößert somit sowohl die normativen als auch die komparativen Einflußmöglichkeiten - und damit das BEP! - eines Konsumenten.

Weiterhin ist zu erwarten, daß die komparativen Einflußmöglichkeiten des Konsumenten A (und damit sein BEP) umso größer sind, je "ähnlicher" er den Personen seines sozialen Umfelds ist[75]. Die "Ähnlichkeit" bezieht sich dabei auf gemeinsame Merkmale wie z.B. Konsumwünsche, Kaufkraft oder Sozialstatus[76]. In Primärgruppen ist deshalb zu erwarten, daß die "typischen" Gruppenmitglieder ein hohes BEP aufweisen, weil sie sich einander in hohem Maß ähnlich sind und ihre Meinungen und Verhaltensweisen deshalb gegenseitig als Vergleichsmaßstäbe heranziehen. Ferner repräsentieren "typische" Gruppenmitglieder meist auch die Konsumnormen der Primärgruppe und verfügen damit über ein relativ hohes Sanktionspotential. Daher erhöht eine große Ähnlichkeit des Konsumenten A mit den Personen des sozialen Umfelds gleichzeitig die Wahrscheinlichkeit, daß er auch normative Einflüsse auszuüben vermag[77].

Konsumenten mit einem hohen BEP sind also "typische" Gruppenmitglieder und sozial sehr aktiv. Sie nehmen in ihren sozialen Gruppen zentrale Positionen ein und achten auf die Einhaltung von Gruppennormen. Genau diese Merkmale aber attestiert KROEBER-RIEL auch ganz allgemein den Meinungsführern[78]. Die empirischen Ergebnisse, denen zufolge Meinungsführer besonders gesellig, sozial integriert und sozial aktiv sind[79], lassen sich zusammenfassend offenbar durch ein hohes BEP dieser Konsumenten erklären. Auch die Erkenntnis, daß sich Meinungsführer besonders gruppenkonform verhalten[80], fügt sich in dieses Bild: Da es sich bei den Personen mit hohem BEP um typische Gruppenmitglieder handelt, achten sie zum einen auf die Einhaltung der sozialen Normen durch andere, verhalten sich aber auch selbst in besonderem Maße normenkonform. Damit kann folgende *Hypothese* formuliert werden:
Das Bezugspersonen-Einfluß-Potential (BEP) ist eine Determinante der graduellen Meinungsführerschaft eines Konsumenten.

Da das BEP aus Interaktionen mit Primärgruppenmitgliedern resultiert, läßt es sich auch als *interpersonale* Determinante der Meinungsführerschaft bezeichnen.

---

74) WISWEDE spricht davon, daß sich eine Person umso mehr am "Anspruchsniveau" einer Bezugsperson ausrichtet, je attraktiver diese ist; vgl. WISWEDE (1983), S.210.
75) Vgl. IRLE (1975), S.172, und die dort angegebene Literatur; HUMMEL (1975), S.188ff.; KUMPF (1983), S.294f., und die dort angegebene Literatur; WISWEDE (1983), S.210. So auch ROGERS (1983), S.274f.; PRICE/FEICK (1984), S.251.
76) Vgl. ROGERS (1983), S.210; KUMPF (1983), S.294f.
77) So auch WISWEDE (1983), S.210.
78) Vgl. KROEBER-RIEL (1984), S.550.
79) Vgl. die Ausführungen in Kapitel 2.4 dieser Arbeit.
80) Vgl. ROGERS/CARTANO (1962), S.437; SCHRANK/GILMORE (1973), S.539; PENZKOFER/KÖLBLINGER (1973), S.27; KROEBER-RIEL (1984), S.550.

4.3 Simultane Erklärung der Meinungsführerschaft durch Involvement und BEP
4.3.1 Theoretische Einordnung des Erklärungsansatzes

Wie gezeigt wurde, ist die Meinungsführerschaft von Konsumenten auf zwei Determinanten zurückzuführen. Im folgenden soll von einem Modell ausgegangen werden, in dem die Meinungsführerschaft *simultan* durch diese beiden Determinanten erklärt wird (siehe Abb.23).

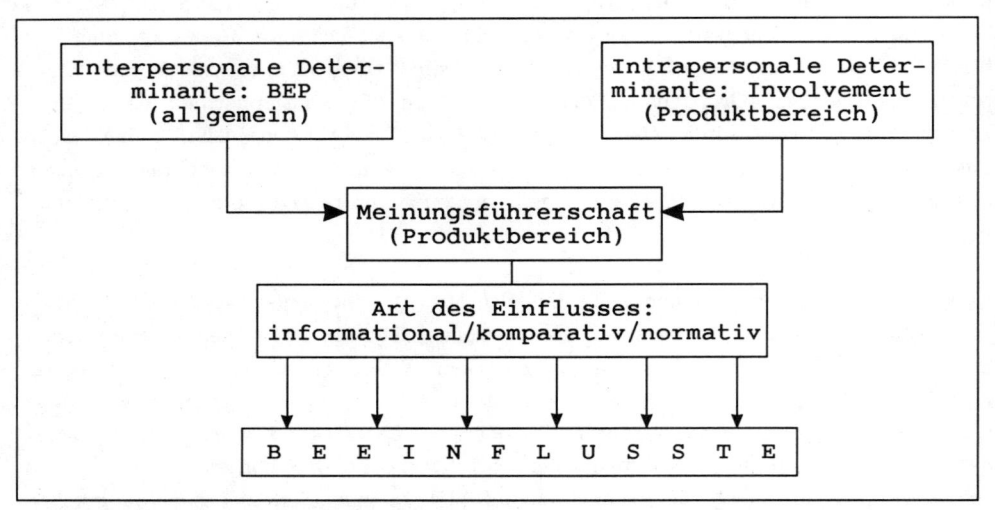

Abb.23: Modell der simultanen Erklärung von Meinungsführerschaft durch Involvement und BEP

Die Erklärung der Meinungsführerschaft durch Involvement und BEP impliziert, daß der Einfluß von Meinungsführern unterschiedlicher Art sein kann, nämlich informational, komparativ und normativ. Diese Interpretation ist jedoch in der Literatur nicht unumstritten. So vertritt KUMPF die Auffassung, daß Meinungsführer *nicht* mit Bezugspersonen gleichgesetzt werden dürfen und definitionsgemäß keine normativen Einflüsse ausüben können[81]. PARK und LESSIG unterstützen seine These indirekt. Sie erwähnen die Meinungsführer ausschließlich als Träger informationaler (und implizit auch komparativer), nicht jedoch normativer Einflußnahmen[82].
Demgegenüber vertritt EURICH den Standpunkt, daß es drei Typen von Meinungsführern gibt, die sich durch die Legitimationsbasis ihres Einflußpotentials voneinander unterscheiden[83]:

---

[81] Vgl. KUMPF (1983), S.311.
[82] Vgl. PARK/LESSIG (1977), S.102f.
[83] Vgl. EURICH (1977), S.4292. Vgl. auch AUFERMANN (1971), S.79.

- *Fachwissenbezogener Meinungsführer:* **Respekt** durch fachliche Kompetenz;
- *Normenwissenbezogener Meinungsführer:* **Achtung** durch sozial-normative Prominenz;
- *Wertewissenbezogener Meinungsführer:* **Sympathie** durch persönlich bewertende Prominenz.

Es handelt sich hierbei um eine idealtypische Klassifizierung; Mischformen dieser Meinungsführer-Typen dürften in der Realität die Regel sein. Ohne an dieser Stelle näher auf die einzelnen Typen einzugehen: Es erscheint offensichtlich, daß diesem Ansatz zufolge alle drei Arten von Einfluß im Rahmen von Meinungsführungsprozessen denkbar sind. Diese Auffassung wird von der Literatur weitgehend geteilt[84]. WISWEDE geht - im Gegensatz zur Position KUMPFs - sogar so weit, jeden Meinungsführer explizit als Bezugsperson aufzufassen[85]. Der in dieser Arbeit entwickelte Ansatz, Meinungsführerschaft durch Involvement und BEP zu erklären, steht somit grundsätzlich in Einklang mit der in der Literatur vorherrschenden Meinung.
Es wäre zudem vermutlich auch kaum möglich, Meinungsführerschaft ausschließlich an informationalen Einflußnahmen festzumachen. Zum einen verlaufen die Grenzen zwischen komparativem und informationalem Einfluß manchmal fließend[86]. Zum anderen können *alle drei* Einflußarten innerhalb eines *einzigen* interpersonellen Kommunikationsprozesses vorkommen, so daß auch aus diesem Grund eine strikte Unterscheidung zwischen informational beeinflussenden Meinungsführern und normativ/komparativ beeinflussenden Bezugspersonen nicht zweckmäßig erscheint. Dies soll an einem Beispiel erläutert werden:

> Ein Student beabsichtigt, ein neues Auto zu kaufen, und fragt einen befreundeten Kommilitonen um Rat. Dessen Antwort lautet: "Kaufe am besten Marke K, diesen Wagen fahren viele von uns. Er hat einen Katalysator, und auf die Umweltverträglichkeit sollte man meiner Meinung nach unbedingt achten". Der Student kauft daraufhin Marke K. Er erfuhr in dem Gespräch, daß in Studentenkreisen viele den Wagen K fahren, was als komparativer Einfluß gewertet werden könnte. Weiterhin wurde ihm mitgeteilt, daß "man" umweltfreundliche Autos fährt; er riskiert mithin negative soziale Sanktionen, wenn er diese soziale Norm nicht beachtet, was auf einen normativen Einfluß schließen läßt. Außerdem erfährt er, daß Marke K einen Katalysator aufweist, was u.U. einen informationalen Einfluß darstellt.

In diesem Beispiel wird im übrigen auch deutlich, daß selbst die normativen Beeinflussungen innerhalb eines Prozesses der Meinungsführung i.d.R. nicht dem Interesse des Meinungsführers, sondern vielmehr demjenigen des Beeinflußten entspringen.

---

84) Vgl. z.B. KREUTZ (1971), S.179f.; KOEPPLER (1984), S.42.
85) Vgl. WISWEDE (1972), S.187; derselbe (1978), S.115.
86) Vgl. PARK/LESSIG (1977), S.102; KUMPF (1983), S.308.

Letzterer mißt dem Meinungsführer Normenkompetenz zu und befriedigt durch die Hinnahme der Beeinflussung sein Bedürfnis, sich beim Konsum normgerecht zu verhalten.

Zusammenfassend ist festzuhalten, daß die dem Erklärungsmodell (siehe Abb.23) zugrunde liegende Vorstellung, derzufolge Meinungsführer *sowohl* informationalen *als auch* komparativen und normativen Einfluß ausüben können, plausibel erscheint und von der Literatur weitgehend geteilt wird.

Die Anmerkung EURICHs, daß seine Meinungsführertypologie idealtypischen Charakter[87] hat und daher Meinungsführer-Mischtypen den Regelfall darstellen, weist auf eine bisher noch nicht beachtete Perspektive hin. So ist es z.B. denkbar, daß ein Konsument A für einen Konsumenten B *deshalb* als normenwissenbezogener Meinungsführer fungiert, weil er für diesen zugleich *auch* ein fachwissenbezogener Meinungsführer ist. In diesem Sinne beeinflußt etwa ein Meinungsführer für Mode einen Freund deshalb normativ, weil er sich für Mode interessiert und daher auch viel über spezifische Mode-Normen weiß. Der beeinflußte Freund läßt jedoch möglicherweise von diesem "Modemeinungsführer" überhaupt nicht - d.h. also auch nicht normativ ! - beeinflussen, wenn es z.B. um den Kauf eines Automobils geht.

An diesem Beispiel wird deutlich, daß sich nicht alle normativen und/oder komparativen Einflußnahmen auf das im Modell verwendete Konstrukt des BEP zurückführen lassen. Vielmehr existieren auch produktbereichsspezifische normative/komparative Einflüsse, die nicht in dem allgemeinen Verhältnis zwischen zwei Konsumenten ihren Ursprung haben. Im hier verwendeten Modell wären solche spezifischen Einflüsse eines Meinungsführers auf sein Involvement zurückzuführen; denn das Involvement begründet in diesem Sinne seine produktbereichsabhängige Normenkompetenz. An dieser Stelle wird deutlich, daß die beiden Determinanten der Meinungsführerschaft nicht völlig unabhängig voneinander sind.

4.3.2 Relative Gewichte der Determinanten bei der simultanen Erklärung von Meinungsführerschaft

Da sich die Meinungsführerschaft von Konsumenten jeweils nur auf bestimmte Produktbereiche erstreckt, soll im folgenden ein zunächst noch nicht näher spezifizierter Produktbereich "X" betrachtet werden. Wie gezeigt wurde, weist ein Konsument tendenziell eine umso größere graduelle Meinungsführerschaft für diesen Produktbereich auf, je *involvierter* er im Hinblick auf "X" (intrapersonale, produktbereichsabhängige Variable) und je höher sein allgemeines *BEP* (interpersonale, produktbereichsunabhängige Variable) ist. Es stellt sich nun die Frage, *welche Gewichte* den beiden Determinanten für die Erklärung der "Meinungsführerschaft für X" zukommen. Vereinfacht man die Betrachtung zunächst in der Weise, daß das Involvement für "X"

---

[87] Vgl. EURICH (1977), S.4292.

und das BEP jeweils nur in zwei Ausprägungen vorliegen - eigentlich handelt es sich bei ihnen, wie bei der Meinungsführerschaft, um graduelle Variablen! -, so lassen sich vier Grundtypen von Konsumenten klassifizieren (siehe Abb.24).

Involvement in bezug auf "X" / BEP	niedrig	hoch
stark	II	I
schwach	III	IV

Abb.24: Typologie von Konsumenten auf der Grundlage ihres allgemeinen BEP und ihres Involvements im Hinblick auf Produktbereich "X"

Die Frage, welche Gewichte den beiden Determinanten für die Erklärung der Meinungsführerschaft zukommen, läßt sich - grob vereinfacht - bereits durch eine Analyse der Konsumenten-Grundtypen tendenziell beantworten. Zu diesem Zweck ist zu prüfen, inwieweit unter den Konsumenten der vier Grundtypen jeweils verstärkt Meinungsführer bzw. Nicht-Meinungsführer vermutet werden können. In diesem Zusammenhang sei allerdings daran erinnert, daß die Betrachtung von nur zwei Ausprägungen der graduellen Variablen "Meinungsführerschaft" ebenfalls eine starke Vereinfachung darstellt[88].

Die Analyse der Konsumenten-Grundtypen I und III ist relativ einfach, da hier die Wirkungsrichtungen der beiden Determinanten übereinstimmen. Weist ein Konsument ein hohes BEP auf, so richten sich Personen seines sozialen Umfelds im allgemeinen an ihm aus. Ist dieser Konsument darüber hinaus auch noch im Hinblick auf "X" stark involviert, so wird er sehr wahrscheinlich für diesen Produktbereich als Meinungsführer fungieren. Es ist deshalb anzunehmen, daß unter den Konsumenten vom Grundtyp I sehr viele Meinungsführer zu finden sind. Demgegenüber wird ein Konsument, der weder ein hohes BEP aufweist, noch besonders stark involviert ist, i.d.R. als Nicht-Meinungsführer einzustufen sein. Daraus folgt, daß unter den Konsumenten vom Grundtyp III vermutlich keine Meinungsführer zu finden sein werden.

Schwieriger ist indes die Beantwortung der Frage, ob die Konsumenten vom Grundtyp II und IV eher den Meinungsführern oder eher den Nicht-Meinungsführern zuzuordnen sind.
Zunächst seien die Konsumenten vom Grundtyp II betrachtet, welche ein starkes Involvement, aber ein niedriges BEP aufweisen. Wie bereits ausgeführt wurde, haben empirische Untersuchungen gezeigt, daß für die meisten Produktbereiche starke

---

88) Vgl. hierzu die Ausführungen in Kapitel 1.1.3 dieser Arbeit. Die Prämisse der lediglich dichotomen Unterscheidung wird an späterer Stelle zugunsten einer differenzierteren Betrachtung aufgegeben.

Zusammenhänge zwischen der Meinungsführerschaft und dem produktbereichsspezifischen Interesse sowie dem entsprechenden Wissen bestehen[89]. Da "Interesse" und "Wissen" konstituierende Komponenten des Involvements darstellen, läßt sich der Schluß ziehen, daß dem Involvement für die meisten Produktbereiche eine sehr hohe Bedeutung für die Erklärung von Meinungsführerschaft zukommt.

Zwar wurde das jeweilige BEP der Probanden in den bisherigen Studien nicht explizit untersucht. Die nachgewiesene überragende Bedeutung des Involvement legt jedoch die Vermutung nahe, daß ein stark involvierter Konsument grundsätzlich als Meinungsführer fungieren kann, selbst wenn er *nicht* über ein hohes BEP verfügt. Dies ist umso wahrscheinlicher, je eher die Produkte des entsprechenden Bereichs als komplex anzusehen sind, d.h. daß sie vielfältige technisch-funktionale Eigenschaften aufweisen. Denn beim Kauf von komplexen Produkten nehmen Konsumenten vermutlich hohe funktional-finanzielle Kaufrisiken wahr[90], so daß ein Meinungsführer für derartige Produktbereiche über große Sachkompetenz verfügen muß, um starken Einfluß ausüben zu können. Im Rahmen der interpersonellen Kommunikation über komplexe Produkte stellt daher wahrscheinlich der Bestimmungsfaktor "Involvement" die ausschlaggebende Determinante der Meinungsführerschaft eines Konsumenten dar. Zusammenfassend ist somit festzuhalten, daß unter den Konsumenten vom Typ II zahlreiche Meinungsführer vermutet werden können. Dabei ist weiterhin anzunehmen, daß Konsumenten dieses Typs umso eher zum Meinungsführer avancieren, je mehr die Produkte des betrachteten Bereichs als komplex einzustufen sind.

Die Konsumenten vom Typ IV weisen dagegen ein großes BEP auf, sind aber im Hinblick auf den betrachteten Produktbereich "X" nur schwach involviert. Man könnte nun meinen, daß unter ihnen generell nur wenige Meinungsführer zu finden sind, da - wie oben ausgeführt wurde - ein überragend starker Zusammenhang zwischen Involvement und Meinungsführerschaft besteht.

In Analogie zum oben Gesagten steht dieser Vermutung jedoch entgegen, daß im Falle des Fehlens von Produktkomplexität ein starkes Involvement keine notwendige Voraussetzung für die Ausübung von interpersonellem Einfluß darstellt. Deshalb sind wahrscheinlich auch unter den Konsumenten vom Typ IV Meinungsführer zu finden, wenn die zum betrachteten Bereich "X" zählenden Produkte als *nicht* komplex einzustufen sind. Die Meinungsfolger orientieren sich dann an ihren Bezugspersonen, weil die Sachkompetenz der zu konsultierenden Ratgeber entbehrlich erscheint und Bezugspersonen aufgrund der regelmäßigen Interaktionen bequem erreicht werden

---

89) Vgl. z.B. REYNOLDS/DARDEN (1971), S.450; MYERS/ROBERTSON (1972), S.42f.; SCHRANK/GILMORE (1973), S.538f.; HUMMRICH (1976), S.69f., sowie die dort zu findende Wiedergabe der Ergebnisse einer GRUNER+JAHR-Studie. Vgl. auch die Ausführungen in Kapitel 2.4 dieser Arbeit.

90) So waren z.B. in einer Untersuchung die funktional-finanziellen Risiken für die komplexen Produkte "Automobil" und "Farbfernsehgerät" am höchsten, für das nicht komplexe Produkt "Kartenspiel" am geringsten; vgl. JACOBY/KAPLAN (1972), S.386; KAPLAN/SZYBILLO/JACOBY (1974), S.288.

können.

Daneben ist es bei bestimmten Produktbereichen denkbar, daß ein hohes BEP ein schwaches Involvement zumindest teilweise kompensieren kann, selbst wenn die Produkte komplex sind. Falls nämlich beim Kauf von Produkten des betrachteten Bereichs ganz allgemein normative und komparative Bezugsgruppeneinflüsse eine große Rolle spielen, ist davon auszugehen, daß insbesondere solche Personen zu Meinungsführern avancieren, welche ein hohes BEP aufweisen. Dies gilt vor allem für Produktbereiche mit einem hohen Prestigewert, wie z.B. "Herrenanzüge"[91]. Folglich können unter den Konsumenten vom Grundtyp IV immer dann viele Meinungsführer vermutet werden, wenn der betrachtete Produktbereich "X" grundsätzlich in hohem Maße Bezugsgruppeneinflüssen unterliegt. Es gilt also zu prüfen, inwieweit ein gegebener Produktbereich für derartige Einflüsse "anfällig" ist.

Entscheidend für die allgemeine "Anfälligkeit" gegenüber Bezugsgruppeneinflüssen ist die *soziale Auffälligkeit* eines Produkts[92]. "Sozial auffällig" bedeutet in diesem Zusammenhang,

● daß das Produkt beachtet wird und hervorsticht, weil es nicht jeder kauft, und/oder

● daß der Ge- oder Verbrauch öffentlich geschieht, d.h. daß ihn andere wahrnehmen.

Konsumgüter können mit Hilfe dieser beiden Merkmale in ein "Schema der sozialen Auffälligkeit" eingeordnet werden. Dem ersten Kriterium zufolge lassen sich dabei "Luxus"-Produkte von "Alltags"-Produkten unterscheiden. Anhand des zweiten Kriteriums kann zwischen "privat" und "öffentlich" - d.h. sichtbar für andere - konsumierten Produkten differenziert werden[93].

Aus der Klassifikation der Produktbereiche gemäß ihrer "sozialen Auffälligkeit" lassen sich Rückschlüsse auf die Stärke und die Art der Bezugsgruppeneinflüsse in den jeweiligen Bereichen ziehen[94]. So wird angenommen, daß der Einfluß von Bezugspersonen beim Kauf von "Luxus"-Produkten vor allem darauf abzielt, daß der beeinflußte Konsument *überhaupt* Produkte dieses Bereichs kauft. Bei "öffentlich" konsumierten Produkten hingegen beeinflussen Bezugsgruppen i.e.L. die Entscheidung für eine *bestimmte* Produktalternative, z.B. eine Marke[95].

---

91) Unter dem Prestigewert eines Produkts ist die subjektive Wahrscheinlichkeit zu verstehen, mit der ein Konsument erwartet, durch den Kauf des Produkts den Belohnungswert "soziales Ansehen" zu gewinnen; vgl. ADLWARTH (1983), S.51. In der bereits angeführten Untersuchung wurde dem Produkt "Herrenanzug" ein hohes funktionales Risiko attestiert, so daß man davon ausgehen kann, daß es sich aus Sicht der Konsumenten um ein komplexes Produkt handelt; vgl. JACOBY/KAPLAN (1972), S.386; KAPLAN/SZYBILLO/JACOBY (1974), S.288. Vgl. zu den sozial-psychologischen Aspekten eines für andere sichtbaren Konsums auch BELK/BAHN/MEYER (1982), S.4ff.; SOLOMON (1983), S.319ff.
92) Diese Erkenntnis geht auf BOURNE zurück; vgl. BOURNE (1972), S.148ff. Vgl. auch KROEBER-RIEL (1984), S.483f.
93) Vgl. BEARDEN/ETZEL (1982), S.184ff.
94) Vgl. BOURNE (1972), S.148f.; BEARDEN/ETZEL (1982), S.184f.
95) Vgl. KROEBER-RIEL (1984), S.484.

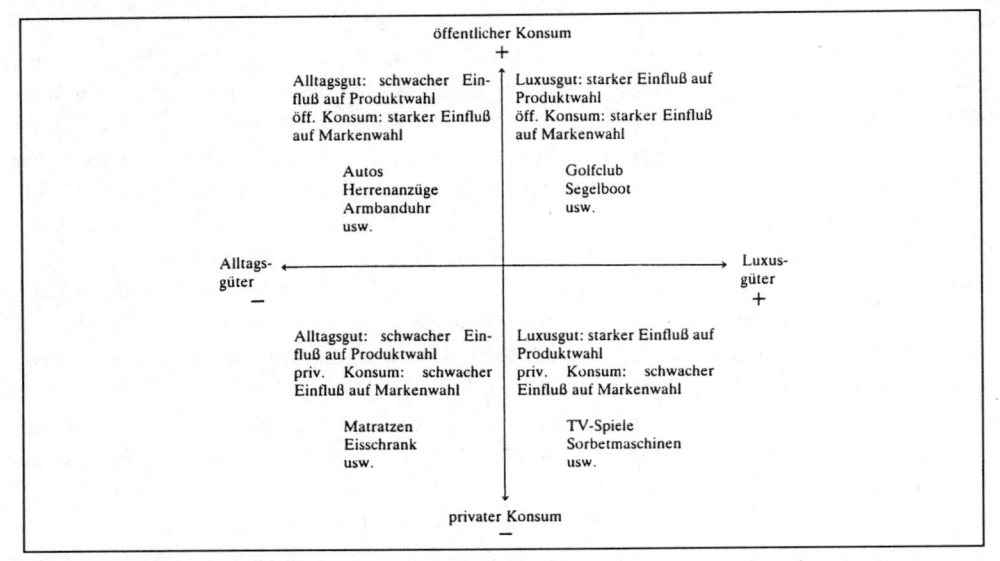

```
                          öffentlicher Konsum
                                   +
         ┌─────────────────────────┬─────────────────────────┐
         │ Alltagsgut: schwacher Ein-│ Luxusgut: starker Einfluß auf│
         │ fluß auf Produktwahl     │ Produktwahl             │
         │ öff. Konsum: starker Einfluß│ öff. Konsum: starker Einfluß│
         │ auf Markenwahl           │ auf Markenwahl          │
         │                          │                         │
         │    Autos                 │    Golfclub             │
         │    Herrenanzüge          │    Segelboot            │
         │    Armbanduhr            │    usw.                 │
         │    usw.                  │                         │
Alltags- │                          │                         │ Luxus-
güter  ◄─┼──────────────────────────┼─────────────────────────┼─► güter
  −      │                          │                         │   +
         │ Alltagsgut: schwacher Ein-│ Luxusgut: starker Einfluß auf│
         │ fluß auf Produktwahl     │ Produktwahl             │
         │ priv. Konsum: schwacher  │ priv. Konsum: schwacher │
         │ Einfluß auf Markenwahl   │ Einfluß auf Markenwahl  │
         │                          │                         │
         │    Matratzen             │    TV-Spiele            │
         │    Eisschrank            │    Sorbetmaschinen      │
         │    usw.                  │    usw.                 │
         └─────────────────────────┴─────────────────────────┘
                                   ↓
                            privater Konsum
                                   −
```

Abb.25: Stärke der Bezugsgruppeneinflüsse auf die Produkt- und Markenwahl in verschiedenen Produktbereichen (Quelle: KROEBER-RIEL (1984), S.485; im Original: BEARDEN/ETZEL (1982), S.185)

Die in Abbildung 25 wiedergegebene Klassifikation ausgewählter Produktbereiche ist das Ergebnis einer empirischen Untersuchung. Die zwei Dimensionen der "sozialen Auffälligkeit" der Produktgruppen wurden dabei, ebenso wie die jeweilige Stärke der Bezugsgruppeneinflüsse, explizit gemessen[96].

Bei der Interpretation dieser Klassifikation ist zum einen zu bedenken, daß es sich nur um tendenzielle Aussagen handeln kann. Es erscheint z.B. denkbar, daß sich ein Konsument B beim Kauf eines Kühlschranks in hohem Maß durch Bezugspersonen beeinflussen läßt. Umgekehrt ist nicht auszuschließen, daß sich ein Konsument C beispielsweise beim Kauf eines Segelboots nicht an Bezugspersonen orientiert.

Weiterhin darf das empirisch ermittelte Klassifikationsschema nicht statisch gesehen werden. Produkte können nämlich u.U. ihre für die Stärke des Bezugsgruppeneinflusses entscheidende Eigenschaft der "sozialen Auffälligkeit" im Zeitablauf verlieren[97]. So waren z.B. Fernsehgeräte früher zumindest auffälliger, als sie es jetzt sind[98].

---

96) Vgl. BEARDEN/ETZEL (1982), S.186ff. Dabei wurden die Bezugsgruppeneinflüsse in Anlehnung an einen Ansatz von PARK und LESSIG operationalisiert; vgl. PARK/LESSIG (1977), S.105, sowie LESSIG/PARK (1978), S.43. Vgl. auch die Klassifizierungen bei BOURNE (1968), S.73; Derselbe (1972), S.149; HENDON (1979), S.757.
97) Vgl. KROEBER-RIEL (1984), S.483.
98) So zählten in einer Studie, die BOURNE 1957 veröffentlichte [deutsche Übersetzung 1972] (Farb-)Fernsehgeräte zu den sozial auffälligen (Luxus-)Produkten und unterlagen damit Bezugsgruppeneinflüssen; vgl. BOURNE (1972), S.150. Diese Klassifikation dürfte heute nicht mehr zutreffen; vgl. KROEBER-RIEL (1984), S.483.

Gleichwohl sind aus einer Klassifikation wie der in Abbildung 25 wiedergegebenen Anhaltspunkte dafür abzuleiten, in welchen Produktbereichen verstärkt Bezugsgruppeneinflüsse wirksam werden.

In Übertragung auf die hier interessierende Problemstellung bedeutet dies, daß mit Hilfe des Konstrukts der "sozialen Auffälligkeit" diejenigen Produktbereiche ermittelt werden können, in denen im allgemeinen Bezugspersoneneinflüsse eine große Rolle spielen. Für diese Bereiche gilt weiterhin die Vermutung, daß ein Konsument, der zwar nur ein schwaches Involvement für den Produktbereich "X", aber ein hohes BEP aufweist, durchaus zum Meinungsführer werden kann, selbst wenn die Produkte des entsprechenden Bereichs komplexer Natur sind; denn beim Kauf von "sozial auffälligen" Produkten erscheint es aus Sicht der Meinungsfolger wichtig, ihre sozialpsychologischen Kaufrisiken abzubauen[99]. Im Rahmen der interpersonellen Kommunikation über sozial auffällige Produktbereiche kommt daher der Determinante "BEP" wahrscheinlich ein hohes Gewicht für die Erklärung der Meinungsführerschaft von Konsumenten zu.

Zusammenfassend ist somit festzuhalten, daß unter den Konsumenten vom Grundtyp IV immer dann zahlreiche Meinungsführer zu vermuten sind, wenn der betreffende Produktbereich als "sozial auffällig" einzustufen ist.

Im folgenden sei weiterhin von einem nicht näher spezifizierten Produktbereich "X" ausgegangen, wobei nun jedoch die Vorstellung aufgegeben wird, daß die beiden Determinanten der Meinungsführerschaft dichotom ausgeprägt sind. Konsumenten lassen sich sodann anhand ihrer Merkmalsausprägungen "Involvement in bezug auf X" und "BEP" differenzierter beschreiben und in einem Diagramm abbilden (siehe Abb.26). Aus Gründen der Anschaulichkeit wird dabei zunächst weiterhin von einer einfachen Klassifizierung der Konsumenten als "Meinungsführer" oder "Nicht-Meinungsführer" ausgegangen.

Die relativen Gewichte, die den beiden Determinanten im Hinblick auf die Erklärung der Meinungsführerschaft zukommen, lassen sich nun mit Hilfe einer Diskriminanzanalyse ermitteln. Dabei wird eine Gerade (Diskriminanzfunktion) derart in den Koordinatenraum gelegt, daß die beiden Häufigkeitsverteilungen (Involvement und BEP der Meinungsführer und der Nicht-Meinungsführer), wenn sie auf diese Gerade projiziert werden, eine möglichst geringe Überlappung aufweisen und in sich möglichst hoch verdichtet sind (siehe Abb.26)[100]. Lotrecht auf dieser Funktion steht die

---

[99] So wird z.B. in der Klassifikation von BEARDEN/ETZEL das Produkt "Herrenanzug" als "sozial auffällig" (öffentlicher Konsum) eingestuft (siehe Abb.25), und in der Untersuchung von KAPLAN/SZYBILLO/JACOBY wird diesem Produkt ein hohes soziales Risiko bescheinigt; vgl. KAPLAN/SZYBILLO/JACOBY (1974), S.288.

[100] Zur Diskriminanzanalyse vgl. z.B. HAMMANN/ERICHSON (1978), S.104ff.; BÖHLER (1985), S.211ff.; HARTUNG/ELPELT (1986), S.240ff.; BACKHAUS et al. (1987), S.162ff. Soll der graduelle Charakter der Variablen "Meinungsführerschaft" berücksichtigt werden - was im übrigen auch zur Vermeidung unnötiger Informationsverluste führt -, wäre anstelle einer Diskriminanzfunktion eine Re-

sog. "Trenngerade", die - wie leicht zu sehen ist - die Punktwolke durchschneidet und dabei die Meinungsführer von den Nicht-Meinungsführern trennt.

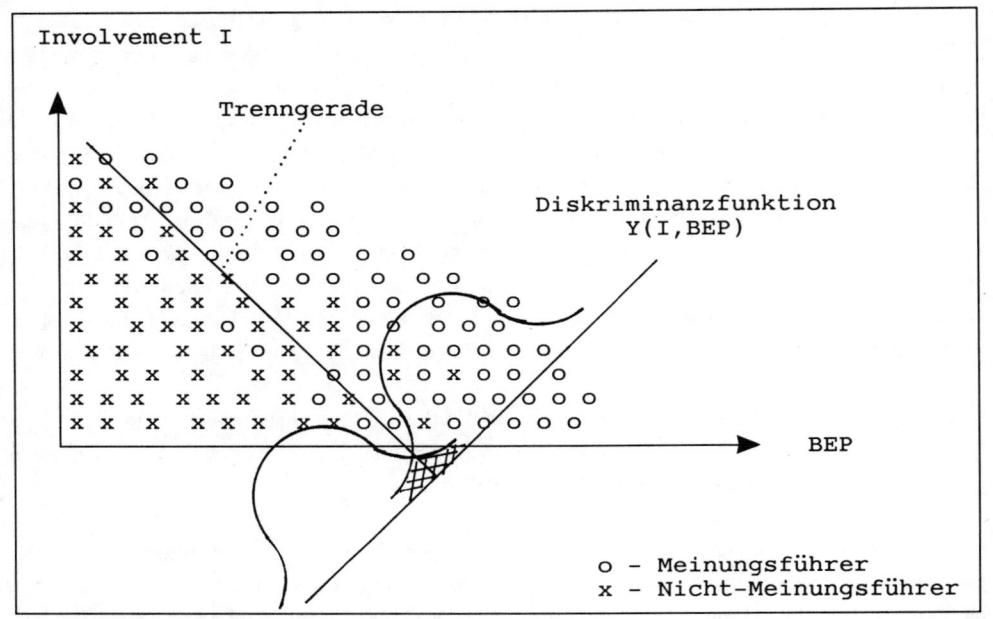

Abb.26: Ermittlung der relativen Bedeutung der Meinungsführerschafts-Determinanten durch einfache Diskriminanzanalyse

Die optimale Lösung stellt hier die Funktion Y(I,BEP) dar, die sich aus einer Linearkombination der unabhängigen Variablen "Involvement" (I) und "BEP" ergibt:

$$Y(I,BEP) = b_I \cdot I + b_{BEP} \cdot BEP.$$

Die sog. "Diskriminanzkoeffizienten" b_I und b_{BEP} lassen sich als die Gewichte der Determinanten bei der Erklärung der Meinungsführerschaft interpretieren. Im vorliegenden Beispiel käme beiden Determinanten das gleiche Gewicht zu, was daran zu erkennen ist, daß die Trenngerade die Ordinate und die Abszisse jeweils in einem Winkel von 45° schneidet (siehe Abb.26).

Es stellt sich nun die Frage, welcher Verlauf für empirische Diskriminanzfunktionen wahrscheinlich ist. Dabei ist davon auszugehen, daß die Ausprägungen der Diskriminanzkoeffizienten - und damit die relativen Gewichte der Determinanten - entscheidend davon abhängen, welcher Produktbereich betrachtet wird. Insbesondere kommt es darauf an,

---

gressionsfunktion zu ermitteln. Dies geschieht auch bei empirischen Prüfung der Hypothesen; vgl. Kapitel 6.3.2 und 6.3.3 dieser Arbeit.

- inwiefern die entprechenden Produkte aufgrund ihrer Komplexität ein starkes Involvement der Meinungsführer erfordern und
- in welchem Maße die Produkte "sozial auffällig" und damit anfällig für Bezugsgruppeneinflüsse sind.

Sind die Produkte eines Bereichs komplex, so wird die Trenngerade tendenziell in großem Abstand von der Abszisse verlaufen, da zur Ausübung von Meinungsführerschaft ein hohes Involvement erforderlich ist. Gleichzeitig steigt wahrscheinlich auch die relative Bedeutung des Involvements gegenüber dem BEP tendenziell an, was sich in einer Drehung der Trenngerade in Richtung auf die Abszisse niederschlägt (siehe Abb.27). Umgekehrt wird die Trenngerade tendenziell in großem Abstand von der Ordinate verlaufen, wenn der Produktbereich sozial auffällig ist und deshalb in hohem Maße Bezugsgruppeneinflüssen unterliegt. In diesem Fall steigt gleichzeitig auch die relative Bedeutung des BEP gegenüber dem Involvement an, und die Trenngerade dreht sich tendenziell in Richtung auf die Ordinate (siehe Abb.27).

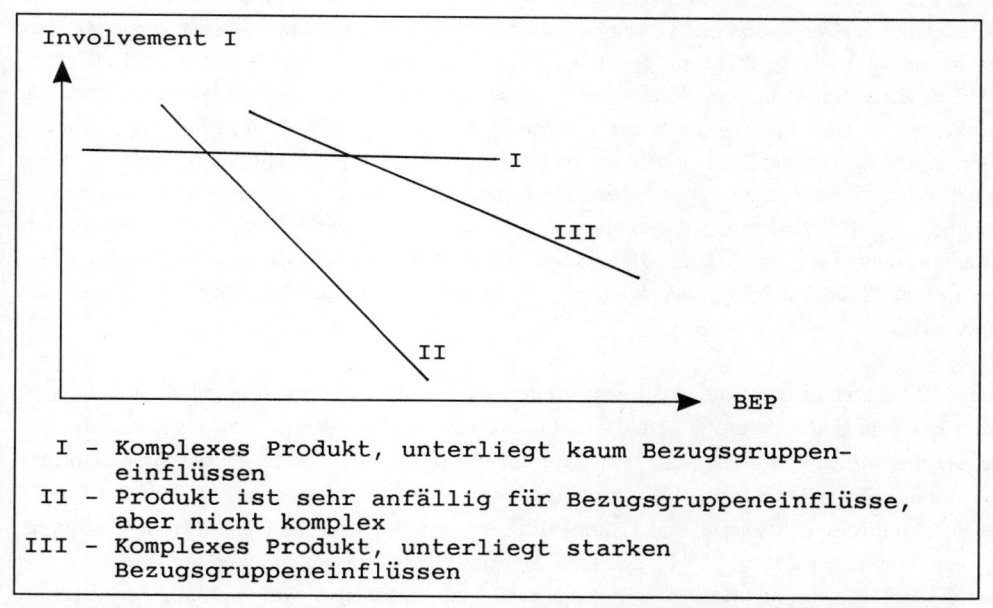

```
Involvement I




                           I
                                III


                II
                                        BEP

   I   - Komplexes Produkt, unterliegt kaum Bezugsgruppen-
         einflüssen
   II  - Produkt ist sehr anfällig für Bezugsgruppeneinflüsse,
         aber nicht komplex
   III - Komplexes Produkt, unterliegt starken
         Bezugsgruppeneinflüssen
```

Abb.27: Wahrscheinlicher Verlauf empirischer Trenngeraden zur Diskriminierung der Meinungsführer

Da aufgrund früherer Untersuchungen bekannt ist, daß für die meisten Produktbereiche ein sehr starker Zusammenhang zwischen dem Involvement und der Meinungsführerschaft besteht, werden die empirischen Trenngeraden ausgewählter Produktbereiche vermutlich in keinem Fall parallel zur Ordinate verlaufen. Umgekehrt ist damit zu rechnen, daß die Trenngeraden in den Bereichen, deren Produkte komplex, aber nicht sozial auffällig sind, annähernd parallel zur Abszisse verlaufen. Die in Abbildung 27 eingetragenen Geraden zeigen exemplarisch auf, wie empirische Trenngeraden gelagert sein könnten.

4.4 Implikationen für die indirekte Ansprache von Meinungsführer-Segmenten

Ein wesentliches Merkmal des vorgestellten Modells der zweidimensionalen Erklärung von Meinungsführerschaft besteht darin, daß hier *simultan* eine produktbereichsabhängige (Involvement) und eine produktbereichsunabhängige (BEP) Variable zur Diskriminierung herangezogen werden. Falls das Modell eine zutreffende Beschreibung der Realität darstellt, könnten mit Hilfe der Variablen "BEP" Meinungsführer-Segmente bis zu einem gewissen Grad beschrieben werden. Der Ansatz liefert zudem Hinweise darauf, in welchen Fällen dem BEP vermutlich eine starke Erklärungskraft zukommt, nämlich bei hoher "sozialer Auffälligkeit" des betrachteten Produktbereichs. Aus Marketing-Sicht wäre daher zu fordern, das produktbereichsunabhängige Merkmal "BEP" in Werbeträgeranalysen auszuweisen. Mit Hilfe dieses Merkmals könnten dann wahrscheinlich Meinungsführer-Segmente indirekt angesprochen werden, wenn der betreffende Produktbereich a priori als "sozial auffällig" einzustufen ist.

Gleichzeitig wird in dem Modell berücksichtigt, daß auch produktbereichsspezifische Faktoren - hier als "Involvement" bezeichnet - eine große Rolle für die Erklärung von Meinungsführerschaft spielen. Insofern suggeriert der vorliegende Ansatz *nicht*, daß *allein* durch eine produktbereichsunabhängige Variable Meinungsführer ausreichend gut beschrieben werden können. Damit unterscheidet sich der vorliegende Ansatz deutlich von den Analysen, bei denen "Persönlichkeitsstarke", "Modellpersonen" und "Moderatoren" ausgewiesen und pauschal als "die" Meinungsführer bezeichnet werden[101].

Die bisherigen Überlegungen waren theoretischer Natur. Im folgenden soll deshalb der Erklärungsansatz empirisch überprüft werden. Dabei interessiert insbesondere,
- ob die Meinungsführerschaft von Konsumenten tatsächlich durch die beiden postulierten Determinanten erklärt werden kann,
- ob in diesem Zusammenhang dem BEP ein ausreichend hohes Gewicht zukommt, um Meinungsführer mit Hilfe dieses Merkmals beschreiben zu können und
- ob das BEP tatsächlich immer dann stark zur Erklärung von Meinungsführerschaft beiträgt, wenn der betrachtete Produktbereich in hohem Maß "sozial auffällig" ist, d.h. wenn beim Kauf von Produkten dieses Bereichs i.d.R. starke sozialpsychologische Risiken bestehen.

---

101) Vgl. hierzu die Ausführungen in Kapitel 3.3.2 dieser Arbeit. Modellpersonen werden zwar nicht explizit als Meinungsführer bezeichnet, die Beschreibung ihrer sozialtechnischen Wirksamkeit läßt aber keinen Zweifel daran aufkommen, daß es sich bei diesen Personen um Meinungsführer handeln soll. Vgl. INSTITUT für DEMOSKOPIE ALLENSBACH (1984), S.E62f.

5. Aufbau und Durchführung der empirischen Untersuchung von drei ausgewählten Produktbereichen

5.1 Erhebungsdesign und Forschungshypothesen

Die empirische Untersuchung zielte in erster Linie auf die Beantwortung der Frage ab, inwiefern die graduelle Meinungsführerschaft eines Konsumenten auf sein Involvement im Hinblick auf den betrachteten Produktbereich sowie sein BEP zurückgeführt werden kann. Aus den im 4. Kapitel angestellten theoretischen Überlegungen kristallisieren sich drei Forschungshypothesen heraus:

(H1) Die graduelle Meinungsführerschaft eines Konsumenten läßt sich durch sein Involvement und sein BEP erklären.

(H2) Das BEP eines Konsumenten ist besonders wichtig für die Erklärung seiner Meinungsführerschaft, wenn die Produkte des betrachteten Bereichs eine hohe "Soziale Auffälligkeit" aufweisen.

(H3) Das Involvement eines Konsumenten ist besonders wichtig für die Erklärung seiner Meinungsführerschaft, wenn die Produkte des entsprechenden Bereichs komplexer Natur sind, da es in diesem Fall bei der Vermittlung der relevanten Informationen vor allem auf die Sachkompetenz eines Ratgebers ankommt.

Zur Überprüfung dieser Hypothesen war es notwendig, drei Gruppen von Variablen in der Erhebung zu berücksichtigen:

- Variablen zur Messung der produktbereichsspezifischen Meinungsführerschaft;
- Variablen zur Messung des produktbereichsspezifischen Involvements;
- Variablen zur Messung des Ausmaßes, in dem ein Konsument für andere als Bezugsperson fungiert (BEP).

Darüber hinaus war es zur Prüfung der Hypothese (H2) notwendig, die "Soziale Auffälligkeit" von Produkten zu messen. Dazu lagen einige empirische Befunde vor[1]. Es erschien jedoch sinnvoll, zur Kontrolle das von den Probanden empfundene *sozialpsychologische* Kaufrisiko als Indikator für die soziale Auffälligkeit der in der Untersuchung betrachteten Produktbereiche zu erheben. Ferner mußte - zur Überprüfung der Hypothese (H3) - die "Komplexität" von Produkten operationalisiert werden. Analog zu der erläuterten Vorgehensweise wurde hierzu das *funktional-finanzielle* Kaufrisiko als Indikator herangezogen. Damit ergab sich gleichzeitig die Möglichkeit, den Zusammenhang zwischen den beiden wichtigsten Dimensionen des Konstrukts "wahrgenommenes Kaufrisiko" und der Variablen "Meinungsführerschaft" zu überprüfen[2].

---

1) Vgl. BOURNE (1968), S.73; BOURNE (1972), S.149; HENDON (1979), S.757; BEARDEN/ETZEL (1982), S.185.
2) Vgl. zu den Teilrisiken und dem Konstrukt des "wahrgenommenen Kaufrisikos" LUTZ/REILLY (1974), S.394; GRUNERT/SAILE (1977), S.438; KATZ (1983), S.78f.,

Weiterhin sollte die Erhebung Aussagen über das produktbereichsspezifische Informationsverhalten der Konsumenten liefern. Mit der Aufnahme entsprechender Meßvariablen wurden zwei Ziele verfolgt. Zunächst interessierte der Stellenwert, der der interpersonellen Kommunikation bei Kaufentscheidungen im Vergleich mit anderen den Konsumenten zur Verfügung stehenden Informationsquellen zukommt[3]. In diesem Zusammenhang sollte auch die Gültigkeit der These untersucht werden, derzufolge die interpersonelle Kommunikation insbesondere bei Wahrnehmung hoher sozial-psychologischer Risiken eine wichtige Informationsquelle der Konsumenten ist[4]. Daraus leitet sich die vierte Forschungshypothese ab:

(H4) Die interpersonelle Kommunikation - und damit auch die Konsultation von Meinungsführern - ist eine der wichtigsten Informationsquellen der Konsumenten. Sie eignet sich insbesondere dazu, hohe sozial-psychologische Kaufrisiken zu reduzieren.

Durch die Erfassung des Informationsverhaltens der Konsumenten war es zudem möglich, den Zusammenhang zwischen der graduellen Meinungsführerschaft von Konsumenten und ihrem Informationsverhalten zu untersuchen. So konnte in dieser Untersuchung das Ergebnis früherer Studien geprüft werden, demzufolge Meinungsführer produktbereichsspezifische Medien intensiver nutzen als die Nicht-Meinungsführer[5]. Die entsprechende Hypothese lautet:

(H5) Konsumenten, die einen hohen Grad an Meinungsführerschaft aufweisen, wenden sich verstärkt fachspezifischen Medien zu.

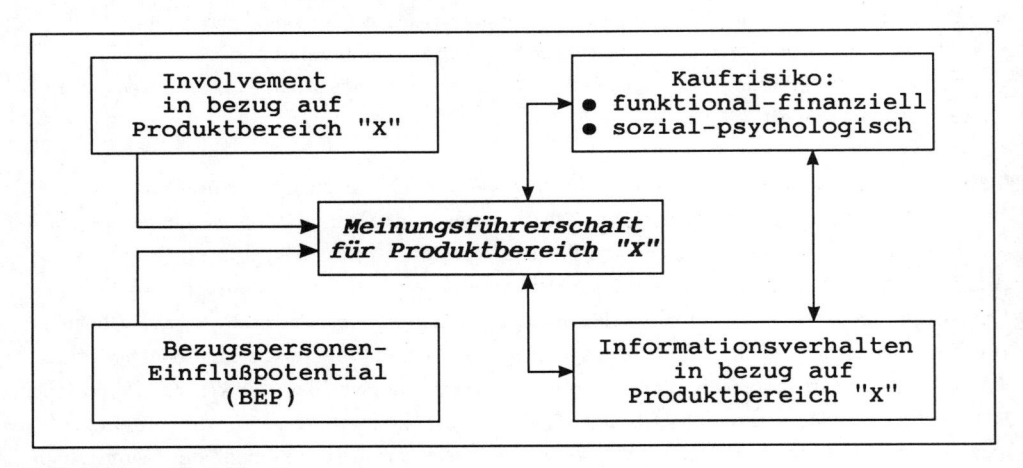

Abb.28: Erhebungsdesign

---

sowie die Ausführungen in Kapitel 1.2.2.2 dieser Arbeit.
3) Vgl. hierzu die Ausführungen in Kapitel 1.3 dieser Arbeit.
4) Vgl. KAAS (1973), S.58; LUTZ/REILLY (1974), S.394; PANNE (1977), S.382; KATZ (1983), S.140f.
5) Vgl. hierzu Kapitel 2.4 dieser Arbeit.

Insgesamt wurden somit fünf Variablengruppen untersucht. Das Erhebungsdesign ist in Abbildung 28 vereinfacht dargestellt.

5.2 Festlegung des Erhebungsverfahrens und Auswahl der Produktbereiche

Im Rahmen der empirischen Untersuchung sollten zum einen das BEP, zum anderen die graduelle Meinungsführerschaft, das Involvement, die wahrgenommenen Kaufrisiken und das Informationsverhalten in bezug auf ausgewählte Produktbereiche erfaßt werden. Daraus ergab sich die Notwendigkeit, eine sehr hohe Zahl von Meßvariablen in die Erhebung aufzunehmen.

Weiterhin wurde das Ziel verfolgt, einen großen Erhebungsumfang zu realisieren. Damit sollte eine möglichst hohe Aussagekraft der Ergebnisse gewährleistet werden.

Eine große Zahl von Fragen (Variablen) in Verbindung mit einer hohen Fallzahl erfordert i.d.R. einen hohen *Standardisierungsgrad* bei der Datengewinnung, so daß für die Erhebung grundsätzlich drei Vorgehensweisen in Betracht kamen:
- schriftliche Befragung;
- schriftliche Befragung mit persönlicher Unterstützung;
- gestütztes Interview.

Gewählt wurde das Verfahren der *Befragung mit persönlicher Unterstützung*, bei der Interviewer den Probanden einen Fragebogen vorlegen[6]. Die Probanden beantworten dabei die Fragen selbständig; die Interviewer stehen jedoch während der gesamten Befragungszeit für etwaige Rückfragen zur Verfügung.

Gegenüber dem *gestützten Interview* weist diese Vorgehensweise den Vorteil auf, daß keine gravierenden Interviewereinflüsse auftreten[7]. Insbesondere die Erfassung der Variablen, mit denen das BEP operationalisiert wurde (siehe Kapitel 5.4.3), hätte im vorliegenden Fall die Gefahr derartiger Verzerrungen heraufbeschworen[8].

Auch gegenüber einer *schriftlichen Befragung*, bei der die Fragebögen i.d.R. per Post versandt werden, weist die gewählte Vorgehensweise entscheidende Vorzüge auf. Zunächst kann durch die Interviewer-Unterstützung ein Befragungsklima geschaffen werden, das die Antwortbereitschaft der Probanden fördert und die Genauigkeit ihrer Angaben erhöht. Daneben ist es den Befragten möglich, bei eventuellen Unklarheiten Rückfragen zu stellen, was i.d.R. der Vollständigkeit der Angaben zugute kommt. Bei schriftlichen Befragungen kommt es dagegen häufig vor, daß Fragebögen unvollständig ausgefüllt zurückgesandt werden[9]. Zudem taucht bei dieser Erhebungsform das Problem auf, daß die Rücklaufquoten oft nur etwa 10% betragen[10].

---

6) Vgl. zu diesem Verfahren HAFERMALZ (1976), S.7ff.
7) Zu möglichen Interviewereinflüssen vgl. z.B. HAMMANN/ERICHSON (1978), S.70f.; BÖHLER (1985), S.84ff.
8) So auch FAHRENBERG/HAMPEL/SELG (1984), S.6.
9) Vgl. HAFERMALZ (1976), S.22.
10) Vgl. ebenda, S.28.

Die *Auswahl der* zu untersuchenden *Produktbereiche* wurde durch die zentralen Forschungshypothesen dieser Arbeit (H1) bis (H3) vorbestimmt. Das Gewicht, das den Determinanten "Involvement" und "BEP" für die Erklärung der Meinungsführerschaft von Konsumenten zukommt, ergibt sich demnach aus der "Sozialen Auffälligkeit" sowie der "Komplexität" - d.h. der technisch-funktionalen Eigenschaftsvielfalt - der Produkte eines betrachteten Bereichs. Es war daher wünschenswert, möglichst viele Produktbereiche mit unterschiedlichen Kombinationen dieser Produktmerkmale zu untersuchen.

Diesem Anliegen stand jedoch entgegen, daß den Probanden keine zu große zeitliche Belastung zugemutet werden durfte. Jeder neu aufgenommene Produktbereich hätte aufgrund des umfangreichen Meßinstrumentariums eine zusätzliche Beantwortungszeit von etwa 8-10 Minuten erfordert. Deshalb erschien es nicht möglich, mehr als drei verschiedene Produktkategorien in der Erhebung zu berücksichtigen.

Die Beschränkung der Anzahl untersuchbarer Produktbereiche legte es nahe, vor allem solche Bereiche auszuwählen, bei denen die interpersonelle Kommunikation im allgemeinen stark ausgeprägt und deshalb wichtig für die individuellen Kaufentscheidungen ist. Die Untersuchung beschränkte sich daher auf *langlebige Gebrauchsgüter*, da Konsumenten vor dem Kauf solcher Produkte oft sehr intensiv mit ihren Freunden und Bekannten kommunizieren. Diese Vorgehensweise gewährleistete zudem, daß bei gegebenem Erhebungsumfang relativ viele Probanden Angaben dazu machen konnten, wie sie sich im Hinblick auf die Produktbereiche in der Vergangenheit kommunikativ verhalten hatten.

Die einzelnen Produktbereiche wurden so ausgewählt, daß sie sich insbesondere im Hinblick auf ihre "Soziale Auffälligkeit" unterscheiden. Diese Vorgehensweise ergibt sich aus dem besonderen Interesse, das der Determinante "BEP" gilt. Gestützt auf Studien, in denen das Ausmaß der "Sozialen Auffälligkeit" von Produkten quantifiziert worden war[11], fiel die Wahl auf die Bereiche "Autos", "Fotoapparate" und "(modische) Kleidung". Dabei wurde a priori unterstellt, daß Fotoapparate sozial vergleichsweise weniger auffällig sind als Autos und Kleidung[12]. Gleichzeitig unterscheiden sich die Produkte der ausgewählten Bereiche auch hinsichtlich ihrer technisch-funktionalen Eigenschaftsvielfalt, so daß man vermutlich von den in Abbildung 29 dargestellten Merkmalskombinationen ausgehen kann.

---

11) Vgl. BOURNE (1968), S.73; BOURNE (1972), S.149; HENDON (1979), S.757; BEARDEN/ETZEL (1982), S.185.
12) Der Bereich "Fotoapparate" wurde intuitiv als sozial relativ weniger auffällig eingestuft; zu diesem Bereich liegen keine entsprechenden empirischen Befunde vor. Die Einstufungen der Bereiche "Autos" und "Kleidung" resultieren aus den Ergebnissen der unter Fußnote 11 angegebenen Studien.

Anzahl tech-nisch-funktionaler Eigenschaften \ Soziale Auffälligkeit	hoch	mittel	niedrig
hoch	Autos	Fotoapparate	-----
mittel	modische Kleidung	-----	-----
niedrig	-----	-----	-----

<u>Abb.29:</u> "Soziale Auffälligkeit"/"Eigenschaftsvielfalt" der ausgewählten Produktbereiche (A-priori-Einschätzung)

5.3 Auswahl der Probanden

Nach der Festlegung des Erhebungsverfahrens war zu bestimmen, welche Probanden für die Befragung ausgewählt werden sollten. Bei dieser Entscheidung stand das Untersuchungsziel im Mittelpunkt, Aussagen über die Gültigkeit der formulierten Forschungshypothesen zu gewinnen.

Eine Hypothesenprüfung im engeren Sinn erfordert eine *repräsentative Stichprobe*, die nach dem Zufallsprinzip aus der Grundgesamtheit zu ziehen ist. Im vorliegenden Fall handelt es sich bei der Grundgesamtheit um die Gesamtheit aller für die drei Produktbereiche relevanten Nachfrager. Schränkt man die Betrachtung auf Konsumgütermärkte in der Bundesrepublik ein, so muß nach allgemeiner Auffassung eine repräsentative Teilauswahl einen Umfang von etwa n=3000 aufweisen[13].

Die Realisierung einer solchen Fallzahl war im Rahmen dieser Arbeit aus zeitlichen und finanziellen Gründen nicht möglich. Deshalb wurde die Zielsetzung der Untersuchung modifiziert. Das Interesse galt nunmehr der Frage, inwieweit die Forschungshypothesen für ein ausgewähltes *Teilsegment* der Grundgesamtheit Gültigkeit besitzen. Grundsätzlich kam dabei jedes Teilsegment der Grundgesamtheit in Betracht. Die Wahl fiel aus mehreren Gründen auf die Studenten der Abteilung für Wirtschaftswissenschaft an der Ruhr-Universität Bochum:

- Die Zielgruppe ist leicht zu erreichen, was angesichts der gewählten Erhebungsform - schriftliche Befragung mit persönlicher Unterstützung - einen eminent wichtigen Vorteil darstellt.

---

[13] Repräsentative Untersuchungen zum Konsum- und Medienverhalten in der Bundesrepublik weisen i.d.R. einen Erhebungsumfang von n>3000 auf. Vgl. z.B. GRUNER+JAHR-Verlag (1971), Band 1, S.7; SPIEGEL-Verlag (1983), S.413; INSTITUT für DEMOSKOPIE ALLENSBACH (1984), Band 3, S.3; GRUNER+JAHR-Verlag (1984), S.263.

- Bei der Zielgruppe darf eine relativ stark ausgeprägte Antwortbereitschaft und Antwortgenauigkeit vermutet werden, was angesichts der Erhebungsdauer von 30-40 Minuten als entscheidend für die Güte der zu gewinnenden Daten erachtet wurde.
- Die Zielgruppe der Studenten wird in der empirischen Forschungspraxis häufig gewählt. Daher sind Vergleiche mit anderen Untersuchungen, vor allem im Hinblick auf die strukturelle Zusammensetzung der Teilauswahl, möglich.

Diesen Vorteilen steht vor allem der *Nachteil* gegenüber, daß bestimmte Variablen, die sich bisher in der Konsumentenforschung häufig als erklärungsstark erwiesen haben, bei der Befragung von Studenten nicht sinnvoll erhoben werden können. Hierzu zählen insbesondere einige sozioökonomische Variablen, wie z.B. Einkommen, Familienstand und Schulabschluß[14].

Die Beschränkung auf die Probandengruppe "Studenten" mindert naturgemäß die Aussagekraft der vorliegenden empirischen Untersuchung. Es ist *nicht* möglich, von den Ergebnissen dieser Teilauswahl auf die Verhältnisse in der Grundgesamtheit zu schließen. Eine Überprüfung der Forschungshypothesen im Hinblick auf ihre Gültigkeit für die Grundgesamtheit aller Konsumenten kann die Untersuchung deshalb a priori *nicht* leisten.

5.4 Operationalisierung der Variablen
5.4.1 Meinungsführerschaft

Die graduelle Meinungsführerschaft der Probanden wurde mit Hilfe des *Selbsteinschätzungsverfahrens* gemessen. Dieses Verfahren stellt, wie gezeigt wurde, bei geeigneter Ausgestaltung ein reliables Meßinstrumentarium dar, mit dem ausreichend valide Messungen vorgenommen werden können[15].

Als Alternative wäre nur die Erfassung der Meinungsführerschaft mit Hilfe der *soziometrischen Methode* in Betracht gekommen[16]. Eine solche Vorgehensweise hätte bei dem angestrebten Erhebungsumfang jedoch einen zu hohen technischen Aufwand erfordert. Zudem läßt die soziometrische Methode keine repräsentativen Untersuchungen zu[17]. Zwar können auch die in der hier durchgeführten Erhebung gewonnenen Erkenntnisse aufgrund der bereits angeführten Beschränkungen nicht unmittelbar auf die Grundgesamtheit aller Konsumenten übertragen werden. Gleichwohl sollte die vorliegende Untersuchung eine Grundlage für *zukünftige*, *umfassendere* und *repräsentative* Analysen der interessierenden Verhältnisse auf Konsumgütermärkten

---
14) Vgl. BISCHOFF (1988), S.20f.
15) Vgl. YAVAS/RIECKEN (1982), S.154; CHILDERS (1986), S.187, sowie die Ausführungen in Kapitel 2.2.3 dieser Arbeit.
16) Das Verfahren des Schlüsselinformanten kam aufgrund der in Kapitel 2.2.2 dargelegten Unzulänglichkeiten für die Erhebung nicht in Betracht.
17) So auch KROEBER-RIEL (1984), S.555, sowie die Ausführungen in Kapitel 2.2.2 und 2.2.3 dieser Arbeit.

darstellen. Hierzu bedurfte es jedoch notwendigerweise der Verwendung des Selbsteinschätzungsverfahrens.

Als Grundlage der in dieser Arbeit vorgenommenen Operationalisierung diente ein Fragenkatalog, den KING und SUMMERS in Anlehnung an die Skala von ROGERS und CARTANO entwickelt hatten (siehe Abb.30)[18].

---

1) In general, do you like to talk about _____ with your friends?
    Yes____ —1   No____ —2
2) Would you say *you give very little information, an average amount of information*, or *a great deal of information* about _____ to your friends?
    You give very little information............. ____ —1
    You give an average amount of information.... ____ —2
    You give a great deal of information......... ____ —3
3) During the *past six months*, have *you told anyone* about some _____?
    Yes____ —1   No____ —2
4) Compared with your circle of friends, are you *less likely, about as likely,* or *more likely* to be asked for advice about _____?
    Less likely to be asked............. ____ —1
    About as likely to be asked......... ____ —2
    More likely to be asked............. ____ —3
5) If you and your friends were to discuss _____, what part would you be most likely to play? Would you *mainly listen* to your friends' ideas or would *you try to convince them* of your ideas?
    You mainly listen to your friends' ideas....... ____ —1
    You try to convince them of your ideas........ ____ —2
6) Which of these happens more often? Do *you tell your* friends about some _____, or do *they tell you* about some _____?
    You tell them about_____ ____ —1
    They tell you about some_____ ____ —2
7) Do you have the feeling that you are generally regarded by your friends and neighbors as a good source of advice about _____?
    Yes____ —1   No____ —2

<u>*Abb.30:*</u> Skala zur Ermittlung von Meinungsführern nach KING/SUMMERS (Quelle: KING/SUMMERS (1970), S.45)

KING und SUMMERS fügten bei ihrer Modifikation ein Item hinzu und änderten zudem die Reihenfolge der Fragen. Desweiteren fragten sie - im Gegensatz zu ROGERS und CARTANO - nicht nach "neuen" Produkten, um eine verzerrungsfreie Abgrenzung der Meinungsführer von den Innovatoren zu erreichen.

---

[18] Vgl. KING/SUMMERS (1970), S.43ff.; ROGERS/CARTANO (1962), S.439f. Siehe auch Abb.12 dieser Arbeit.

Im Hinblick auf die Verwendung der Skala im deutschen Sprachraum stellt sich zunächst die Aufgabe, die Items ihrem Sinn gemäß zu übersetzen. Die Lösung dieser Aufgabe ist nicht unproblematisch, weil bei der Formulierung derartiger Items bereits geringfügige Unterschiede - wie z.B. das Hinzufügen oder Weglassen eines zunächst unbedeutend erscheinenden Wortes - erhebliche Konsequenzen für die Ergebnisse haben können.

Fragen	Punkte
1) Ganz allgemein gesehen, sprechen Sie mit Ihren Freunden und Bekannten *gern* über ...?	Nein 0 Ja 1
2) *Wieviel Information* geben Sie Ihrer Meinung nach Ihren Freunden und Bekannten, wenn Sie über ... sprechen ? (Antwortskala: wenig...viel)	0 bis 3
3) Haben Sie während der letzten sechs Monate jemandem anderen außer Ihren *Freunden* etwas über ... erzählt ?	Nein 0 Ja 1
4) Was passiert *öfter* ? - Sie beginnen ein Gespräch, in dem Sie Ihren Freunden und Bekannten etwas über ... erzählen. - Ihre Freunde und Bekannten beginnen ein Gespräch, in dem Sie Ihnen etwas über ... erzählen.	 1 0
5) Wenn Sie sich mit Ihren Freunden und Bekannten vergleichen, werden Sie dann lieber, genauso oder weniger gern um Ratschläge bezüglich ... gefragt?	0 bis 2
6) Wenn Sie mit Ihren Freunden und Bekannten über ... sprechen, *wie läuft das Gespräch meistens ab* ? - Mein Gesprächspartner erzählt die meiste Zeit, und ich höre überwiegend zu. - Ich erzähle die meiste Zeit, und mein Gesprächspartner hört überwiegend zu. - Die Gesprächsanteile sind etwa gleich verteilt.	 0 2 1
7) Haben Sie den Eindruck, daß Sie von Ihren Freunden und Bekannten allgemein als eine gute Quelle für Ratschläge bezüglich ... betrachtet werden ? (Ja, eher ja, eher nein, nein)	0 bis 3
Punktsumme = Index der Meinungsführerschaft (MF)	

Abb.31: Operationalisierung der Variablen "Meinungsführerschaft"

Die im Rahmen der Erhebung schließlich benutzte Skala basiert auf einer Übersetzung der KING/SUMMERS-Skala, die sich bei KROEBER-RIEL findet[19]. Der verwendete Fragenkatalog ist in Abbildung 31 dargestellt.

Die hier gewählte Operationalisierung unterscheidet sich - neben geringfügigen sprachlichen Änderungen - in folgenden Punkten von der Version, die bei KROEBER-RIEL bzw. KING und SUMMERS zu finden ist:

- Die Reihenfolge der Fragen wurde geändert, um die Systematik der Fragenabfolge zu verbessern.
- Das fünfte Item der KING/SUMMERS-Skala - in der Version von KROEBER-RIEL das vierte - mußte aus Gründen der Eindeutigkeit modifiziert werden. In der ursprünglichen Fassung werden den Probanden zwei Antwortmöglichkeiten als Alternative vorgegeben, die sich jedoch keineswegs gegenseitig ausschließen. So kann ein Proband in Gesprächen sowohl *"vor allem zuhören, was Freunde sagen"* als auch *"versuchen, die Freunde von den eigenen Ideen zu überzeugen"*. Um Irritationen der Probanden auszuschließen, wurde bei der Formulierung der Frage ausschließlich auf die *Verteilung der Gesprächsanteile* abgestellt (Abb.31, Item 6).
- Es wurde das kommunikative Verhalten der Probanden gegenüber Freunden *und Bekannten* erfaßt, während in den Skalen von KROEBER-RIEL sowie KING und SUMMERS lediglich das Verhalten gegenüber Freunden berücksichtigt wird. Diese Erweiterung erschien zweckmäßig, da Meinungsführerschaft definitionsgemäß vor allem in Primärgruppen ausgeübt wird, zu welchen neben den Freunden eben auch Bekannte - wie z.B. Arbeitskollegen (hier: Kommilitonen) oder Nachbarn - zählen.
- Die Anzahl der vorgegebenen Antwortmöglichkeiten wurde bei einigen Items erhöht, um den Probanden eine feinere Differenzierung ihrer jeweiligen Selbsteinstufungen zu ermöglichen. In einem Fall (Item 6) wurde die Erweiterung dabei als Konsequenz aus dem Pretest vorgenommen. Die Richtigkeit dieser Vorgehensweise wurde später indirekt durch eine Studie bestätigt, die nach Abschluß der Datenerhebung veröffentlicht wurde[20].

Den jeweiligen Antworten der Probanden auf die sieben Fragen wurden Punktwerte zugeordnet (siehe Abb.31). Diese Punkte ergeben nach Addition einen Gesamt-Index, der den Grad der Meinungsführerschaft eines Probanden für den jeweiligen Produktbereich zum Ausdruck bringen soll. Der Verzicht auf eine vorherige Standardisierung sowie auf eine besondere Gewichtung der einzelnen Items erfolgte aus dem Bestreben heraus, ein hohes Maß an Vergleichbarkeit mit früheren Studien zu gewährleisten. Die Befürchtung, daß sich diese Vorgehensweise negativ auf die

---

19) Vgl. KROEBER-RIEL (1984), S.554.
20) In der Studie wurden zu allen sieben Items jeweils vier Antwortmöglichkeiten vorgegeben, so daß eine noch feinere Differenzierung der Antworten möglich war als in der vorliegenden Untersuchung. Vgl. CHILDERS (1986), passim.

Zuverlässigkeit der Messungen auswirken könnte, wurde später durch die Ergebnisse der Reliabilitätstests zerstreut[21].

Allerdings weist die vorgenommene Operationalisierung den Nachteil auf, daß hier Meinungsführerschaft allein durch *verbale* interpersonelle Kommunikationsprozesse begründet wird. Es erschien jedoch unmöglich, im Rahmen des Verfahrens der Selbstauskunft reliable und valide Messungen derjenigen Beeinflussungen vorzunehmen, die durch Beobachtung erfolgten. Wenn überhaupt, so könnte diese Form der Beeinflussung nur durch die soziometrische Methode erfaßt und den Beeinflussern zugerechnet werden. Dennoch wurde die *Beobachtung* des Konsumverhaltens anderer Konsumenten in der Untersuchung nicht vollkommen vernachlässigt, sondern als besondere Form der Informationsbeschaffung noch näher untersucht[22].

5.4.2 Produktbereichs-Involvement

Wie bereits gezeigt wurde, existiert in der Literatur keine allgemein akzeptierte Abgrenzung des Begriffs "Involvement"[23]. Vielmehr wird der Terminus jeweils in Abhängigkeit vom situativen Untersuchungskontext definiert[24]. Es verwundert daher nicht, daß auch im Hinblick auf die Operationalisierung des Konstrukts verschiedene Ansätze verfolgt werden. Diese knüpfen beispielsweise an das "wahrgenommene Kaufrisiko", an die "persönliche Wichtigkeit", an das "Interesse" und ähnliche Variablen an[25].

Ausgangspunkt der in dieser Untersuchung vorgenommenen Operationalisierung des Involvements war die Vorstellung, daß es sich bei dem Konstrukt um eine *im Zeitablauf stabile Bindung* eines Konsumenten *an einen bestimmten Produktbereich* handelt. Das Involvement umfaßt im hier verwendeten Kontext drei Komponenten: Das *Interesse* für den Produktbereich, das *Wissen* im Hinblick auf den Produktbereich sowie die *Bereitschaft*, Kommunikationsprozesse über diesen Bereich zu initiieren. Diese drei Komponenten lassen sich auch als affektiver, kognitiver und konativer Bestandteil des Involvements auffassen. Damit ähnelt das Konstrukt "Involvement" demjenigen der "Einstellung", welches nach der Drei-Komponenten-Theorie ebenfalls aus einer affektiven, einer kognitiven und einer konativen Komponente besteht[26].

Die hier verwendete Operationalisierung knüpft unmittelbar an diese Überlegungen

---

21) Vgl. Kapitel 6.3.1.1 dieser Arbeit.
22) Vgl. Kapitel 5.4.4 dieser Arbeit.
23) Vgl. hierzu die Ausführungen in Kapitel 4.2.1 dieser Arbeit.
24) Vgl. GENSCH/JAVALGI (1987), S.72, sowie die dort angegebene Literatur.
25) Vgl. z.B. DAY (1974), S.131; BLEICKER (1983), S.142ff.; LAURENT/KAPFERER (1985), S.43; ZAICHKOWSKY (1985), S.342ff.; DIETERICH (1986), S.143f.; JECK-SCHLOTTMANN (1988b), S.24ff.
26) Zur Drei-Komponenten-Theorie vgl. KROEBER-RIEL (1984), S.159f., sowie die dort angegebene Literatur.

an. Die drei Komponenten des Involvements wurden jeweils durch ein Item erfaßt (siehe Abb.32).

Fragen	Punkte
1) Wie sehr sind Sie an ... *interessiert*? (Antwortvorgaben: "Sehr", "Ziemlich", "Etwas", "Nicht")	0 bis 3
2) Wieviel glauben Sie - verglichen mit ihren Freunden und Bekannten - über ... *zu wissen* ? (Antwortvorgaben: "Viel mehr als die meisten", "Mehr als die meisten", "Weniger als die meisten", "Viel weniger als die meisten")	0 bis 3
3) *Wie häufig sprechen* Sie mit Ihren Freunden und Bekannten über ... ? (Antwortvorgaben: "Sehr oft", "Oft", "Manchmal", "Selten", "Nie")	0 bis 4
Punktesumme = Involvement-Index	

Abb.32: Operationalisierung der Variablen "Involvement"

Den jeweiligen Antworten der Probanden wurden die in Abbildung 32 aufgeführten Punktwerte zugeordnet. Nach (ungewichteter) Addition ergibt sich ein Gesamtindex, welcher das Ausmaß zum Ausdruck bringen soll, in dem ein Konsument im Hinblick auf den jeweiligen Produktbereich "involviert" ist.

5.4.3 Bezugspersonen-Einfluß-Potential (BEP)

Die Operationalisierung des BEP erwies sich erwartungsgemäß als schwierig. Das Problem bestand darin, daß die Erfassung dieser Variablen durch Befragung derjenigen erfolgen mußte, für die das BEP ausgewiesen werden sollte, die interessierende Variablenausprägung sich jedoch aus der konsumrelevanten Ausrichtung *anderer Personen an den Befragten* ergibt. Die Erfassung des BEP durch die Messung von Merkmalsausprägungen allein bei der betrachteten (Bezugs-)Person stellt daher eine wesentliche Verkürzung der Betrachtungsweise dar. Wollte man dem vielschichtigen Verhältnis einer Person zu seiner sozialen Umwelt gerecht werden, so wäre es vorzuziehen, die jeweils anderen Beteiligten der dyadischen sozialen Bindungen in das Meßkonzept mit einzubeziehen. Eine unmittelbare Erfassung der sozialen Bindungen eines Konsumenten nach Quantität und Qualität hätte aber den Einsatz der soziometrischen Methode erfordert[27], die aufgrund des Untersuchungsziels, eine Grundlage

---

27) So wurde in einer Studie dokumentiert, daß das Ausmaß der gegenseitigen (Konsum-)Beeinflussung von Gruppenmitgliedern entscheidend davon abhängt, welcher spezifischen Art die jeweilige soziale Beziehung zwischen ihnen ist (qualitative Komponente des BEP). Insgesamt differenzierten die Autoren zwischen zehn (!) verschiedenen Beziehungsarten, die dann im einzelnen untersucht wur-

für spätere repräsentative Erhebungen zu schaffen, *nicht* in Betracht kam.

Die Operationalisierung des BEP mußte daher mit Hilfe von Variablen erfolgen, die auf dem Wege der Selbstauskunft erhoben und im weiteren Sinne als "Persönlichkeitsmerkmale" interpretiert werden können. Bei der Auswahl der entsprechenden Variablen war unmittelbar an die Erkenntnisse der Bezugsgruppentheorie anzuknüpfen, denen zufolge sich einige (interdependente) Indikatoren für ein hohes BEP ableiten lassen[28]:

- eine hohe *soziale Attraktivität*;
- eine große *soziale Ähnlichkeit* mit den Mitgliedern der eigenen Primärgruppen;
- ein hohes *soziales Sanktionspotential*;
- Einnahme einer *zentralen Position* im sozialen Netzwerk.

Zu erfassen waren daher vor allem Merkmale der sozialen *Interaktion* und *Integration*. Dazu zählen z.B. das Ausmaß, in dem Personen soziale Kontakte zu anderen unterhalten, sowie die allgemeine Übereinstimmung mit den Meinungen ihrer Freunde und Bekannten. Daneben konnten Merkmale herangezogen werden, die eine Person aus Sicht ihrer sozialen Umwelt sozial attraktiv erscheinen lassen. So werden Personen, die z.B. als "lebensfroh" oder "extravertiert" gelten, möglicherweise aufgrund einer positiven Bewertung dieser Eigenschaften von anderen zu Bezugspersonen erkoren. Schließlich können auch Merkmale herangezogen werden, die auf ein hohes Sanktionspotential hinweisen.

Im Hinblick auf die Operationalisierung der Persönlichkeitsmerkmale bot es sich an, erprobte Meßverfahren aus dem Bereich der Psychologie zu verwenden. Dabei werden zur Erfassung komplexer Persönlichkeitsdimensionen häufig standardisierte Item-Pools, sogenannte "Persönlichkeitsinventare", herangezogen. Die Inventare wurden bereits in zahlreichen empirischen Untersuchungen verwendet und dabei ständig verbessert; aufgrunddessen sind Reliabilität und Validität der mit den Verfahren gewonnenen Meßergebnisse als recht hoch einzuschätzen.

Da psychologische Messungen sehr sensibel selbst auf geringfügige Änderungen der Item-Formulierungen reagieren können, schied die Möglichkeit aus, einfach eine Übersetzung eines anglo-amerikanischen Persönlichkeitsinventars vorzunehmen[29]. Die

---

den. Vgl. REINGEN/FOSTER/BROWN/SEIDMAN (1984), S.776; vgl. hierzu auch BROWN/REINGEN (1987), S.352ff. Zur soziometrischen Methode vgl. MORENO (1974), passim; MAYNTZ/HOLM/HÜBNER (1978), S.122ff., sowie die Ausführungen in Kapitel 2.2.2 dieser Arbeit.

28) Vgl. hierzu die Ausführungen in Kapitel 4.2.2 dieser Arbeit.

29) Beispiele für derartige Inventare sind etwa das MMPI (Minnesota Multiphasic Personality Inventory), das EPP (Edwards Personal Profile), das EPPS (Edwards Personal Preference Schedule), das GPP (Gordons Personal Profile), das GPI (Gordons Personal Inventory), das JPRF (Jacksons Personality Research Form) und das BPI (Bernreuters Personal Inventory). Vgl. hierzu die Ausführungen bei HUMME (1987), S.282ff., sowie die Aufstellung bei BISCHOFF (1988), S.23, und die dort jeweils angegebene Literatur.

Wahl fiel deshalb auf das im deutschen Sprachraum seit langem bewährte "Freiburger Persönlichkeits-Inventar" (FPI). Dieses Inventar erlaubt es, wesentliche Dimensionen, die die Persönlichkeit eines Individuums ausmachen, zu erfassen. Im Hinblick auf die vorliegende Problemstellung kamen von den 12 dort operationalisierten Persönlichkeitsdimensionen 4 in Betracht[30]:

- "Extraversion"
- "Soziale Orientierung"
- "Lebenszufriedenheit"
- "Gehemmtheit".

P7) Bei Geselligkeiten und öffentlichen Veranstaltungen bleibe ich lieber im Hintergrund.

P9) Bei wichtigen Dingen bin ich bereit, mit anderen energisch zu konkurrieren.

P11) Ich bin unternehmungslustiger als die meisten meiner Freunde und Bekannten.

P13) Ich gehe abends gerne aus.

P16) Ich schließe nur langsam Freundschaften.

P19) Ich habe gern mit Aufgaben zu tun, die schnelles Handeln erfordern.

P23) Ich habe fast immer eine schlagfertige Antwort bereit.

P25) Ich übernehme bei gemeinsamen Unternehmungen gern die Führung.

P32) Ich würde mich selbst als überaus gesprächig bezeichnen.

P37) Ich bin ziemlich lebhaft.

P42) Sind wir in ausgelassener Runde, so überkommt mich oft eine große Lust zu groben Streichen.

P47) In einer vergnügten Gesellschaft kann ich mich ungezwungen und unbeschwert auslassen.

P49) Ich kann in eine ziemlich langweilige Gesellschaft schnell Leben bringen.

Abb.33: Operationalisierung der Variablen "Extraversion"

---

30) Vgl. FAHRENBERG/HAMPEL/SELG (1984), S.37ff.

> P4) Ich fühle mich auch über meine Familie hinaus für andere Menschen verantwortlich.
>
> P6) Ich nehme mir viel Zeit, um anderen Menschen geduldig zuzuhören, wenn sie von ihren Sorgen erzählen.
>
> P29) Ich gebe häufig Spenden für Katastrophenhilfe, Caritas, Naturschutz und ähnliche Einrichtungen.
>
> P33) Wenn jemand weint, möchte ich ihn am liebsten umarmen und auf diese Weise trösten.
>
> P35) Ich finde, jeder soll im Grunde selbst sehen, wie er zurechtkommt.
>
> P46) Ich denke häufig, daß ich meinen Konsum einschränken muß, um dann an benachteiligte Menschen abzugeben.
>
> F1) Haben Sie schon einmal unbezahlt beim Roten Kreuz, in Ihrer Gemeinde oder in anderen sozialen Einrichtungen geholfen?

Abb.34: Operationalisierung der Variablen "Soziale Orientierung"

> P3) In meinem bisherigen Leben habe ich kaum das verwirklichen können, was in mir steckt.
>
> P8) Ich blicke voller Zuversicht in die Zukunft.
>
> P14) Ich bin ausgesprochen zufrieden mit meinem bisherigen Leben.
>
> P21) Oft habe ich alles gründlich satt.
>
> P28) Ich lebe mit mir selbst im Frieden und ohne innere Konflikte.
>
> P34) Ich bin mit meinen gegenwärtigen Lebensbedingungen oft unzufrieden.
>
> P38) Wenn ich nochmal geboren würde, dann würde ich nicht anders leben wollen.
>
> P43) Ich bin sehr selten in bedrückter, unglücklicher Stimmung.

Abb.35: Operationalisierung der Variablen "Lebenszufriedenheit"

> P7) Bei Geselligkeiten und öffentlichen Veranstaltungen bleibe ich lieber im Hintergrund.
>
> P10) Ich scheue mich, allein in einen Raum zu gehen, in dem andere bereits zusammen sitzen und sich unterhalten.
>
> P16) Ich schließe nur langsam Freundschaften.
>
> P17) Ich bin ungern mit Menschen zusammen, die ich noch nicht kenne.
>
> P18) Ich werde ziemlich leicht verlegen.
>
> P23) Ich habe fast immer eine schlagfertige Antwort bereit.
>
> P26) Ich bin im Grunde ein recht ängstlicher Mensch.
>
> P31) Ich würde mich beim Kellner oder Geschäftsführer eines Restaurants beschweren, wenn ein schlechtes Essen serviert wurde.
>
> P36) Es fällt mir schwer, vor einer größeren Gruppe von Menschen zu sprechen oder vorzutragen.
>
> P45) Es fällt mir schwer, den richtigen Gesprächsstoff zu finden, wenn ich jemanden kennenlernen will.

<u>Abb.36:</u> Operationalisierung der Variablen "Gehemmtheit"

Dabei ist zu beachten, daß diese "Eigenschaftsbezeichnungen" nur grobe Beschreibungen der sehr facettenreichen Persönlichkeitsdimensionen darstellen[31]. Die gewählten Operationalisierungen (Abb. 33 bis 36) vermitteln ein genaueres Bild darüber, was unter den vier Persönlichkeitsdimensionen inhaltlich im einzelnen zu verstehen ist[32]. Dabei stehen die Bezeichnungen "P" (2 bis 50) und "F" (1 bis 3) für die verwendeten 49 Persönlichkeitsitems bzw. für drei zusätzlich gestellte Fragen[33].

Entscheidend für die Auswahl dieser Persönlichkeitsvariablen war der Zusammenhang, der zwischen ihnen und dem BEP vermutet wurde. Dabei wurde angenommen, daß eine hohe "Lebenszufriedenheit" eine Person für andere sozial attraktiv macht, während eine hohe "Gehemmtheit" eher das Gegenteil bewirkt. Daneben wurden die Variablen "Soziale Orientierung" und "Extraversion" als Merkmale der sozialen

---

31) Vgl. Dieselben (1984), S.6.
32) Bei der Operationalisierung der vier angeführten Persönlichkeitsdimensionen wurden nicht alle im FPI enthaltenen Items verwendet, da einige im Hinblick auf die vorliegende Problemstellung nicht zweckmäßig erschienen.
33) Die hier vorgenommene Numerierung der Items entspricht der Reihenfolge im verwendeten Fragebogen. Die - hier nicht angeführte - Variable "P1" diente der Ermittlung der Antwortbereitschaft der Probanden.

Interaktion interpretiert, so daß zwischen ihnen und dem BEP eine positive Korrelation erwartet werden konnte.

Zusätzlich zu diesen dem FPI entlehnten Persönlichkeitsvariablen wurden noch zwei weitere erfaßt, welche auf das soziale Sanktionspotential und die soziale Integration abstellen:
- "Soziale Dominanz";
- "Soziale Integration".

```
P2)  Gewöhnlich rechne ich bei dem, was ich mache, mit Erfolg.
P12) Ich bin stets sicher, wie ich mich verhalten soll.
P15) Ich übernehme gern Verantwortung.
P22) Ich gebe anderen Ratschläge, Empfehlungen.
P25) Ich übernehme bei gemeinsamen Unternehmungen gern die
     Führung.
P27) Ich besitze vieles, worum andere mich beneiden.
P39) Es macht mir Spaß, andere Leute von meiner Meinung zu
     überzeugen.
P41) Ich bin anderen oft einen Schritt voraus.
P44) Ich merke öfter, daß andere sich nach mir richten.
P48) Ich kann mich gut durchsetzen.
 F2) Arbeiten Sie in Ihrer Freizeit aktiv in einer Organisation
     mit (z.B. Partei, Gewerkschaft, Bürgerinitiative)?
 F3) Sind Sie Inhaber eines Amtes in einer Organisation oder
     einem Verein?
```

Abb.37: Operationalisierung der Variablen "Soziale Dominanz" (Persönlichkeitsstärke)

Die Operationalisierung der Variablen "Soziale Dominanz" (siehe Abb.37) entspricht weitgehend derjenigen der Variablen "Persönlichkeitsstärke". Es wurden lediglich einige Items geringfügig verändert und solche Items weggelassen, welche im Hinblick auf die angestrebte Teilauswahl der Probanden irrelevant erschienen[34].

Die Berücksichtigung der "Sozialen Dominanz" erfolgte unter zwei Gesichtspunkten. Zum einen sollte die in den entsprechenden Studien postulierte These überprüft werden, derzufolge es sich bei den Persönlichkeitsstarken um "die" Meinungsführer

---
[34] Vgl. hierzu SPIEGEL-Verlag (1983), S.9, sowie die Abb.18 in Kapitel 3.3.2 dieser Arbeit.

schlechthin handelt[35]. Zum anderen galt es zu prüfen, ob eine allgemeine informale Führerschaft (in Abgrenzung zu einer formalen Führerschaft in Organisationen) eine Person befähigt, aufgrund des vorhandenen Sanktionspotentials Meinungsführung für "sozial auffällige" Konsumgüter auszuüben.

Ausgangspunkt für die Berücksichtigung der Variablen "Soziale Integration" war die Überlegung, daß eine Person vermutlich ein umso höheres BEP aufweist, je mehr soziale Aktivitäten sie insgesamt entfaltet und je konformer ihr Verhalten innerhalb ihrer Primärgruppen ist (Indikator "Ähnlichkeit")[36]. Diese Aspekte erscheinen in den fünf zuvor betrachteten Persönlichkeitsvariablen nicht hinreichend berücksichtigt. Die Operationalisierung der Variablen "Soziale Integration" wurde ohne Bezug auf andere Untersuchungen eigenständig entwickelt (siehe Abb.38).

```
P5)  Meine Freunde und Bekannten stimmen in der Beurteilung
     von Menschen meistens mit mir überein.

P20) Meine Freunde und Bekannten denken meist genauso oder
     ähnlich wie ich.

P24) Im allgemeinen habe ich das Gefühl, bei meinen Freunden
     und Bekannten überaus beliebt zu sein.

P30) Ich unternehme viel zusammen mit Freunden und Bekannten.

P40) Wenn ich meine Freunde und Bekannten betrachte, dann kann
     ich sagen, daß wir viele Gemeinsamkeiten haben.

P50) Ich habe - verglichen mit anderen Menschen - sehr viele
     Freunde und Bekannte.
```

Abb.38: Operationalisierung der Variablen "Soziale Integration"

Insgesamt dienten 52 Items zur Operationalisierung der sechs "Persönlichkeitsmerkmale". Dabei wurden einige Items - gemäß der Anweisung des FPI - gleichzeitig zur Operationalisierung verschiedener Persönlichkeitsvariablen verwendet, was die starken Interdependenzen unterstreicht, die zwischen den Variablen bestehen.
Die Anordnung der Items im Fragebogen erfolgte nach dem Zufallsprinzip, um Rangreihungseffekte auszuschließen. Zudem wurden - soweit dies möglich war - sowohl positiv als auch negativ gepolte Items verwendet, um die Gefahr systematischer Verzerrungen weiter einzuschränken.
In der Original-Version des FPI wird den Probanden lediglich die Möglichkeit eingeräumt, die Fragen entweder zu bejahen oder zu verneinen. Im Rahmen dieser Untersuchung wurde von dieser Vorgehensweise abgerückt und für 49 der Items (P2 bis

---

35) Vgl. SPIEGEL-Verlag (1983), S.7f.
36) Vgl. hierzu die Ausführungen in Kapitel 4.2.2 dieser Arbeit.

P50, siehe Abb. 33 bis 38 sowie Anhang) jeweils eine Skala mit *vier* abgestuften Antwortmöglichkeiten vorgegeben (siehe Abb.39). Damit sollte der Informationsgehalt der Messungen erhöht werden[37].

Antwortvorgabe Statement	Trifft völlig zu	Trifft eher zu	Trifft eher nicht zu	Trifft überhaupt nicht zu
P2 bis P50				

Abb.39: 4-Punkte-Rating-Skala zur Messung der Persönlichkeitsitems

Reliabilitätsuntersuchungen haben ergeben, daß 7-er Skalen eine niedrigere Zuverlässigkeit aufweisen als 5-er Skalen[38]. Daher wurde darauf verzichtet, eine noch größere Zahl von Antwortvorgaben zu verwenden. Eine geradzahlige Anzahl wurde gewählt, um den Probanden nicht die Möglichkeit zu gewähren, die bei ungeradzahligen Skalen vorhandene Mittelkategorie zu wählen, da nie sicher zu beurteilen ist, ob derartige Antworten auf Indifferenz oder Bequemlichkeit basieren[39]. Diese Vorgehensweise erschien statthaft, da die Statements so formuliert waren, daß zumindest eine tendenzielle Antwort hätte möglich sein sollen[40]. Die so gewonnenen Daten können als intervallskaliert interpretiert werden, da zu unterstellen ist, daß die Probanden die semantischen Abstände zwischen den Kategorien subjektiv als gleich groß empfanden. Im Hinblick auf die Items F1 bis F3 erschien eine 4-er Skala nicht sinnvoll, so daß hier eine Binärkodierung gewählt wurde (siehe Abb. 34 und 37).

Den Antworten wurden jeweils Punktwerte zugeordnet, welche durch Addition sechs Gesamt-Indexwerte ergaben. Diese Werte repräsentieren die individuellen Ausprägungen der sechs Persönlichkeitsmerkmale. Die auf diese Weise gewonnenen Daten wurden als intervallskaliert aufgefaßt. Auf eine weitere Aggregation der Daten zu einem Gesamtwert des "BEP" wurde verzichtet, da die komplexen Persönlichkeitsdi-

---

37) Vgl. hierzu auch BISCHOFF (1988), S.27. COX weist darauf hin, daß zwei oder drei Antwortkategorien oft ungenügend sind, da der Informationsgehalt zu gering ist und im Extremfall sogar Frustrationen bei den Probanden entstehen können, wenn diese sich nicht in der Lage sehen, adäquat zu antworten; vgl. COX (1980), S.420.
38) Vgl. BOOTE (1981), S.58f.; so auch COX (1980), S.420. Es ist jedoch nicht unumstritten, ob es überhaupt sinnvoll erscheint, eine "optimale" Anzahl von Antwortkategorien anzugeben; vielmehr kommt es stets auch darauf an, *was* erhoben werden soll und wieviele Items insgesamt Verwendung finden. Vgl. GIVON/ SHAPIRA (1984), S.418f.
39) Vgl. hierzu auch HAMMANN/ERICHSON (1978), S.134; ERNENPUTSCH (1986), S.201; BISCHOFF (1988), S.27.
40) COX verweist darauf, daß eine Mittelkategorie verwendet werden sollte, wenn es aus Sicht der Probanden grundsätzlich *legitim* erscheinen kann, eine neutrale Position einzunehmen; vgl. COX (1980), S.420.

mensionen a priori keine sinnvolle Zusammenfassung zulassen. Abbildung 40 verdeutlicht abschließend das hier verwendete Konzept zur Operationalisierung des BEP.

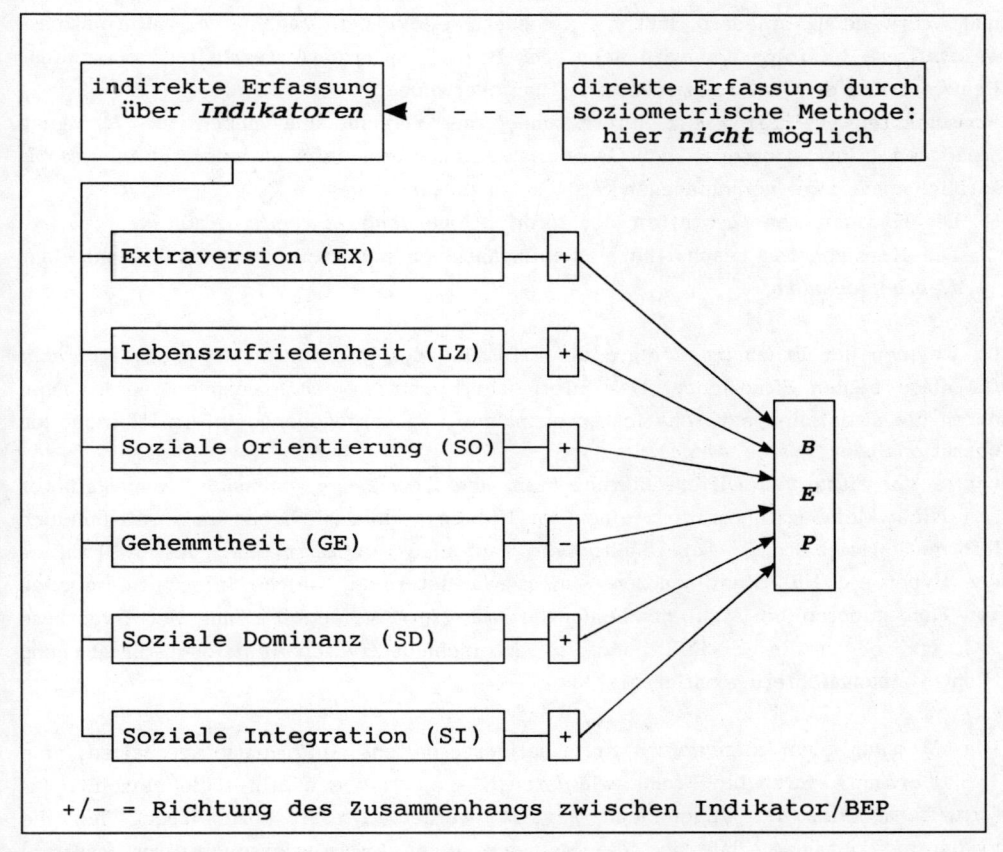

```
┌─────────────────────────────┐      ┌─────────────────────────────┐
│ indirekte Erfassung         │◄- - -│ direkte Erfassung durch     │
│      über Indikatoren       │      │ soziometrische Methode:     │
└─────────────────────────────┘      │      hier nicht möglich     │
                                     └─────────────────────────────┘

   Extraversion (EX)           +  ──►
   Lebenszufriedenheit (LZ)    +  ──►
   Soziale Orientierung (SO)   +  ──►     B
                                           E
   Gehemmtheit (GE)            −  ──►     P
   Soziale Dominanz (SD)       +  ──►
   Soziale Integration (SI)    +  ──►

   +/− = Richtung des Zusammenhangs zwischen Indikator/BEP
```

Abb.40: Konzept zur Operationalisierung des BEP

5.4.4 Informationsverhalten

Die Erfassung des Informationsverhaltens der Probanden stellte die Voraussetzung für die Überprüfung der Hypothesen (H4) und (H5) dar[41]. Im einzelnen galt es zu ermitteln,
- welcher Stellenwert der interpersonellen Kommunikation (und damit den Meinungsführern) im Vergleich mit anderen Informationsquellen zukommt und
- inwiefern sich Meinungsführer und Nicht-Meinungsführer hinsichtlich ihres Informationsverhaltens unterscheiden.

---

41) Vgl. Kapitel 5.1 dieser Arbeit.

Dabei interessierte nicht das gesamte Spektrum des Informationsverhaltens von Konsumenten - das sich etwa nach verschiedenen Phasen bzw. Aktivitätsklassen, wie zum Beispiel Informationsbeschaffung, -speicherung, -verarbeitung, -nachspeicherung und -verwendung gliedern läßt[42] -, sondern allein der Aspekt der Informations*beschaffung*. Im folgenden wird daher der Begriff "Informationsverhalten" ausschließlich im Sinne der "Informationsbeschaffung" verwendet.

Konsumenten beschaffen sich Informationen aus verschiedenen ihnen zur Verfügung stehenden Informationsquellen[43]. Dabei läßt sich dieses Informationsverhalten grundsätzlich nach zwei verschiedenen Situationen unterscheiden:

(1) Die Konsumenten beschaffen sich Informationen *ohne aktuellen Kaufanlaß*.
(2) Die Konsumenten beschaffen sich Informationen unmittelbar vor (und nach) einer *Kaufentscheidung*.

Im Rahmen der Erhebung erfolgte die Erfassung des Informationsverhaltens *getrennt* für diese beiden Situationen. Das Informationsverhalten der Probanden wurde dabei durch die situationsspezifische Inanspruchnahme von vorgegebenen Informationsquellen operationalisiert (siehe Abb.41).

Hinter der situativen Differenzierung stand die Überlegung, daß sich Meinungsführer und Nicht-Meinungsführer zum einen im Hinblick auf das Niveau ihres allgemeinen Informationsverhaltens - ohne aktuellen Kaufanlaß - unterscheiden lassen (Prüfung der Hypothese H5). Zum anderen war es von Interesse, welche Informationsquellen von Konsumenten bei Kaufentscheidungen präferiert werden (Prüfung der Hypothese H4), und ob in diesem Fall ebenfalls Unterschiede zwischen Meinungsführern und Nicht-Meinungsführern existieren.

Die Messung des *allgemeinen* Informationsverhaltens (Informationsverhalten vom Typ I) erfolgte durch die Frage, wie *intensiv* - nicht: wie häufig - die einzelnen Informationsquellen im allgemeinen genutzt werden. Dieser Formulierung lag die Erkenntnis zugrunde, daß sich die Relevanz einer Informationsquelle für (spätere) Kaufentscheidungen aus der Intensität - und nicht aus der Häufigkeit - ihrer Nutzung bestimmt[44]. Die Probanden wurden gebeten, jede der vorgegebenen Informationsquellen durch Zuordnung einer Zahl zwischen "0" ("Quelle nutze ich überhaupt nicht") und "4" ("Quelle nutze ich sehr intensiv") einzustufen (siehe Abb.41). Erfragt wurde somit das *tatsächliche* Informationsverhalten in der jüngeren Vergangenheit.

Einschränkend ist jedoch festzustellen, daß durch diese Vorgehensweise lediglich ein Teil der in der Vergangenheit aufgenommenen Informationen erfaßt werden konnte. Probanden vermögen nämlich im allgemeinen nur diejenige Nutzung von Informati-

---

42) Vgl. RAFFÉE (1969), S.93f.; MEFFERT (1979), S.39f.; SILBERER (1981), S.27ff.
43) Vgl. hierzu z.B. KUHLMANN (1970), S.53ff.; MEFFERT (1979), S.42ff.; KATZ (1983), S.26ff.; BEATTY/SMITH (1987), S.83ff. Vgl. auch die Ausführungen in Kapitel 1.3.2 dieser Arbeit.
44) Vgl. KATZ (1983), S.31.

onsquellen anzugeben, an die sie sich erinnern können und die zudem bewußt erfolgte[45]. Die Meßergebnisse können deshalb nur einen begrenzten Einblick in das vermutlich vielschichtigere allgemeine Informationsverhalten der Befragten vermitteln. Zudem ist einzuräumen, daß die Erfassung der Nutzungs*intensität* durch direkte Erfragung möglicherweise nicht hinreichend trennscharf erfolgte. Dennoch erscheinen auf Grundlage der gewonnenen Daten tendenzielle Aussagen darüber möglich, welche Informationsquellen die Probanden im allgemeinen - d.h. ohne aktuellen Kaufanlaß - besonders intensiv nutzen.

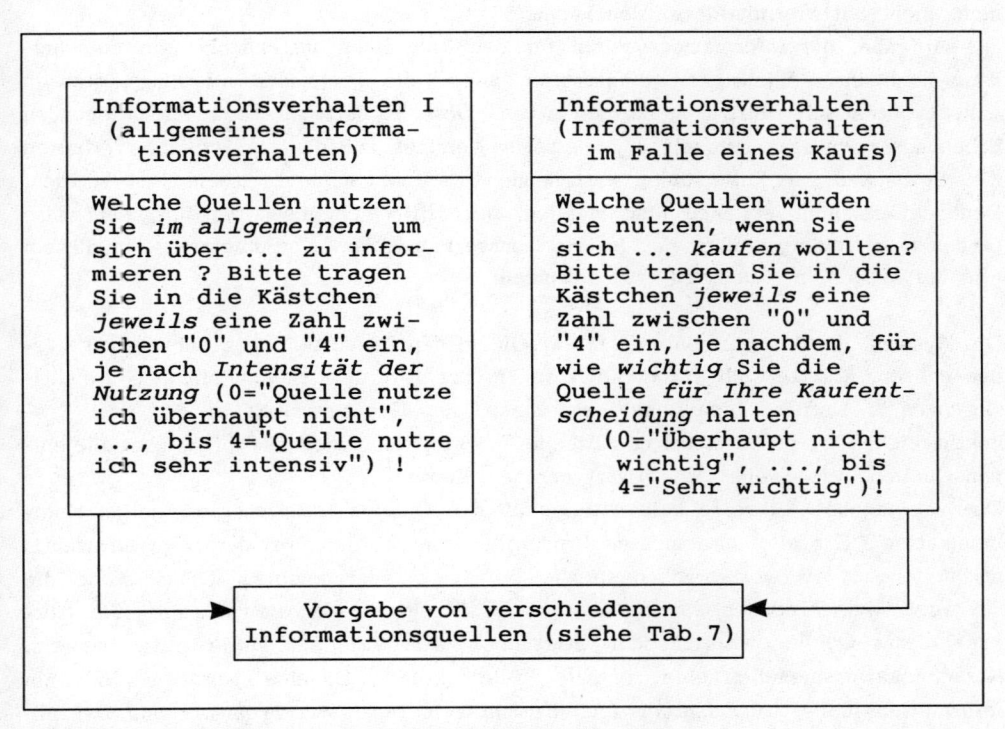

```
┌─────────────────────────────────────────────────────────────────────┐
│  ┌───────────────────────────┐     ┌───────────────────────────┐    │
│  │ Informationsverhalten I   │     │ Informationsverhalten II  │    │
│  │ (allgemeines Informa-     │     │ (Informationsverhalten    │    │
│  │   tionsverhalten)         │     │    im Falle eines Kaufs)  │    │
│  ├───────────────────────────┤     ├───────────────────────────┤    │
│  │ Welche Quellen nutzen     │     │ Welche Quellen würden     │    │
│  │ Sie im allgemeinen, um    │     │ Sie nutzen, wenn Sie      │    │
│  │ sich über ... zu infor-   │     │ sich ... kaufen wollten?  │    │
│  │ mieren ? Bitte tragen     │     │ Bitte tragen Sie in die   │    │
│  │ Sie in die Kästchen       │     │ Kästchen jeweils eine     │    │
│  │ jeweils eine Zahl zwi-    │     │ Zahl zwischen "0" und     │    │
│  │ schen "0" und "4" ein,    │     │ "4" ein, je nachdem, für  │    │
│  │ je nach Intensität der    │     │ wie wichtig Sie die       │    │
│  │ Nutzung (0="Quelle nutze  │     │ Quelle für Ihre Kaufent-  │    │
│  │ ich überhaupt nicht",     │     │ scheidung halten          │    │
│  │ ..., bis 4="Quelle nutze  │     │    (0="Überhaupt nicht    │    │
│  │ ich sehr intensiv") !     │     │     wichtig", ..., bis    │    │
│  │                           │     │     4="Sehr wichtig")!    │    │
│  └─────────────┬─────────────┘     └─────────────┬─────────────┘    │
│                │                                 │                  │
│                └──────►┌──────────────────────┐◄─┘                  │
│                        │ Vorgabe von          │                     │
│                        │ verschiedenen        │                     │
│                        │ Informationsquellen  │                     │
│                        │ (siehe Tab.7)        │                     │
│                        └──────────────────────┘                     │
└─────────────────────────────────────────────────────────────────────┘
```

Abb.41: Operationalisierung des Informationsverhaltens

Die Erfassung des Informationsverhaltens *vor einem Kauf* (Informationsverhalten vom Typ II) erfolgte durch die Frage, für wie wichtig die vorgegebenen Informationsquellen jeweils im Hinblick auf eine anstehende Kaufentscheidung gehalten werden. Die Probanden wurden gebeten, jeder der vorgegebenen Quellen gemäß ihrer Wichtigkeit eine Zahl zwischen "0" ("Überhaupt nicht wichtig") und "4" ("Sehr wichtig") zuzuordnen. Grundlage dieser Vorgehensweise war die in der Literatur weitgehend akzeptierte These, daß - abgesehen von einigen Ausnahmen - eine hohe Über-

---

45) Vgl. KROEBER-RIEL (1984), S.247; SALCHER (1978), S.29.

einstimmung zwischen der von Konsumenten *subjektiv empfundenen Wichtigkeit* einzelner Quellen und ihrer *tatsächlichen Nutzung* besteht[46].

Damit wurde bewußt darauf verzichtet, die erinnerte Nutzung der Informationsquellen im Zusammenhang mit der letzten Kaufentscheidung zu erfragen. Dieses Vorgehen hatte vor allem zwei Gründe. Zum einen war zu erwarten, daß viele Probanden keine Angaben hierzu hätten machen können, wenn sie z.B. noch nie ein Auto gekauft hatten. Zum anderen stand zu befürchten, daß im Falle eines vor längerer Zeit getätigten Kaufs die Nutzung der einzelnen Informationsquellen durch Befragung nicht mehr hätte ermittelt werden können[47].

Die Aufgabe, die Informationsquellen für den Fall einer anstehenden Kaufentscheidung nach ihrer Wichtigkeit einzustufen, zwang die Probanden allerdings, sich in eine hypothetische Situation zu versetzen. Deshalb darf aus den entsprechenden Erhebungsergebnissen nur mit angemessener Vorsicht auf das tatsächliche Verhalten der Probanden im Falle einer anstehenden Kaufentscheidung geschlossen werden. Dennoch erscheint es auch hier möglich, mit Hilfe der gewählten Vorgehensweise tendenzielle Aussagen über das Informationsverhalten von Konsumenten - in diesem Fall bei *aktuellem Kaufanlaß* - zu gewinnen.

Die Auswahl der Informationsquellen, welche in den Fragestellungen vorgegeben werden sollten, stützte sich vornehmlich auf in der Literatur gebräuchliche Systematisierungen[48]. Darüber hinaus galt es, spezifische Gegebenheiten in den drei Produktbereichen zu berücksichtigen. Tabelle 7 vermittelt einen Überblick über diejenigen Quellen, die jeweils als Antwortvorgaben dienten.

Das vorwiegende Interesse galt naturgemäß den Quellen der "Interpersonellen Kommunikation". Für alle untersuchten Produktbereiche wurden drei derartige Informationsquellen als Antwortvorgaben in die Befragung aufgenommen. Dabei stand die *Befragung von Freunden und Bekannten* im Mittelpunkt der Betrachtung. Die Nutzung dieser Quelle entspricht der "Ratsuche", welche in den vorgestellten neueren Kommunikationsmodellen eine zentrale Rolle spielt[49]. Daneben wurde explizit die Informationsquelle "*Beobachtung (des Konsumverhaltens) von Freunden und Bekannten*" vorgegeben, da diese mutmaßlich wichtige Form der interpersonellen Kommuni-

---

[46] Eine derartige "Kongruenz" zwischen Beurteilung und Nutzung von Informationsquellen wird im allgemeinen als gegeben angenommen; allerdings wurden in einzelnen Fällen auch Divergenzen nachgewiesen. Vgl. MEFFERT (1979), S.56f.; KATZ (1983), S.7.

[47] Dies ist auf die bereits angesprochene Problematik zurückzuführen, daß bei Befragungen nur solche Sachverhalte erfaßt werden können, die die Probanden bewußt erlebten und zu erinnern in der Lage sind. Vgl. SALCHER (1978), S.29.

[48] Vgl. KUHLMANN (1970), S.53ff.; NEWMAN/STAELIN (1973), S.21; KUPSCH et al. (1978), S.108ff.; MEFFERT (1979), S.53; TÖLLE (1982b), S.355; KATZ (1983), S.40; DEDLER et al. (1984), S.58ff.; BEATTY/SMITH (1987), passim, insbes. S.84.

[49] Vgl. Kapitel 2.1.2 dieser Arbeit.

kation bislang selten näher untersucht wurde[50]. Als dritte interpersonelle Informationsquelle wurde die *Diskussion in Familien* als Antwortmöglichkeit aufgenommen. Der Tatbestand, daß in Familien vielfach (z.B. beim Kauf von Autos) gemeinsame Kaufentscheidungen besprochen werden, führte zu dieser gesonderten Berücksichtigung. Damit sollte nicht zuletzt auch erreicht werden, daß die Probanden den Unterschied zwischen der Kommunikation mit Freunden und Bekannten sowie derjenigen mit Familienangehörigen wahrnehmen und in ihren Antworten berücksichtigen.

Tab.7: Untersuchte Informationsquellen in den drei Produktbereichen

Produktbereich Informationsquelle	Auto	Foto	Kleidung
Red.Teil von Fachzeitschriften	X	X	X
Red.Teil bzw. Beilagen von Zeitschriften/Zeitungen	X	X	X
Verkaufspersonal der Händler	X	X	X
Befragung von Freunden und Bekannten	X	X	X
Beobachtung von Freunden und Bekannten	X	X	X
Prospekte der Hersteller/Händler	X	X	X
Werbung in den Medien (z.B. Anzeigen in lokalen Medien)	X	X	X
Diskussion mit Familienangehörigen	X	X	X
Testinstitute	X	X	-
Rundfunk-/Fernsehsendungen über Autos	X	-	-
Messen/lokale Ausstellungen	X	-	-
Schaufenster	-	-	X
Sortimentsbeobachtung	-	-	X
X/- Quelle wurde vorgegeben/nicht vorgegeben			

Daneben wurden jeweils diejenigen Informationsquellen als Antwortvorgaben herangezogen, denen in den einzelnen Produktbereichen vermutlich eine spezifische Bedeutung zukommt (siehe Tab.7). So wurde a priori den Informationsquellen "Sortiments-

---

50) Eine Ausnahme stellt die Untersuchung von PERRY und HAMM dar, in der die Relevanz verbaler und nicht-verbaler (Beobachtung) interpersoneller Kommunikation für den Kauf verschiedener Produkte getrennt analysiert wurde. Vgl. PERRY/HAMM (1969), S.351ff.

beobachtung in den Verkaufsräumen des Handels" sowie "Beobachtung der in Schaufenstern präsentierten Produkte" im Hinblick auf den Bereich "Kleidung" ein besonderes Gewicht beigemessen. Lokale Messen und Ausstellungen hingegen schienen nach Plausibilitätsüberlegungen eine wesentliche Informationsquelle in bezug auf den Bereich "Automobile" zu sein. Die Aufnahme der Quelle "Testberichte der Stiftung Warentest" für den zuletzt genannten Bereich bedarf dagegen einer näheren Erläuterung, da die Stiftung bisher noch nie einen kompletten Autotest durchgeführt hat[51]. Dennoch waren bis zum Erhebungsstichtag bereits einige Tests, die man von anderen Organisationen übernommen hatte, in der Stiftungszeitschrift publiziert worden[52]. Daher sollte diese Informationsquelle im Rahmen der Untersuchung nicht vorab vernachlässigt werden[53].

Schließlich stand den Probanden durch die Aufnahme einer offenen Frage für alle drei Produktbereiche die Möglichkeit offen, weitere ihnen wichtig erscheinende Informationsquellen zu benennen und zu bewerten[54].

5.4.5 Wahrgenommenes Kaufrisiko

In der Literatur werden verschiedene Ansätze zur Operationalisierung wahrgenommener Kaufrisiken diskutiert[55]. Einige Autoren arbeiten in diesem Zusammenhang mit Zwei-Komponenten-Modellen, wobei zwei Bestandteile des Risikos - "Unsicherheit" und "Wichtigkeit" (Bedeutsamkeit, Konsequenz) der Kaufhandlung - separat erfaßt und durch multiplikative Verknüpfung zu einem Risikoindex aggregiert werden[56]. Ein anderer Ansatz besteht darin, verschiedene Risikoinhalte, z.B. funktionale, finanzielle, soziale, psychische und gesundheitliche (Teil-)Risiken, getrennt zu messen[57]. Schließlich ist auch die Kombination beider Ansätze möglich, wobei dann eine "Operationalisierungsmatrix" durch die Erfassung jeweils zweier Komponenten von z.B. fünf Teilrisiken entsteht[58].

Da in dieser Arbeit die verschiedenen Risikoinhalte interessieren, mußten diese

---

51) Vgl. KURBJUWEIT (1987), S.24. Allerdings sind von der Stiftung bereits Tests durchgeführt worden, in denen Teilqualitäten verschiedener Automarken ermittelt und verglichen wurden; vgl. o.V. (1985a), S. 27ff.
52) Vgl. z.B. o.V. (1985b), S.30ff.; o.V. (1986c), S.40ff.
53) Die Aufnahme der Quelle für den Bereich "Fotoapparate" ergab sich aus den zahlreichen Testberichten, die diesbezüglich in der Zeitschrift "test" publiziert worden waren. Die Nicht-Berücksichtigung dieser Quelle für den Bereich "Kleidung" bedarf vermutlich keiner näheren Erläuterung.
54) Es stellte sich jedoch später bei der Auswertung heraus, daß die "offene" Kategorie nur vereinzelt genutzt worden war, so daß die entsprechenden Resultate im folgenden vernachlässigt werden können.
55) Einen Überblick vermitteln GRUNERT/SAILE (1977), S.437f., und KATZ (1983), S.99ff.
56) Vgl. z.B. COX (1967c), S.37; CUNNINGHAM (1967b), S.84; derselbe (1965), S.232f.
57) Vgl. JACOBY/KAPLAN (1972), S.383; KAPLAN/SZYBILLO/JACOBY (1974), S.288.
58) Vgl. z.B. den Ansatz von KATZ (1983), S.105.

getrennt erfaßt werden; um gleichzeitig unnötige Belastungen der Probanden zu vermeiden, wurden diese Teilrisiken lediglich eindimensional operationalisiert. Diese Vorgehensweise ist in der Literatur durchaus üblich[59].

Das von den Probanden für die einzelnen Produktbereiche wahrgenommene Kaufrisiko wurde jeweils durch 4 Items operationalisiert (siehe Abb.42). Ausgangspunkt dieses Meßansatzes war die Überlegung, daß vor allem zwischen zwei Risikoarten zu unterscheiden ist, dem funktional-finanziellen und dem sozial-psychologischen Risiko[60]. Die beiden Risikoarten wurden daher mit jeweils zwei Items erfaßt.

Die Formulierung der Fragen, mit Hilfe derer das finanzielle (Item 1) und das funktionale (Item 3) Risiko gemessen wurden, bereitete keine Probleme. Die Erfassung des sozial-psychologischen Risikos erwies sich dagegen als etwas schwieriger. Aufgrund der im Rahmen dieser Arbeit interessierenden Fragestellung wurde das sozialpsychologische Risiko als vornehmlich *sozial* bedingt interpretiert. Das psychische Risiko ist gemäß dieser Vorstellung als Resultante eines wahrgenommenen sozialen Risikos zu interpretieren. Dementsprechend wurden die beiden Items formuliert, wobei das eine auf positive (Item 4), das andere auf negative (Item 2) soziale Sanktionen abstellt.

Item	Punkte
1) Wenn man sich ... kaufen möchte, kann man nicht sicher sein, ob ... das Geld auch wert ist, das man dafür ausgibt.	1 bis 4
2) Es ist unangenehm, wenn Freunde und Bekannte etwas an ... auszusetzen haben, das man sich gekauft hat.	1 bis 4
3) Bevor man sich ... kauft, weiß man oft nicht, ob ... auch alle Erwartungen erfüllt, die man hinsichtlich seine Eigenschaften hat.	1 bis 4
4) Es freut einen, wenn Freunden und Bekannten ... gefällt, das man sich gekauft hat.	1 bis 4

<u>Abb.42:</u> Operationalisierung der wahrgenommenen Kaufrisiken

Den Antworten der Probanden wurden Punktwerte zugeordnet (siehe Abb.42). Nach Addition ergaben sich auf diese Weise Indexwerte für das funktional-finanzielle und das sozial-psychologische Risiko.

---

59) Vgl. JACOPY/KAPLAN (1972), S.383; GEMÜNDEN (1985), S.30.
60) Vgl. Kapitel 1.2.2.2 dieser Arbeit.

5.5 Pretest und technische Durchführung der Hauptuntersuchung

Im Dezember 1985 wurde ein Pretest vom Umfang n=28 durchgeführt. Dabei legten die Interviewer den bis zu diesem Zeitpunkt entwickelten Fragebogen Studenten verschiedener Fakultäten vor. Ziel des Pretests war die Überprüfung der Items auf Verständlichkeit und Variabilität[61]. Es soll an dieser Stelle nur kurz auf Änderungen eingegangen werden, die sich aus dem Pretest für den Fragebogen ergaben:

- Mehrere "Persönlichkeits"-Items (P2 bis P50) wurden geringfügig geändert, insbesondere die Items 8, 12, 14, 20, 24, 32, 35 und 47[62]. Ein Item wurde hinzugenommen (P50), eines binärkodiert und an eine andere Stelle gesetzt (F1).
- Von den 7 Items zur Messung der Meinungsführerschaft wurden die Items 2, 4, 6 und 7 - meist geringfügig - verändert.
- Das erste "Involvement"-Item mußte eindeutig formuliert werden.
- Die Items zur Messung des sozial-psychologischen Risikos (R.2 und R.4) wurden allgemeiner formuliert.

Mit dem modifizierten Fragebogen - d.h. mit den Operationalisierungen, die in Kapitel 5.4 dargestellt sind - wurde die Hauptuntersuchung im Januar/Februar 1986 durchgeführt. Die Probanden benötigten für das Ausfüllen der Fragebögen im Durchschnitt etwa 30 Minuten. Dabei blieben sie weitgehend ungestört: höchstens drei Probanden waren neben dem Interviewer jeweils im Raum, ohne sich jedoch über die Fragen austauschen zu können. Da keine persönlichen Angaben gemacht werden sollten und die Fragebögen erkennbar unmarkiert eingesammelt wurden, füllten die Probanden die Bögen nahezu vollständig aus. Zudem sorgten auch die Interviewer mit bei Bedarf gegebenen Erläuterungen dafür, daß sich das Problem der fehlenden Angaben ("missing-data"-Problem) in dieser Erhebung kaum stellte. Insgesamt gaben von 197 befragten Personen 175 (=89%) den Fragebogen *vollständig ausgefüllt* ab. Da fehlende Angaben bei einigen multivariaten Berechnungen zu enormen Problemen führen können, wurden nur diese 175 Fälle in die Auswertung aufgenommen; i.d.R. ist eine solche Vorgehensweise nicht möglich, da dann häufig nur noch ein geringer Bruchteil der Fragebögen überhaupt in eine Analyse aufgenommen werden könnte[63].

---

61) Vgl. hierzu auch die Erläuterungen dieser Vorgehensweise bei BISCHOFF (1988), S.28ff.
62) Die Numerierung entspricht der verwendeten Version des Fragebogens.
63) Zum "missing data"-Problem vgl. BISCHOFF (1988), S.43ff., und die dort angegebene Literatur.

6. Ergebnisse der Untersuchung

6.1 Das Informationsverhalten der Probanden unter besonderer Berücksichtigung der "Interpersonellen Kommunikation"

Zur Prüfung der Hypothesen (H4) und (H5) wurde das Informationsverhalten der Konsumenten erfaßt[1]. Dabei interessierte insbesondere der Stellenwert, der den Informationsquellen der "Interpersonellen Kommunikation" aus Sicht der Probanden zukommt. Als Indikatoren dienten hierzu die (arithmetischen) Mittelwerte der Informationsvariablen. Dabei wurde zwischen der *Intensität*, mit der die Quellen *im allgemeinen* genutzt werden (Informationsverhalten vom Typ I), und der *Wichtigkeit*, die den einzelnen Quellen im Falle eines *beabsichtigten Kaufs* beigemessen wird (Informationsverhalten vom Typ II), unterschieden. Es ergeben sich die in den Abbildungen 43 bis 45 dargestellten Resultate. Tabelle 8 soll den Vergleich zwischen den Ergebnissen in den drei Produktbereichen erleichtern.

Das Informationsverhalten vom Typ I war zur Überprüfung der Hypothese (H5) erfaßt worden, derzufolge sich Meinungsführer und Nicht-Meinungsführer im Hinblick auf ihr *allgemeines* Informationsverhalten signifikant unterscheiden. Deshalb interessieren i.e.L. nicht die *durchschnittlichen* Ausprägungen der entsprechenden Informationsvariablen, sondern vielmehr die Zusammenhänge, die jeweils zwischen den individuellen Ausprägungen dieser Variablen und der graduellen Meinungsführerschaft bestehen. Darauf wird in Kapitel 6.4.2 näher eingegangen.

Die durchschnittlichen Einstufungen der Informationsquellen hinsichtlich ihrer *Wichtigkeit bei Kaufentscheidungen* liefern hingegen Anhaltspunkte für die *relative* Bedeutung, die den einzelnen Quellen für Konsumentscheidungen in den drei Produktbereichen zukommt. Auf der Grundlage dieser Resultate lassen sich somit Aussagen zur Gültigkeit der Hypothese (H4) machen. Daher werden die Mittelwerte der Informationsvariablen vom Typ II im folgenden näher betrachtet.

---

1) Vgl. Kapitel 5.4.4 dieser Arbeit.

Informationsverhalten vom Typ I
(Intensität der allgemeinen Nutzung)

Informationsverhalten vom Typ II
(Wichtigkeit für eine Kaufentscheidung)

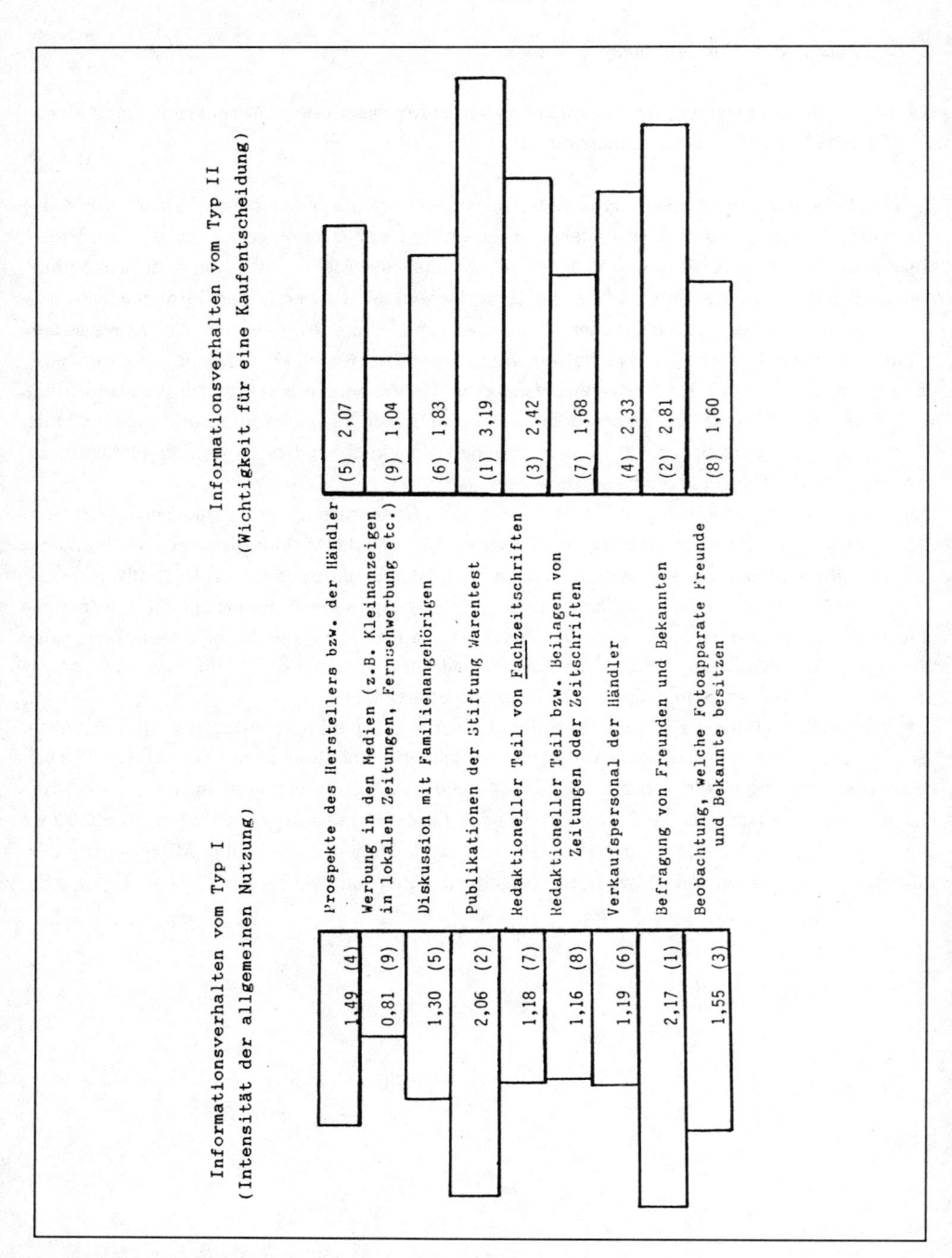

Typ I		Typ II	
1,49 (4)	Prospekte des Herstellers bzw. der Händler	(5) 2,07
0,81 (9)	Werbung in den Medien (z.B. Kleinanzeigen in lokalen Zeitungen, Fernsehwerbung etc.)	(9) 1,04
1,30 (5)	Diskussion mit Familienangehörigen	(6) 1,83
2,06 (2)	Publikationen der Stiftung Warentest	(1) 3,19
1,18 (7)	Redaktioneller Teil von Fachzeitschriften	(3) 2,42
1,16 (8)	Redaktioneller Teil bzw. Beilagen von Zeitungen oder Zeitschriften	(7) 1,68
1,19 (6)	Verkaufspersonal der Händler	(4) 2,33
2,17 (1)	Befragung von Freunden und Bekannten	(2) 2,81
1,55 (3)	Beobachtung, welche Fotoapparate Freunde und Bekannte besitzen	(8) 1,60

Abb.43: Informationsverhalten der Probanden (Fotoapparate)

167

Informationsverhalten vom Typ I
(Intensität der allgemeinen Nutzung)

Informationsverhalten vom Typ II
(Wichtigkeit für eine Kaufentscheidung)

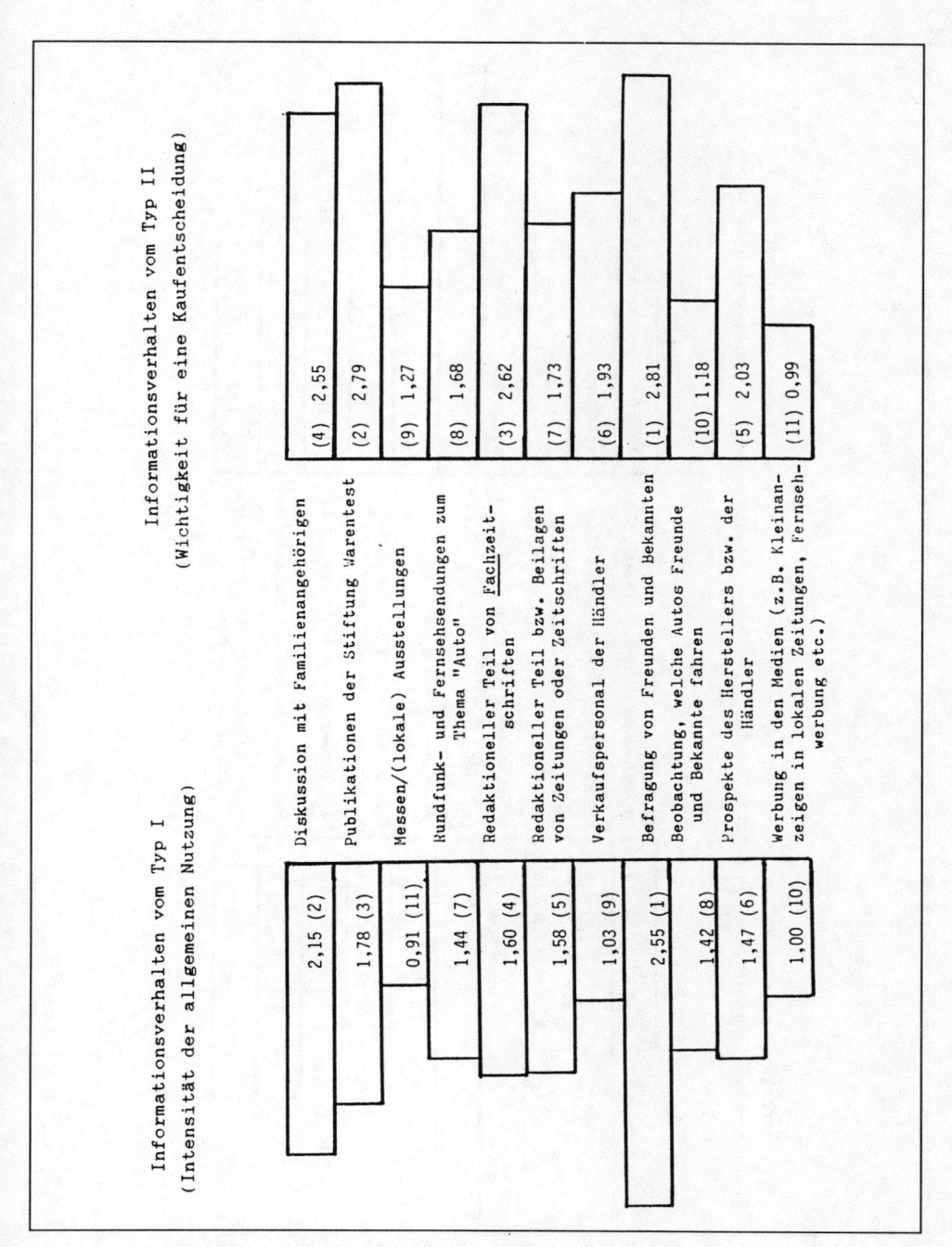

Typ I	Merkmal	Typ II
2,15 (2)	Diskussion mit Familienangehörigen	(4) 2,55
1,78 (3)	Publikationen der Stiftung Warentest	(2) 2,79
0,91 (11)	Messen/(lokale) Ausstellungen	(9) 1,27
1,44 (7)	Rundfunk- und Fernsehsendungen zum Thema "Auto"	(8) 1,68
1,60 (4)	Redaktioneller Teil von Fachzeitschriften	(3) 2,62
1,58 (5)	Redaktioneller Teil bzw. Beilagen von Zeitungen oder Zeitschriften	(7) 1,73
1,03 (9)	Verkaufspersonal der Händler	(6) 1,93
2,55 (1)	Befragung von Freunden und Bekannten	(1) 2,81
1,42 (8)	Beobachtung, welche Autos Freunde und Bekannte fahren	(10) 1,18
1,47 (6)	Prospekte des Herstellers bzw. der Händler	(5) 2,03
1,00 (10)	Werbung in den Medien (z.B. Kleinanzeigen in lokalen Zeitungen, Fernsehwerbung etc.)	(11) 0,99

Abb.44: Informationsverhalten der Probanden (Automobile)

Informationsverhalten vom Typ I (Intensität der allgemeinen Nutzung)		Informationsverhalten vom Typ II (Wichtigkeit für eine Kaufentscheidung)	
1,69 (6)	Werbung in den Medien (z.B. Anzeigen in lokalen Zeitungen, Fernsehwerbung)	(8)	1,55
1,71 (5)	Diskussion mit Familienangehörigen	(5)	1,77
1,69 (6)	Prospekte des Herstellers oder der Händler	(6)	1,73
2,66 (2)	Schaufenster der Händler	(2)	2,90
3,01 (1)	Beobachtung des Sortiments in den Verkaufsräumen der Händler	(1)	3,29
1,11 (10)	Redaktioneller Teil von Fachzeitschriften	(10)	0,89
1,49 (8)	Redaktioneller Teil bzw. Beilagen von Zeitungen oder Zeitschriften	(9)	1,32
1,22 (9)	Verkaufspersonal der Händler	(7)	1,62
2,07 (3)	Befragung von Freunden und Bekannten	(3)	2,03
2,07 (3)	Beobachtung, welche Kleidung Freunde und Bekannte tragen	(4)	1,82

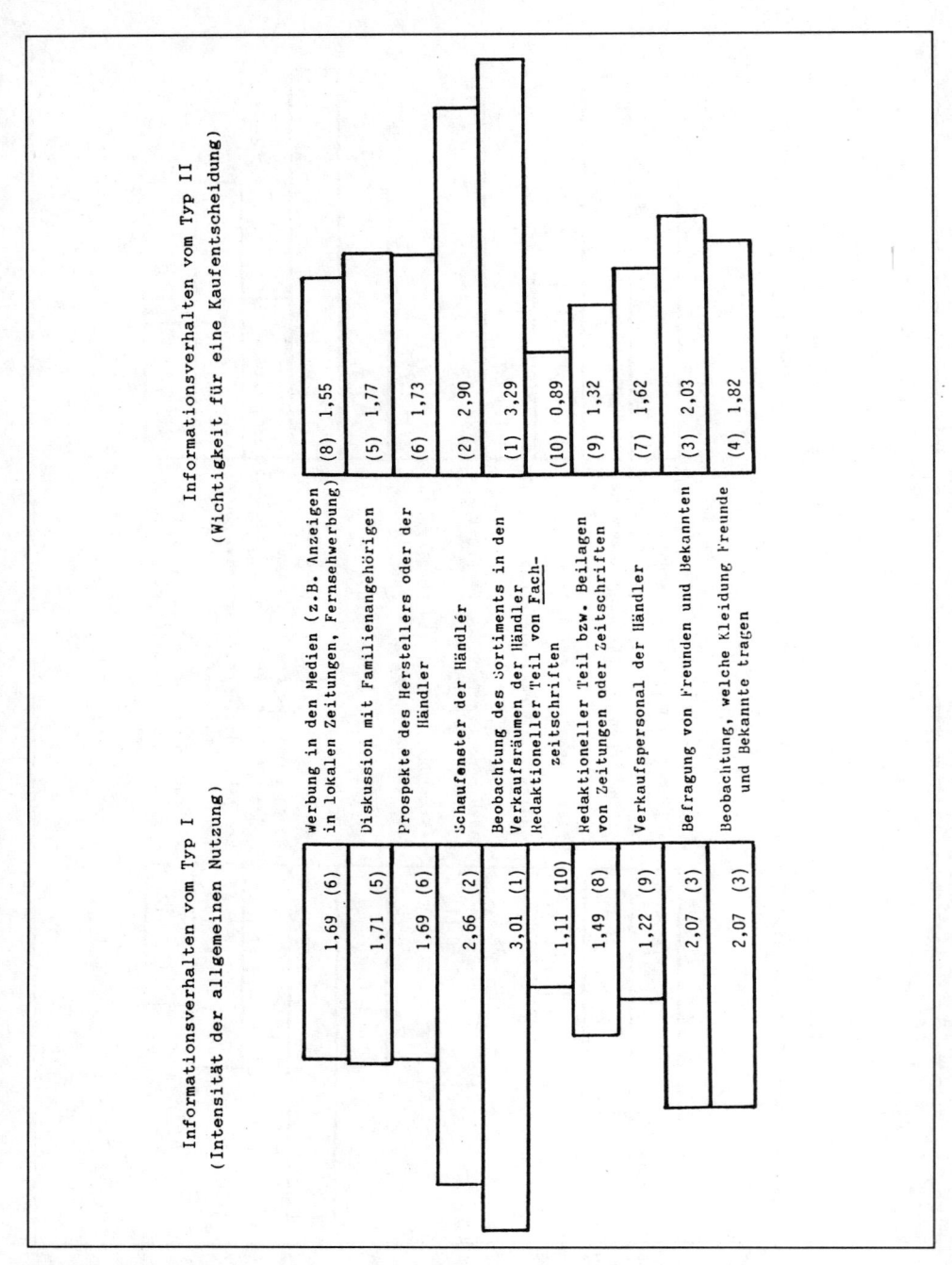

Abb.45: Informationsverhalten der Probanden (Kleidung)

Tab.8: Ränge der Informationsquellen im Hinblick auf die allgemeine Nutzungsintensität und die Wichtigkeit beim Kauf

Informationsquelle \ Produktbereich	"Auto" (11 Quellen) TypI	"Auto" TypII	"Foto" (9 Quellen) TypI	"Foto" TypII	"Kleidung" (10 Quellen) TypI	"Kleidung" TypII
Red.Teil von Fachzeitschriften	(4)	(3)	(7)	(3)	(10)	(10)
Red.Teil bzw. Beilagen von Zeitschriften/Zeitungen	(5)	(7)	(8)	(7)	(8)	(9)
Verkaufspersonal der Händler	(9)	(6)	(6)	(4)	(9)	(7)
Befragung v. Freunden und Bekannten	(1)	(1)	(1)	(2)	(3)	(3)
Beobachtung v. Freunden und Bekannten	(8)	(10)	(3)	(8)	(3)	(4)
Prospekte d. Hersteller oder Händler	(6)	(5)	(4)	(5)	(6)	(6)
Werbung in den Medien (z.B. Anzeigen in lokalen Medien)	(10)	(11)	(9)	(9)	(6)	(8)
Diskussion mit Familienangehörigen	(2)	(4)	(5)	(6)	(5)	(5)
Testinstitute	(3)	(2)	(2)	(1)	---	---
Rundfunk-/Fernsehsendungen "Autos"	(7)	(8)	---	---	---	---
Messen/lokale Ausstellungen	(11)	(9)	---	---	---	---
Schaufenster	---	---	---	---	(2)	(2)
Sortimentsbeobachtung	---	---	---	---	(1)	(1)

Typ I - Informationsverhalten vom Typ I (allgemeine Nutzungsintensität)
Typ II - Informationsverhalten vom Typ II (Wichtigkeit beim Kauf)

Die *Befragung von Freunden und Bekannten* stellt aus der Sicht der Probanden in allen drei Produktbereichen eine Informationsquelle mit sehr hoher Relevanz für eine Kaufentscheidung dar. Für den Bereich "Autos" kommt dieser Quelle der erste, für den Bereich "Fotoapparate" der zweite Rang im Hinblick auf die Wichtigkeit zu. Für den Bereich "Kleidung" rangiert die "Befragung von Freunden und Bekannten" auf Rang 3 dieser Skala. Die beiden in dem zuletzt genannten Produktbereich als wichtiger eingestuften Quellen sind die "Beobachtung des Sortiments in den Verkaufsräumen der Händler" und die "Beobachtung der Schaufenster der Händler"[2]. Durch die Nutzung dieser Quellen werden jedoch ausschließlich produktimmanente, unmittelbar evidente Informationen gewonnen. Es ist zu vermuten, daß derartige Informationen bei *jedem* Kauf eine wichtige Rolle spielen, ohne daß ihre Gewinnung vom Konsumenten stets explizit als Inanspruchnahme einer Informationsquelle aufgefaßt würde[3]. Der "Befragung von Freunden und Bekannten" kommt somit unter denjenigen Informationsquellen, die nicht lediglich produktimmanente Informationen liefern, auch für den Bereich "Kleidung" die größte Bedeutung zu[4].

Die *Diskussion mit Familienangehörigen*, welche als besondere Form der Konsumentengespräche in der Erhebung berücksichtigt wurde, spielt in den drei Produktbereichen eine unterschiedlich große Rolle. Am wichtigsten ist diese Informationsquelle aus Sicht der Probanden beim Kauf von Autos, am wenigsten wichtig hingegen beim Kauf von Fotoapparaten. Die naheliegende Vermutung, daß Gespräche mit Familienangehörigen insbesondere bei *gemeinsamen Kaufentscheidungen* von Bedeutung sind, wird durch dieses Ergebnis bestätigt; denn von den drei betrachteten Produktarten wird wahrscheinlich ein Automobil am häufigsten von den Familienangehörigen gemeinsam genutzt[5].

Auch die *Beobachtung des Konsumverhaltens anderer* gilt aus der Sicht der Probanden als eine in den drei Produktbereichen unterschiedlich wichtige Informationsquelle für eigene Kaufentscheidungen. Für den Kauf von Autos und Fotoapparaten spielt sie eine sehr untergeordnete Rolle; für den Bereich "Kleidung" scheint sie hingegen eminent wichtig zu sein. Dieses Ergebnis ist wahrscheinlich vor allem auf zwei Gründe zurückzuführen. Zum einen werden durch Beobachtung produktimmanente

---

2) Diese Quellen wurden in die Betrachtung aufgenommen, da ihre Nutzung beim Kauf von Kleidung sehr typisch erscheint. Die Informationsquelle "Schaufenster" wird im allgemeinen sowohl für Verbrauchs- als auch für Gebrauchsgüter als recht wichtig eingestuft. Vgl. MEFFERT (1979), S.53; KROEBER-RIEL (1984), S.256.
3) Vgl. zu den evidenten Informationen BODENSTEIN (1987), S.14, sowie die kurze Erwähnung in Kapitel 1.3.2 dieser Arbeit.
4) Zu ähnlichen Resultaten kommen im übrigen auch PRICE/FEICK, die ebenfalls eine Untersuchung mit Studenten durchführten; vgl. PRICE/FEICK (1984), S.352f.
5) Zu beachten ist jedoch an dieser Stelle, daß insbesondere die in dieser Untersuchung gewonnenen Aussagen zur relativen Bedeutung der intrafamiliären Diskussion bei Kaufentscheidungen nicht verallgemeinert werden dürfen. Da es sich bei den Probanden um Studenten handelt, werden sich die Antworten zum einen auf die Rolle als Sohn oder Tochter, zum anderen auf die Rolle eines (jungen) Ehepartners beziehen. Jedenfalls ist die familiäre Situation der Probanden nicht repräsentativ für die Grundgesamtheit aller Konsumenten.

Informationen gewonnen. Es ist zu vermuten, daß solche Informationen aus Sicht der Konsumenten für den Kauf von Kleidung vielfach als ausreichend angesehen werden, während durch die bloße Betrachtung technisch komplexer Produkte (Auto, Fotoapparat) nur wenige kaufrelevante Informationen erschlossen werden können. Zum anderen können durch Beobachtung auf einfache Weise Informationen darüber gewonnen werden, welche Konsum*normen* im Hinblick auf bestimmte Produktbereiche gelten. Wie noch gezeigt wird, stufen die Probanden den Bereich "Kleidung" als denjenigen mit dem höchsten sozial-psychologischen Kaufrisiko ein[6]. Daraus kann gefolgert werden, daß die in diesem Bereich geltenden Konsumnormen besonders wichtig für Kaufentscheidungen sind, was die verstärkte Gewinnung von *Informationen über diese Normen* durch Beobachtung des Konsumverhaltens anderer erklärt[7].

Neben den Informationsquellen der "Interpersonellen Kommunikation" kommt aus Sicht der Probanden den *Publikationen der Stiftung Warentest* für den Kauf von Autos und Fotoapparaten eine entscheidende Bedeutung zu. Für den Bereich "Fotoapparate" nimmt diese Informationsquelle den ersten, für den Bereich "Autos" den zweiten Rang in der Skala der Wichtigkeit ein. Die Bedeutung der unternehmens-*unabhängigen* Informationsquellen wird darüber hinaus durch die Rolle unterstrichen, die der *redaktionelle Teil von Fachzeitschriften* für diese beiden Produktbereiche spielt (jeweils Rang 3). Für den Kauf von Kleidung hingegen scheint die zuletzt genannte Informationsquelle unerheblich zu sein, was möglicherweise darauf zurückzuführen ist, daß entsprechende Publikationen eher allgemeine Informationen anbieten, während Foto- oder Autozeitschriften unmittelbar kaufrelevante Informationsinhalte - z.B. vergleichende Tests von Marken - vermitteln. Ähnliche Überlegungen sind vermutlich auch der Grund dafür, daß die Quelle *Redaktioneller Teil bzw. Beilagen von (nicht fachspezifischen) Zeitungen und Zeitschriften* aus Sicht der Probanden für alle drei Produktbereiche für Kaufentscheidungen offenbar nicht wichtig ist.

Die Informationsquelle *Verkaufspersonal der Händler* wird insgesamt als durchschnittlich wichtig eingestuft. Dabei treten jedoch Unterschiede zwischen den drei Produktbereichen auf: am relativ wichtigsten ist diese Informationsquelle demnach beim Kauf von Fotoapparaten, am wenigsten wichtig hingegen beim Kauf von Kleidung. Dieses Ergebnis resultiert vermutlich aus der Komplexität und der daraus resultierenden großen Erklärungsbedürftigkeit der Produkte "Auto" und "Fotoapparat". Überraschen muß allerdings der relativ große Abstand, der zwischen der jeweiligen

---

[6] Vgl. dazu die Ausführungen im nächsten Kapitel dieser Arbeit.
[7] Zwar sind - wie in Kapitel 6.2 gezeigt wird - die sozial-psychologischen Kaufrisiken auch für den Bereich "Autos" stark ausgeprägt; die hohe Bedeutung der Erschließung von Informationen, die zur Reduktion der hier ebenfalls hohen funktional-finanziellen Risiken geeignet sind, führt aber offenbar dazu, daß die Quelle "Beobachtung" hier insgesamt als nicht herausragend wichtig eingestuft wird.

durchschnittlichen Wichtigkeit der Verkäuferberatung für die beiden technischen Produktbereiche besteht.

Die Informationsquelle *Prospekte der Hersteller oder Händler* wird ebenfalls als insgesamt durchschnittlich wichtig eingestuft. Auch in diesem Fall variiert die Einschätzung der Probanden für die drei Produktbereiche: Prospekte über Autos und Fotoapparate erscheinen den Probanden für ihre Kaufentscheidung relativ wichtiger als Prospekte über Kleidung. Der Grund hierfür ist vermutlich wiederum in der Komplexität der beiden "technischen" Produkte zu suchen; denn Prospekte erscheinen in hohem Maß geeignet, wichtige funktional-technische Merkmale zu vermitteln.

Die Informationsquelle *Werbung in den Medien* schließlich wird in allen drei Produktbereichen als für die Kaufentscheidung unwichtig eingestuft. Dieses Ergebnis kann nicht überraschen, denn Konsumenten werden i.d.R. Informationen, die sie vor einer Kaufentscheidung benötigen, nicht *bewußt* in der Werbung suchen[8]. Daraus folgt jedoch *nicht*, daß durch Werbung kein Einfluß auf Kaufentscheidungen ausgeübt werden kann. Vielmehr werden Werbeeinflüsse zum einen oft in früheren Phasen des Kaufprozesses wirksam, und zum anderen ist es wahrscheinlich, daß solche Einflüsse in starkem Maße auch während der Informationssuchphase auftreten, ohne daß die Konsumenten dies als bewußte Inanspruchnahme einer Informationsquelle empfinden[9].

Abschließend ist festzuhalten, daß für die hier befragte Probandengruppe die Informationsquelle "Befragung von Freunden und Bekannten" - neben der Lektüre der Publikationen der Stiftung Warentest - beim Kauf der drei Produktarten offenbar *am wichtigsten* ist. Dieses Resultat stimmt mit früheren empirischen Befunden überein, die insbesondere den anbieterunabhängigen Informationsquellen eine überragende Bedeutung attestieren[10]. Damit wird tendenziell die Hypothese (H4) bestätigt, derzufolge die interpersonelle Kommunikation - und damit auch die Konsultation von Meinungsführern - eine der wichtigsten Informationsquellen der Konsumenten darstellt. Eine Hypothesenvalidierung i.e.S. stellt dieser Befund jedoch nicht dar, da die hier betrachtete Teilauswahl von studentischen Probanden keinen Inferenzschluß auf die Grundgesamtheit aller Konsumenten zuläßt. Immerhin unterstreicht das Ergebnis aber, daß das im folgenden näher untersuchte Konstrukt der Meinungsführerschaft für die Kaufentscheidungen der hier befragten Probanden in hohem Maße relevant ist.

---

8) Vgl. KROEBER-RIEL (1984), S.257.
9) So auch MÜHLBACHER (1982), S.55.
10) Vgl. KUPSCH et al. (1978), S.113; MEFFERT (1979), S.47; KATZ (1983), S.46.

6.2 Wahrgenommene Kaufrisiken als Indikatoren der "Sozialen Auffälligkeit" und "Komplexität" der ausgewählten Produktbereiche

Zur Prüfung der Hypothesen (H2) und (H3) war es erforderlich, die "Soziale Auffälligkeit" und die "Komplexität" der ausgewählten Produktbereiche zu erfassen. Als Indikatoren wurden die (arithmetischen) Mittelwerte des sozial-psychologischen und des funktional-finanziellen Risikos herangezogen. Wie zu erwarten war, unterscheiden sich die jeweiligen Werte für die drei Produktbereiche deutlich (siehe Tab.9).

Tab.9: Verteilungsmaße der Variablen "Wahrgenommenes Kaufrisiko"

Produktbereich Maßzahl	"Auto" ffR*	spR**	"Foto" ffR	spR	"Kleidung" ffR	spR
Median	5	5	5	5	5	6
Mittelwert	5,40	5,13	4,71	4,79	4,74	5,79
Standardabweichung	1,40	1,27	1,28	1,22	1,43	1,21
Spannweite	2 - 8	2 - 8	2 - 8	2 - 8	2 - 8	2 - 8

*) ffR - funktional-finanzielles Risiko
**) spR - sozial-psychologisches Risiko

Die Probanden empfinden beim Kauf von Kleidung das relativ höchste sozial-psychologische Risiko; am geringsten stufen sie dieses Risiko für den Kauf von Fotoapparaten ein. Im Hinblick auf das funktional-finanzielle Risiko wird der Kauf von Autos als am risikoreichsten erachtet; den Kauf von Kleidung und Fotoapparaten werten die Probanden als etwa gleich risikoreich.

Hier überrascht das zuletzt genannte Resultat, daß beim Kauf von Kleidung und Fotoapparaten durchschnittlich ein etwa gleich hohes funktional-finanzielles Risiko wahrgenommen wird. Man hätte vielleicht eher erwartet, daß dieses Teilrisiko bei Fotoapparaten stärker ausgeprägt ist. Die anderen Ergebnisse entsprechen jedoch vorab anstellbaren Plausibilitätsüberlegungen. Insbesondere die zuvor postulierte These, daß die Produktbereiche "Kleidung" und "Autos" eine höhere soziale Auffälligkeit als Fotoapparate aufweisen, findet in den empirischen Ergebnissen ihre Bestätigung[11]. Insgesamt werden die A-priori-Einstufungen der drei Produktbereiche hin-

---

11) Es überrascht allerdings, daß das sozialpsychologische Risiko für den Autobereich deutlich niedriger ausfällt als für den Bereich der Kleidung. Dies ist möglicherweise auf den Tatbestand zurückzuführen, daß für Studenten aufgrund begrenzter finanzieller Budgets beim Autokauf - selbst beim Erwerb von Gebrauchtwagen - häufig der Grundnutzen im Vordergrund stehen muß. Die Folge wäre dann, daß in diesem Fall Aspekte des sozial-psychologischen Risikos (zum Beispiel geringer Prestigewert des Wagens) für Studenten eine geringere Bedeutung haben als für andere Konsumentenschichten.

sichtlich ihrer "Sozialen Auffälligkeit" und ihrer "Komplexität" durch das Erhebungsresultat gestützt[12].

Die *Zuverlässigkeit* der Ergebnisse hängt allerdings von der Beantwortung der Frage ab, ob die gewählten Operationalisierungen tatsächlich Messungen zweier voneinander unterscheidbarer Risikoarten - funktional-finanzielles und sozial-psychologisches Risiko - liefern. Zur Überprüfung dieser Frage wurde für die drei Produktbereiche jeweils eine Faktorenanalyse der 4 Items durchgeführt. Falls nämlich - so der Grundgedanke dieser Vorgehensweise - die Items zwei voneinander klar unterscheidbare Dimensionen des komplexen Konstrukts "Risiko" verkörpern, dann müßte eine Faktorenanalyse zu einer 2-Faktoren-Lösung führen. Weiterhin müßten die beiden jeweils zur Operationalisierung eines Teilrisikos herangezogenen Items hoch auf einen gemeinsamen Faktor laden.

Die Ergebnisse der Faktorenanalysen sind in den Tabellen 10 und 11 dargestellt. In allen drei Fällen ergibt sich nach dem sogenannten "Kaiserkriterium" eine Zwei-Faktoren-Lösung[13]. Die insgesamt durch die jeweils zwei Faktoren erzielte Erklärung der Varianz ist als "gut" einzustufen (unterstrichene Werte in der Spalte "Kumulierte Varianz", Tab.10).

Tab.10: Faktorenanalyse der 4 Risiko-Items

Produktbereich	FAKTOR	EIGENWERT	VARIANZ (in %)	KUMULIERTE VARIANZ (in %)
"Auto"	1	1.493	37.3	37.3
	2	1.336	33.4	70.7
	3	.624	15.6	86.3
	4	.547	13.7	100.0
"Kleidung"	1	1.736	43.4	43.4
	2	1.280	32.0	75.4
	3	.642	16.1	91.4
	4	.342	8.6	100.0
"Foto"	1	1.565	39.1	39.1
	2	1.187	29.7	68.8
	3	.733	18.3	87.1
	4	.515	12.9	100.0

Die drei Matrizen der Faktorladungen ergeben nach Varimax-Rotation ein klares Bild. Das jeweils erste (finanzielles Risiko) und dritte (funktionales Risiko) Item lädt

---

12) Vgl. Kapitel 5.2 dieser Arbeit.
13) Das Kaiserkriterium ist eine Stop-Regel für die Extraktion von Faktoren; vgl. hierzu auch die Ausführungen in Kapitel 6.3.1.1 dieser Arbeit. Zur Faktorenanalyse vgl. z.B. HAMMANN/ERICHSON (1978), S.80ff.; WEIBER (1985), passim; BÖHLER (1985), S.218ff.; BACKHAUS et al. (1987), S.67ff.

sehr hoch auf Faktor 1, während das jeweils zweite und vierte Item (sozial-psychologisches Risiko) sehr hoch auf Faktor 2 lädt (siehe Tab.11). Somit repräsentiert Faktor 1 offensichtlich das funktional-finanzielle, Faktor 2 das sozial-psychologische Risiko. Das Resultat unterstreicht, daß die zuvor aus theoretischen Erwägungen vorgenommene Unterscheidung zwischen den beiden Risikoarten zweckmäßig ist. Zugleich kann es als Bestätigung dafür gewertet werden, daß die gewählte Operationalisierung zu trennscharfen Messungen der Risikoarten führt[14].

Tab.11: Rotierte Faktormuster (Risiko-Items)

Produktbereich	ITEM	FAKTOR 1	FAKTOR 2
"Auto"	RA1	.847	.103
	RA2	.159	.818
	RA3	.843	-.063
	RA4	-.117	.830
"Foto"	RF1	.854	.057
	RF2	.128	.776
	RF3	.860	.041
	RF4	-.035	.811
"Kleidung"	RK1	.907	.042
	RK2	.191	.793
	RK3	.902	.045
	RK4	-.099	.837

6.3 Erklärung der Meinungsführerschaft durch produktbereichsspezifisches Involvement und BEP
6.3.1 Verteilungen und Reliabilitäten der Meßvariablen
6.3.1.1 Meinungsführerschaft

Die Ausprägungen der Variablen "Meinungsführerschaft" unterscheiden sich für die drei Produktbereiche in starkem Maße. Dieses Ergebnis entspricht Plausibilitätsüberlegungen, die man im Hinblick auf die mutmaßliche Intensität der interpersonellen Kommunikation anstellen kann. So ist das Thema "Kleidung" wahrscheinlich häufiger als das Thema "Autos", letzteres wiederum häufiger als das Thema "Fotoapparate" Gegenstand interpersoneller Kommunikation. In Tabelle 12 sind die wichtigsten Verteilungsmaßzahlen für die drei Produktbereiche wiedergegeben. Die genaue Verteilung der einzelnen Ausprägungen innerhalb der jeweiligen Spannweiten ist in Abbildung 46 dargestellt.

---

14) Damit werden im übrigen auch die Ergebnisse von KAPLAN, SZYBILLO und JACOBY bestätigt; vgl. KAPLAN/SZYBILLO/JACOBY (1974), S.289, sowie die Ausführungen in Kapitel 1.2.2.2 dieser Arbeit.

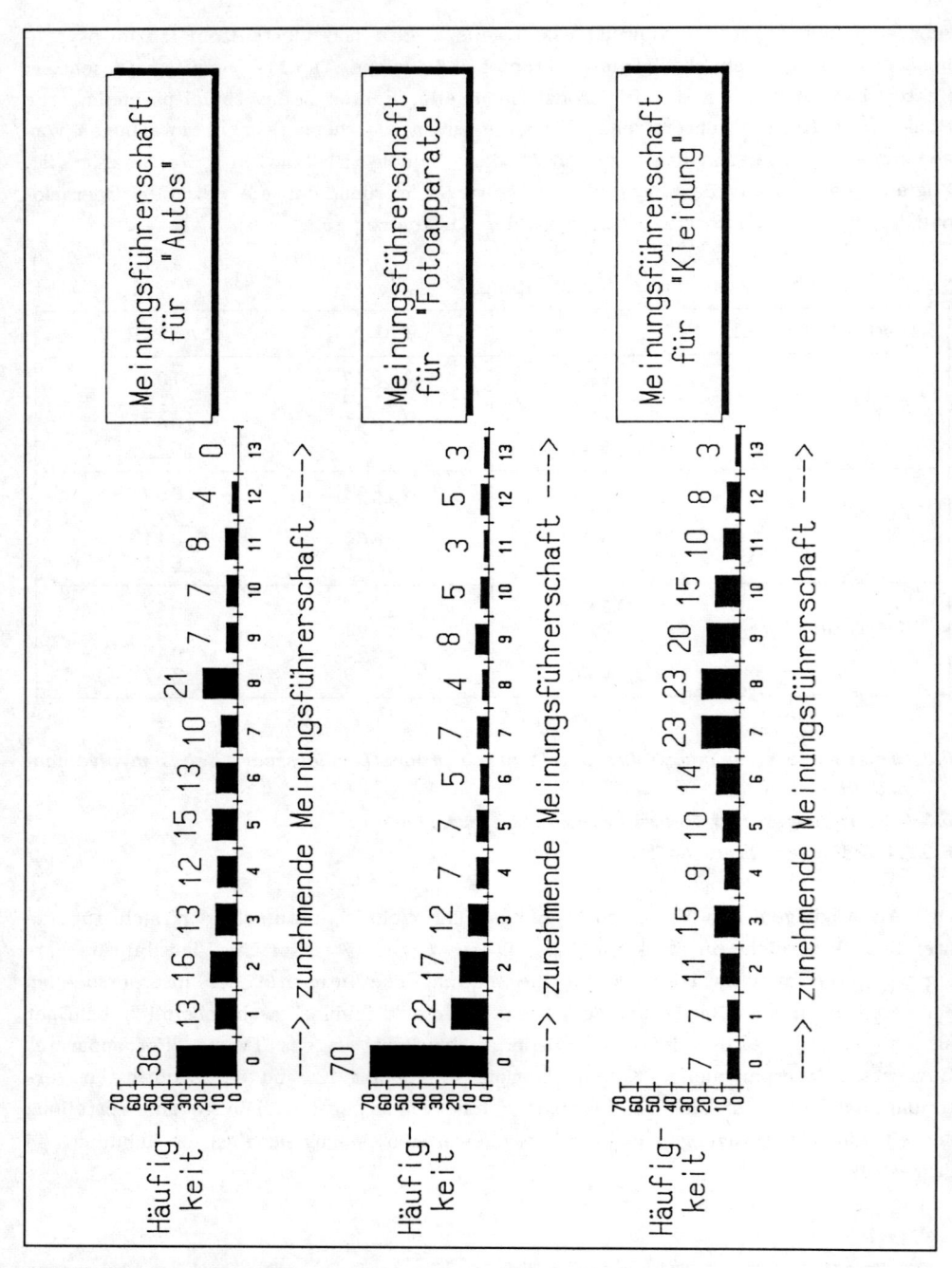

Abb.46: Häufigkeitsverteilungen der Meinungsführerschaft-Variablen

Tab.12: Verteilungsmaße der Variablen "Meinungsführerschaft"

Produktbereich Maßzahl	"Auto"	"Foto"	"Kleidung"
Median	4	1	7
Mittelwert	4,53	2,97	6,65
Standardabweichung	3,63	3,76	3,33
Spannweite	0 - 12	0 - 13	0 - 13

Das Ergebnis der empirischen Untersuchung kann zunächst als Bestätigung der mittlerweile allgemein akzeptierten Auffassung gewertet werden, derzufolge Meinungsführerschaft als eine *graduelle* Variable aufzufassen ist[15]. Wäre nämlich "Meinungsführerschaft für einen Produktbereich" ein dichotomes Merkmal, dann müßte die Häufigkeitsverteilung der Meinungsführerschafts-Indices in etwa U-förmig verlaufen (bzw. spiegelverkehrt J-förmig, wenn in dem betrachteten Produktbereich die Ausprägung "starke Meinungsführerschaft" relativ selten vorkommt). Dies ist aber, wie der Abbildung 46 entnommen werden kann, nicht der Fall. Aus den empirischen Verteilungen ergibt sich, daß hier die Festlegung eines kritischen Schwellenwertes, der Meinungsführer und Nicht-Meinungsführer voneinander trennt, mit nicht vertretbarer Willkür erfolgen müßte.

Die Güte der gewonnenen Daten wird entscheidend durch die *Reliabilität* (Zuverlässigkeit) des verwendeten Fragenkatalogs bestimmt. Grundsätzlich läßt sich die Reliabilität eines Meßinstruments durch wiederholte oder parallele Messungen unter gleichen Rahmenbedingungen feststellen[16]. So wird bei der Berechnung der Test-Retest-Reliabilität die Messung in identischen Situationen an denselben Untersuchungsobjekten wiederholt und geprüft, inwieweit die jeweils gewonnenen Ergebnisse übereinstimmen[17]. Eine solche Vorgehensweise kam jedoch im vorliegenden Fall aufgrund des hohen Aufwandes nicht in Betracht. Auch die Durchführung von separaten Kontrollmessungen schien im Rahmen der vorliegenden Untersuchung nicht geeignet, da das gesamte Meßinstrumentarium bereits sehr umfangreich war und den Probanden deshalb keine weiteren Belastungen zugemutet werden sollten.

Die Reliabilität einer Variablen, die durch mehrere Items gemessen wird, läßt sich jedoch auch ohne Wiederhol- oder Kontrollmessungen abschätzen. Man bedient sich dabei einer Hilfskonstruktion, um aus dem vorhandenen Datenmaterial Aussagen über die Reliabilität machen zu können. Voraussetzung für diese Vorgehensweise ist die

---
15) Vgl. die Ausführungen in Kapitel 1.1.3 dieser Arbeit.
16) Vgl. z.B. LIENERT (1969), S.215; BÖHLER (1985), S.100.
17) Vgl. hierzu z.B. LIENERT (1969), S.215ff.; SILK (1977), S.476ff.; BÖHLER (1985), S.100.

Unterstellung, daß die zur Operationalisierung einer Variablen herangezogenen Items *parallele Messungen* dieser Variablen liefern. Mit Hilfe von Item-Analysen läßt sich dann die Reliabilität der Variablen abschätzen[18]. So wird z.B. bei der sogenannten "Split-Half-Technik" die Menge der Items in zwei Hälften geteilt und die Korrelation zwischen diesen beiden Item-Batterien untersucht[19]. Je höher die Korrelation ausfällt, desto höher - so der Grundgedanke dieser Vorgehensweise - ist auch die ("Split-Half"-)Reliabilität der untersuchten Variablen.

Im Rahmen der vorliegenden Untersuchung wurden die beiden gebräuchlichsten Test-Kennwerte - die Split-Half-Reliabilität und CRONBACH's Alpha - berechnet[20]. Die Reliabilität eines Meßinstruments ist dabei umso höher, je näher die ermittelten Testgrößen dem Wert "+1" kommen. Die Ergebnisse für die hier verwendete Meinungsführer-Skala sind Tabelle 13 zu entnehmen.

Tab.13: Reliabilität der Meinungsführerschaft-Meßskala

Produktbereich / Reliabilitätskriterium	Split-Half-Reliabilität	Cronbach's Alpha
"Auto"	0,91	0,88
"Foto"	0,93	0,90
"Kleidung"	0,86	0,86

Die ermittelten Reliabilitätskennziffern sind als außerordentlich hoch einzustufen. Vergleicht man sie mit den in früheren Studien ermittelten Werten, so wird eine bereits von ·anderen Autoren gewonnene Erkenntnis bestätigt: die Reliabilität des Verfahrens der Selbstauskunft ist umso größer, je mehr Meßitems herangezogen werden und je differenzierter die vorgegebenen Antwortmöglichkeiten sind[21].

Eine weitere Möglichkeit zur Überprüfung der Reliabilität stellt die Durchführung einer Faktorenanalyse dar[22]. Grundgedanke dieser Vorgehensweise ist - übertragen auf die vorliegende Problemstellung - wieder die Unterstellung, daß die sieben

---
18) Vgl. BEUTEL/SCHUBÖ (1983), S.226.
19) Vgl. LIENERT (1969), S.219ff.; KOEPPLER (1984), S.14; BÖHLER (1985), S.100ff.
20) Vgl. zur technischen Vorgehensweise BAUER (1984), S.250ff. Zu CRONBACH's Alpha vgl. z.B. FENWICK et al. (1983), S.63f.
21) Vgl. CHILDERS (1986), S.187, sowie die Ausführungen in Kapitel 2.2.3 dieser Arbeit.
22) Vgl. BAUER (1984), S.201ff. Zur Faktorenanalyse vgl. auch HAMMANN/ ERICHSON (1978), S.80ff.; WEIBER (1984), passim; BÖHLER (1985), S.218ff.; BACKHAUS et al. (1987), S.67ff.

Items, die zur Erfassung der Meinungsführerschaft herangezogen wurden, parallele Messungen dieses Merkmals liefern.

Die Reliabilität der Variablen "Meinungsführerschaft" ist hoch, wenn die Meßitems sehr hoch miteinander korrelieren. Die Frage nach der Korrelation zwischen den sieben Items läßt sich sehr einfach mit einer Faktorenanalyse überprüfen. Falls nämlich die Items hoch miteinander korreliert sind, wird bereits der erste extrahierte Faktor einen sehr hohen Anteil ihrer Gesamtvarianz erklären. Der Anteil der durch den ersten Faktor erklärten Varianz kann deshalb als Gütekriterium für die Reliabilität dienen. Im Extremfall beträgt dieser Anteil 100%. Die Reliabilität wäre dementsprechend als maximal einzustufen. Es würde sich dann allerdings die Frage stellen, ob die 7-er Skala weiter verwendet werden sollte, da die Meßergebnisse redundant wären: Die Information, die in diesem Fall von der aggregierten Variablen "Meinungsführerschaft" geliefert würde, ergäbe sich auch aus einer separaten Betrachtung jedes einzelnen Items.

> Hier ergibt sich im übrigen ein wesentlicher Kritikpunkt an der ständigen Praxis, wonach aus hohen Korrelationen zwischen den Items auf eine hohe Reliabilität der mit diesen gemessenen Variablen geschlossen wird. In der Regel werden nämlich die Items so gebildet, daß sie unterschiedliche Dimensionen des betrachteten Merkmals erfassen. Damit aber erfolgt die Konstruktion der Items bewußt so, daß $0 < R < 1$ ist (R ist hier der Korrelationskoeffizient zwischen zwei Items). Daher kann bei einer Item-Analyse - und dazu zählen alle hier vorgestellten Verfahren - schon aufgrund der Beschaffenheit der Meßitems der maximale Test-Kennwert (Anteil der erklärten Varianz von 100%, Split-Half-Reliabilität bzw. CRONBACH's Alpha gleich "+1") eigentlich nie erreicht werden. Diese Tests stellen jedoch die einzige Möglichkeit dar, die Reliabilität eines Meßinstruments abzuschätzen, wenn nachträgliche oder zeitgleiche Kontrollmessungen undurchführbar erscheinen.

Der prozentuale Anteil der bereits durch den ersten Faktor erklärten Varianz (an der Gesamtvarianz) stellt, wie die oben vorgestellten Test-Kennwerte, einen eindimensionalen Reliabilitätskennwert dar. Die Faktorenanalyse liefert jedoch darüber hinaus noch Informationen darüber, in welchem Ausmaß die einzelnen Items mit der aus ihnen aggregierten Variablen "Meinungsführerschaft" zusammenhängen. Die Ladungen der einzelnen Items auf den extrahierten Faktor können nämlich als Korrelationskoeffizienten zwischen Faktor und Items aufgefaßt werden. Somit würden diejenigen Items, die relativ niedrig auf den Faktor laden, inhaltlich nur in geringem Maße mit Meinungsführerschaft übereinstimmen[23]. Mit einer Faktorenanalyse eröff-

---

[23] Dies gälte nur dann *nicht*, wenn die anderen Items, die die Lage des Vektors "Faktor 1" maßgeblich bestimmen, selbst in keinem engen Zusammenhang mit der Variablen "Meinungsführerschaft" stünden !

net sich daher die Möglichkeit, "schlechte" Items zu lokalisieren. Derartige Items könnten sodann ausgesondert werden, was zu einer neuen, sich mit weniger Items begnügenden Operationalisierung der Variablen "Meinungsführerschaft" führen würde, deren Reliabilität jedoch höher wäre als die der zuvor benutzten Skala.

Die Ergebnisse der jeweils für die drei Produktbereiche durchgeführten Faktorenanalysen finden sich in den Tabellen 14 und 15.

Tab.14: Faktorenanalyse der Meinungsführerschaft-Items: Faktorenextraktion

FAKTOR	Produktbereich					
	"Auto"		"Foto"		"Kleidung"	
	EIGEN-WERT	VARIANZ (%)	EIGEN-WERT	VARIANZ (%)	EIGEN-WERT	VARIANZ (%)
1	4.268	61.0	4.750	67.9	3.975	56.8
2	.781	11.2	.639	9.1	.804	11.5
3	.657	9.4	.552	7.9	.682	9.7
4	.494	7.1	.446	6.4	.546	7.8
5	.376	5.4	.308	4.4	.468	6.7
6	.245	3.5	.187	2.7	.285	4.1
7	.179	2.6	.118	1.7	.238	3.4

Tab.15: Ladungen der Meinungsführerschaft-Items auf den jeweils ersten Faktor

Produktbereich					
"Auto"		"Foto"		"Kleidung"	
Item	Ladung	Item	Ladung	Item	Ladung
MA1	.772	MF1	.766	MK1	.775
MA2	.895	MF2	.916	MK2	.843
MA3	.597	MF3	.724	MK3	.545
MA4	.591	MF4	.718	MK4	.669
MA5	.847	MF5	.894	MK5	.802
MA6	.800	MF6	.793	MK6	.724
MA7	.899	MF7	.925	MK7	.867

Alle drei Faktorenanalysen führen zu dem Ergebnis, daß - nach dem Eigenwertkriterium - jeweils *genau ein* Faktor extrahiert werden sollte[24]. Die Eigenwerte der weiteren Faktoren sind alle wesentlich niedriger als diejenigen des jeweils ersten Faktors. Die jeweils durch den ersten Faktor erklärte Varianz (unterstrichene Werte in den Spalten "Varianz", Tab.14) - und damit die Reliabilität der Variablen "Meinungs-

---

24) Nach dem Eigenwert-Kriterium (KAISER-Kriterium) wird die Extraktion weiterer Faktoren gestoppt, sobald der Eigenwert des nächsten zu extrahierenden Faktors den Wert "1" unterschreitet. Vgl. z.B. BAUER (1984), S.210f.; BACKHAUS et al. (1987), S.90.

führerschaft" - erweist sich in allen drei Fällen als außerordentlich hoch. Zudem laden offensichtlich jeweils alle sieben Items hoch auf den ersten Faktor, was dafür spricht, daß jedes einzelne reliable Messungen liefert. Somit ergab sich keine Notwendigkeit, die Operationalisierung der Variablen "Meinungsführerschaft" nachträglich zu modifizieren.

Insgesamt ist somit festzuhalten, daß das hier zur Erfassung der Meinungsführerschaft herangezogene Meßinstrumentarium offenbar *sehr zuverlässige* Messungen hervorbringt.

6.3.1.2 Involvement

Die Häufigkeitsverteilungen der Variablen "Involvement" ähneln denjenigen, die sich für die "Meinungsführerschaft" ergeben haben (siehe Kapitel 6.3.1.1). Das Involvement im Hinblick auf Kleidung war bei den Probanden durchschnittlich stärker ausgeprägt als dasjenige für Automobile, und letzteres war wiederum stärker als das Involvement in bezug auf Fotoapparate. Diese Resultate stehen - soweit überhaupt eine Vergleichbarkeit gegeben ist - im Einklang mit früheren Studien, in denen das durchschnittliche Involvement-Niveau für verschiedene Produktbereiche untersucht wurde[25].

Tabelle 16 vermittelt einen Überblick über die wichtigsten Verteilungsmaßzahlen für die drei Produktbereiche.

Tab.16: Verteilungsmaße der Variablen "Involvement"

Produktbereich Maßzahl	"Auto"	"Foto"	"Kleidung"
Median	4	3	6
Mittelwert	4,41	3,53	5,51
Standardabweichung	2,05	2,33	1,84
Spannweite	0 - 10	0 - 10	1 - 9

---

25) Vgl. BLEICKER (1983), S.173; LAURENT/KAPFERER (1985), S.45; es ist dabei jedoch anzumerken, daß das Involvement in diesen Studien abweichend von der hier gewählten Vorgehensweise operationalisiert wurde. BLEICKER stellt die Ergebnisse von drei Untersuchungen zusammen, in denen verschiedene Produktbereiche nach abnehmendem Involvement (Durchschnittswerte über alle Probanden) aufgelistet werden: Es ergibt sich, daß Konsumenten im Hinblick auf Kleidung durchschnittlich sehr hoch involviert sind. Ähnliches gilt für Autos, wobei allerdings erhebliche Unterschiede zwischen dem Involvement von Männern und Frauen bestehen: In einer Untersuchung, bei der nur Frauen befragt wurden, rangiert der Bereich "Autos" noch hinter den Bereichen "Kaffee" und "alkoholfreie Getränke" (!); vgl. BLEICKER (1983), S.173. Fotoapparate wurden hingegen nach Kenntnis des Verfassers bisher noch nicht untersucht.

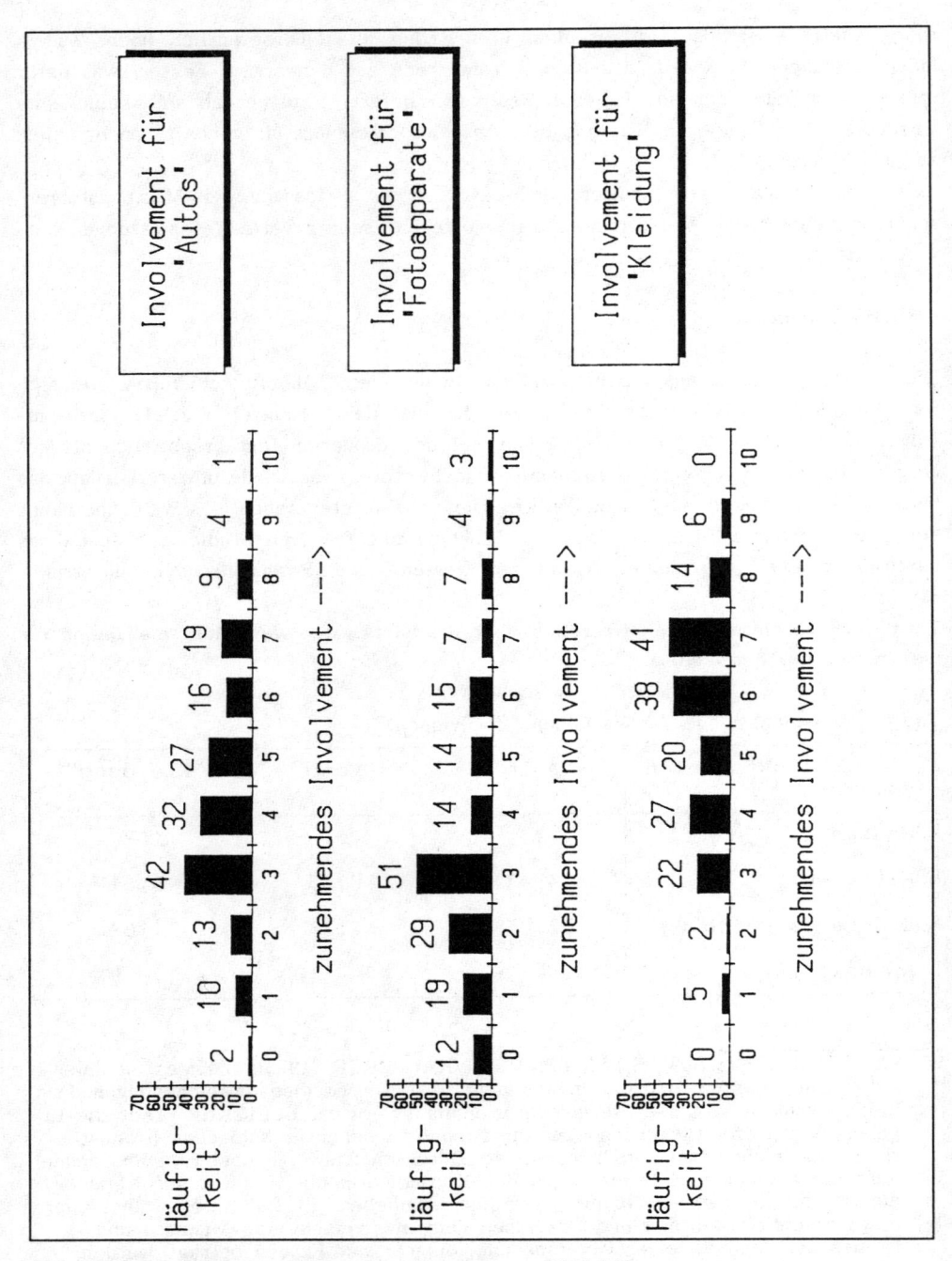

Abb. 47: Häufigkeitsverteilungen der Involvement-Variablen

Die Häufigkeitsverteilungen der Ausprägungen innerhalb der jeweiligen Spannweiten machen deutlich, daß auch das "Involvement für einen Produktbereich" kein dichotom ausgeprägtes Merkmal ist. Für alle drei Bereiche ergibt sich nämlich kein U-förmiger (bzw. spiegelverkehrt J-förmiger, siehe Kapitel 6.3.1.1) Funktionsverlauf (siehe Abb.47). Insofern stützen die Ergebnisse der vorliegenden Untersuchung die von einigen Autoren erhobene Forderung, von der dichotomen Unterscheidung zwischen "hohem" und "niedrigem" Involvement abzurücken und diese Variable differenzierter zu messen[26].

Die Überprüfung der Reliabilität der Involvement-Variablen erfolgt analog zu der Vorgehensweise bei der Meinungsführerschaft-Variablen. In Tabelle 17 sind die ermittelten Werte für die Split-Half-Reliabilität sowie CRONBACH's Alpha wiedergegeben[27].

Tab.17: Reliabilität der Involvement-Meßskala

Produktbereich	Split-Half-Reliabilität	Cronbach's Alpha
"Auto"	0,77	0,84
"Foto"	0,81	0,88
"Kleidung"	0,75	0,79

Die ermittelten Testkennwerte fallen alle sehr hoch aus. Insgesamt ist daher davon auszugehen, daß die gewählte Operationalisierung ein *zuverlässiges* Meßinstrument darstellt.

Dieses Ergebnis wird auch durch die darüber hinaus durchgeführte Faktorenanalyse bestätigt. Die Vorgehensweise entspricht dabei derjenigen, die auch bei der Reliabilitätsüberprüfung der Meinungsführerschaft-Skala gewählt wurde. Die Ergebnisse der für die drei Produktbereiche durchgeführten Analysen finden sich in den Tabellen 18 und 19.
Da jeweils nur drei Items in die Faktorenanalysen eingehen, kann es nicht überraschen, daß nach dem Eigenwertkriterium wiederum in allen drei Fällen die Extraktion genau *eines* Faktors vorgeschlagen wird. Der jeweils durch diesen Faktor erklärte Anteil der Gesamtvarianz - das Gütekriterium für die Reliabilität der

---
[26] Vgl. z.B. SCHIFFMAN/KANUK (1987), S.257, und die dort angegebene Literatur.
[27] Als Voraussetzung für die Durchführung der SPSS-Reliabilitätstests gilt, daß eine zu überprüfende Skala (Variable) durch mindestens drei Items operationalisiert sein muß; vgl. BEUTEL/SCHUBÖ (1983), S.229. Für die Involvement-Variablen ist die Durchführung dieser Tests daher zulässig.

Involvement-Variablen - ist in allen Fällen sehr hoch (siehe letzte Spalte, Tab.18). Darüber hinaus zeigt sich, daß jeweils alle drei Items außerordentlich hoch auf den ersten Faktor laden (siehe Tab.19). Daraus kann die Schlußfolgerung gezogen werden, daß alle drei Items weiterhin für die Operationalisierung des Involvements herangezogen werden sollten[28].

Neben den drei Involvement-Items wurde in der Erhebung auch erfaßt, inwieweit die Probanden Produkte der drei betrachteten Bereiche *besitzen*[29]. Folgt man der Auffassung, daß der Besitz eines Produktes u.U. ebenfalls ein Indikator für ein hohes Involvement im Hinblick auf den entsprechenden Bereich ist, dann könnte auch der "Besitz" als ein weiteres Item zur Operationalisierung des Involvements herangezogen werden[30]. Daher wurde eine weitere faktorenanalytische Reliabilitätsprüfung für den 4-Item-Fall durchgeführt.
Es ergibt sich, daß der durch den ersten Faktor erklärte Anteil an der Gesamtvarianz - und damit die Reliabilität - für alle drei Produktbereiche niedriger ausfällt. Darüber hinaus ist auch die Ladung des vierten Items auf den ersten Faktor jeweils deutlich kleiner als diejenigen der anderen drei Items.

Das Ergebnis unterstreicht, daß der Besitz eines Produktes nicht zwingend ein hohes Involvement für den entsprechenden Produktbereich zur Folge hat. Unter Reliabilitätsgesichtspunkten ist die Operationalisierung mit drei Items derjenigen mit vier Items jedenfalls eindeutig vorzuziehen.

---

28) Falls eines der Items eine sehr kleine Ladung auf den ersten Faktor aufweisen würde, so wäre daraus zu schließen, daß es etwas anderes mißt als die beiden verbleibenden Items. Dies hätte u.U. zur Folge, daß man ein solches "schlechtes" Item nicht weiter zur Berechnung des Involvement-Punktwertes heranziehen sollte.
29) Im Hinblick auf die Bereiche "Fotoapparate" und "Autos" wurden die Probanden gefragt, ob sie diese Produkte besitzen. Für den Bereich "Kleidung" sollten die Befragten angeben, ob sie "überwiegend Kleidung besitzen, die 'up-to-date'" ist. Der genaue Wortlaut des Fragebogens findet sich im Anhang.
30) Es ist darauf hinzuweisen, daß dieser Auffassung bei der theoretischen Operationalisierung bewußt nicht gefolgt wurde, da das Involvement eine dauerhafte innere Bindung an einen Produktbereich ist, der Besitz eines Gebrauchsgutes jedoch unabhängig davon sein kann. Vgl. hierzu die Ausführungen in Kapitel 4.2.1 dieser Arbeit.

Tab.18: Faktorenanalyse der Involvement-Items: Faktorenextraktion

Bereich/FAKTOR		Operationalisierung			
		...mit 4 Items		...mit 3 Items	
		EIGENWERT	VARIANZ	EIGENWERT	VARIANZ
"Auto"	1	2.575	64.4	2.289	76.3
	2	.735	18.4	.404	13.5
	3	.392	9.8	.307	10.2
	4	.299	7.5	-----	----
"Foto"	1	2.628	65.7	2.424	80.8
	2	.819	20.5	.339	11.3
	3	.315	7.9	.237	7.9
	4	.237	5.9	-----	----
"Kleidung"	1	2.254	56.4	2.154	71.8
	2	.904	22.6	.493	16.4
	3	.491	12.3	.354	11.8
	4	.350	8.8	-----	----

Tab.19: Ladungen der Involvement-Items auf den jeweils ersten Faktor

Produktbereich	Operationalisierung			
	...mit 4 Items		...mit 3 Items	
"Auto"	IA1	.852	IA1	.876
	IA2	.852	IA2	.853
	IA3	.852	IA3	.891
	IA4	.629	---	----
"Foto"	IF1	.838	IF1	.877
	IF2	.906	IF2	.912
	IF3	.900	IF3	.907
	IF4	.543	---	----
"Kleidung"	IK1	.815	IK1	.828
	IK2	.829	IK2	.834
	IK3	.858	IK3	.879
	IK4	.409	---	----

6.3.1.3 *Bezugspersonen-Einfluß-Potential (BEP)*

Die Ausprägungen der sechs Persönlichkeitsvariablen, die als Indikatoren des BEP dienten, sind in den Abbildungen 48 bis 50 dargestellt. Tabelle 20 gibt die wichtigsten Verteilungsparameter wieder. Es ist zu erkennen, daß alle Variablen eine hohe Variabilität aufweisen - d.h. die Ausprägungen streuen deutlich um den jeweiligen Mittelwert -, womit die grundsätzliche Voraussetzung für eine mögliche regressionsanalytische Erklärungskraft der Variablen erfüllt ist.

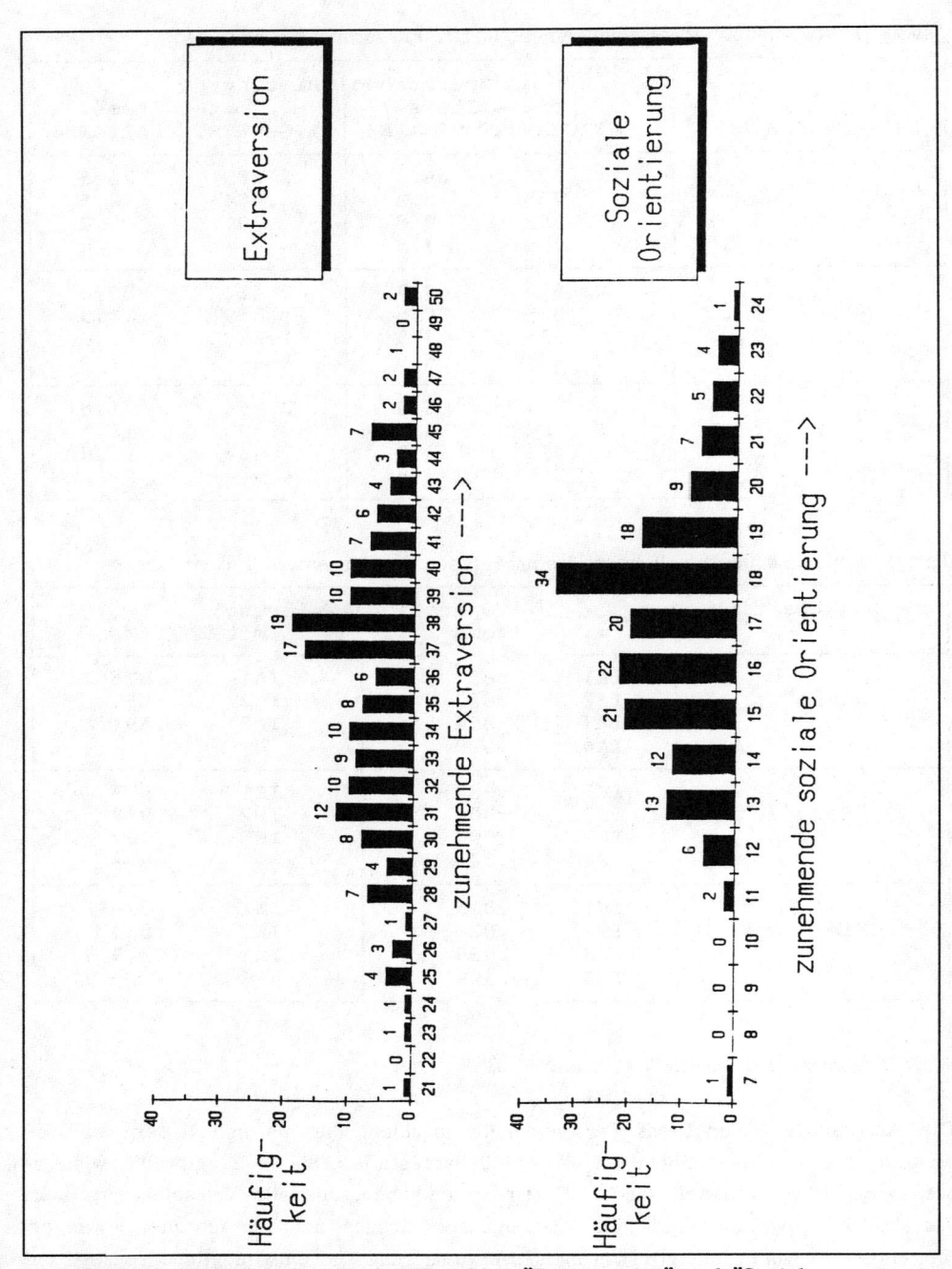

Abb.48: Häufigkeitsverteilungen der Variablen "Extraversion" und "Soziale Orientierung"

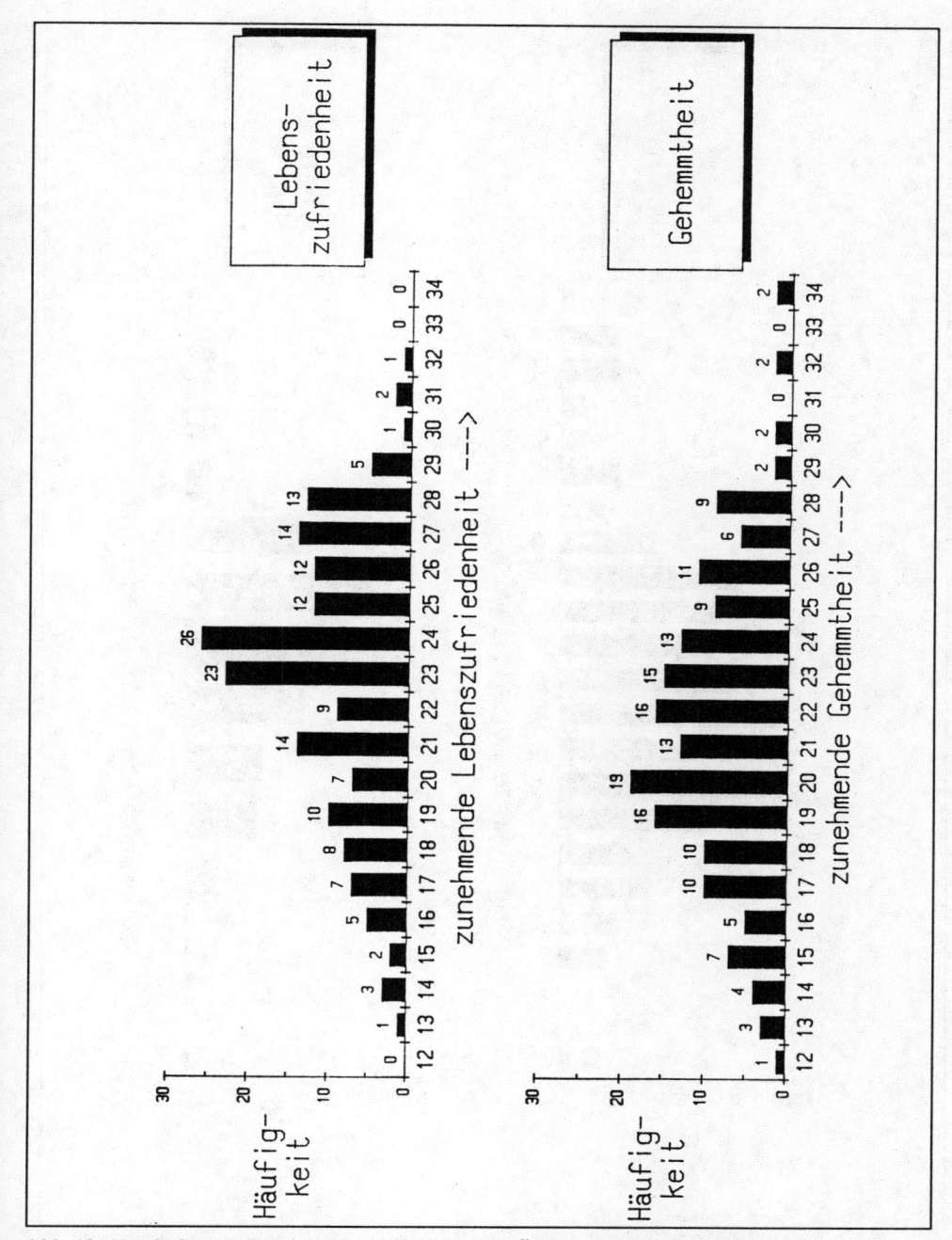

Abb.49: Häufigkeitsverteilungen der Variablen "Lebenszufriedenheit" und "Gehemmtheit"

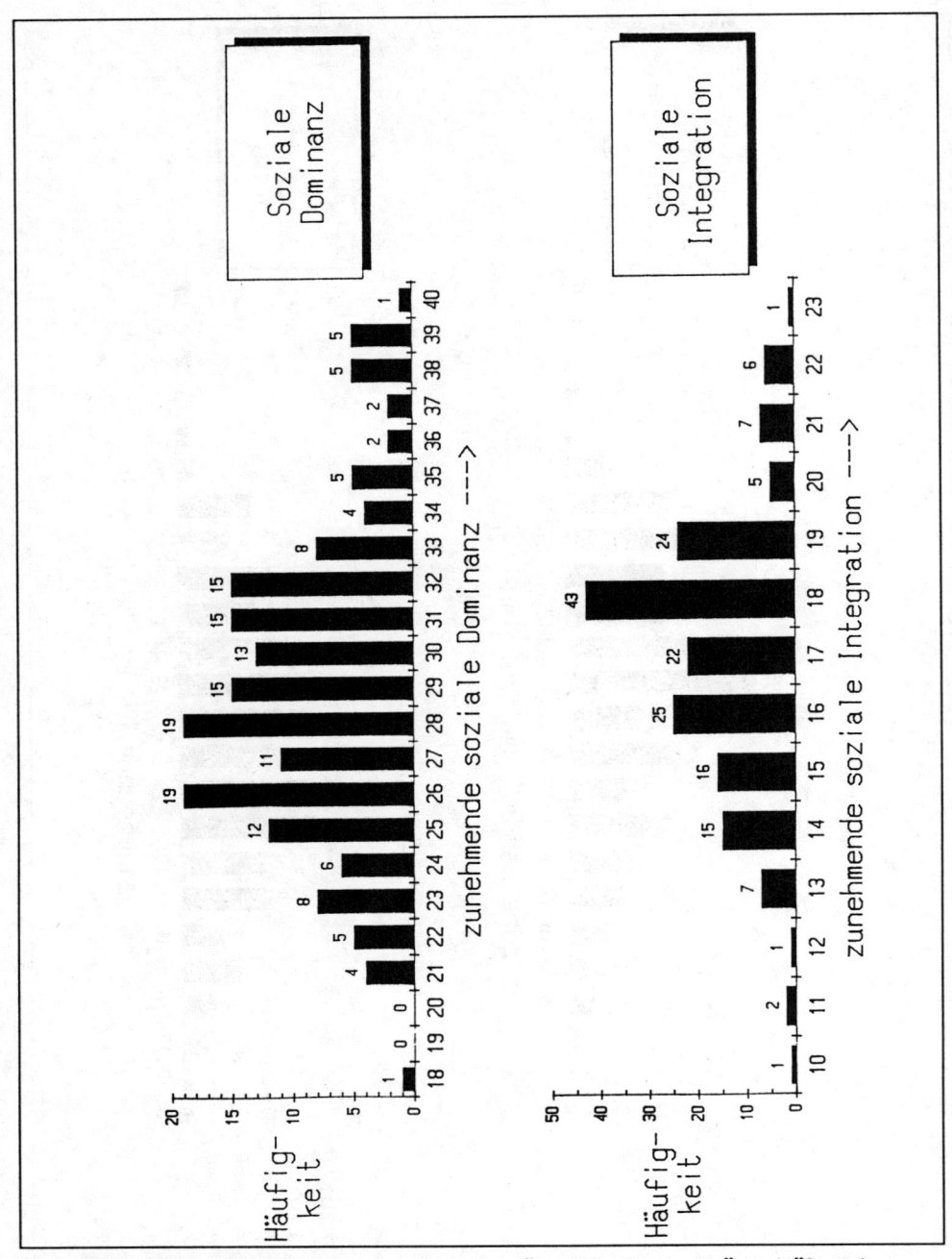

Abb.50: Häufigkeitsverteilungen der Variablen "Soziale Dominanz" und "Soziale Integration"

Weiterhin stimmen auch Median und (arithmetischer) Mittelwert meist in etwa überein, was darauf hindeutet, daß den empirischen Verteilungen keine extreme Schiefe innewohnt. Ein darüber hinausgehender Vergleich der absoluten Ausprägungen der sechs Variablen erscheint nicht zweckmäßig.

Tab.20: Verteilungsmaße der Persönlichkeitsvariablen

Maßzahl / Variable	Median	Mittelwert	Standardab-weichung	Spannweite[*] emp.	theor.
Lebenszufrie-denheit (LZ)	23	23,0	3,88	13-32	8-32
Extraversion (EX)	37	35,9	5,67	21-50	13-52
Gehemmtheit (GE)	21	21,6	4,32	12-34	10-40
Soziale Orien-tierung (SO)	17	16,7	2,79	7-24	6-26
Soziale Dominanz (SD)	29	29,0	4,39	18-40	10-44
Soziale Inte-gration (SI)	17	17,1	2,35	10-23	6-24

* In der Tabelle wird sowohl die *empirisch* ermittelte als auch die durch die Operationalisierung *theoretisch* mögliche Spannweite ausgewiesen.

Die Reliabilität der einzelnen Persönlichkeitsskalen wurde mit den bereits erläuterten Verfahren getestet. Es erweist sich, daß die Skalen "Soziale Integration" und insbesondere "Soziale Orientierung" weniger reliabel sind als die zuvor betrachteten Meßinstrumente "Meinungsführerschaft" und "Involvement". Dieses Ergebnis kann jedoch nicht verwundern; denn die betrachteten Persönlichkeitsdimensionen stellen sehr breite psychologische Konstrukte dar[31], während die produktbereichsspezifischen Variablen inhaltlich enger gefaßt sind. Daher hängen die Items, die zur Messung jeweils einer der sechs Persönlichkeitsvariablen herangezogen werden, nicht so eng miteinander zusammen wie diejenigen, welche jeweils der Erfassung von "Meinungsführerschaft" und "Involvement" in den drei Produktbereichen dienen. Der Zusammenhang zwischen den Items einer Meßskala aber bildet die Basis der Berechnung von Reliabilitäts-Kennwerten. Die entsprechenden Werte der sechs Variablen finden sich in Tabelle 21.

---

31) Vgl. FAHRENBERG/HAMPEL/SELG (1984), S.37. Mit der Umschreibung "breite Konstrukte" soll zum Ausdruck kommen, daß die Persönlichkeitsdimensionen sehr vielschichtig sind. Deshalb wird ihre Operationalisierung in psychologischen Studien mit einer Fülle von Items vorgenommen, welche den verschiedenen Subkonstrukten Rechnung tragen sollen. Im Rahmen dieser Erhebung war es jedoch nicht möglich, die Item-Pools in ihrem gesamten Umfang bei der Datenerhebung einzusetzen.

Tab.21: Reliabilitäten der Persönlichkeits-Meßskalen

Persönlichkeitsvariable \ Reliabilitätskriterium	Split-Half-Reliabilität	Cronbach's Alpha
Lebenszufriedenheit (LZ)	0,82	0,80
Extraversion (EX)	0,85	0,83
Gehemmtheit (GE)	0,75	0,75
Soziale Orientierung (SO)	0,46	0,48
Soziale Dominanz (SD)	0,78	0,77
Soziale Integration (SI)	0,57	0,66

Die faktorenanalytische Untersuchung der Reliabilitäten ergibt ein ähnliches Bild (siehe Tab.22). Die jeweils durch den ersten Faktor erklärten Anteile der Gesamtvarianz erweisen sich z.T. als relativ gering. Ein unmittelbarer Vergleich der Skalen im Hinblick auf die absolute Varianzerklärung des ersten Faktors ist allerdings problematisch, da die Anzahl der jeweils zugrunde liegenden Items differiert. So ist das Ergebnis, daß der erste Faktor 34,6% der Varianz von 13 Items (im Falle der Skala "Extraversion") erklärt, besser als das Resultat, daß der erste Faktor 37,1% der Varianz von 6 Items (im Falle der Skala "Soziale Integration") erklärt. Weiterhin muß bei der Bewertung der Reliabilitäten beachtet werden, daß - aufgrund der in Kapitel 6.3.1.1 angestellten Überlegungen - eine Faktorenanalyse hier im Idealfall das Ergebnis hervorbringen sollte, daß nach dem Kaiser-Kriterium nur ein Faktor zu extrahieren ist. Daher sind in Tabelle 22 subjektive Beurteilungen der Reliabilitäten ausgewiesen, die sich aus dem durch den ersten Faktor erklärten Anteil der Gesamtvarianz, der Anzahl der zur Messung einer Skala verwendeten Items sowie der Anzahl der zu extrahierenden Faktoren nach dem Kaiser-Kriterium zusammensetzen (siehe Tab.22). So fällt z.B. die Beurteilung der Variablen "Lebenszufriedenheit" deshalb so positiv aus, weil trotz der Operationalisierung durch 8 Items nur ein Faktor zur Extraktion vorgeschlagen wird, und zudem mit 42,6% die insgesamt größte Varianzerklärung durch den ersten Faktor zu verzeichnen ist.

Abschließend ist festzuhalten, daß die Reliabilitäten der Persönlichkeitsvariablen insgesamt "gut" oder "zufriedenstellend" sind, mit Ausnahme der Skala "Soziale Orientierung". Bedenkt man, daß es sich bei den Variablen um komplexe psychologische Konstrukte handelt, die wiederum in verschiedene Subkonstrukte zerlegbar sind, und daß die Operationalisierung hier mit relativ wenigen Items erfolgte, so ist dieses Resultat der Reliabilitätstests als sehr zufriedenstellend zu bezeichnen.

Tab.22: Reliabilitätstests der Persönlichkeitskonstrukte durch Faktorenanalyse

Persönlichkeits-variable	Anzahl der Items	Faktoren n.Kaiser-Kriterium	Durch den 1.Faktor erklärte Varianz	Urteil
Lebenszufriedenheit	8	1	42,6%	sehr gut
Extraversion	13	3	34,6%	gut
Gehemmtheit	10	3	32,5%	gut
Soziale Orientierung	7	2	25,0%	schlecht
Soziale Dominanz	12	3	29,3%	gut
Soziale Integration	6	2	37,1%	befriedigend

6.3.2 Die Regressionsanalyse als geeignetes Verfahren zur Untersuchung der postulierten Beziehungszusammenhänge

Gemäß der zentralen Forschungshypothese (H1) dieser Arbeit wird die graduelle Meinungsführerschaft, die ein Konsument für einen bestimmten Produktbereich aufweist, durch sein bereichsspezifisches Involvement und sein BEP determiniert. Dabei kommen - so weiter die Hypothesen (H2) und (H3) - diesen Determinanten in Abhängigkeit von den betrachteten Produktbereichen unterschiedliche diskriminatorische Gewichte zu.

Ein erster Schritt zur Prüfung der Hypothesen besteht darin, *die Korrelationen* zwischen der graduellen Meinungsführerschaft und ihren mutmaßlichen Determinanten zu analysieren. Einfache Korrelationskoeffizienten liefern allerdings stets nur Informationen darüber, wie stark *jeweils zwei* Variablen assoziiert sind. In der Realität treten die Bestimmungsgründe der Meinungsführerschaft jedoch gleichzeitig auf, was dazu führen kann, daß sich die verschiedenen Effekte überlappen. Dies hat zur Folge, daß bivariate Analysen der einfachen Korrelationskoeffizienten im Hinblick auf die Prüfung der Hypothesen u.U. zu verzerrten Ergebnissen führen. Deshalb wurde für jeden der drei Produktbereiche eine *multiple* Regressionsanalyse durchgeführt[32]. Mit Hilfe dieses Verfahrens können die Beziehungen zwischen einer abhängigen, metrisch skalierten Variablen (Regressand) und mehreren unabhängigen, ebenfalls metrisch skalierten Variablen (Regressoren) *simultan* untersucht werden[33]. In Kapitel

---
32) Die einfachen Korrelationskoeffizienten werden jedoch später noch näher betrachtet, denn sie liefern zusätzliche Informationen, die unter bestimmten Bedingungen - auf die in diesem Kapitel noch eingegangen wird - für die Interpretation einer multiplen Regressionsanalyse unerläßlich sind.
33) Die Entscheidung darüber, welche Variablen als abhängige und welche Variablen als unabhängige in die Analyse eingehen, ist jeweils unter sachlogischen Gesichtspunkten zu treffen und obliegt dem Forscher. Grundlage einer solchen

4.3.2 wurde bereits dargestellt, wie mit Hilfe einer Diskriminanzanalyse die Erklärung einer *nominal* ausgeprägten, abhängigen Variablen durch metrisch ausgeprägte, unabhängige Variablen untersucht werden kann. Im folgenden soll die in Kapitel 4.3.2 aus Vereinfachungsgründen formulierte Prämisse, derzufolge Meinungsführerschaft als dichotom ausgeprägt aufgefaßt wurde, aufgegeben werden. Daher kann anstelle der Diskriminanzanalyse die Regressionsanalyse eingesetzt werden, um die Erklärung der metrisch ausgeprägten Variablen "Meinungsführerschaft" durch die unabhängigen Variablen zu überprüfen.

Das Grundprinzip der multiplen Regressionsanalyse besteht darin, die Ausprägungen der abhängigen Variablen durch eine Linearkombination der unabhängigen Variablen zu schätzen[34]. Dabei gilt es, die Struktur der Linearkombination - d.h. die Regressionskoeffizienten und das konstante Glied - so zu bestimmen, daß insgesamt eine möglichst große Übereinstimmung zwischen den geschätzten und den empirisch ermittelten Werten der abhängigen Variablen erzielt wird.

Im hier interessierenden Zusammenhang ist jeweils die Meinungsführerschaft für einen der drei Produktbereiche die abhängige, d.h. zu erklärende Variable, während das entsprechende bereichsspezifische Involvement und die sechs Persönlichkeitsdimensionen (Indikatoren des BEP) als unabhängige, d.h. erklärende Variablen in die Analyse einbezogen werden[35]. Überträgt man das *klassische lineare Modell*[36] auf diese Problemstellung, so lassen sich die für die drei Produktbereiche postulierten Zusammenhänge wie folgt charakterisieren:

$$MF_F = b_{F0} + b_{F1} \cdot I_F + b_{F2} \cdot EX + b_{F3} \cdot LZ + b_{F4} \cdot SO +$$
$$+ b_{F5} \cdot SD + b_{F6} \cdot SI + b_{F7} \cdot GE + e_F$$

$$MF_A = b_{A0} + b_{A1} \cdot I_A + b_{A2} \cdot EX + b_{A3} \cdot LZ + b_{A4} \cdot SO +$$
$$+ b_{A5} \cdot SD + b_{A6} \cdot SI + b_{A7} \cdot GE + e_A$$

$$MF_K = b_{K0} + b_{K1} \cdot I_K + b_{K2} \cdot EX + b_{K3} \cdot LZ + b_{K4} \cdot SO +$$
$$+ b_{K5} \cdot SD + b_{K6} \cdot SI + b_{K7} \cdot GE + e_K$$

Klassifizierung können z.B. - wie im vorliegenden Fall - die postulierten Kausalzusammenhänge eines theoretisch begründeten Modells sein.

34) Wenn nicht näher gekennzeichnet, basieren die Ausführungen dieses Kapitels auf den Darstellungen der multiplen Regressionsanalyse bei BACKHAUS et al. (1987), S.1ff.; HAMMANN/ERICHSON (1978), S.95ff.; HARTUNG/ELPELT (1986), S.81ff.; JOHNSTON (1984), S.89ff.; SCHACH/SCHÄFER (1978), S.1-104; SCHÄRER (1979), passim, insbes. S.8-14; SCHNEEWEISS (1986), passim, insbes. S.89-162; SCHÖNFELD (1969), S.51ff. Zur technischen Durchführung der Analyse mit Hilfe des Programmpakets SPSS vgl. BEUTEL/SCHUBÖ (1983), S.219ff.

35) Die Variablen können als metrisch skaliert interpretiert werden; vgl. hierzu die Ausführungen in Kapitel 5.4.1, 5.4.2 und 5.4.3 dieser Arbeit. Damit ist die Voraussetzung zur Anwendung der multiplen Regressionsanalyse gegeben.

36) Zum klassischen linearen Modell vgl. z.B. JOHNSTON (1984), S.161ff.; SCHNEEWEISS (1986), S.89ff.; SCHÖNFELD (1969), S.51ff.

wobei

MF_F, MF_A, MF_K = Meinungsführerschaft für Fotoapparate (F), Autos (A), Kleidung (K)
b_{X0} = konstantes Glied in der Regressionsgleichung für Produktbereich X (mit X = {F,A,K})
b_{Xj} = Regressionskoeffizienten der unabhängigen Variablen (mit j=1,...,7) in der Regressionsgleichung für Produktbereich X
I_F, I_A, I_K = Involvement im Hinblick auf Fotoapparate (F), Autos (A), Kleidung (K)
EX = Extraversion
LZ = Lebenszufriedenheit
SO = Soziale Orientierung
SD = Soziale Dominanz
SI = Soziale Integration
GE = Gehemmtheit
e_X = Störvariable, die alle zufälligen, d.h. nicht auf die unabhängigen Regressor-Variablen zurückführbaren Einflüsse auf die Variable "Meinungsführerschaft für Produktbereich X" umfaßt

Die Koeffizienten b_{X0} und b_{Xj} (mit X = {F,A,K} und j=1,...,7) der "wahren" Struktur in der Realität sind unbekannt und müssen deshalb aufgrund der vorhandenen Daten geschätzt werden. Als Schätzwert für die *Meinungsführerschaft für Produktbereich X* ergibt sich dann:

$$\hat{MF}_X = \hat{b}_{X0} + \hat{b}_{X1} \cdot I_X + \hat{b}_{X2} \cdot EX + \hat{b}_{X3} \cdot LZ + \hat{b}_{X4} \cdot SO +$$
$$\hat{b}_{X5} \cdot SD + \hat{b}_{X6} \cdot SI + \hat{b}_{X7} \cdot GE$$

wobei

$\hat{MF}_X$ = Schätzwert der Variablen "Meinungsführerschaft für Produktbereich X" (mit X = {F,A,K})
$\hat{b}_{X0}$ = Schätzwert für das konstante Glied in der Regressionsgleichung für Produktbereich X
$\hat{b}_{Xj}$ = Schätzwert für den Regressionskoeffizienten der Variablen j (mit j=1,...,7) in der Regressionsgleichung für Produktbereich X

Gesucht werden nun diejenigen Koeffizienten, die jeweils möglichst gute Schätzungen der abhängigen Variablen "Meinungsführerschaft für Produktbereich X" liefern.
In der Regel - d.h. bei nicht vollkommener Anpassung - ergeben sich bei einer Regressionsanalyse Abweichungen zwischen den aufgrund der gefundenen Regressionsbeziehung geschätzten und den empirisch ermittelten Ausprägungen der abhängigen Variablen. Die Differenz zwischen der tatsächlichen Ausprägung der Variablen "Meinungsführerschaft für Produktbereich X" bei Proband i und dem entsprechenden Schätzwert läßt sich mit

$$\widehat{MF}_{Xi} - \widehat{MF}_{Xi} = \hat{e}_{Xi}$$

umschreiben. Dabei ist $\hat{e}_{Xi}$ der Schätzwert für die Summe aller derjenigen Einflüsse auf die Ausprägung der abhängigen Variablen bei Proband i, welche nicht auf die unabhängigen Variablen zurückgeführt werden können. Sind nun die Abweichungen $\hat{e}_{Xi}$ insgesamt sehr klein, so kann von einer guten Anpassung gesprochen werden.

Als Optimierungskriterium wird bei Regressionsanalysen üblicherweise das Kleinst-Quadrate-Prinzip herangezogen. Im vorliegenden Zusammenhang bedeutet dies, daß die Summe der quadrierten Abweichungen zwischen den empirisch ermittelten und den geschätzten Ausprägungen der Variablen "Meinungsführerschaft für Produktbereich X" minimiert werden soll. Als Forderung für die optimale Schätzung der Koeffizienten $\hat{b}_{X0}$ und $\hat{b}_{Xj}$ (mit X = {F,A,K} und j=1,...,7) ergibt sich somit

$$\sum_{i=1}^{175} \hat{e}_{Xi}^2 = \sum_{i=1}^{175} (MF_{Xi} - \widehat{MF}_{Xi})^2 \to min!$$

Bei simultaner Einbeziehung aller unabhängigen Variablen ergeben die Analysen der drei Produktbereiche folgende Regressionsfunktionen[37]:

$\widehat{MF}_F=$	$\widehat{MF}_A=$	$\widehat{MF}_K=$
-1.859	-1.608	-4.344
+1.469·I_F	+1.467·I_A	+1.498·I_K
+0.001·EX	-0.029·EX	-0.009·EX
+0.000·LZ	-0.029·LZ	-0.016·LZ
+0.040·SO	+0.033·SO	-0.027·SO
-0.016·SD	+0.095·SD	-0.008·SD
-0.042·SI	-0.033·SI	+0.240·SI
+0.006·GE	-0.063·GE	+0.002·GE

Nach Ermittlung einer Regressionsfunktion interessiert im allgemeinen zunächst die Güte der gefundenen Lösung. Zur Beurteilung der Qualität der gefundenen Regressionsgleichung können zum einen geeignete *Maßzahlen* und zum anderen *statistische Testverfahren* herangezogen werden[38].

---

[37] Als Alternative zur simultanen Berücksichtigung aller unabhängigen Variablen können letztere auch stufenweise in die Regressionsgleichung einbezogen werden. Der Vorzug dieser Vorgehensweise besteht darin, daß Regressor-Variablen, die sich nach einem vorgegebenen Kriterium als nicht erklärungsstark erweisen, gar nicht erst in die Regressionsfunktion einbezogen werden. Im vorliegenden Zusammenhang interessiert jedoch zunächst, inwieweit alle Regressor-Variablen *gemeinsam* die Variable "Meinungsführerschaft" erklären.

[38] Vgl. BACKHAUS et al. (1987), S.26ff. Um statistische Testverfahren überhaupt heranziehen zu können, muß die Bedingung erfüllt sein, daß die Störvariablen e_X normalverteilt sind; vgl. z.B. JOHNSTON (1984), S.181ff.; SCHNEEWEISS (1986), S.92 und 110ff.; SCHÖNFELD (1969), S.93ff. Im folgenden wird davon ausgegangen, daß diese Prämisse erfüllt ist.

Die zentrale Maßzahl zur Beurteilung der Güte einer gefundenen Lösung ist das *Bestimmtheitsmaß* R^2. Dabei handelt es sich um das Quadrat des sogenannten multiplen Korrelationskoeffizienten R, welcher die Höhe der Korrelation zwischen $\hat{MF}_X$ und MF_X angibt[39]. Eine einfache Möglichkeit zur Berechnung des Bestimmtheitsmaßes - und damit auch des multiplen Korrelationskoeffizienten - baut auf dem Prinzip der Streuungszerlegung auf[40]. Die Summe der quadrierten Abweichungen zwischen den Ausprägungen der abhängigen Variablen und ihrem jeweiligen Mittelwert (TSS) läßt sich demnach zerlegen in einen durch die Regressionsfunktion erklärten und einen durch diese nicht erklärten Teil (ESS und RSS)[41]. Im vorliegenden Fall ergibt sich demnach folgender Zusammenhang:

$$\sum_{i=1}^{175} (MF_{Xi} - \overline{MF_X})^2 = \sum_{i=1}^{175} (\hat{MF}_{Xi} - \overline{MF_X})^2 + \sum_{i=1}^{175} (MF_{Xi} - \hat{MF}_{Xi})^2$$

wobei

MF_{Xi} = Ausprägung der Variablen "Meinungsführerschaft für den Produktbereich X" (mit X = {F,A,K}) bei Proband i

$\hat{MF}_{Xi}$ = durch die Regressionsfunktion ermittelter Schätzwert für die Ausprägung der Variablen "Meinungsführerschaft für den Produktbereich X" bei Proband i

$\overline{MF_X}$ = durchschnittliche Ausprägung der Variablen "Meinungsführerschaft für Produktbereich X"

Dividiert man die Terme durch die Anzahl der Beobachtungen, so läßt sich dieser Zusammenhang verbal wie folgt beschreiben[42]:

| Gesamt-streuung | — | Erklärte Streuung | + | Nichterklärte Streuung |

Das Bestimmtheitsmaß R^2 stellt nun das Verhältnis von erklärter Streuung zur Gesamtstreuung dar und kann theoretisch Werte zwischen "0" und "1" annehmen. Je

---

39) Vgl. z.B. SCHACH/SCHÄFER (1978), S.22; SCHÖNFELD (1969), S.46f.
40) Vgl. z.B. BACKHAUS et al. (1987), S.15f.; SCHACH/SCHÄFER (1978), S.20f.; SCHNEEWEISS (1986), S.47ff.; SCHÖNFELD (1969), S.44ff.
41) Hierbei bedeutet (vgl. JOHNSTON (1984), S.176):
TSS = "Total Sum of Squares";
ESS = "Explained Sum of Squares";
RSS = "Residual Sum of Squares".
42) Vgl. z.B. SCHÖNFELD (1969), S.46. Gelegentlich wird darauf verzichtet, explizit darauf hinzuweisen, daß die Abweichungsquadratsummen durch die Anzahl der Beobachtungen dividiert werden müssen, um von einer *Streuungs*zerlegung sprechen zu können; vgl. z.B. BACKHAUS et al. (1987), S.15f. Dabei entsteht leicht der (falsche) Eindruck, daß Abweichungsquadratsumme und Streuung synonyme Begriffe sind.

größer dieser Wert ist, desto besser kann durch die unabhängigen Variablen (im vorliegenden Fall also das produktbereichsspezifische Involvement und die sechs Persönlichkeitsdimensionen) die abhängige Variable (hier die Meinungsführerschaft) erklärt werden.

Neben der absoluten Höhe des Bestimmtheitsmaßes interessiert vor allem, ob die Veränderungen der abhängigen Variablen wirklich - d.h. *statistisch signifikant* - auf die Veränderungen der unabhängigen Variablen zurückzuführen sind. Zur Beantwortung dieser Frage bietet es sich an, eine Hypothesenprüfung mit Hilfe eines F-Tests durchzuführen[43].

Geprüft wird dabei die Alternativhypothese, derzufolge die Veränderungen der abhängigen Variablen rein zufällig sind und nicht auf die Veränderungen der unabhängigen Variablen zurückgeführt werden können. Um die Entscheidung über Annahme oder Ablehnung dieser Nullhypothese treffen zu können, wird zunächst der empirische F-Wert wie folgt berechnet:

$$F_{emp} = \frac{\frac{R^2}{J}}{\frac{1-R^2}{I-J-1}} \quad \text{wobei} \quad \begin{array}{l} J = \text{Zahl der Regressoren} \\ I = \text{Fallzahl} \end{array}$$

Im vorliegenden Fall ist J=7 und I=175 (Erhebungsumfang). Der empirische F-Wert ist dann mit einem theoretischen Wert zu vergleichen, der sich unter Zugrundelegung eines vorgegebenen Signifikanzniveaus α aus der Tabelle der F-Verteilung ergibt. Überschreitet der empirische F-Wert den theoretischen, so ist die Nullhypothese abzulehnen. Dann ist mit einer Vertrauenswahrscheinlichkeit von $1-\alpha$ die Gegenhypothese richtig, welche besagt, daß die Veränderungen der abhängigen Variablen signifikant durch die unabhängigen Variablen bewirkt werden. Der F-Test liefert somit eine Aussage darüber, ob die Gesamtheit der Regressoren die abhängige Variable signifikant zu erklären vermag.

Die Regressionsanalysen für die drei Produktbereiche ergeben die in Tabelle 23 aufgeführten Bestimmtheitsmaße, multiplen Korrelationskoeffizienten, F-Werte und Signifikanzniveaus.

---

43) Dies gründet sich auf den Tatbestand, daß der Quotient zweier unabhängiger x^2-verteilten Zufallsvariablen F-verteilt ist; vgl. z.B. SCHACH/SCHÄFER (1978), S.50; SCHNEEWEISS (1986), S.347. Die erklärte Streuung und die Gesamtstreuung setzen sich aus Summen quadrierter Zufallsvariablen zusammen. Sie sind deshalb x^2-verteilt, wenn - wie unterstellt wurde - die Normalverteilungsprämisse der Störvariablen e_x gilt; vgl. z.B. JOHNSTON (1984), S.165ff.; SCHNEEWEISS (1986), S.347. Zur Durchführung von F-Tests vgl. z.B. BACKHAUS et al. (1987), S.27ff.

Tab.23: Güte der für die drei Produktbereiche ermittelten Regressionsbeziehungen

Kriterium \ Regression für Produktbereich	Fotoapparate	Autos	Kleidung
Bestimmtheitsmaß R^2	0.83	0.75	0.79
Multipler Korrelationskoeffizient R	0.91	0.86	0.89
Signifikanzniveau α	0.000	0.000	0.000

Aus diesen Ergebnissen folgt, daß für *alle drei Produktbereiche* die Gesamtheit der Regressoren die Veränderungen der Variablen "Meinungsführerschaft" in außerordentlich *hohem* Maße erklären kann, wobei diese Zusammenhänge mit einer Vertrauenswahrscheinlichkeit von mehr als 99,9% signifikant sind. Damit wird die Hypothese (H1) - zumindest für die hier betrachtete Teilauswahl - bestätigt.

Neben der Güte des *Gesamt*zusammenhangs zwischen allen Regressoren und dem Regressanden interessiert vor allem, welcher Anteil an der Erklärung der abhängigen Variablen jeweils den *einzelnen* unabhängigen Variablen zukommt. Übertragen auf die vorliegende Problemstellung ist dies gleichbedeutend mit der zentralen Frage, wie stark das spezifische Involvement und die sechs Persönlichkeitsvariablen in den drei Produktbereichen jeweils zur Erklärung der Meinungsführerschaft beitragen.

Zunächst ist zu prüfen, ob zwischen den einzelnen Regressoren und der abhängigen, zu erklärenden Variablen jeweils signifikante Zusammenhänge bestehen. Zur Beantwortung dieser Frage werden die Standardabweichungen $\hat{Sb}_{xj}$ der Regressionskoeffizienten in die Analyse einbezogen[44].

Ein geeignetes Prüfverfahren stellt der t-Test dar[45]. Geprüft wird dabei die Nullhypothese, die besagt, daß ein Regressor *keinen* signifikanten Einfluß auf die abhängige Variable ausübt. Als Prüfgröße dient der Koeffizient

$$t_{xj} = \frac{\hat{b}_{xj}}{\hat{Sb}_{xj}} .$$

Dieser empirisch ermittelte Wert wird mit einem theoretischen Wert t_{tab} verglichen, welcher sich unter Vorgabe eines bestimmten Signifikanzniveaus α aus der Student-t-Verteilung ergibt. Überschreitet der absolute Wert des Koeffizienten t_{xj}

---

44) Die Standardabweichungen bringen zum Ausdruck, inwieweit die ermittelten (Schätz-)Werte der Regressionskoeffizienten von den "wahren" Werten in der Grundgesamtheit abweichen (können). Vgl. BACKHAUS et al. (1987), S.32. Zur analytischen Ermittlung der Standardabweichungen vgl. z.B. SCHNEEWEISS (1986), S.102ff. Ihre Berechnung ist Bestandteil des Programmpakets SPSS.
45) Zum t-Test vgl. z.B. BACKHAUS et al. (1987), S.29ff.; EHRENBERG (1986), S.133ff.; SCHNEEWEISS (1986), S.104ff.

den theoretischen Wert t_{tab}, so wird die Nullhypothese verworfen. Mit einer Vertrauenswahrscheinlichkeit von 1-α ist dann die Gegenhypothese richtig, derzufolge ein signifikanter Einfluß des Regressors j auf die abhängige Variable vorliegt.
Die Ergebnisse des t-Tests für die empirisch ermittelten Regressionskoeffizienten finden sich in den Tabellen 24 bis 26 (Kapitel 6.3.3).

Nach Prüfung der Frage, ob ein Regressor *überhaupt* einen signifikanten Einfluß auf die Ausprägungen der abhängigen Variable hat, ist weiter zu untersuchen, wie *stark* dieser Einfluß in Relation zu demjenigen der anderen Regressoren ausfällt. Indikator für die Bedeutung eines Regressors ist der Betrag seines Regressionskoeffizienten. Um die Regressionskoeffizienten miteinander vergleichen zu können, müssen sie jedoch zuvor standardisiert werden. Diese Standardisierung ist notwendig, weil die einzelnen Regressorvariablen unterschiedliche Standardabweichungen - z.B. aufgrund verschiedener Ausprägungsniveaus - aufweisen. Die standardisierten Koeffizienten $BETA_{Xj}$ berechnen sich wie folgt[46]:

$$BETA_{Xj} = \hat{b}_{Xj} \cdot \frac{\text{Standardabweichung der Variablen J}}{\text{Standardabweichung von } MF_X}$$

Das relative Gewicht der einzelnen Regressoren bei der Erklärung der "Meinungsführerschaft" ergibt sich aus dem Vergleich der *absoluten* Beträge dieser BETA-Koeffizienten.

Die t-Werte und die BETA-Koeffizienten können jedoch unter bestimmten Umständen zu falschen Interpretationen der Signifikanz sowie der relativen Erklärungsbeiträge der einzelnen Regressoren führen. Die Gefahr einer Fehlinterpretation besteht immer dann, wenn die Regressor-Variablen voneinander *nicht unabhängig* sind (Problem der Multikollinearität)[47]. Liegt in hohem Maß Multikollinearität vor, so ist es möglich, daß sich eine bestehende Erklärungskraft einer Regressor-Variablen nicht deutlich im Koeffizienten BETA niederschlägt, weil der von dieser Variablen erklärbare Teil der Gesamtstreuung auch von anderen Regressoren erklärt werden kann. Nach Durchführung einer multiplen Regressionsanalyse gilt dieser Regressor dann möglicherweise als nicht signifikant, und sein BETA-Wert ist - absolut gesehen - sehr klein, obgleich eine *bivariate* Analyse des Zusammenhangs zwischen dieser Variablen und der abhängigen, zu erklärenden Variablen möglicherweise zu einem anderen, entge-

---

46) Vgl. z.B. BACKHAUS et al. (1987), S.20. Die Berechnung der BETA-Koeffizienten ist Bestandteil der SPSS-Auswertung.
47) Zum Problem der Multikollinearität vgl. z.B. JOHNSTON (1984), S.239ff.; SCHNEEWEISS (1986), S.134ff.; SCHÖNFELD (1969), S.79ff. Bei empirischen Daten besteht immer ein gewisser Grad an Multikollinearität, da eine vollständige (statistische) Unabhängigkeit der erklärenden Variablen nie gegeben ist. Vgl. BACKHAUS et al. (1987), S.34.

gengesetzten Ergebnis führen würde.

Im Falle starker Multikollinearität können deshalb die Signifikanz der unabhängigen Variablen und ihre BETA-Werte nur vor dem Hintergrund der hier gewählten *simultanen* Einbeziehung aller sieben Regressoren interpretiert werden. Mitentscheidend für die Bewertung einer gefundenen Regressionslösung ist deshalb die Beantwortung der Frage, in welchem Ausmaß Multikollinearität vorliegt. Zum einen kann dies durch die paarweise Berechnung der Korrelationskoeffizienten abgeschätzt werden, welche sich *zwischen den Regressoren* ergeben. Zum anderen ist es aufschlußreich, die einfachen Korrelationen zwischen den Regressoren und der abhängigen, zu erklärenden Variablen zu analysieren. Unter der Voraussetzung, daß alle Regressoren voneinander vollkommen *unabhängig* sind, muß die Summe der quadrierten einfachen Korrelationskoeffizienten gleich dem Bestimmtheitsmaß sein[48]. Je größer die Abhängigkeiten der Regressoren untereinander sind, desto stärker wird diese Quadratsumme das Bestimmtheitsmaß übersteigen. Die Differenz zwischen diesen beiden Größen stellt somit eine leicht zu ermittelnde Maßzahl dar, mit deren Hilfe man das Ausmaß der Multikollinearität abschätzen kann. Deshalb sollten neben den BETA-Koeffizienten stets auch die einfachen Korrelationskoeffizienten zwischen dem Regressanden und den Regressoren sowie die Summe ihrer Quadrate berechnet werden, um eine gefundene Lösung adäquat interpretieren zu können.

Mit Hilfe der t-Werte, der standardisierten BETA-Koeffizienten sowie der einfachen Korrelationskoeffizienten kann im folgenden Kapitel 6.3.3 die Frage beantwortet werden, in welchem Ausmaß die einzelnen Regressoren in den drei Produktbereichen die Ausprägungen der Variablen "Meinungsführerschaft" erklären.

6.3.3 Regressionsanalytische Ergebnisse für die ausgewählten Produktbereiche
6.3.3.1 Bereich "Fotoapparate"

Für den Bereich "Fotoapparate" ergibt sich, wie erwartet, daß alle sechs Persönlichkeitsvariablen *keinen* Einfluß darauf haben, in welchem Ausmaß ein Konsument auf diesem Sektor Meinungsführerschaft ausübt. Die ermittelten BETA-Koeffizienten dieser Variablen sind alle nahezu unbedeutend klein (siehe Tab.24). Weiterhin ist nach dem t-Test unter Zugrundelegung einer Vertrauenswahrscheinlichkeit von 95% (t_{tab}=1.66) *keiner* dieser Regressionskoeffizienten signifikant von 0 verschieden. Dies bedeutet, daß selbst den Vorzeichen der ermittelten BETA-Koeffizienten *keine* Aussagekraft zukommt, also nicht einmal die grundsätzliche Richtung der Wirkungszusammenhänge zwischen Persönlichkeitsvariablen und Meinungsführerschaft für Fotoapparate statistisch gesichert ist. Dieses Ergebnis spiegelt sich auch in den einfachen Korrelationskoeffizienten wider. Sämtliche Einzelkorrelationen zwischen den

---

[48] Vgl. SCHUCHARD-FICHER et al. (1980), S.93. Ein anderes Verfahren zur Abschätzung der Multikollinearität stellt die Berechnung sogenannter "Toleranzen" der Regressoren dar; vgl. BACKHAUS et al. (1987), S.35f.

Persönlichkeitsvariablen und der Meinungsführerschaft für Fotoapparate sind kleiner als R=0.1 und deshalb *selbst bei separater Betrachtung* nicht signifikant auf dem 90%-Niveau[49].

Tab.24: Regression "Meinungsführerschaft für Fotoapparate": Untersuchung der Regressoren

Kriterium Regressor	t-Wert	Signifikanz- niveau	BETA- Wert*	Einfache Korrelation**
Involvement	28.00	p<0.001	0.912	0.910
Extraversion	0.02	n.s.	0.001	0.081
Lebenszufriedenheit	0.00	n.s.	0.000	0.089
Soziale Orientierung	0.91	n.s.	0.030	0.059
Soziale Dominanz	-0.44	n.s.	-0.018	0.075
Soziale Integration	-0.67	n.s.	-0.026	-0.006
Gehemmtheit	0.13	n.s.	0.006	-0.025

n.s. = Regressoreinfluß nicht signifikant auf dem 95%-Niveau
* standardisierte Regressionskoeffizienten
** Korrelation Regressoren/"Meinungsführerschaft"

Das *Involvement* für Fotoapparate hingegen erklärt die Meinungsführerschaft für diesen Produktbereich fast vollständig. Der entsprechende Regressionskoeffizient ist in außerordentlich hohem Maße signifikant. Auch der Wert des einfachen Korrelationskoeffizienten von 0.91 belegt eindrucksvoll die extrem hohe Erklärungskraft, die dem Involvement hier zukommt.

Aufgrund der sehr schwachen Korrelationen zwischen den Persönlichkeitsvariablen und der Meinungsführerschaft für Fotoapparate besteht zudem kein Multikollinearitätsproblem. Dies ist daran zu erkennen, daß die Summe der quadrierten einfachen Korrelationskoeffizienten (0.852) das Bestimmtheitsmaß R^2 (0.831) kaum überschreitet. Damit liefern die ermittelten BETA-Koeffizienten Informationen über die relativen Gewichte, die den betrachteten Variablen bei der Erklärung von Meinungsführerschaft für Fotoapparate zukommen.

Diese Ergebnisse legen *für die in dieser Erhebung befragten Probanden* den Schluß nahe, daß für den Bereich "Fotoapparate" offensichtlich das Involvement - und damit die *Sachkompetenz* - der Meinungsführer *ausschlaggebend* für ihr Einflußpotential ist. Das BEP scheint demgegenüber *kein* Bestimmungsgrund der Meinungsführerschaft zu sein.

---

[49] Um mit einer Vertrauenswahrscheinlichkeit von 90% signifikant von 0 verschieden zu sein, müßte der absolute Wert eines Korrelationskoeffizienten im vorliegenden Fall größer sein als etwa R=0.097 (einseitiger Test, n=175).

6.3.3.2 Bereich "Automobile"

Auch für den Produktbereich "Automobile" erweist sich das entsprechende *Involvement* als der deutlich erklärungsstärkste Regressor. Zwar sind sowohl der BETA-Koeffizient (0.827) als auch der einfache Korrelationskoeffizient (0.857) kleiner als die entsprechenden Werte für den Produktbereich "Fotoapparate"; gleichwohl erweisen sich diese Koeffizienten auch für den Bereich "Automobile" als in außerordentlich hohem Maß signifikant (siehe Tab.25).

Tab.25: Regression "Meinungsführerschaft für Autos": Untersuchung der Regressoren

Kriterium Regressor	t-Wert	Signifi- kanzniveau	BETA- Wert*	Einfache Korrelation**
Involvement	19.15	p<0.001	0.827	0.857
Extraversion	-0.68	n.s.	-0.046	0.271
Lebenszufriedenheit	-0.69	n.s.	-0.031	0.154
Soziale Orientierung	0.61	n.s.	0.025	-0.180
Soziale Dominanz	2.21	p<0.025	0.115	0.406
Soziale Integration	-0.45	n.s.	-0.021	0.155
Gehemmtheit	-1.33	n.s.	-0.075	-0.226

n.s. = Regressoreinfluß nicht signifikant auf dem 95%-Niveau
* standardisierte Regressionskoeffizienten
** Korrelation Regressoren/"Meinungsführerschaft"

Die Meinungsführerschaft für Automobile läßt sich jedoch - im Gegensatz zu derjenigen für Fotoapparate - auch durch *Persönlichkeitsmerkmale* erklären. Herausragende Bedeutung kommt dabei der "Sozialen Dominanz" zu. Zwar sind sowohl der BETA-Wert (0.115) als auch der einfache Korrelationskoeffizient (0.406) erheblich kleiner als die entsprechenden Werte des Regressors "Involvement" (siehe Tab.25). Dennoch ist auch der Variablen "Soziale Dominanz" eine hohe Erklärungskraft zu attestieren.

Die anderen Persönlichkeitsmerkmale erweisen sich hingegen im Rahmen der *Regressionsanalyse* als nicht signifikante Regressoren[50]. Dies folgt daraus, daß die Vorzeichen der entsprechenden BETA-Koeffizienten und damit die grundsätzliche Richtung der Regressor-Wirkungen auf die zu erklärende Variable nicht gesichert sind. Damit liegt zunächst der Schluß nahe, daß sich diese Persönlichkeitsvariablen *nicht* dazu eignen, Meinungsführerschaft für Automobile zu erklären.

Allerdings gilt dieses Resultat zunächst nur unter der Prämisse, daß die insgesamt sieben Regressoren die Meinungsführerschaft für Autos *simultan* erklären sollen, da bei dieser Regression deutlich erkennbar *Multikollinearität* vorliegt: Die Summe der quadrierten einfachen Korrelationskoeffizienten (1.104) ist erheblich größer als das

---

[50] Diese Aussage gilt unter Zugrundelegung einer Vertrauenswahrscheinlichkeit von 95%.

Bestimmtheitsmaß R^2 (0.747). Somit besteht die Gefahr, daß sich die vorhandene Erklärungskraft einer oder mehrerer Regressorvariablen nicht deutlich in den BETA-Koeffizienten niederschlägt, weil der von dieser oder diesen Variablen erklärbare Teil der Gesamtstreuung auch von anderen Regressoren erklärt werden kann.

Aus diesem Grund sind neben den BETA-Koeffizienten auch die einfachen Korrelationskoeffizienten näher zu untersuchen. Dabei zeigt sich, daß *alle* einfachen Korrelationskoeffizienten mit einer Vertrauenswahrscheinlichkeit von 95% als signifikant angesehen werden müssen. Während eine starke soziale Integration, eine hohe Lebenszufriedenheit und - vor allem - eine hohe Extraversion *positiv* mit der "Meinungsführerschaft für Autos" verknüpft sind, erweisen sich eine hohe Gehemmtheit und - etwas überraschend - eine starke soziale Orientierung als damit *negativ* assoziiert.

Die Ergebnisse zeigen, daß die Bewertung der einzelnen Regressoren hinsichtlich des Beitrags, den sie zur Erklärung der Meinungsführerschaft für Autos leisten, nicht allein auf der Analyse der BETA-Koeffizienten aufbauen darf. Zweifelsfrei ist, daß das Involvement für Autos und - in schwächerem Ausmaß - die "Soziale Dominanz" die größten Erklärungsbeiträge liefern, denn sowohl deren einfache Korrelationskoeffizienten als auch deren BETA-Koeffizienten weisen die jeweils höchsten Werte aller Regressoren auf. Daneben ist jedoch zu berücksichtigen, daß z.B. die "Extraversion" ebenfalls einen hohen Erklärungsbeitrag (im bivariaten Fall 7,3% der Gesamtstreuung) zu leisten vermag, der sich allerdings nicht im BETA-Koeffizienten niederschlägt (dieser hat sogar ein negatives Vorzeichen (!), welches jedoch statistisch nicht gesichert ist). Die vorhandene Erklärungskraft dieser und der verbleibenden vier Persönlichkeitsvariablen wird also offensichtlich von derjenigen des Involvements und derjenigen der "Sozialen Dominanz" überdeckt.

Insgesamt legen die Ergebnisse *für die hier betrachtete Teilauswahl* den Schluß nahe, daß die Meinungsführerschaft für Autos in erster Linie auf das Involvement eines Konsumenten - und damit auf seine *Sachkompetenz* - zurückzuführen ist. Daneben scheint jedoch auch das BEP die Meinungsführerschaft wesentlich zu determinieren. Im einzelnen ist Meinungsführerschaft dabei offensichtlich vor allem auf die "Soziale Dominanz" zurückzuführen. Daneben scheinen auch eine hohe Extraversion, eine geringe Gehemmtheit, eine geringe soziale Orientierung, eine hohe soziale Integration sowie eine hohe Lebenszufriedenheit dazu beizutragen, daß ein Konsument eine hohe graduelle Meinungsführerschaft für Autos aufweist, wobei die einzelnen Persönlichkeitseinflüsse überlappen.

6.3.3.3 Bereich "Kleidung"

Für den Produktbereich "Kleidung" ergeben sich ähnliche Ergebnisse wie für den Autobereich. Wiederum erweist sich das bereichsspezifische *Involvement* als ausschlaggebend für das Ausmaß der Meinungsführerschaft eines Probanden. Der BETA-Koeffizient (0.829) sowie der einfache Korrelationskoeffizient (0.874) sind dabei etwas größer als die entsprechenden Werte für den Produktbereich "Automobile", jedoch kleiner als diejenigen für den Bereich "Fotoapparate". Insgesamt sind diese Koeffizienten auch für den Bereich "Kleidung" in außerordentlich hohem Maße signifikant (siehe Tab.26).

Tab.26: Regression "Meinungsführerschaft für Kleidung": Untersuchung der Regressoren

Kriterium Regressor	t-Wert	Signifi- kanzniveau	BETA- Wert*	Einfache Korrelation**
Involvement	21.79	p<0.001	0.829	0.874
Extraversion	-0.26	n.s.	-0.016	0.220
Lebenszufriedenheit	-0.46	n.s.	-0.019	0.123
Soziale Orientierung	-0.61	n.s.	-0.022	0.033
Soziale Dominanz	-0.24	n.s.	-0.011	0.061
Soziale Integration	3.76	p<0.001	0.170	0.403
Gehemmtheit	0.05	n.s.	0.003	-0.077

n.s. = Regressoreinfluß nicht signifikant auf dem 95%-Niveau
* standardisierte Regressionskoeffizienten
** Korrelation Regressoren/"Meinungsführerschaft"

Daneben kommt jedoch auch der Gesamtheit der *anderen* Regressoren eine regressionsanalytische Erklärungskraft zu. Als besonders stark erweist sich dabei der Zusammenhang zwischen der "Meinungsführerschaft für Kleidung" und der "Sozialen Integration". Zwar sind sowohl der BETA-Koeffizient (0.170) als auch der einfache Korrelationskoeffizient (0.403) deutlich kleiner als die entsprechenden Werte des Regressors "Involvement für Kleidung". Gleichwohl sind auch diese Werte in hohem Maße, nämlich auf dem 99,9%-Niveau, *signifikant*. Die anderen fünf Persönlichkeitsdimensionen weisen demgegenüber - absolut gesehen - deutlich niedrigere BETA-Werte auf. Der t-Test führt zu dem Ergebnis, daß keiner der fünf Regressionskoeffizienten signifikant auf dem 95%-Niveau ist. Somit können die Vorzeichen dieser Koeffizienten - und damit die grundsätzliche Wirkungsrichtung dieser Regressoren - nicht als gesichert betrachtet werden. Daraus folgt scheinbar, daß mit Ausnahme der "Sozialen Integration" keine der untersuchten Persönlichkeitsdimensionen einen signifikanten Zusammenhang mit der "Meinungsführerschaft für Kleidung" aufweist.
Der Aussagewert der Regressionsgleichung wird jedoch durch das Vorliegen von Multikollinearität eingeschränkt: die Summe der quadrierten einfachen Korrelations-

koeffizienten (1.000) übersteigt deutlich das Bestimmtheitsmaß R^2 (0.786). Daraus folgt, daß die einfachen Korrelationskoeffizienten näher untersucht werden müssen, bevor ein abschließendes Urteil über die relative Bedeutung der einzelnen Regressoren für die Erklärung der "Meinungsführerschaft für Kleidung" getroffen werden darf.

Dabei ist es unstrittig, daß dem Involvement und der "Sozialen Integration" die größte Bedeutung für die Erklärung der Meinungsführerschaft zukommt, denn sowohl ihre BETA-Koeffizienten als auch ihre einfachen Korrelationskoeffizienten weisen die insgesamt höchsten Werte auf. Daneben gilt es jedoch zu berücksichtigen, daß die "Extraversion" ebenfalls *signifikant* auf dem 99%-Niveau mit der Meinungsführerschaft korreliert. Im einzelnen bedeutet dies, daß die "Extraversion" in einer bivariaten Analyse immerhin 4.8% der Gesamtstreuung erklärt. Diese Erklärungskraft spiegelt sich *deshalb* nicht im BETA-Koeffizienten wider, weil der durch die "Extraversion" erklärbare Teil der Gesamtstreuung auch durch andere Regressoren erklärt werden kann. Dies führt sogar dazu, daß das Vorzeichen des entsprechenden BETA-Koeffizienten *negativ* wird, obgleich der einfache Korrelationskoeffizient einen positiven Zusammenhang mit der Meinungsführerschaft anzeigt.

Die anderen vier Persönlichkeitsdimensionen sind dagegen *nicht* dazu geeignet, die Meinungsführerschaft für Kleidung zu erklären. Neben den entsprechenden BETA-Koeffizienten sind auch die einfachen Korrelationskoeffizienten nicht signifikant auf dem 95%-Niveau. Allenfalls die "Lebenzufriedenheit" weist einen schwachen Zusammenhang mit Meinungsführerschaft auf. In einer bivariaten Analyse erklärt dieser Regressor jedoch nur etwa 1.5% der Gesamtstreuung der Meinungsführerschaft.

Zusammenfassend ist *für die hier betrachtete Teilauswahl* festzuhalten, daß die Meinungsführerschaft für Kleidung offensichtlich in erster Linie auf das bereichsspezifische Involvement von Konsumenten zurückgeführt werden kann. Dieses Ergebnis überrascht etwas, da die Erklärungskraft dieser Variablen zuvor geringer eingeschätzt worden war. Dahinter stand die Vermutung, daß es zur Ausübung von Meinungsführerschaft für Kleidung nicht so umfangreicher Detailkenntnisse bedarf wie im Fall der beiden anderen, technisch komplexen Produktbereiche. Wenn aber Detailkenntnis, also die kognitive Komponente des Involvements, nicht entscheidend ist für die Ausübung von Meinungsführerschaft, dann - so die A-Priori-Überlegung - müßte dies auch für das Involvement insgesamt gelten. Diese These wird hier jedoch nicht gestützt. Das Resultat ist möglicherweise darauf zurückzuführen, daß Meinungsführerschaft für Kleidung ein großes spezifisches Interesse und Wissen - und damit Involvement - erfordert, um im Sinne von Geschmacksnormen und Modetrends fachkompetent zu sein[51].

---

[51] Dies bedeutet, daß die Variablen Involvement und BEP nicht, wie hier unterstellt, unabhängig voneinander sind, sondern daß produktbereichsspezifische normative und komparative Einflüsse existieren. Vgl. hierzu auch die Ausführungen in Kapitel 4.3.1 dieser Arbeit.

Daneben wurde die Erwartung bestätigt, daß ein Meinungsführer für Kleidung auch aufgrund seines *BEP* andere Konsumenten beeinflußt. Im einzelnen kommt es offenbar vor allem darauf an, in hohem Maße sozial integriert zu sein, um als Meinungsführer fungieren zu können. Daneben sind jedoch auch Personen, die eine hohe Extraversion aufweisen, dazu prädestiniert, andere Konsumenten beim Kauf von Kleidung zu beeinflussen. Die anderen untersuchten Persönlichkeitsdimensionen - Gehemmtheit, soziale Orientierung, soziale Dominanz und Lebenszufriedenheit - spielen dagegen für die Erklärung der Meinungsführerschaft für Kleidung offensichtlich keine Rolle.

6.3.4 Schlußfolgerungen für die Gültigkeit der postulierten Forschungshypothesen

Es stellt sich abschließend die Frage, welche Schlüsse aus den regressionsanalytischen Ergebnissen insgesamt im Hinblick auf die zentralen Forschungshypothesen (H1) bis (H3) dieser Arbeit zu ziehen sind. Dabei ist zu beachten, daß die hier befragten Probanden **keine repräsentative Stichprobe** aus der Grundgesamtheit aller Konsumenten darstellen. Daraus folgt, daß die Ergebnisse nur als tendenzielle Bestätigungen oder Nicht-Bestätigungen der postulierten Forschungshypothesen zu interpretieren sind. Eine Hypothesenvalidierung i.e.S. kann mit diesen Resultaten a priori **nicht** geleistet werden.

Die Hypothese (H1), derzufolge die graduelle Meinungsführerschaft eines Konsumenten durch sein produktbereichsspezifisches Involvement und sein BEP erklärt werden kann, wird durch die Erhebungsresultate eindrucksvoll bestätigt. Mindestens 3/4 der in der "Meinungsführerschaft" enthaltenen Variabilität kann jeweils durch die gefundenen Regressionsbeziehungen erklärt werden (siehe Tab.23 in Kapitel 6.3.2), was ein sehr gutes Ergebnis darstellt.

Die Hypothese (H3), derzufolge das Involvement besonders wichtig für die Erklärung der Meinungsführerschaft ist, wenn die Produkte des betrachteten Bereichs komplex sind, d.h. eine große technisch-funktionale Eigenschaftsvielfalt aufweisen, wird hingegen durch die Resultate nur bedingt bestätigt. Zwar kommt dem Involvement für die a priori als komplex eingestuften Bereiche "Autos" und "Fotoapparate" jeweils eine außerordentlich hohe Erklärungskraft bei der Regression der Variablen "Meinungsführerschaft" zu; dies gilt jedoch auch für den Produktbereich "Kleidung", für den zuvor keine große technisch-funktionale Eigenschaftsvielfalt der Produkte vermutet worden war.
Dieses Resultat ist möglicherweise darauf zurückzuführen, daß die Überlegungen bezüglich der Eigenschaftsvielfalt der Produktarten keine zutreffenden Beschreibungen der Realität darstellen. Unterstützt wird dieser Erklärungsansatz durch das Resultat, daß die Probanden durchschnittlich etwa gleich hohe funktional-finanzielle Risiken in

bezug auf die Produktbereiche "Kleidung" und "Fotoapparate" wahrnehmen. Daneben ist es auch möglich, daß - wie bereits angedeutet wurde - die hohe Bedeutung des Involvements für die Erklärung der Meinungsführerschaft für "Kleidung" darauf zurückzuführen ist, daß die Meinungsführer für diesen Bereich fachkompetent im Hinblick auf Geschmacksnormen und Modetrends sein müssen. Weiterhin liegt die Vermutung nahe, daß die überragende Bedeutung des Involvements für die Erklärung von Meinungsführerschaft nicht zuletzt auf die für die Untersuchung gewählten Produktbereiche zurückzuführen ist, da Konsumenten im Hinblick auf diese Bereiche vermutlich generell *überdurchschnittlich involviert* sind. Dies wird auch durch die relativ hohen Ausprägungen der Involvementvariablen (siehe Abb.47 in Kapitel 6.3.1.2) gestützt.

Die Hypothese (H2) wurde hingegen tendenziell bestätigt. Während das BEP für die Erklärung der Meinungsführerschaft für den sozial weniger auffälligen Bereich "Fotoapparate" keine entscheidende Bedeutung hat, kann die Meinungsführerschaft für die sozial auffälligen Bereiche "Autos" und "Kleidung" auch durch die verwendeten BEP-Indikatoren erklärt werden. Dies legt den Schluß nahe, daß Meinungsführer nicht nur aufgrund ihrer Kompetenz, sondern auch aufgrund ihrer Funktion als Bezugsperson um Rat gefragt werden. Zwar ist die Bedeutung der Persönlichkeits-Regressoren nicht so groß wie diejenige des Involvements; dennoch muß das Resultat angesichts des Tatbestands, daß es sich bei den BEP-Indikatoren um produktbereichs*unabhängige* Variablen handelt, als sehr zufriedenstellend bezeichnet werden.

Ein Problem stellt allerdings das Regressionsergebnis dar, daß jeweils unterschiedliche Persönlichkeitsdimensionen die Meinungsführerschaft in den betreffenden beiden Produktbereichen signifikant erklären. Weitet man die Betrachtung jedoch auch auf die einfachen Korrelationskoeffizienten aus, so eignen sich die Persönlichkeitsvariablen "Soziale Integration" und "Extraversion" offenbar dazu, die Meinungsführerschaft in den *beiden* Bereichen zu erklären. Die insgesamt heterogenen Ergebnisse erfordern jedoch eine Überprüfung der Operationalisierung des BEP, was zukünftige Untersuchungen leisten könnten.

Insgesamt ist **für die hier betrachtete Teilauswahl** festzuhalten, daß eine teilweise Erklärung der Meinungsführerschaft von Konsumenten durch das produktbereichsunabhängige BEP möglich erscheint. Darauf könnten weitere Untersuchungen aufbauen mit dem Ziel, dieses Konstrukt in repräsentativen Medienanalysen auszuweisen. Mit Hilfe derartiger Werbeträgeranalysen würden sodann die Möglichkeiten verbessert, die interpersonelle Kommunikation über *sozial auffällige* Produkte durch die indirekte Ansprache von Meinungsführer-Segmenten spezifisch zu steuern. Hierzu müßten bei der Werbeträgerauswahl diejenigen Medien besonders gewichtet werden, deren Nutzer nachweislich der Analysen ein hohes BEP aufweisen.

6.4 Zusammenhang zwischen Meinungsführerschaft, wahrgenommenen Kaufrisiken und Informationsverhalten

6.4.1 Meinungsführerschaft und wahrgenommene Kaufrisiken

Da Meinungsführer aufgrund ihres hohen Involvements sehr fachkompetent sind, ist zu erwarten, daß sie im Hinblick auf "ihren" Produktbereich geringere *funktional-finanzielle* Risiken wahrnehmen als die Nicht-Meinungsführer. Für den Zusammenhang zwischen Meinungsführerschaft und wahrgenommenem *sozial-psychologischen* Risiko läßt sich dagegen a priori keine Hypothese aufstellen.

Die empirische Überprüfung der entsprechenden Zusammenhänge erfolgte mit Hilfe einer einfachen Korrelationsanalyse[52]. Die Ergebnisse finden sich in Tabelle 27; dabei wurden nur solche Korrelationskoeffizienten berücksichtigt, die mit einer Vertrauenswahrscheinlichkeit von 99% als signifikant anzusehen sind.

Tab.27: Korrelationen zwischen der Meinungsführerschaft und den wahrgenommenen Kaufrisiken

Risiko \ Meinungsführerschaft für den Produktbereich	"Foto"	"Auto"	"Kleidung"
funktional-finanziell	-.191	-.301	-.202
sozial-psychologisch	n.s.	n.s.	n.s.
n.s.= nicht signifikant auf dem 99%-Niveau, d.h. p>0.01			

Wie erwartet, nehmen die Meinungsführer geringere funktional-finanzielle Risiken wahr als die Nicht-Meinungsführer. Dieses Resultat entspricht weitgehend dem Befund, der sich bei einer Untersuchung von ARNDT ergab[53]. Allerdings hatte dieser nur das Gesamt-Risiko betrachtet und keine weitergehende Differenzierung nach Risikoinhalten vorgenommen.

Besonders interessant erscheint jedoch das Ergebnis, daß Meinungsführer und Nicht-Meinungsführer sich *nicht* hinsichtlich des empfundenen sozial-psychologischen Risikos voneinander unterscheiden. Meinungsführer - so die mögliche Schlußfolgerung - nehmen zwar aufgrund ihrer Fachkompetenz nur relativ geringe funktionale und/oder finanzielle Risiken wahr; im Falle eines beabsichtigten Kaufs sind sie jedoch im Hinblick auf mögliche soziale Sanktionen ihrer Umwelt durchschnittlich genauso sicher bzw. unsicher wie die Nicht-Meinungsführer. Unterstellt man, daß wahrgenommene Kaufrisiken das Informationsverhalten von Konsumenten nachhaltig determinieren, so wäre zu vermuten, daß sich Meinungsführer insbesondere solche Informationen beschaffen, die die von ihnen perzipierten *sozialen* Risiken reduzieren kön-

---
[52] Berechnet wurden die Produkt-Moment-Korrelationskoeffizienten.
[53] Vgl. ARNDT (1967c), S.310ff.; ARNDT (1970), S.1118f.

nen. Nicht-Meinungsführer hingegen sehen sich offenbar dazu veranlaßt, *zusätzlich funktional-finanzielle* Risiken abzubauen.

6.4.2 Meinungsführerschaft und Informationsverhalten

Die Untersuchung des Zusammenhangs zwischen der "Meinungsführerschaft" und dem Informationsverhalten diente i.e.L. der Überprüfung der Hypothese (H5), derzufolge sich Meinungsführer verstärkt *fachspezifischen* Medien zuwenden[54]. Darüber hinaus war es jedoch möglich, die Nutzung bzw. Beurteilung (Informationsverhalten vom Typ I und II) *aller* vorgegebenen Informationsquellen auf etwaige Zusammenhänge mit Meinungsführerschaft hin zu untersuchen. Auf diese Weise konnten weitere, differenzierte Aussagen über das unterschiedliche Informationsverhalten von Meinungsführern und Nicht-Meinungsführern gewonnen werden.

Zur Untersuchung des Zusammenhangs zwischen der Meinungsführerschaft und den einzelnen Informationsvariablen wurden die einfachen Korrelationskoeffizienten herangezogen. Die Ergebnisse finden sich in Tabelle 28. Dabei bedeutet ein positives Vorzeichen, daß eine hohe graduelle Meinungsführerschaft mit einer intensiven Nutzung bzw. einer günstigen Bewertung der jeweils betrachteten Informationsquelle verknüpft ist. In der Tabelle wurden nur solche Korrelationskoeffizienten berücksichtigt, die mit einer Vertrauenswahrscheinlichkeit von 99% signifikant sind.

Bei der Interpretation der Koeffizienten ist zu beachten, daß diese nur *relative* Aussagen über den Zusammenhang zwischen der Meinungsführerschaft und einer Informationsvariablen ermöglichen, während die in den Abbildungen 43 bis 45 dargestellten Mittelwerte (Kapitel 6.1) für die *Rangfolge* der Informationsquellen in bezug auf die "Allgemeine Nutzungsintensität" und die "Wichtigkeit bei einem Kauf" ausschlaggebend sind. Die *absolute* Rangfolge der Informationsquellen sollte bei der Interpretation der Korrelationskoeffizienten implizit stets mit berücksichtigt werden.

Im folgenden werden die Ergebnisse für die einzelnen Informationsquellen einer näheren Betrachtung unterzogen. Dabei wird weitgehend der in Kapitel 1.3.2 vorgestellten Klassifikation gefolgt und zwischen

(1) unabhängigen, unpersönlichen
(2) unabhängigen, persönlichen
(3) abhängigen, unpersönlichen
(4) abhängigen, persönlichen

Informationsquellen unterschieden.

---

54) Diese Hypothese wurde bereits von verschiedenen Autoren geprüft und validiert; vgl. z.B. SUMMERS (1970), S.182; REYNOLDS/DARDEN (1971), S.450; COREY (1971), S.51; ARMSTRONG/FELDMAN (1976), S.23, sowie die Ausführungen in Kapitel 2.4 dieser Arbeit. Gleichwohl sollte geprüft werden, ob sich diese Hypothese auch für die hier untersuchte Teilauswahl bestätigen läßt.

Tab.28: Korrelationen der Variablen "Meinungsführerschaft" mit den erhobenen Informationsvariablen

Informations-quelle \ Produktbereich	"Auto" (11 Quellen)		"Foto" (9 Quellen)		"Kleidung" (10 Quellen)	
	TypI	TypII	TypI	TypII	TypI	TypII
Red.Teil von Fachzeitschriften	+.58	+.25	+.60	+.33	+.43	+.35
Red.Teil bzw. Beilagen von Zeitschriften/Zeitungen	+.51	+.23	+.52	+.21	+.30	n.s.
Rundfunk-/Fernsehsendungen "Autos"	+.34	n.s.	—	—	—	—
Testinstitute	n.s.	−.34	+.31	n.s.	—	—
Befragung v. Freunden und Bekannten	n.s.	n.s.	+.22	−.20	+.20	+.22
Diskussion mit Familienangehörigen	+.26	n.s.	n.s.	n.s.	n.s.	n.s.
Beobachtung v. Freunden und Bekannten	n.s.	n.s.	n.s.	n.s.	n.s.	n.s.
Prospekte d. Hersteller oder Händler	+.29	n.s.	+.44	+.20	+.24	+.20
Werbung in den Medien (z.B. Anzeigen in lokalen Medien)	n.s.	n.s.	+.20	n.s.	+.23	n.s.
Messen/lokale Ausstellungen	+.44	n.s.	—	—	—	—
Schaufenster	—	—	—	—	+.21	n.s.
Sortimentsbeobachtung	—	—	—	—	+.20	n.s.
Verkaufspersonal der Händler	n.s.	n.s.	+.35	n.s.	n.s.	−.20

Typ I - Informationsverhalten vom Typ I (allgemeine Nutzungsintensität)
Typ II - Informationsverhalten vom Typ II (Wichtigkeit beim Kauf)
n.s. = nicht signifikant auf dem 99%-Niveau, d.h. p>0.01

Unabhängige, unpersönliche Informationsquellen

Meinungsführer nutzen - so der hier gewonnene empirische Befund - *im allgemeinen* produktbereichsspezifische Fachzeitschriften sowie relevante Beiträge in anderen Zeitungen und Zeitschriften wesentlich intensiver als die Nicht-Meinungsführer. Diese Erkenntnis stimmt mit den Resultaten früherer Untersuchungen überein und läßt sich leicht durch den bereits angeführten Tatbestand erklären, daß die Meinungsführer an "ihrem" Produktbereich besonders interessiert sind.

Daneben halten die Meinungsführer die angeführten Informationsquellen auch im Falle eines *beabsichtigten Kaufs* für wichtiger, als dies die Nicht-Meinungsführer tun. Dieses Resultat überrascht zunächst, da vor einem Kauf i.d.R. auch die Nicht-Meinungsführer ein spezifisches Interesse an kaufrelevanten Informationen zeigen[55] und die angeführten Informationsquellen als kompetent und vertrauenswürdig gelten. Offensichtlich befriedigen die Nicht-Meinungsführer den dann entstandenen Informationsbedarf jedoch vornehmlich durch die Nutzung anderer Quellen. Dies ist möglicherweise darauf zurückzuführen, daß die aus den genannten Quellen gewinnbaren Informationen häufig nicht leicht verständlich sind und Vorkenntnisse erfordern (Beispiel: Testberichte in HiFi-Zeitschriften, bei denen ein Laie oft nicht weiß, welche der zahlreichen technischen Kriterien für seine Kaufentscheidung tatsächlich relevant sind).

Für den Bereich "Autos" gilt, daß die Meinungsführer auch Rundfunk- und Fernsehsendungen über dieses Thema *im allgemeinen* stärker nutzen als die Nicht-Meinungsführer[56]. Für das Informationsverhalten bei aktuellem Kaufanlaß ergibt sich diesbezüglich hingegen kein signifikanter Unterschied. Dies ist vermutlich darauf zurückzuführen, daß diese Informationsquelle im Hinblick auf den konkreten Informationsbedarf bei Kaufentscheidungen meist nicht gezielt genutzt werden kann und daher weder von den Meinungsführern noch von den Nicht-Meinungsführern für besonders wichtig gehalten wird[57].

Die relevanten Publikationen der "Stiftung Warentest" werden von den Meinungsführern für Fotoapparate *im allgemeinen* stärker genutzt als von den Nicht-Meinungsführern. Demgegenüber besteht zwischen den beiden Gruppen kein Unterschied in bezug auf die Wichtigkeit, die dieser Informationsquelle für eine *Kauf*entscheidung beigemessen wird. Für den Bereich "Autos" ergibt sich hingegen ein anderer Befund. Im Hinblick auf das *allgemeine* Informationsverhalten besteht kein signifikanter Unterschied zwischen Meinungsführern und Nicht-Meinungsführern. Bei aktuellem *Kauf*anlaß halten die Nicht-Meinungsführer die Publikationen der "Stiftung Warentest" für

---

55) Diese Vermutung liegt zumindest bei den hier betrachteten langlebigen Gebrauchsgütern nahe.
56) Diese Informationsquelle wurde nur für den Autobereich analysiert, da ihre Bedeutung für die beiden anderen Produktbereiche als nicht so hoch eingestuft wurde. Es wäre jedoch durchaus denkbar, diese Quelle auch im Zusammenhang mit dem Bereich "Kleidung" zu untersuchen.
57) Diese Informationsquelle nimmt - absolut gesehen - lediglich Rang (8) der Wichtigkeits-Skala bei einem Auto-Kauf ein; vgl. Abb.44 in Kapitel 6.1 dieser Arbeit.

wichtiger als die Meinungsführer (!). Eine Erklärung für diesen von dem Ergebnis für Fotoapparate abweichenden Befund ist vielleicht darin zu sehen, daß das Produkt "Auto" bislang noch nicht nach den festgelegten Kriterien von der "Stiftung Warentest" untersucht wurde[58]. Vielmehr wurden lediglich vereinzelt einige Tests veröffentlicht, die man von anderen Organisationen übernahm[59], sowie Tests von bestimmten Teilen des Produkts "Auto", wie z.B. Reifen oder Katalysatoren[60]. Die Folge ist möglicherweise, daß Meinungsführer diese Testberichte nur sporadisch nutzen und die Auto-Tests in Fachzeitschriften bevorzugen, wenn sie ihr hohes Informationsbedürfnis zu befriedigen suchen, so daß sich insgesamt hinsichtlich der allgemeinen Nutzung von "Stiftung-Warentest"-Berichten keine Unterschiede zu den Nicht-Meinungsführern ergeben. Bei aktuellem Kaufanlaß und einem dadurch erhöhten Informationsbedarf bewerten die Nicht-Meinungsführer diese Quelle offenbar aufgrund der ihr zukommenden Glaubwürdigkeit als "sehr wichtig", obgleich daraus keine umfassenden Bewertungen von Kaufalternativen zu gewinnen sind[61]. Die Meinungsführer hingegen präferieren bei aktuellem Kaufanlaß vermutlich vor allem den redaktionellen Teil von Fachzeitschriften, um die für einen Kauf wichtigen Test-Informationen zu erschließen.

Unabhängige, persönliche Informationsquellen

Von besonderem Interesse ist in der vorliegenden Arbeit der Zusammenhang, der zwischen der Meinungsführerschaft eines Konsumenten und seinem Informationsverhalten hinsichtlich der Quellen der interpersonellen Kommunikation besteht. Meinungsführer - so das Erhebungsergebnis - befragen *im allgemeinen* ihre Freunde und Bekannten in stärkerem Maße zu Themen des betreffenden Produktbereichs als die Nicht-Meinungsführer[62]. Dieses Resultat untermauert die Vorstellung, derzufolge es sich bei den Meinungsführern zumeist um den kommunikativen Typus des "Informationsaustauschers" handelt[63], der sowohl anderen Personen Informationen übermittelt

---

58) Vgl. KURBJUWEIT (1987), S.24.
59) Vgl. z.B. o.V. (1985b), S.30ff.; o.V. (1986c), S.40ff.
60) Vgl. o.V. (1985d), S.25ff.; o.V. (1985c), S.22ff.
61) Es ist allerdings möglich, daß die Nicht-Meinungsführer unter den Probanden zwar die Bedeutung von Berichten der "Stiftung Warentest" für einen Auto-Kauf hoch bewerten, aber nicht über Erfahrungen mit dieser Informationsquelle verfügen (z.B. weil sie noch nie ein Auto gekauft haben). Dann ist nicht auszuschließen, daß sie - im Gegensatz zu den Meinungsführern - gar nicht wissen, daß diese Berichte keine Auto-Tests im Sinne von umfassenden Untersuchungen des Gesamtprodukts darstellen, wie sie i.d.R. in Fachzeitschriften zu finden sind. Dies hätte u.U. zur Folge, daß die unterschiedlichen Bewertungen der Meinungsführer und der Nicht-Meinungsführer allein auf diesem Mißverständnis gründen.
62) Für die Produktbereiche "Kleidung" und "Fotoapparate" ist dieser Zusammenhang signifikant auf dem 99%-Niveau. Der in Tab.28 nicht ausgewiesene Korrelationskoeffizient zwischen der Meinungsführerschaft für Autos und der Nutzung der Informationsquelle "Befragung von Freunden und Bekannten" beträgt R=0.17 und ist damit immerhin signifikant auf dem 95%-Niveau.
63) Vgl. HUMMRICH (1976), S.98ff., sowie die Ausführungen in Kapitel 2.1.2.2 dieser

als auch bei Freunden und Bekannten danach sucht.

Im Hinblick darauf, für wie wichtig die Informationsquelle "Befragung von Freunden und Bekannten" bei einer *Kauf*entscheidung gehalten wird, ergeben sich jedoch gravierende Unterschiede zwischen den drei Produktbereichen. Die Nicht-Meinungsführer messen dieser Quelle für den Bereich "Fotoapparate" eine signifikant höhere Wichtigkeit bei als die Meinungsführer. Dies ist vermutlich auf die Erklärungsbedürftigkeit der entsprechenden Produkte zurückzuführen. Die Meinungsführer verfügen im Falle einer Kaufentscheidung - bedingt durch ihr allgemeines Informationsverhalten - bereits über ein hohes Wissen. Sie befragen zwar auch ihre Freunde und Bekannten, ziehen darüber hinaus aber offenbar häufig Informationsquellen wie z.B. Fachzeitschriften und Warentest-Berichte heran, um noch nicht vorhandene, komplexe technische Kenntnisse zu erwerben. Die Nicht-Meinungsführer hingegen verfügen nicht über einen hohen Informationsstock. Sie schätzen deshalb ihre fachkompetenten Freunde und Bekannten als Auskunftspersonen, die ihnen komprimierte technische Informationen über die Kaufalternativen vermitteln können. Es ist möglich, daß die Befragung von Freunden und Bekannten für die Nicht-Meinungsführer sogar die insgesamt wichtigste Informationsquelle darstellt, während sie für die Meinungsführer in ihrer Bedeutung hinter den Publikationen der Stiftung Warentest und vermutlich auch den redaktionellen Beiträgen in Fachzeitschriften rangiert[64].

Im Falle eines geplanten Auto-Kaufs hingegen halten Meinungsführer und Nicht-Meinungsführer die Befragung ihrer Freunde und Bekannten etwa in gleichem Maße für wichtig. Dieses Resultat ist vermutlich darauf zurückzuführen, daß das Produkt "Auto" sowohl eine große Eigenschaftsvielfalt als auch eine hohe "Soziale Auffälligkeit" aufweist. Die Meinungsführer gewinnen zwar im Falle von Kaufentscheidungen komplexe Informationen aus den Fachzeitschriften; daneben führt jedoch das als relativ hoch empfundene sozialpsychologische Risiko offenbar dazu, daß die Meinungsführer sich auch durch die Befragung von Freunden und Bekannten entsprechend risikoreduzierende Informationen beschaffen.

Schließlich halten die Meinungsführer für Kleidung bei aktuellem *Kauf*anlaß die Befragung von Freunden und Bekannten in signifikantem Maß für wichtiger als die Nicht-Meinungsführer (!). Das für diesen Produktbereich insgesamt sehr hohe sozialpsychologische Risiko führt offenbar dazu, daß die besonders involvierten Meinungs-

---

Arbeit.
64) Diese Überlegung basiert auf der Erkenntnis, daß die Publikationen der Stiftung Warentest insgesamt die wichtigste, die Befragung von Freunden und Bekannten die zweitwichtigste und die Lektüre des redaktionellen Teils von Fachzeitschriften die drittwichtigste Informationsquelle beim Kauf von Fotoapparaten darstellt; vgl. Abb.43 in Kapitel 6.1 dieser Arbeit. Diese Rangfolge ändert sich u.U. bei separater Betrachtung der beiden Gruppen: im Hinblick auf die Bewertung der Warentest-Publikationen unterscheiden sich Meinungsführer und Nicht-Meinungsführer nicht signifikant voneinander, während die Nicht-Meinungsführer - wie oben ausgeführt - die Befragung von Freunden und Bekannten für wichtiger, den redaktionellen Teil von Fachzeitschriften dagegen für unwichtiger halten als die Meinungsführer.

führer dieses Risiko durch die Konsultation von Freunden und Bekannten zu verringern trachten. Umgekehrt kann das geringere Involvement der Nicht-Meinungsführer als ein Indikator dafür angesehen werden, daß diese Konsumenten oft keinen großen Wert auf Kleidung legen, weshalb sie es vermutlich auch nicht als außerordentlich wichtig erachten, ihre Freunde und Bekannten vor einem Kauf zu befragen.

Die "Diskussion mit Familienangehörigen" wird als Quelle für Informationen über Autos von den Meinungsführern *im allgemeinen* intensiver genutzt als von den Nicht-Meinungsführern. Dieses Resultat steht in Einklang mit demjenigen für die "Befragung von Freunden und Bekannten": das hohe Interesse der Meinungsführer für "ihren" Produktbereich führt dazu, daß sie über dieses Thema auch in der Familie diskutieren. Erstaunlich ist jedoch, daß sich dieser Zusammenhang für die beiden anderen Produktbereiche nicht ergibt. Möglicherweise läßt sich dieses Ergebnis damit erklären, daß ein Meinungsführer zwar gern über "sein" Thema diskutiert, jedoch innerhalb seiner Familie häufig niemanden vorfindet, der für derartige Gespräche in Frage kommt. In dieses Bild fügt sich auch der empirische Befund, daß für den Bereich "Autos" die Informationsquelle "Diskussion mit Familienangehörigen" insgesamt hinsichtlich der "Allgemeinen Nutzungsintensität" an zweiter Stelle steht, während diese Quelle für die beiden anderen Bereiche jeweils Rang fünf einnimmt[65], so daß sich zusammenfassend folgende Aussage machen läßt: *Wenn* Meinungsführer in ihrer Familie eine an "ihrem" Thema interessierte Person vorfinden, *dann* nutzen sie diese Informationsquelle mit derselben Intensität wie diejenige der Befragung von Freunden und Bekannten, und unterscheiden sich damit signifikant von den Nicht-Meinungsführern.

Im Hinblick darauf, für wie wichtig die Diskussion mit Familienangehörigen im Falle einer *Kauf*entscheidung gehalten wird, besteht für alle drei Produktbereiche kein signifikanter Unterschied zwischen Meinungsführern und Nicht-Meinungsführern. Zur Erklärung dieses Resultats für die Bereiche "Fotoapparate" und "Kleidung" können ähnliche Überlegungen herangezogen werden wie im Fall des allgemeinen Informationsverhaltens. Wegen des hohen funktional-finanziellen Risikos beim Kauf von Autos ist weiter davon auszugehen, daß eine derartige Kaufentscheidung häufig vorab in der Familie besprochen wird, unabhängig davon, ob es besonders kompetente Familienangehörige gibt[66]. Deshalb erscheint es plausibel, daß auch für diesen Produktbereich kein signifikanter Zusammenhang zwischen Meinungsführerschaft und Nutzung der Informationsquelle "Diskussion mit Familienangehörigen" besteht.

Die "Beobachtung (des Konsumverhaltens) von Freunden und Bekannten" stellt offenbar eine Quelle dar, die sowohl *im allgemeinen* als auch bei aktuellem *Kauf*anlaß

---

65) Vgl. Abb.43 bis 45 in Kapitel 6.1 dieser Arbeit.
66) Das wird auch durch den Tatbestand untermauert, daß die Wichtigkeit dieser Quelle beim Kauf von Autos durchschnittlich wesentlich höher (2,55) eingestuft wurde als für die Bereiche "Kleidung" (1,77) und "Fotoapparate" (1,83).

von Meinungsführern und Nicht-Meinungsführern etwa gleichermaßen genutzt wird.
An diesem Ergebnis überrascht zunächst, daß die Meinungsführer diese Quelle im allgemeinen nicht intensiver nutzen, ist doch ihr Interesse an "ihrem" Produktbereich erheblich größer als dasjenige der Nicht-Meinungsführer. Durch die Beobachtung des Konsumverhaltens anderer können jedoch nur Informationen mit begrenzter Aussagekraft gewonnen werden. So kann es für einen Konsumenten nahezu unmöglich sein, sich auf diesem Weg Informationen über die funktionalen Beschaffenheiten von Produkten zu erschließen. Gerade im Hinblick auf die technisch komplexen Produkte "Auto" und "Fotoapparat" ist es deshalb verständlich, daß die Meinungsführer das entsprechende Konsumverhalten ihrer Freunde und Bekannten im allgemeinen nicht intensiver beobachten als die Nicht-Meinungsführer.

Demgegenüber ist zu vermuten, daß durch Beobachtung der Kleidung anderer evidente Informationen über die für diesen Bereich besonders relevanten sozialen Normen zu gewinnen sind. Daher könnte - im scheinbaren Gegensatz zum Untersuchungsergebnis - eigentlich erwartet werden, daß die Meinungsführer aufgrund ihres größeren Interesses an "ihrem" Produktbereich diese Quelle im allgemeinen intensiver nutzen als die Nicht-Meinungsführer. Diese These wird allerdings auch durch den hier vorliegenden empirischen Befund tendenziell gestützt, denn der entsprechende Korrelationskoeffizient ist positiv, wenn auch nicht signifikant auf dem 99%-Niveau[67].

Das Ergebnis, daß Meinungsführer und Nicht-Meinungsführer bei aktuellem Kaufanlaß die Informationsquelle "Beobachtung" als etwa gleich wichtig einstufen, entspricht den Erwartungen. Denn wie in Kapitel 6.4.1 gezeigt wurde, unterscheiden sich Meinungsführer und Nicht-Meinungsführer im Hinblick auf das von ihnen wahrgenommene sozial-psychologische Kaufrisiko nicht signifikant voneinander. Da sich aber die Nutzung der Informationsquelle "Beobachtung" offenbar insbesondere dazu eignet, derartige Risiken zu reduzieren[68], erscheint ihre Nutzung für beide Gruppen gleich (un)wichtig: Für die Produktbereiche "Autos" und "Fotoapparate" spielt die Beobachtung insgesamt eine eher untergeordnete Rolle, während sie für den Kauf von Kleidung, bei dem insgesamt sehr hohe sozialpsychologische Risiken wahrgenommen werden, verhältnismäßig wichtig zu sein scheint (siehe Abb.43 bis 45 in Kapitel 6.1).

Abhängige, unpersönliche Informationsquellen

Die Meinungsführer nutzen *im allgemeinen* sowohl Prospekte als auch Werbung intensiver als die Nicht-Meinungsführer. Dieser Befund ergibt sich für alle drei Produktbereiche[69] und dürfte wiederum auf den Tatbestand zurückzuführen sein, daß

---

67) Der Korrelationskoeffizient für den Zusammenhang zwischen Meinungsführerschaft für Kleidung und der allgemeinen Nutzungsintensität der Quelle "Beobachtung" beträgt R=0.15 und ist signifikant auf dem 95%-Niveau.
68) Vgl. hierzu auch die folgenden Ausführungen in Kapitel 6.4.3 dieser Arbeit.
69) Der Zusammenhang zwischen der "Meinungsführerschaft für Autos" und der Intensität, mit der die Quelle "Werbung" genutzt wird, ist nicht signifikant auf dem 99%-Niveau und deshalb auch nicht in Tab.28 ausgewiesen. Der Korrelati-

die Meinungsführer ein höheres Interesse an "ihrem" Produktbereich aufweisen.

Im Hinblick auf das Informationsverhalten bei aktuellem *Kauf*anlaß ergeben sich für die beiden angeführten Informationsquellen jedoch unterschiedliche Ergebnisse. Es besteht offenbar kein Zusammenhang zwischen der graduellen Meinungsführerschaft eines Konsumenten und der Wichtigkeit, die er der Werbung für seine Kaufentscheidungen beimißt. Dies ist vermutlich darauf zurückzuführen, daß sich in einer Kaufsituation auch die Nicht-Meinungsführer Informationen aus dieser Quelle beschaffen, welche sie im allgemeinen kaum nutzen. Dabei ist jedoch zu beachten, daß die Bedeutung dieser Informationsquelle insgesamt als sehr gering eingestuft wird[70].

Im Hinblick auf die Bewertung von Prospekten besteht bei einem Auto-Kauf - im Gegensatz zum allgemeinen Informationsverhalten - kein Unterschied zwischen Meinungsführern und Nicht-Meinungsführern. Vermutlich führt hier insbesondere das hohe finanzielle Kaufrisiko dazu, daß auch die Nicht-Meinungsführer den oft großen Aufwand bei der Beschaffung von Prospekten (z.B. durch das Aufsuchen der Händler) nicht scheuen. Beim Kauf von Kleidung und Fotoapparaten hingegen halten Meinungsführer die Informationsquelle "Prospekte" für wichtiger, als dies die Nicht-Meinungsführer tun. Möglicherweise läßt sich dies damit erklären, daß letzteren der Aufwand, der mit dieser Art von Informationsbeschaffung einhergeht, als zu hoch erscheint, was für die stark involvierten Meinungsführer nicht gilt.

Neben der "Werbung" und den "Prospekten" wurden noch weitere Informationsquellen untersucht, die für bestimmte Produktbereiche offenbar eine hohe Bedeutung haben und die - bei weiter Begriffsauslegung - ebenfalls als "abhängige, unpersönliche" Quellen bezeichnet werden können.

Messen und lokale Ausstellungen werden im allgemeinen von den Meinungsführern für Autos stärker frequentiert als von den Nicht-Meinungsführern. Im Falle eines beabsichtigten Kaufs hingegen ergeben sich zwischen ihnen keine signifikanten Unterschiede in bezug auf die Bewertung dieser Quelle. Dieses Resultat läßt sich vermutlich wiederum damit erklären, daß der Informationsbedarf der Nicht-Meinungsführer bei konkretem Kaufanlaß (insbesondere bei einem Auto-Kauf!) sprunghaft ansteigt und sich durch die Inanspruchnahme dieser Quelle gezielt decken läßt. Allerdings ist zu beachten, daß dieser Quelle beim Autokauf insgesamt offensichtlich nur eine geringe Bedeutung zukommt[71].

---

onskoeffizient ist jedoch mit R=0.18 signifikant auf dem 95%-Niveau, so daß die getroffene Aussage im wesentlichen auch für den Bereich "Autos" zutrifft.

70) Vgl. die Abb.43 bis 45. Es sei erneut darauf hingewiesen, daß aus der Angabe der Probanden, die Werbung als Informationsquelle nicht für wichtig zu halten, nicht geschlossen werden darf, daß Werbung bei Kaufentscheidungen keine Rolle spielt. Vgl. hierzu MÜHLBACHER (1982), S.55; KROEBER-RIEL (1984), S.257.

71) Sie nimmt insgesamt nur den neunten von 11 Rängen ein (siehe Abb.44). Es ist jedoch nicht auszuschließen, daß einige Probanden diese Informationsquelle mißverständlich interpretiert haben. Zum Informationsangebot dieser Quelle sollten zum einen Messen wie die "Internationale Automobil Ausstellung" zählen. Zum anderen wurden jedoch auch Ausstellungen in den "show rooms" der Händler

Für den Bereich "Kleidung" ergibt sich, daß die Meinungsführer das Sortiment der Händler in "Schaufenstern" und "Verkaufsräumen" im allgemeinen signifikant stärker beobachten als die Nicht-Meinungsführer. Bei aktuellem Kaufanlaß hingegen ergibt sich kein signifikanter Zusammenhang zwischen der graduellen Meinungsführerschaft der Probanden und der Wichtigkeit, die sie diesen Informationsquellen zumessen. Dieses Resultat erscheint plausibel; denn die "Inaugenscheinnahme" der Kaufalternativen stellt ohne Zweifel einen entscheidenden Teil der Informationsbeschaffung dar[72]. Nicht-Meinungsführer nutzen diese Quelle jedoch offenbar erst bei aktuellem Kaufanlaß, während Meinungsführer sich auf diesem Weg permanent Informationen beschaffen.

Abhängige, persönliche Informationsquellen
Die Meinungsführer für Fotoapparate führen offenbar im allgemeinen - d.h. ohne konkreten Kaufanlaß - häufiger als die Nicht-Meinungsführer Gespräche mit dem Verkaufspersonal der Foto-Händler. Dies läßt sich möglicherweise dadurch erklären, daß die Meinungsführer in stärkerem Maße fotografieren und deshalb häufiger Kontakt mit dem Verkaufspersonal haben, etwa wenn sie Filmmaterial und Fotozubehör kaufen oder entwickelte Filme abholen. Bei derartigen Gelegenheiten liegt es dann nahe, auch über Fotoapparate zu sprechen. Für die Bereiche "Autos" und "Kleidung" ergeben sich dagegen Gesprächskontakte mit dem Verkaufspersonal oft erst im Falle einer Kaufabsicht. Das erklärt möglicherweise, warum die besonders involvierten Meinungsführer diese Informationsquelle im allgemeinen nicht stärker nutzen als die Nicht-Meinungsführer.

Für die Produktbereiche "Autos" und "Fotoapparate" ergibt sich kein signifikanter Zusammenhang zwischen der graduellen Meinungsführerschaft eines Konsumenten und der Wichtigkeit, die er Gesprächen mit dem Verkaufspersonal des Handels bei aktuellem Kaufanlaß beimißt. Demgegenüber halten Nicht-Meinungsführer die Gespräche mit Verkäufern beim Kauf von Kleidung für wichtiger, als dies die Meinungsführer tun. Eine mögliche Interpretation dieses Resultats basiert auf der These, daß beim Kleidungs-Kauf in besonders starkem Maße sozial-psychologische Risiken wahrgenommen werden. Offenbar neigen die Nicht-Meinungsführer, die im allgemeinen nicht besonders stark an Kleidung interessiert sind, dazu, diesen Informationsbedarf durch die Konsultation des Verkaufspersonals zu decken, während die Meinungsführer - wie

---

oder private Ausstellungen, wie z.B. der "Essener Autokino-Markt", auf dem Gebrauchtwagen von privater Hand an- und dargeboten werden, dazu gerechnet. Es hätte erwartet werden können, daß die Probanden eine Informationsquelle, die ihnen die "Inaugenscheinnahme" von Kaufalternativen ermöglicht, als sehr wichtig einstufen würden. Die hier jedoch geringe Bedeutung dieser Informationsquelle ist daher möglicherweise auf Fehler bei der Frageformulierung zurückzuführen.

72) Die beiden entsprechenden Informationsquellen nehmen auch folgerichtig die ersten Ränge auf der Skala ein, welche die Wichtigkeit der Quellen für eine Kaufentscheidung zum Ausdruck bringt (siehe Abb.45).

bereits gezeigt wurde - diesbezüglich etwas stärker zur Befragung von Freunden und Bekannten tendieren. Das Verhalten der Nicht-Meinungsführer erscheint dabei plausibel; denn falls sie einen Kauf beabsichtigen und zu diesem Zweck bereits ein Ladenlokal aufgesucht haben, stellt die Befragung des Personals ein wenig aufwendiges Verfahren dar, um Informationen zur Reduktion des sozial-psychologischen Risikos zu beschaffen. Dies bedeutet allerdings nicht, daß sie nicht auch ihre Freunde und Bekannten um Rat fragen; vielmehr dürfte diese Informationsquelle auch für die Nicht-Meinungsführer insgesamt eine höhere Priorität haben als die Gespräche mit den Verkäufern[73]. Die Meinungsführer sind dagegen - so die mögliche Erklärung - an Kleidung so stark interessiert, daß sie sich nicht auf Geschmacksurteile der Verkäufer verlassen, sondern vielmehr - mit hohem Aufwand bei der Informationsbeschaffung - vorab ihre Freunde und Bekannten konsultieren.

Zusammenfassend läßt sich der Zusammenhang zwischen der Meinungsführerschaft und dem Informationsverhalten der Probanden wie folgt darstellen:

- Meinungsführer nutzen die *fachspezifischen* Medien *im allgemeinen* signifikant intensiver als die Nicht-Meinungsführer. Dieser Befund unterstützt die Hypothese (H5), wenngleich daraus aus den bereits geschilderten Gründen keine Hypothesenvalidierung im engeren Sinne abgeleitet werden kann.

- Meinungsführer nutzen darüber hinaus fast *alle anderen* Informationsquellen ebenfalls intensiver als die Nicht-Meinungsführer. Ihr hohes Involvement führt offenbar dazu, daß sie einen ständigen Bedarf an Informationen über "ihren" Produktbereich haben. Dabei sprechen sie vor allem auch mit ihren Freunden und Bekannten über den interessierenden Bereich.

- Bei aktueller *Kauf*absicht sind hingegen i.d.R. auch die Nicht-Meinungsführer an relevanten Informationen interessiert und entfalten deshalb in dieser Situation ebenfalls Beschaffungsaktivitäten. Dabei erachten sie offenbar insbesondere solche Informationsquellen als wichtig, aus denen *leicht verständliche* Informationen zu gewinnen sind.

- Die Meinungsführer wissen hingegen bereits viel über "ihren" Produktbereich. Sie besitzen daher die Fähigkeit, auch komplexe und sehr detaillierte Informationen zu verarbeiten und zur Absicherung ihrer *Kauf*entscheidung heranzuziehen. Das erklärt, warum sie auch im Falle eines beabsichtigten Kaufs fachspezifische Medien signifikant häufiger nutzen als die Nicht-Meinungsführer. Darüber hinaus hat jedoch offensichtlich auch das insgesamt wahrgenommene sozial-psychologische Risiko Einfluß darauf, welche Informationsquellen von ihnen bevorzugt werden. Je

---

73) Vgl. hierzu Abb.45 in Kapitel 6.1.

höher nämlich dieses Kaufrisiko für einen Produktbereich ist, desto wichtiger ist den Meinungsführern die Beobachtung und der Rat von Freunden und Bekannten für eine Kaufentscheidung.

6.4.3 Wahrgenommenes Kaufrisiko und Informationsverhalten

Will man den Zusammenhang zwischen wahrgenommenen Kaufrisiken und dem Informationsverhalten von Konsumenten untersuchen, so sind grundsätzlich zwei Ansatzpunkte voneinander zu unterscheiden[74]:
- Ein Konsument kann in bezug auf verschiedene Produktbereiche unterschiedlich hohe Risiken empfinden. Dementsprechend müßte man sich bei einer Untersuchung dieses Zusammenhangs darauf konzentrieren, das Informationsverhalten dieses Konsumenten im Hinblick auf die verschiedenen Produktbereiche miteinander zu vergleichen.
- Daneben können verschiedene Konsumenten bezüglich eines bestimmten Produktbereichs unterschiedlich hohe Risiken wahrnehmen. Bei einer Untersuchung dieses Zusammenhangs müßte man sich dann auf die Frage konzentrieren, ob diejenigen Konsumenten, die ein relativ höheres Risiko für einen bestimmten Produktbereich empfinden, bestimmte Informationsquellen signifikant für wichtiger (oder unwichtiger) halten als die anderen Konsumenten.

Der Zusammenhang zwischen Kaufrisiken und Informationsverhalten, welcher sich gemäß dem ersten Ansatzpunkt ergibt, wurde implizit bereits dargestellt. Die aggregierten Risiken (Mittelwerte für alle Probanden) wurden in Kapitel 6.2, das aggregierte Informationsverhalten vom Typ II (Wichtigkeit einer Informationsquelle im Falle einer Kaufabsicht) in Kapitel 6.1 dargestellt. Den entsprechenden Tabellen 8 und 9 ist z.B. zu entnehmen, daß bei einem insgesamt sehr hohen funktional-finanziellen Risiko (Produktbereich "Auto") der Informationsquelle "Redaktioneller Teil von Fachzeitschriften" eine relativ größere Bedeutung zukommt, und daß bei einem insgesamt sehr hohen sozial-psychologischen Risiko (Produktbereich "Kleidung") offenbar die Quelle "Beobachtung (des Konsumverhaltens) von Freunden und Bekannten" besonders wichtig ist. Weitere Aussagen lassen sich aus den angeführten Tabellen entnehmen, so daß im folgenden nur noch der Zusammenhang zwischen Kaufrisiken und Informationsverhalten gemäß dem zweiten oben angeführten Ansatzpunkt untersucht werden soll.

Die Untersuchung wurde mit Hilfe einfacher Korrelationsanalysen durchgeführt. Dabei interessierte nur das Informationsverhalten vom Typ II, d.h. die Wichtigkeit, die die Probanden den einzelnen Informationsquellen in einer *Kauf*situation beimessen, da eine inhaltliche Verknüpfung zwischen Kaufrisiken und dem Informationsverhalten vom Typ I nicht sinnvoll erschien.

---

74) Diese Differenzierung erfolgt in Anlehnung an HUMMRICH (1976), S.139.

Die Ergebnisse sind in Tabelle 29 zusammengefaßt. Dabei wurden jeweils nur solche Korrelationskoeffizienten berücksichtigt, die mit einer Vertrauenswahrscheinlichkeit von 99% als signifikant anzusehen sind. Ein positiver Wert gibt an, daß die Probanden die Wichtigkeit der betreffenden Informationsquelle umso höher einstufen, je größer das jeweils von ihnen empfundene Teilrisiko ist. Demgegenüber gibt ein negativer Wert an, daß die Wichtigkeit der entsprechenden Informationsquelle umso niedriger eingestuft wird, je größer das betreffende Teilrisiko ist.

Tab.29: Korrelationen zwischen den wahrgenommenen Kaufrisiken und dem Informationsverhalten

Produkt-bereich	Informations-quelle	Risiko: sozial-psycho-logisch	funktional-finanziell
"Auto"	Beobachtung	0.18	n.s.
	Prospekte	n.s.	-0.22
"Klei-dung"	Befragung	0.25	n.s.
	Beobachtung	0.29	n.s.
	Werbung	0.19	n.s.
n.s. - nicht signifikant auf dem 99%-Niveau			

Die Ergebnisse legen die Schlußfolgerung nahe, daß insgesamt ein leicht positiver Zusammenhang zwischen der Höhe des empfundenen Kaufrisikos und der Einstufung der Informationsquellen gemäß ihrer Wichtigkeit beim Kauf besteht: in vier von fünf Fällen ergibt sich ein positiver Korrelationskoeffizient. Reduzierte man die zugrunde gelegte Vertrauenswahrscheinlichkeit auf 95%, so ergäbe sich ein ähnliches Bild: zwölf der dann vierzehn signifikanten Korrelationskoeffizienten sind positiv. Unterstellt man, daß die als wichtig eingestuften Informationsquellen bei Kaufentscheidungen auch tatsächlich intensiver genutzt werden[75], dann läßt sich der vorliegende empirische Befund als eine tendenzielle Bestätigung der Hypothese werten, derzufolge hohe Kaufrisiken zu gesteigerten Informationsgewinnungsaktivitäten mit dem Ziel der Risikoreduktion führen.

Aus Tabelle 29 ergibt sich als zentrales Ergebnis, daß ein Konsument die Informationsquelle "Beobachtung" für umso wichtiger hält, je relativ höher das von ihm empfundene sozial-psychologische Risiko ist. Für alle drei Produktbereiche ist die subjektiv empfundene Wichtigkeit dieser Informationsquelle am stärksten mit diesem Teilrisiko korreliert[76]. Das Resultat läßt sich unmittelbar aus dem Wesen des sozial-

---

75) Diese Unterstellung ist gleichbedeutend mit der Annahme der Kongruenz von Informationsquellenbewertung und -nutzung; vgl. hierzu MEFFERT (1979), S.55ff.; KATZ (1983), S.7, sowie die Ausführungen in Kapitel 5.4.4 dieser Arbeit.
76) Für den Bereich "Fotoapparate" ist der entsprechende Koeffizient zwar in Tab.29 nicht ausgewiesen, da er der Signifikanz-Anforderung nicht genügt; er beträgt jedoch R=0,17 und ist signifikant auf dem 95%-Niveau.

psychologischen Risikos erklären, welches die Gefahr umfaßt, durch Kaufentscheidungen an Sozialprestige zu verlieren[77], was etwa in einer Mißbilligung durch die soziale Umwelt zum Ausdruck kommt. Gerade diese Gefahr aber läßt sich reduzieren, wenn der Konsument das Konsumverhalten seiner Freunde und Bekannten beobachtet und sich bei seinen Kaufentscheidungen daran orientiert. Zudem kann durch die Inanspruchnahme dieser Informationsquelle das Risiko auf bequeme Weise reduziert werden; denn der mit der Informationsbeschaffung verbundene Aufwand ist hier verhältnismäßig gering[78].

Daneben erscheint die "Befragung von Freunden und Bekannten" besonders dazu geeignet, ein hohes sozial-psychologisches Risiko beim Kauf von Kleidung zu reduzieren. Auch dieses Ergebnis ist plausibel: Die Ratsuche bei Freunden und Bekannten vermindert die Gefahr, bei eben diesen Personen durch einen Kleidungskauf an Sozialprestige zu verlieren.

Weiterhin eignet sich offenbar die unpersönliche Informationsquelle "Werbung" in besonderer Weise dazu, das sozialpsychologische Risiko zu vermindern. Dies ist möglicherweise darauf zurückzuführen, daß durch Werbung Konsumnormen für Kleidung sowohl geschaffen als auch dargestellt werden können. Die Nutzung dieser Informationsquelle kann deshalb dazu beitragen, die Kaufentscheidungen an den so ermittelten Konsumnormen auszurichten und damit das sozialpsychologische Risiko zu vermindern[79].

Zur Reduktion eines relativ hohen funktional-finanziellen Risikos ist - legt man ein Signifikanzniveau von 99% zugrunde - keine Informationsquelle spezifisch geeignet. Die engsten positiven Korrelationen bestehen zwischen diesem Teilrisiko und der Einstufung der Informationsquelle "Befragung von Freunden und Bekannten" im Hinblick auf ihre Wichtigkeit bei einer Kaufentscheidung, und zwar für die Bereiche "Kleidung" ($R=0,16$; $p<0,05$) und "Autos" ($R=0,17$; $p<0,05$). Somit erscheint die Informationsquelle "Befragung" für diejenigen Probanden, die ein besonders hohes funktional-finanzielles Risiko für die Bereiche "Kleidung" und "Autos" wahrnehmen, am ehesten spezifisch dazu geeignet, dieses Risiko zu reduzieren. Dies dürfte zum einen darauf zurückzuführen sein, daß Freunde und Bekannte häufig detaillierte Auskünfte über die Preise von Kaufalternativen bei verschiedenen Bezugsquellen geben können,

---

77) Vgl. KATZ (1983), S.79, sowie die Ausführungen in Kapitel 1.2.2.2 dieser Arbeit.
78) Die Grundhypothese des Kosten-/Nutzen-Konzepts besagt im Hinblick auf die Informationsgewinnung von Konsumenten, daß Informationen dort gesucht werden, wo der erwartete Nutzen die Kosten der Informationsbeschaffung übersteigt bzw. rechtfertigt. Vgl. dazu z.B. SILBERER (1981), S.36.
79) Zu einem ähnlichen Ergebnis kommt KATZ (1983), S.140f. Allerdings ist davon auszugehen, daß eine derartige Ermittlung von Konsumnormen sehr unspezifiziert ist, weil die relevanten Gruppennormen meist nur z.T. mit diesen allgemeingültigen Normen übereinstimmen. Deshalb dürfte die Erschließung von Konsumnormen durch die Beobachtung und Befragung von Freunden und Bekannten von größerer Relevanz für die Reduktion des sozialpsychologischen Risikos sein, was auch die entsprechenden Korrelationskoeffizienten zum Ausdruck bringen.

wodurch ein ratsuchender Konsument sein finanzielles Risiko zu reduzieren vermag. Zum anderen verfügen Freunde und Bekannte oft über eigene Erfahrungen mit den Produkten, mit deren Erfragung ein Konsument vermutlich auch sein funktionales Risiko verringern kann[80].

Spezifisch ungeeignet zur Reduktion dieses Teilrisikos erscheinen hingegen Prospekte, wenn der Kauf eines Autos beabsichtigt wird: der entsprechende Korrelationskoeffizient ist negativ und - absolut gesehen - für dieses Teilrisiko am höchsten. Das Ergebnis ist möglicherweise darauf zurückzuführen, daß Prospekte die für einen Konsumenten relevanten Produkteigenschaften oft nicht hinreichend vermitteln können und sich deshalb nicht zur Reduktion des funktionalen Risikos eignen[81]; das finanzielle Risiko kann auf diesem Wege vermutlich gar nicht vermindert werden.

Insgesamt läßt sich festhalten, daß nur ein leichter Zusammenhang zwischen den relativ zu anderen Konsumenten wahrgenommenen Kaufrisiken und dem Informationsverhalten der Probanden besteht[82]. Es ist jedoch klar zu erkennen, daß sich aus Sicht der Probanden die interpersonelle Kommunikation für die Reduktion sowohl des sozial-psychologischen als auch des funktional-finanziellen Risikos besonders gut eignet. Damit wird der zweite Teil der Hypothese (H4) *für die hier betrachtete Teilauswahl* tendenziell bestätigt[83]. Gleichzeitig nährt dieses Ergebnis die Annahme, daß dem wahrgenommenen Risiko eine wichtige Rolle für die Auslösung interpersoneller Kommunikationsprozesse zukommt. Darüber hinaus erscheint vor allem das Teilresultat interessant, daß die Informationsquelle "Beobachtung" bei sehr hohen individuell wahrgenommenen sozial-psychologischen Kaufrisiken offenbar besonders wichtig ist.

---

80) Vgl. KATZ (1983), S.141f.
81) DEDLER et al. weisen darauf hin, daß sich Auto-Prospekte zwar potentiell dazu eignen, risikoreduzierende Informationen zu vermitteln, daß aber die auf diesem Wege vermittelten Informationen häufig komplex sind, so daß sie von Konsumenten mit wenigen technischen Vorkenntnissen nicht verstanden werden. Vgl. DEDLER et al. (1984), S.110.
82) Vgl. hierzu auch GEMÜNDEN (1985), S.27ff.
83) Vgl. Kapitel 5.1 dieser Arbeit.

7. Zusammenfassung

Die interpersonelle Kommunikation über Konsumgüter stellt ein weitverbreitetes Phänomen dar. Konsumenten treffen ihre Kaufentscheidungen häufig nach vorheriger Befragung ihrer Verwandten, Freunde und Bekannten und/oder nach Beobachtung deren Konsumverhaltens. Dabei kommt, wie das Ergebnis der empirischen Untersuchung nahelegt, der bisher oft vernachlässigten Informationsquelle "Beobachtung" offenbar immer dann eine hohe Bedeutung für die Kaufentscheidungen eines Konsumenten zu, wenn dieser hohe sozial-psychologische Risiken wahrnimmt.

Das Ausmaß, in dem ein Konsument Einfluß auf konsumrelevante Meinungen und Verhaltensweisen anderer ausübt, wurde in dieser Arbeit als "graduelle Meinungsführerschaft" bezeichnet. "Meinungsführer" sind in diesem Sinne als Konsumenten zu interpretieren, die einen hohen Grad an "Meinungsführerschaft" aufweisen. Es wurde gezeigt, daß sich die Vorstellung von der Rolle, die Meinungsführer in mehrstufigen Kommunikationsmodellen einnehmen, mittlerweile geändert hat. Sie werden nicht mehr in erster Linie als Schaltstellen zwischen Massenmedien und "weniger aktiven Teilen der Bevölkerung" betrachtet, sondern vielmehr als Personen, die zentrale Positionen im komplexen Geflecht interpersoneller Kommunikationsnetzwerke einnehmen.

Aus der Sicht von Konsumgüteranbietern ergeben sich in diesem Zusammenhang zwei wesentliche Aspekte. Zum einen sind Meinungsführer offenbar in der Lage, die kommunikationspolitischen Aktivitäten der Unternehmen durch ihren persönlichen Einfluß zu verzerren, abzuschwächen oder gar unwirksam werden zu lassen. Zum anderen eröffnet sich den Unternehmen die Chance, durch eine gezielte Ansprache der Meinungsführer positive Multiplikatoreffekte zu realisieren. Meinungsführer stellen daher eine in zweifacher Hinsicht wichtige Zielgruppe dar, auf die besondere kommunikationspolitische Aktivitäten ausgerichtet werden sollten.

Verfolgt ein Unternehmen das Ziel, Meinungsführer gezielt anzusprechen, ergibt sich zunächst die Notwendigkeit, diese zu lokalisieren. Eine namentliche Ermittlung scheidet - wenngleich sie, wie gezeigt wurde, in einigen Fällen durchaus möglich erscheint - häufig aus technischen und wirtschaftlichen Gründen aus. Somit muß eine Ansprache der Meinungsführer zumeist indirekt erfolgen. Dabei sind Meinungsführer-Segmente mit Hilfe von geeigneten Diskriminanzmerkmalen zu beschreiben und sodann über diejenigen Medien gezielt anzusprechen, deren Nutzer dieselben Merkmale aufweisen. Es besteht hier jedoch das Problem, daß sich die Meinungsführer vor allem in bezug auf produktbereichsspezifische Merkmale von den Nicht-Meinungsführern unterscheiden. Eine entsprechende Differenzierung der Untersuchungen hätte jedoch einen kaum vertretbaren Aufwand zur Folge.

Ziel dieser Arbeit war es, einen Weg zur Verbesserung der indirekten Ansprache von Meinungsführern aufzuzeigen. Dabei konzentrierte sich die Betrachtung auf die Frage, wie Meinungsführer mit Hilfe von allgemeinen, produktbereichsunabhängigen Merkmalen beschrieben werden können. Zu diesem Zweck wurde ein theoretisches Modell entwickelt, dessen Kerngedanke in der simultanen Erklärung der Meinungsführerschaft eines Konsumenten durch zwei Determianten besteht:

- das *Involvement*, das der Konsument im Hinblick auf einen bestimmten Produktbereich aufweist (produktbereichsabhängige Variable), sowie
- das *Bezugspersonen-Einfluß-Potential (BEP)* des Konsumenten, d.h. das Ausmaß, in dem sich Personen seines sozialen Umfelds im allgemeinen an ihm orientieren (produktbereichsunabhängige Variable).

Dabei wurde davon ausgegangen, daß das Involvement meist die ausschlaggebende Determinante der Meinungsführerschaft ist, da Meinungsführer sich vor allem im Hinblick auf produktbereichsspezifische Merkmale von den Nicht-Meinungsführern unterscheiden. Daneben - so die Modellvorstellung - stellt jedoch auch das BEP eine wichtige Determinante der Meinungsführerschaft dar, wenn die Produkte des betrachteten Bereichs im allgemeinen besonders anfällig für Bezugsgruppeneinflüsse, d.h. *"sozial auffällig"* sind.

Das Modell weist gegenüber anderen Ansätzen drei wesentliche Vorzüge auf:

(1) Es wurde nicht, wie etwa bei der "Persönlichkeitsstärke"-Studie, postuliert, daß das produktbereichsunabhängige Merkmal allein Meinungsführerschaft erklären kann. Vielmehr ist der vorliegende Ansatz in den Theorierahmen eingebettet, demzufolge die Meinungsführer sich vornehmlich durch produktbereichsabhängige Variablen von den Nicht-Meinungsführern unterscheiden.

Die Notwendigkeit dieser Vorgehensweise wird im übrigen durch das Untersuchungsergebnis bestätigt. Denn für zwei der drei analysierten Produktbereiche konnte - im Gegensatz zu der pauschalen Vorstellung, die "Persönlichkeitsstarken" seien "die" Meinungsführer - kein Zusammenhang zwischen der (allerdings leicht modifizierten) Variablen "Persönlichkeitsstärke" (Soziale Dominanz) und Meinungsführerschaft nachgewiesen werden.

(2) Das Modell vermittelt eine Antwort auf die Frage, in welchen Fällen Meinungsführerschaft mit produktbereichsunabhängigen Merkmalen (BEP) erklärt werden kann. Das BEP kann demnach nur dann zur indirekten Ansprache von Meinungsführer-Segmenten herangezogen werden, wenn der betreffende Produktbereich a priori als "sozial auffällig" einzustufen ist.

(3) Die Determinante "BEP" wurde mit "Persönlichkeitsmerkmalen" operationalisiert, die insbesondere auf Aspekte der sozialen *Interaktion* und *Integration* abstellen. Damit löst sich das vorliegende Modell zumindest tendenziell von der Eigenschaftstheorie, derzufolge intrapersonale "Eigenschaften" einer Person - unter

Vernachlässigung situativer und interaktionstheoretischer Gesichtspunkte - sein Einflußpotential im Rahmen der interpersonellen Kommunikation bestimmen.

Zur Überprüfung des Modells wurde eine empirische Untersuchung durchgeführt. Die Ergebnisse bestätigen die formulierten Forschungshypothesen weitgehend, so daß man **für die hier betrachtete Teilauswahl** zu der Aussage gelangen kann:
Das BEP stellt ein produktbereichsunabhängiges Merkmal von Konsumenten dar, mit dessen Hilfe Meinungsführer von Nicht-Meinungsführern immer dann bis zu einem gewissen Grad unterschieden werden können, wenn die Produkte des entsprechenden Bereichs als "sozial auffällig" einzustufen sind.

Das Erhebungsresultat erhebt keinen Anspruch auf Repräsentativität. Aufgabe zukünftiger Untersuchungen wäre es daher, das Modell in breiter angelegten Erhebungen zu testen. Dabei bedarf es weiterhin einer Verbesserung der Operationalisierung des "BEP", welche, wie eingeräumt werden muß, noch Schwächen aufweist.
Im Falle einer Bestätigung der hier gewonnenen Erkenntnisse läge es sodann nahe, das BEP in Werbeträgeranalysen auszuweisen. Damit würde den Entscheidungsträgern die Möglichkeit eingeräumt, bei der Werbeträgerauswahl diejenigen Medien besonders zu gewichten, über die Meinungsführer-Segmente angesprochen werden können.

ANHANG: Fragebogen der empirischen Untersuchung

RUHR-UNIVERSITÄT BOCHUM
ABTEILUNG FÜR WIRTSCHAFTSWISSENSCHAFT
PROF. P. HAMMANN

TEIL A

Sie werden auf den folgenden Seiten eine Reihe von Aussagen über bestimmte Verhaltensweisen, Einstellungen und Gewohnheiten finden. Sie können jede mit "Trifft völlig zu", "Trifft eher zu", "Trifft eher nicht zu" oder "Trifft überhaupt nicht zu" beantworten. Kreuzen Sie die Ihrer Meinung jeweils zutreffende Antwort bitte an. Lesen Sie die Aussagen jedoch genau durch, bevor Sie sich für eine Antwort entscheiden.

Bitte überlegen Sie nicht, welche Antwort den "besten Eindruck" macht, sondern antworten Sie so, wie Sie es spontan für richtig halten. Bedenken Sie bitte, daß Ihre Antworten streng vertraulich und anonym behandelt werden.

Denken Sie bitte nicht lange über eine Aussage nach, sondern geben Sie die Antwort, die Ihnen unmittelbar in den Sinn kommt. Selbstverständlich können bei den kurzen Statements nicht alle Besonderheiten berücksichtigt werden, die eigentlich zu bedenken sind. Bemühen Sie sich dennoch, möglichst alle Aussagen mit Ihrer Antwort zu versehen. Wenn keine der vorgegebenen Antwortkategorien "passen" sollte, so antworten Sie bitte so, wie es für Sie am ehesten zutreffen würde.

	Trifft völlig zu	Trifft eher zu	Trifft eher nicht zu	Trifft überhaupt nicht zu
1) Ich habe die Anleitung gelesen und bin bereit, die Fragen offen zu beantworten.				
2) Gewöhnlich rechne ich bei dem, was ich mache, mit Erfolg.				
3) In meinem bisherigen Leben habe ich kaum das verwirklichen können, was in mir steckt.				
4) Ich fühle mich auch über meine Familie hinaus für andere Menschen verantwortlich.				
5) Meine Freunde und Bekannten stimmen in der Beurteilung von Menschen meistens mit mir überein.				
6) Ich nehme mir viel Zeit, um anderen Menschen geduldig zuzuhören, wenn sie von ihren Sorgen erzählen.				
7) Bei Geselligkeiten und öffentlichen Veranstaltungen bleibe ich lieber im Hintergrund.				
8) Ich blicke voller Zuversicht in die Zukunft.				
9) Bei wichtigen Dingen bin ich bereit, mit anderen energisch zu konkurrieren.				
10) Ich scheue mich, allein in einen Raum zu gehen, in dem andere bereits zusammen sitzen und sich unterhalten.				
11) Ich bin unternehmungslustiger als die meisten meiner Freunde und Bekannten.				

	Trifft völlig zu	Trifft eher zu	Trifft eher nicht zu	Trifft überhaupt nicht zu
12) Ich bin stets sicher, wie ich mich verhalten soll.	☐	☐	☐	☐
13) Ich gehe abends gerne aus.	☐	☐	☐	☐
14) Ich bin ausgesprochen zufrieden mit meinem bisherigen Leben.	☐	☐	☐	☐
15) Ich übernehme gern Verantwortung.	☐	☐	☐	☐
16) Ich schließe nur langsam Freundschaften.	☐	☐	☐	☐
17) Ich bin ungern mit Menschen zusammen, die ich noch nicht kenne.	☐	☐	☐	☐
18) Ich werde ziemlich leicht verlegen.	☐	☐	☐	☐
19) Ich habe gern mit Aufgaben zu tun, die schnelles Handeln erfordern.	☐	☐	☐	☐
20) Meine Freunde und Bekannten denken meist genauso oder ähnlich wie ich.	☐	☐	☐	☐
21) Oft habe ich alles gründlich satt.	☐	☐	☐	☐
22) Ich gebe anderen Ratschläge, Empfehlungen.	☐	☐	☐	☐
23) Ich habe fast immer eine schlagfertige Antwort bereit.	☐	☐	☐	☐
24) Im allgemeinen habe ich das Gefühl, bei meinen Freunden und Bekannten überaus beliebt zu sein.	☐	☐	☐	☐
25) Ich übernehme bei gemeinsamen Unternehmungen gern die Führung.	☐	☐	☐	☐

	Trifft völlig zu	Trifft eher zu	Trifft eher nicht zu	Trifft überhaupt nicht zu
26) Ich bin im Grunde ein recht ängstlicher Mensch.				
27) Ich besitze vieles, worum andere mich beneiden.				
28) Ich lebe mit mir selbst im Frieden und ohne innere Konflikte.				
29) Ich gebe häufig Spenden für Katastrophenhilfe, Caritas, Naturschutz und ähnliche Einrichtungen.				
30) Ich unternehme viel zusammen mit Freunden und Bekannten.				
31) Ich würde mich beim Kellner oder Geschäftsführer eines Restaurants beschweren, wenn ein schlechtes Essen serviert wurde.				
32) Ich würde mich selbst als überaus gesprächig bezeichnen.				
33) Wenn jemand weint, möchte ich ihn am liebsten umarmen und auf diese Weise trösten.				
34) Ich bin mit meinen gegenwärtigen Lebensbedingungen oft unzufrieden.				
35) Ich finde, jeder soll im Grunde selbst sehen, wie er zurecht kommt.				
36) Es fällt mir schwer, vor einer größeren Gruppe von Menschen zu sprechen oder vorzutragen.				
37) Ich bin ziemlich lebhaft.				

	Trifft völlig zu	Trifft eher zu	Trifft eher nicht zu	Trifft überhaupt nicht zu
38) Wenn ich nochmal geboren würde, dann würde ich nicht anders leben wollen.	☐	☐	☐	☐
39) Es macht mir Spaß, andere Leute von meiner Meinung zu überzeugen.	☐	☐	☐	☐
40) Wenn ich meine Freunde und Bekannten betrachte, dann kann ich sagen, daß wir viele Gemeinsamkeiten haben.	☐	☐	☐	☐
41) Ich bin anderen oft einen Schritt voraus.	☐	☐	☐	☐
42) Sind wir in ausgelassener Runde, so überkommt mich oft eine große Lust zu groben Streichen.	☐	☐	☐	☐
43) Ich bin sehr selten in bedrückter, unglücklicher Stimmung.	☐	☐	☐	☐
44) Ich merke öfter, daß andere sich nach mir richten.	☐	☐	☐	☐
45) Es fällt mir schwer, den richtigen Gesprächsstoff zu finden, wenn ich jemanden kennenlernen will.	☐	☐	☐	☐
46) Ich denke häufig, daß ich meinen Konsum einschränken muß, um dann an benachteiligte Menschen abzugeben.	☐	☐	☐	☐
47) In einer vergnügten Gesellschaft kann ich mich ungezwungen und unbeschwert auslassen.	☐	☐	☐	☐
48) Ich kann mich gut durchsetzen.	☐	☐	☐	☐
49) Ich kann in eine ziemlich langweilige Gesellschaft schnell Leben bringen.	☐	☐	☐	☐
50) Ich habe - verglichen mit anderen Menschen - sehr viele Freunde und Bekannte.	☐	☐	☐	☐

TEIL B

Im folgenden möchten wir Sie bitten, einige Fragen zu Ihren Gewohnheiten und Einstellungen hinsichtlich bestimmter Konsumgüter zu beantworten. Auch bei diesen Fragen mag es vorkommen, daß die vorgegebenen Antwortkategorien zuweilen nicht vollkommen "passen". Bitte antworten Sie auch in diesem Fall so, wie es für Sie dann am ehesten zutrifft, und bemühen Sie sich auch hier, möglichst keine Frage auszulassen.

I. THEMA: Autos (Neu- und Gebrauchtwagen)

1) Ganz allgemein gesehen, sprechen Sie mit Ihren Freunden und Bekannten gern über Autos?

   ☐ Ja
   ☐ Nein

2) Wieviel Information geben Sie Ihrer Meinung nach Ihren Freunden und Bekannten, wenn Sie über Autos sprechen?

   Viel ☐☐☐☐ Wenig

3) Haben Sie während der letzten sechs Monate jemandem anderen außer Ihren Freunden etwas über Autos erzählt?

   ☐ Ja
   ☐ Nein

4) Was passiert öfter?

   ☐ Sie beginnen ein Gespräch, in dem Sie Ihren Freunden und Bekannten etwas über Autos erzählen
   ☐ Ihre Freunde und Bekannten beginnen ein Gepräch, in dem sie Ihnen etwas über Autos erzählen

5) Wenn Sie sich mit Ihren Freunden und Bekannten vergleichen, werden Sie dann lieber, genauso oder weniger gern um Ratschläge bezüglich Autos gefragt?

   ☐ Lieber
   ☐ Genauso gern
   ☐ Weniger gern

6) Wenn Sie mit Ihren Freunden und Bekannten über Autos sprechen, <u>wie läuft das Gespräch meistens ab</u>?

☐ Mein Gesprächspartner erzählt die meiste Zeit, und ich höre überwiegend zu

☐ Ich erzähle die meiste Zeit, und mein Gesprächspartner hört überwiegend zu

☐ Die Gesprächsanteile sind etwa gleich verteilt

7) Haben Sie den Eindruck, daß Sie von Ihren Freunden und Bekannten allgemein als eine gute Quelle für Ratschläge bezüglich Autos betrachtet werden?

Ja	Eher ja	Eher nein	Nein

8) <u>Wie häufig sprechen</u> Sie mit Ihren Freunden und Bekannten über Autos?

Sehr oft	Oft	Manchmal	Selten	Nie

9) Wieviel glauben Sie – verglichen mit Ihren Freunden und Bekannten – über Autos <u>zu wissen</u>?

Viel mehr als die meisten	Mehr als die meisten	Weniger als die meisten	Viel weniger als die meisten

10) Wie sehr sind Sie an Autos <u>interessiert</u>?

Sehr interessiert	Ziemlich interessiert	Etwas interessiert	Nicht interessiert

11) Sind Sie Eigentümer eines Autos bzw. steht Ihnen eines zur ständigen Nutzung zur Verfügung?

☐ Eigentümer

☐ Ständiger Nutzer

☐ Beides trifft nicht zu

12a) Welche Quellen nutzen Sie **im allgemeinen**, um sich über Autos zu informieren? Bitte tragen Sie in die Kästchen **jeweils** eine Zahl zwischen "0" und "4" ein, je nach **Intensität der Nutzung** (0="Quelle nutze ich überhaupt nicht", ... bis 4="Quelle nutze ich sehr intensiv")!

12b) Welche Quellen würden Sie nutzen, wenn Sie sich ein Auto **kaufen** wollten? Bitte tragen Sie in die Kästchen **jeweils** eine Zahl zwischen "0" und "4" ein, je nachdem, für wie **wichtig** Sie die Quelle **für Ihre Kaufentscheidung** halten (0="Überhaupt nicht wichtig",.... bis 4="Sehr wichtig")!

- Rundfunk- und Fernsehsendungen zum Thema "Auto"
- Redaktioneller Teil von <u>Fachzeitschriften</u>
- Redaktioneller Teil bzw. Beilagen von Zeitungen oder Zeitschriften
- Verkaufspersonal der Händler
- Befragung von Freunden und Bekannten
- Beobachtung, welche Autos Freunde und Bekannte fahren
- Prospekte des Herstellers bzw. der Händler
- Werbung in den Medien (z.B. Kleinanzeigen in lokalen Zeitungen, Fernsehwerbung etc.)
- Diskussion mit Familienangehörigen
- Publikationen der Stiftung Warentest
- Messen/(lokale) Ausstellungen
- Andere Quelle, und zwar: ....
....

13) Bitte kreuzen Sie an, inwiefern folgende Aussagen Ihrer Meinung nach (nicht) zutreffen!

	Trifft völlig zu	Trifft eher zu	Trifft eher nicht zu	Trifft überhaupt nicht zu
a) Wenn man sich ein Auto kaufen möchte, kann man nicht sicher sein, ob es das Geld auch wert ist, das man dafür ausgibt.	☐	☐	☐	☐
b) Es ist unangenehm, wenn Freunde und Bekannte etwas an dem Auto auszusetzen haben, das man sich gekauft hat.	☐	☐	☐	☐
c) Bevor man ein Auto kauft, weiß man oft nicht, ob es auch alle Erwartungen erfüllt, die man hinsichtlich seiner Eigenschaften hat.	☐	☐	☐	☐
d) Es freut einen, wenn Freunden und Bekannten das Auto gefällt, das man sich gekauft hat.	☐	☐	☐	☐

II. THEMA: Fotoapparate

1) Ganz allgemein gesehen, sprechen Sie mit Ihren Freunden und Bekannten <u>gern</u> über Fotoapparate?

   ☐ Ja
   ☐ Nein

2) Wieviel Information geben Sie Ihrer Meinung nach Ihren Freunden und Bekannten, wenn Sie über Fotoapparate sprechen?

   Viel ☐ ☐ ☐ ☐ Wenig

3) Haben Sie in den letzten sechs Monaten jemandem anderen außer Ihren <u>Freunden</u> etwas über Fotoapparate erzählt?

   ☐ Ja
   ☐ Nein

4) Was passiert **öfter**?

   ☐ Sie beginnen ein Gespräch, in dem Sie Ihren Freunden und Bekannten etwas über Fotoapparate erzählen

   ☐ Ihre Freunde und Bekannten beginnen ein Gespräch, in dem sie Ihnen etwas über Fotoapparate erzählen

5) Wenn Sie sich mit Ihren Freunden und Bekannten vergleichen, werden Sie dann lieber, genauso oder weniger gern um Ratschläge bezüglich Fotoapparate gefragt?

   ☐ Lieber
   ☐ Genauso gern
   ☐ Weniger gern

6) Wenn Sie mit Ihren Freunden und Bekannten über Fotoapparate sprechen, **wie läuft das Gespräch meistens ab**?

   ☐ Mein Gesprächspartner erzählt die meiste Zeit, und ich höre überwiegend zu

   ☐ Ich erzähle die meiste Zeit, und mein Gesprächspartner hört überwiegend zu

   ☐ Die Gesprächsanteile sind etwa gleich verteilt

7) Haben Sie den Eindruck, daß Sie von Ihren Freunden und Bekannten allgemein als eine gute Quelle für Ratschläge bezüglich Fotoapparate betrachtet werden?

Ja	Eher ja	Eher nein	Nein

8) **Wie häufig sprechen** Sie mit Ihren Freunden und Bekannten über Fotoapparate?

Sehr oft	Oft	Manchmal	Selten	Nie

9) Wieviel glauben Sie - verglichen mit Ihren Freunden und Bekannten - über Fotoapparate **zu wissen**?

Viel mehr als die meisten	Mehr als die meisten	Weniger als die meisten	Viel weniger als die meisten

10) Wie sehr sind Sie an Fotoapparaten <u>interessiert</u>?

Sehr interessiert	Ziemlich interessiert	Etwas interessiert	Nicht interessiert

11) Sind Sie Eigentümer eines Fotoapparates?

☐ Ja
☐ Nein

12a) Welche Quellen nutzen Sie <u>im allgemeinen,</u> um sich über Fotoapparate zu informieren? Bitte tragen Sie in die Kästchen <u>jeweils</u> eine Zahl zwischen "0" und "4" ein, je nach <u>Intensität der Nutzung</u> (0="Quelle nutze ich überhaupt nicht", ... bis 4="Quelle nutze ich sehr intensiv")!

12b) Welche Quellen würden Sie nutzen, wenn Sie sich einen Fotoapparat <u>kaufen</u> wollten? Bitte tragen Sie in die Kästchen <u>jeweils</u> eine Zahl zwischen "0" und "4" ein, je nachdem, für wie <u>wichtig</u> Sie die Quelle <u>für Ihre Kaufentscheidung</u> halten (0="Überhaupt nicht wichtig", ... bis 4="Sehr wichtig")!

- Redaktioneller Teil von <u>Fachzeitschriften</u>
- Redaktioneller Teil bzw. Beilagen von Zeitungen oder Zeitschriften
- Verkaufspersonal der Händler
- Befragung von Freunden und Bekannten
- Beobachtung, welche Fotoapparate Freunde und Bekannte besitzen
- Prospekte des Herstellers bzw. der Händler
- Werbung in den Medien (z.B. Kleinanzeigen in lokalen Zeitungen, Fernsehwerbung etc.)
- Diskussion mit Familienangehörigen
- Publikationen der Stiftung Warentest
- Andere Quelle, und zwar:..................
....

13) Bitte kreuzen Sie an, inwiefern folgende Aussagen
Ihrer Meinung nach (nicht) zutreffen!

	Trifft völlig zu	Trifft eher zu	Trifft eher nicht zu	Trifft überhaupt nicht zu
a) Wenn man sich einen Fotoapparat kaufen möchte, kann man nicht sicher sein, ob er das Geld auch wert ist, das man dafür ausgibt.	☐	☐	☐	☐
b) Es ist unangenehm, wenn Freunde und Bekannte etwas an dem Fotoapparat auszusetzen haben, den man sich gekauft hat.	☐	☐	☐	☐
c) Bevor man einen Fotoapparat kauft, weiß man oft nicht, ob er auch alle Erwartungen erfüllt, die man hinsichtlich seiner Eigenschaften hat.	☐	☐	☐	☐
d) Es freut einen, wenn Freunden und Bekannten der Fotoapparat gefällt, den man sich gekauft hat.	☐	☐	☐	☐

III. THEMA: Kleidung

1) Ganz allgemein gesehen, sprechen Sie mit Ihren Freunden und Bekannten <u>gern</u> über Kleidung?

☐ Ja
☐ Nein

2) Wieviel Information geben Sie Ihrer Meinung nach Ihren Freunden und Bekannten, wenn Sie über Kleidung sprechen?

Viel ☐☐☐☐ Wenig

3) Haben Sie in den letzten sechs Monaten jemandem anderen außer Ihren <u>Freunden</u> etwas über Kleidung erzählt?

☐ Ja
☐ Nein

4) Was passiert öfter?

   ☐ Sie beginnen ein Gespräch, in dem Sie Ihren Freunden und Bekannten etwas über Kleidung erzählen

   ☐ Ihre Freunde und Bekannten beginnen ein Gespräch, in dem sie Ihnen etwas über Kleidung erzählen

5) Wenn Sie sich mit Ihren Freunden und Bekannten vergleichen, werden Sie dann lieber, genauso oder weniger gern um Ratschläge bezüglich Kleidung gefragt?

   ☐ Lieber
   ☐ Genauso gern
   ☐ Weniger gern

6) Wenn Sie mit Ihren Freunden und Bekannten über Kleidung sprechen, wie läuft das Gespräch meistens ab?

   ☐ Mein Gesprächspartner erzählt die meiste Zeit, und ich höre überwiegend zu

   ☐ Ich erzähle die meiste Zeit, und mein Gesprächspartner hört überwiegend zu

   ☐ Die Gesprächsanteile sind etwa gleich verteilt

7) Haben Sie den Eindruck, daß Sie von Ihren Freunden und Bekannten allgemein als eine gute Quelle für Ratschläge bezüglich Kleidung betrachtet werden?

Ja	Eher ja	Eher nein	Nein

8) <u>Wie häufig sprechen</u> Sie mit Ihren Freunden und Bekannten über Kleidung?

Sehr oft	Oft	Manchmal	Selten	Nie

9) Wieviel glauben Sie – verglichen mit Ihren Freunden und Bekannten – über Kleidung <u>zu wissen</u>?

Viel mehr als die meisten	Mehr als die meisten	Weniger als die meisten	Viel weniger als die meisten

10) Wie sehr sind Sie an Kleidung <u>interessiert</u>?

Sehr interessiert	Ziemlich interessiert	Etwas interessiert	Nicht interessiert

11) Besitzen Sie überwiegend Kleidung, die "up-to-date" ist?   ☐ Ja   ☐ Nein

12a) Welche Quellen nutzen Sie <u>im allgemeinen</u>, um sich über Kleidung zu informieren? Bitte tragen Sie in die Kästchen <u>jeweils</u> eine Zahl zwischen "0" und "4" ein, je nach <u>Intensität der Nutzung</u> (0="Quelle nutze ich überhaupt nicht",... bis 4="Quelle nutze ich sehr intensiv")!

12b) Welche Quellen nutzen Sie, wenn Sie sich ein Kleidungsstück <u>kaufen</u> wollen? Bitte tragen Sie in die Kästchen <u>jeweils</u> eine Zahl zwische "0" und "4" ein, je nachdem, für wie wichtig Sie die Quelle <u>für Ihre Kaufentscheidung</u> halten (0="Überhaupt nicht wichtig", ... bis 4="Sehr wichtig")!

- Redaktioneller Teil von <u>Fach</u>zeitschriften
- Redaktioneller Teil bzw. Beilagen von Zeitungen oder Zeitschriften
- Verkaufspersonal der Händler
- Befragung von Freunden und Bekannten
- Beobachtung, welche Kleidung Freunde und Bekannte tragen
- Werbung in den Medien (z.B. Anzeigen in lokalen Zeitungen, Fernsehwerbung)
- Diskussion mit Familienangehörigen
- Prospekte des Herstellers oder der Händler
- Schaufenster der Händler
- Beobachtung des Sortiments in den Verkaufsräumen der Händler
- Andere Quelle, und zwar:..............
....

13) Bitte kreuzen Sie an, inwiefern folgende Aussagen Ihrer Meinung nach (nicht) zutreffen!

	Trifft völlig zu	Trifft eher zu	Trifft eher nicht zu	Trifft überhaupt nicht zu
a) Wenn man sich ein Kleidungsstück kaufen möchte, kann man oft nicht sicher sein, ob es das Geld auch wert ist, das man dafür ausgibt.				
b) Es ist unangenehm, wenn Freunde und Bekannte etwas an einem Kleidungsstück auszusetzen haben, das man sich gekauft hat.				
c) Bevor man ein Kleidungsstück kauft, weiß man oft nicht, ob es auch alle Erwartungen erfüllt, die man hinsichtlich seiner Eigenschaften hat.				
d) Es freut einen, wenn Freunden und Bekannten ein Kleidungsstück gefällt, das man sich gekauft hat.				

Bitte überprüfen Sie noch einmal, ob Sie wirklich alle Fragen beantwortet haben, und vervollständigen Sie Ihren Antwortkatalog gegebenenfalls. Abschließend möchten wir Sie noch um einige Angaben zu Ihrer Person bitten.

1) Haben Sie schon einmal unbezahlt beim Roten Kreuz, in Ihrer Gemeinde oder in anderen sozialen Einrichtungen geholfen? ☐ Ja ☐ Nein

2) Arbeiten Sie in Ihrer Freizeit aktiv in einer Organisation mit (z.B. Partei, Gewerkschaft, Bürgerinitiative)? ☐ Ja ☐ Nein

3) Sind Sie Inhaber eines Amtes in einer Organisation oder einem Verein? ☐ Ja ☐ Nein

Alter: ☐   Geschlecht: ☐ M ☐ W

Vielen Dank für Ihre Mitarbeit!

LITERATURVERZEICHNIS

Abplanalp, Peter A.: Marktkommunikation und Konsumentenverhalten, Basel 1978.

Adlwarth, Wolfgang: Formen und Bestimmungsgründe prestigegeleiteten Konsumverhaltens. Eine verhaltenstheoretisch-empirische Analyse, Diss. (Erlangen-Nürnberg), München 1983.

Alba, Joseph W.; Hutchinson, J. Wesley: Dimensions of Consumer Expertise, in: JoCR, Vol.13, March 1987, pp.411-454.

Anderssohn, F.: Vertragsbruch durch Adressenmißbrauch, in: Dallmer, H.; Thedens, R. (Hrsg.): Handbuch des Direct-Marketing, 5. Auflage, Wiesbaden 1981, S.703-708.

Arbeitsgemeinschaft Media-Analyse e.V. (Hrsg.): Media-Analyse 1985, Frankfurt a.M. 1985.

Armstrong, Gary M.; Feldman, Laurence P.: Exposure and Sources of Opinion Leaders, in: JoAR, Vol.16, No.4, August 1976, pp.21-27.

Arndt, Johan (1967a): Role of Product-Related Conversations in the Diffusion of a New Product, in: JoMR, Vol. IV, August 1967, pp.291-295.

Arndt, Johan (1967b): Word of Mouth Advertising and Informal Communication, in: Cox, D. F. (Hrsg.): Risk Taking and Information Handling in Consumer Behavior, Boston 1967, pp.188-239.

Arndt, Johan (1967c): Perceived Risk, Sociometric Integration, and Word of Mouth in the Adoption of a New Food Product, in: Cox, D. F. (Hrsg.): Risk Taking and Information Handling in Consumer Behavior, Boston 1967, pp.289-316.

Arndt, Johan (1967d): Word of Mouth Advertising, New York 1967.

Arndt, Johan: A Test of the Two-Step Flow in Diffusion of a New Product, in: JQ, Vol.45, 1968, pp.457-465.

Arndt, Johan: Methodisches Beispiel einer Untersuchung über Mundwerbung, in: Behrens, K. C. (Hrsg.): Handbuch der Werbung, Wiesbaden 1970, S.1105-1125.

Ashour, Ahmed Sakr; Johns, Gary: Leader Influence Through Operant Principles: A Theoretical and Methodological Framework, in: HR, Vol.36, No.7/1983, pp.603-626.

Assael, Henry: Consumer Behavior and Marketing Action, Boston 1981.

Aufermann, Jörg: Kommunikation und Modernisierung, München 1971.

Backhaus, Klaus; Erichson, Bernd; Plinke, Wulff; Schuchard-Ficher, Christiane; Weiber, Rolf: Multivariate Analysemethoden, 4. Auflage, Berlin 1987.

Bänsch, Axel: Käuferverhalten, 3. Auflage, München 1986.

Bauer, Felix: Datenanalyse mit SPSS, Berlin 1984.

Bauer, Raymond A.: The Communicator and the Audience, in: Hyman, H. H.; Singer, E. (Hrsg.): Readings in Reference Group Theory and Research, New York 1968, pp.430-451.

Baumgarten, Steven A.: The Innovative Communicator in the Diffusion Process, in: JoMR, Vol. XII, February 1975, pp.12-18.

Bayus, Barry L.: Word of Mouth: The Indirect Effects of Marketing Efforts, in: JoAR, Vol.25, No.3, June/July 1985, pp.31-39.

Bearden, William O.; Etzel, Michael J.: Reference Group Influence on Product and Brand Purchase Decisions, in: JoCR, Vol.9, September 1982, pp.183-194.

Beatty, Sharon K.; Smith, Scott M.: External Search Effort: An Investigation Across Several Product Categories, in: JoCR, Vol.14, June 1987, pp.83-95.

Beggs, John J.: Disinformation: Properties of Market Forecasts of Benevolent Opinion Leaders, in: BS, Vol. 29, No.2/1984, pp.138-140.

Behrens, Karl Christian: Handbuch der Werbung, Wiesbaden 1970.

Belk, Russell W.; Bahn, Kenneth D.; Mayer, Robert N.: Developmental Recognition of Consumption Symbolism, in: JoCR, Vol.9, June 1982, pp.4-17.

Bellenger, Danny N.; Hirschman, Elizabeth C.: Identifying Opinion Leaders by Self Report, in: Greenberg, Barnett A.; Bellenger, Danny N. (Hrsg.): Contemporary Marketing Thought, 1977 Educator's Proceedings, Chicago (Ill.) 1977, American Marketing Association, pp.341-344, zitiert bei: Kroeber-Riel, W.: Konsumentenverhalten, München 1984.

Berelson, Bernhard; Lazarsfeld, Paul F.; McPhee, William N.: Voting, Chicago 1954.

Bergler, Reinhold: Konsumententypologien, in: Hoyos, C. Graf; Kroeber-Riel, W. et al. (Hrsg.): Grundbegriffe der Wirtschaftspsychologie, München 1980, S.247-258.

Berndt, Hermann: Informationsmenge und Informationsverarbeitung bei Konsumentscheidungen, in: Marketing ZFP, 6.Jg., Heft 3, August 1984, S.181-188.

Bettman, James R.: Perceived Risk and Its Components: A Model and Empirical Test, in: JoMR, Vol. X, May 1973, pp.184-190.

Beutel, Peter; Schubö, Werner: SPSS 9 : Statistik-Programm-System für die Sozialwissenschaften (nach: Nie, Norman H.; Hull, C. Hadlai: SPSS - Statistical Package for the Social Sciences, 2.Auflage, New York 1975), 4. Auflage, Stuttgart-New York 1983.

Beyss, Bernd: Die Verwendung von Testinformationen in Beratungsgesprächen, in: Marketing ZFP, 2.Jg., Heft 3, September 1980, S.197-199.

Biehal, Gabriel; Chakravarti, Dipankar: Information Accessibility as a Moderator of Consumer Choice, in: JoCR, Vol.10, June 1983, pp.1-14.

Biehal, Gabriel; Chakravarti, Dipankar: Consumers' Use of Memory and External Information in Choice: Macro and Micro Perspectives, in: JoCR, Vol.12, March 1986, pp.382-405.

Bischoff, Alfred: Die Strukturierung von Käufer-Produkt-Beziehungen mit Hilfe der allgemeinen Komponentenanalyse, Diss. (Bochum), Heidelberg 1988.

Bleicker, Ulrike: Produktbeurteilung der Konsumenten, Würzburg 1983.

Bodenstein, Gerhard: Der Annahme- und Verbreitungsprozeß neuer Produkte, Frankfurt a.M. 1972.

Bodenstein, Gerhard: Diffusion und Marketing, Nr.98 der Diskussionsbeiträge des Fachbereichs Wirtschaftswissenschaft Universität-Gesamthochschule-Duisburg, Duisburg 1987.

Böcker, Franz: Die Bildung von Präferenzen für langlebige Konsumgüter in Familien, in: Marketing ZFP, 9.Jg., Heft 1, Februar 1987, S.16-24.

Böcker, Franz; Gierl, Heribert: Die Beurteilung einer Zeitschrift als Werbeträger, Berlin 1986.

Böhler, Heymo: Der Beitrag von Konsumententypologien zur Marktsegmentierung, in: DBW, 37.Jg., Nr.3/1977, S.447-463.

Böhler, Heymo: Marktforschung, Stuttgart 1985.

Böhme, Martin: Vorsicht Mineralwasser!, in: natur, Nr.3, März 1987, S.87-96.

Boote, Alfred S.: Reliability Testing of Psychographic Scales, in: JoAR, Vol.21, No.5, October 1981, pp.53-60.

Booth, Alan: Personal Influence Networks and Participation in Professional Association Activities, in: POQ, Vol.33, No.4, Winter 1969, pp.611-614.

Bostian, Lloyd R.: The Two-Step Flow Theory: Cross-Cultural Implications, in: JQ, Vol.47, 1970, pp.109-117.

Bourne, Francis S.: Group Influences in Marketing, in: Day, R. L. (Hrsg.): Marketing Models, Scranton 1968, pp.63-79.

Bourne, Francis S.: Der Einfluß von Bezugsgruppen beim Marketing, deutsche Übersetzung (im Original: Group Influence in Marketing and Public Relations, in: Likert, R.; Hayes, S.P. (Hrsg.): Some Applications of Behavioral Research, Unesco 1957, pp.211-224), in: Kroeber-Riel, W. (Hrsg.): Marketingtheorie, Köln 1972, S.141-155.

Brett, Joyce E.; Kernaleguen, Anne: Perceptual and Personality Variables Related to Opinion Leadership in Fashion, in: PaMS, Vol.40, 1975, pp.775-779.

Brooks, Robert C. Jr.: "Word-of-Mouth" Advertising in Selling New Products, in: JoM, Vol.22, October 1957, pp.154-161.

Brown, Jacqueline Johnson; Reingen, Peter H.: Social Ties and Word-of-Mouth Referral Behavior, in: JoCR, Vol.14, December 1987, pp.350-362.

Buchholz, Rainer: Identifizierung von Innovatoren auf einstellungstheoretischer Grundlage am Beispiel des Marktes für Nahrungsmittel, in: Marketing ZFP, 7.Jg., Heft 3, August 1985, S.173-179.

Buchner, Dietrich: Marketing und Diffusionsforschung, in: DMf, 1970, S.12-16.

Bürger, Joachim H.; Berlemann, Friedrich R.: Merchandising, Landsberg am Lech 1987.

Burda GmbH (Hrsg.): Typologie der Wünsche, Offenburg 1974.

Burda GmbH (Hrsg.): Typologie der Wünsche '76. Strukturen von Zielgruppen, Offenburg 1976.

Burda GmbH (Hrsg.): Typologie der Wünsche 1980, Offenburg 1980.

Burda GmbH (Hrsg.): Typologie der Wünsche 1984, Offenburg 1984.

Burnkrant, Robert E.; Cousineau, Alain: Informational and Normative Social Influence in Buyer Behavior, in: JoCR, Vol.2, December 1975, pp.206-215.

Cerha, Jarko: Selective Mass Communication, Stockholm 1967.

Chaffee, Steven H.; McLeod, Jack M.: Consumer Decisions and Information Use, in: Ward, Scott; Robertson, Thomas S. (Hrsg.): Consumer Behavior: Theoretical Sources, Englewood Cliffs 1973, pp.385-415.

Childers, Terry L.: Assessment of the Psychometric Properties of an Opinion Leadership Scale, in: JoMR, Vol. XXIII, May 1986, pp.184-188.

Churchill, Gilbert A. jr.; Moschis, George P.: Television and Interpersonal Influences on Adolescent Consumer Learning, in: JoCR, Vol.6, June 1979, pp.23-35.

Clarke, Keith; Belk, Russell W.: The Effects of Product Involvement and Task Definition on Anticipated Consumer Effort, in: Hunt, H. K. (Hrsg.): Advances in Consumer Research, Vol.5, Ann Arbor 1978, pp.313-318.

Cocanougher, A. Benton; Bruce, Grady D.: Socially Distant Reference Groups and Consumer Aspirations, in: JoMR, Vol. VIII, August 1971, pp.379-381.

Cohen, Joel B.; Golden, Ellen: Informational Social Influence and Product Evaluation, in: JoAP, Vol.56, No.1/1972, pp.54-59.

Coleman, James; Katz, Elihu; Menzel, Herbert: The Diffusion of an Innovation Among Physicians, in: Day, R. L. (Hrsg.): Marketing Models, Scranton 1968, pp.100-117.

Coleman, James; Katz, Elihu; Menzel, Herbert: Die Ausbreitung einer Innovation unter Ärzten, deutsche Übersetzung (im Original: The Diffusion of an Innovation Among Physicians, in: Sociometry. A Journal of Research in Social Psychology, Bd.20, 1957), in: Kroeber-Riel, W. (Hrsg.): Marketingtheorie, Köln 1972, S.122-140.

Cook, Victor J.: Group Decision, Social Comparison, and Persuasion in Changing Attitudes, in: JoAR, Vol.7, No.1, March 1967, pp.31-37.

Corey, Lawrence G.: People Who Claim to be Opinion Leaders: Identifying Their Characteristics by Self-report, in: JoM, Vol.35, October 1971, pp.48-53.

Corfman, Kim P.; Lehmann, Donald R.: Models of Cooperative Group Decision-Making and Relative Influence: An Experimental Investigation of Family Purchase Decisions, in: JoCR, Vol.14, June 1987, pp.1-13.

Corsten, Hans; Meier, Bernd: Konsumentenverhalten in unterschiedlichen Kaufsituationen, in: JdAVF, 28.Jg., Nr.2/1982, S.112-136.

Cox, Donald F. (1967a): The Audience as Communicators, in: Derselbe (Hrsg.): Risk Taking and Information Handling in Consumer Behavior, Boston 1967, pp.172-187.

Cox, Donald F. (Hrsg.) (1967b): Risk Taking and Information Handling in Consumer Behavior, Boston 1967.

Cox, Donald F. (1967c): Risk Handling in Consumer Behavior - an Intensive Study of Two Cases, in: Derselbe (Hrsg.): Risk Taking and Information Handling in Consumer Behavior, Boston 1967, pp.34-81.

Cox, Donald F.: Informationssuche und Kommunikationskanal, in: Specht, K. G.; Wiswede, G. (Hrsg.): Marketing-Soziologie, Berlin 1976, S.219-255.

Cox, Eli P. III: The Optimal Number of Response Alternatives for a Scale: A Review, in: JoMR, Vol. XVII, November 1980, pp.407-422.

Cunningham, Scott M.: Perceived Risk as a Factor in Product-Oriented Word-of-Mouth Behavior: A First Step, in: Smith, W.G. (Hrsg.): Reflections on Progress in Marketing, Chicago 1965, pp.229-238.

Cunningham, Scott M. (1967a): Perceived Risk as a Factor in Informal Consumer Communications, in: Cox, D. F.: Risk Taking and Information Handling in Consumer Behavior, Boston 1967, pp.265-288.

Cunningham, Scott M. (1967b): The Major Dimensions of Perceived Risk, in: Cox, D. F.: Risk Taking and Information Handling in Consumer Behavior, Boston 1967, pp.82-108.

Czepiel, John A.: Word-of-Mouth Processes in the Diffusion of a Major Technological Innovation, in: JoMR, Vol. XI, May 1974, pp.172-180.

Dahl, Dieter: Ökonomische und soziologische Determinanten des Verbraucherverhaltens, in: MF, 24./25. Jg., Nr.3/1980, S.66-71.

Dallmer, Heinz: Adress-/Datenpflege und -bewertung, in: Derselbe; Thedens, R. (Hrsg.): Handbuch des Direct-Marketing, 5. Auflage, Wiesbaden 1981, S.285-293.

Dallmer, Heinz; Thedens, R. (Hrsg.) (1981a): Handbuch des Direct-Marketing, 5. Auflage, Wiesbaden 1981.

Dallmer, Heinz; Thedens, R. (1981b): Das System des Direct-Marketing, in: Dieselben (Hrsg.): Handbuch des Direct-Marketing, 5. Auflage, Wiesbaden 1981, S.13-29.

Darden, William R.; Reynolds, Fred D.: Predicting Opinion Leadership for Men's Apparel Fashions, in: JoMR, Vol. IX, August 1972, pp.324-328.

Day, George S.: Attitude Change, Media and Word of Mouth, in: JoAR, Vol.11, No.6, December 1971, pp.31-40.

Day, George S.: Attitude Stability, Changeability, and Predictive Ability, in: Farley, J. U.; Howard, J. A.; Ring, L. Winston: Consumer Behavior - Theory and Application, Boston 1974, pp.130-146.

Day, Ralph L. (Hrsg.): Marketing Models, Scranton 1968.

Dedler, Konrad; Gottschalk, Ingrid; Grunert, Klaus G.; Heiderich, Margot; Hoffmann, Annemarie L.; Scherhorn, Gerhard: Das Informationsdefizit der Verbraucher, Frankfurt a.M. 1984.

DeLozier, M. Wayne: The Marketing Communications Process, New York 1976.

Deutsch, Morton; Gerard, Harold B.: A Study of Normative and Informational Social Influences upon Individual Judgement, in: JoASP, Vol.51, 1955, pp.629-636.

Deutschmann, Paul J.; Danielson, Wayne A.: Diffusion of Knowledge of the Major News Story, in: JQ, Vol.37, 1960, pp.345-355.

Dichter, Ernest: How Word-of-Mouth Advertising Works, in: HBR, Vol.44, November/December 1966, pp.147-166.

Dichtl, Erwin; Issing, Otmar (Hrsg.): Vahlens Grosses Wirtschaftslexikon, 2 Bände, München 1987.

Dieterich, Michael: Konsument und Gewohnheit. Eine theoretische und empirische Untersuchung zum habituellen Kaufverhalten, Heidelberg 1986.

Diller, Hermann: Verbesserungsmöglichkeiten der Verbraucherinformation durch Berücksichtigung verhaltenstheoretischer Erkenntnisse, in: ZVP, 2.Jg., Nr.1/1978, S.24-41.

Diller, Hermann: Kommunikationspolitik, in: Dichtl, E.; Issing, O. (Hrsg.): Vahlens Grosses Wirtschaftslexikon, Band 1, München 1987, S.1027f.

Ehrenberg, Andrew S.C.: Statistik oder der Umgang mit Daten, deutsche Übersetzung von Rüdiger Blaschke (im Original: A Primer in Data Reduction, Chichester o.J.), Weinheim 1986.

Engel, James F.; Blackwell, Roger D.; Kegerreis, Robert J.: How Information is Used to Adopt an Innovation, in: JoAR, Vol.9, No.4, December 1969, pp.3-8.

Engel, James F.; Kegerreis, Robert J.; Blackwell, Roger D.: Word-of-Mouth Communication by the Innovator, in: JoM, Vol.33, July 1969, pp.15-19.

Engelhardt, Werner Hans; Kleinaltenkamp, Michael; Rieger, Sören: Der Direktvertrieb im Konsumgüterbereich: eine absatzwirtschaftliche Analyse, Stuttgart 1984.

Engels, Achim; Timaeus, Ernst: "Face to Face"-Interaktionen, in: Irle, M. (Hrsg.): Marktpsychologie, 1.Halbband, Göttingen 1983, S.344-401.

Ernenputsch, Margit A.: Theoretische und empirische Untersuchungen zum Beschaffungsprozeß von konsumtiven Dienstleistungen, Diss. (Bochum), Bochum 1986.

Eurich, Claus: Beeinflussungsstrategien zur Weiterentwicklung des Meinungsführerkonzeptes, in: ZfMMZ, 20.Jg., Heft 1,2/1977, S.4285-4299.

Faehling, Dieter: Zielgruppen, in: MJ, Nr.4/1985, S.344-353.

Fahrenberg, Jochen; Hampel, Rainer; Selg, Herbert: Das Freiburger Persönlichkeitsinventar FPI, 4.Auflage, Göttingen 1984.

Farley, John U.; Howard, John A.; Ring, L. Winston (Hrsg.): Consumer Behavior - Theory and Application, Boston 1974.

Feick, Lawrence F.; Price, Linda L.: People Who Use People: The Other Side of Opinion Leadership, in: Lutz, Richard J. (Hrsg.): Advances in Consumer Research, Vol. 13, Urbana/Ill. 1986, pp.301-305.

Feick, Lawrence F.; Price, Linda L.: The Market Maven: A Diffuser of Marketplace Information, in: JoM, Vol.51, January 1987, pp.83-97.

Fenton, James S.; Leggett, Thomas R.: A New Way to Find Opinion Leaders, in: JoAR, Vol.11, No.2, April 1971, pp.21-25.

Fenwick, Ian; Schellinck, D.A.; Kendall, K.W.: Assessing the Reliability of Psychographic Analyses, in: MS, Vol.2, No.1, Winter 1983, pp.57-73.

Festinger, Leon: A Theory of Social Comparison Processes, in: HR, Vol.7, May 1954, pp.117-140.

Festinger, Leon: Theorie der kognitiven Dissonanz, deutsche Übersetzung, herausgegeben von Martin Irle und Volker Möntmann (im Original: A Theory of Cognitive Dissonance, o.O. 1957), Bern 1978.

Freter, Hermann W.: Mediaselektion. Informationsgewinnung und Entscheidungsmodelle für die Werbeträgerauswahl, Wiesbaden 1974.

Freter, Hermann: Marktsegmentierung, Stuttgart 1983.

Frey, Dieter (Hrsg.): Kognitive Theorien der Sozialpsychologie, Bern 1978.

Frey, Dieter: Einstellungsforschung: Neuere Ergebnisse der Forschung über Einstellungsänderung, in: Marketing ZFP, 1.Jg., Heft 1, März 1979, S.31-45.

Frey, Dieter; Benning, Elke: Informationssuche von Konsumenten nach Entscheidungen, in: Marketing ZFP, 6.Jg., Heft 2, Mai 1984, S.107-113.

Fuchs, Werner: Ansätze zu einer Konsumtheorie in der angelsächsischen Literatur, Diss., Hannover 1970.

Furse, David H.; Punj, Girish N.; Stewart, David W.: A Typology of Individual Search Strategies Among Purchasers of New Automobiles, in: JoCR, Vol.10, March 1984, pp.417-431.

Gatignon, Hubert; Robertson, Thomas S.: A Propositional Inventory for New Diffusion Research, in: JoCR, Vol.11, March 1985, pp.849-867.

Gemünden, Hans Georg: Wahrgenommenes Risiko und Informationsnachfrage, in: Marketing ZFP, 7.Jg., Heft 1, Februar 1985, S.27-38.

Gensch, Dennis H.; Javalgi, Rajshekhar G.: The Influence of Involvement on Disaggregate Attribute Choice Models, in: JoCR, Vol. 14, June 1987, pp.71-82.

George, William R.; Berry, Leonard L.: Guidelines for the Advertising of Services, in: Lovelock, C. H. (Hrsg.): Services Marketing, Englewood Cliffs, New Jersey 1984, pp.407-412.

Gerardi, A.: Das Direct-Marketing des Sortiment-, Spezial- und Soloversandhandels, in: Dallmer, H.; Thedens, R. (Hrsg.): Handbuch des Direct-Marketing, 5. Auflage, Wiesbaden 1981, S.847-869.

Givon, Moshe M.; Shapira, Zur: Response to Rating Scales: A Theoretical Model and Its Application to the Number of Categories Problem, in: JoMR, Vol. XXI, November 1984, pp.410-419.

Grefe, Rolf; Müller, Siegfried: Die Entwicklung des "Opinion Leader"-Konzeptes und der Hypothese vom zweistufigen Kommunikationsprozeß, in: ZfMMZ, 19.Jg., Heft 1,2/1976, S.4011-4034.

Grönhaug, Kjell; Venkatesh, Alladi: Products and Services in the Perspective of Consumer Socialisation, in: EJoM, Vol.20, No.10/1986, pp.55-79.

Gross, Edwin J.: Personal Leadership in Marketing, Madison (New Jersey) 1968.

Gross, Edwin J.: Support for a Generalized Marketing Leadership Theory, in: JoAR, Vol.9, No.3, September 1969, pp.49-52.

Gruner+Jahr-Verlag (Hrsg.): Meinungsbildung im Konsumbereich, Band 1 bis 3, Hamburg 1971.

Gruner+Jahr-Verlag (Hrsg.): Brigitte Frauentypologie 1, Hamburg 1973.

Gruner+Jahr-Verlag (Hrsg.): Brigitte Frauentypologie 2, Hamburg 1975.

Gruner+Jahr-Verlag (Hrsg.): Brigitte Frauentypologie 3, Hamburg 1976.

Gruner+Jahr-Verlag (Hrsg.): Brigitte Frauentypologie 4, Hamburg 1979.

Gruner+Jahr-Verlag (Hrsg.): Kommunikationsanalyse 1 - Marken und Kommunikation, Berichtsband/Codeplan, Hamburg 1984.

Grunert, Klaus; Saile, Heinz: Der Risikoreduzierungsansatz bei der Ermittlung von Informationsbedarf und Informationsangebot, in: Verbraucherpolitik: Diskussionsbeiträge für das 3. Wuppertaler Wirtschaftswissenschaftliche Kolloquium, Band 2, Arbeitspapiere der Gesamthochschule Wuppertal, Wuppertal 1977, S.436-446.

Hafermalz, Otto: Schriftliche Befragung - Möglichkeiten und Grenzen, Wiesbaden 1976.

Haisch, Jochen; Frey, Dieter: Die Theorie sozialer Vergleichsprozesse, in: Frey, D. (Hrsg.): Kognitive Theorien der Sozialpsychologie, Bern 1978, S.75-96.

Hammann, Peter: Konsumgütermarketing, Hagen 1980.

Hammann, Peter; Erichson, Bernd: Marktforschung, Stuttgart 1978.

Hammann, Peter; Schuchard-Ficher, Christiane: Die Verhaltensrelevanz von Nachkaufdissonanzen im Automobilmarkt, in: Dichtl, Erwin; Raffée, Hans; Potucek, Vladimir: Marktforschung im Automobilsektor, Frankfurt a.M. 1983, S.59-73.

Hansen, Flemming: Psychological Theories of Consumer Choice, in: JoCR, Vol.3, December 1976, pp.117-142.

Hartung, Joachim; Elpelt, Bärbel: Multivariate Statistik, 2. Auflage, München 1986.

Haseloff, Otto Walter: Kommunikationstheoretische Probleme der Werbung, in: Behrens, K. C.: Handbuch der Werbung, Wiesbaden 1970, S.157-200.

Haseloff, Otto Walter (Hrsg.): Kommunikation, 2. Auflage, Berlin 1971.

Haseloff, Otto Walter: Direkte Kommunikation und ihre Bedeutung für Meinungsbildung und Kaufentscheid, in: Dallmer, H.; Thedens, R. (Hrsg.): Handbuch des Direct-Marketing, 5. Auflage, Wiesbaden 1981, S.159-215.

Haseloff, Otto Walter: Über die Marketingbedeutung von Meinungsführern und Modellpersonen, in: Belz, Christian (Hrsg.): Realisierung des Marketing, Band 2, Savosa/St. Gallen 1986, S.1245-1268.

Hassenstein, Bernhard: Information und Nachricht, in: Haseloff, O. W. (Hrsg.): Kommunikation, 2. Auflage, Berlin 1971, S.9-18.

Hendon, Donald W.: A New and Empirical Look at the Influence of Reference Groups on Generic Product Category and Brand Choice: Evidence from Two Nations, in: College of Business Administration (Hrsg.): Proceedings of the Academy of International Business: Asia-Pacific Dimensions of International Business, Honolulu 1979, pp.752-761.

Hesse, Hans-Werner: Kommunikation und Diffusion von Produktinnovationen im Konsumgüterbereich, Diss. (Osnabrück), Berlin 1987.

Hillmann, Karl-Heinz: Soziale Bestimmungsgründe des Konsumentenverhaltens, Stuttgart 1971.

Hirschman, Elizabeth C.; Adcock, W.O.: An Examination of Innovative Communicators, Opinion Leaders and Innovators for Men's Fashion Apparel, in: Hunt, H. K. (Hrsg.): Advances in Consumer Research, Vol.5, Ann Arbor 1978, pp.308-314, zitiert bei: Kaas, K. P.: Meinungsführung, in: Hoyos, K. Graf; Kroeber-Riel, W. et al. (Hrsg.): Grundbegriffe der Wirtschaftspsychologie, München 1980, S.188-194.

Hörning, Karl H.: Ansätze zu einer Konsumsoziologie, Freiburg 1970.

Hollander, E.P.; Webb, Wilse B.: Leadership, Followership, and Friendship: An Analysis of Peer Nominations, in: Maccoby, E. E.; Newcomb, T. M.; Hartley, E. C.: Readings in Social Psychology, New York 1958, pp.489-496.

Hovland, Carl I.; Janis, Irving L.; Kelley, Harold H.: Communication and Persuasion, New Haven 1964.

Howard, John A.; Shet, Jagdish N.: The Theory of Buyer Behavior, New York 1969.

Hoyos, Carl Graf; Kroeber-Riel, Werner; Rosenstiel, Lutz von; Strümpel, Burkhard (Hrsg.): Grundbegriffe der Wirtschaftspsychologie, München 1980.

Hubel, Walter: Der Einfluß der Familienmitglieder auf gemeinsame Kaufentscheidungen, Berlin 1986.

Hulbert, James; Capon, Noel: Interpersonal Communication in Marketing: An Overview, in: JoMR, Vol. IX, February 1972, pp.27-34.

Humme, Udo: Die Bestimmung von Kriterien zur Auswahl von Außendienstmitarbeitern - eine empirische Untersuchung am Beispiel des Pharmaberaters, Diss., Bochum 1987.

Hummel, Hans Peter: Marktkommunikation und Verbraucherverhalten, Frankfurt a.M. 1975.

Hummrich, Ulrich: Interpersonelle Kommunikation im Konsumgütermarketing, Wiesbaden 1976.

Hunt, H. Keith (Hrsg.): Advances in Consumer Research, Vol.5, Ann Arbor 1978.

Hyman, Herbert H.; Singer, Eleanor (Hrsg.): Readings in Reference Group Theory and Research, New York 1968.

Institut für Demoskopie Allensbach (Hrsg.): Meinungsbildnerinnen. Untersuchungen über persönliche Beeinflussungsvorgänge zwischen Hausfrauen im Bereich der Haushaltspflege, o.O. 1970.

Institut für Demoskopie Allensbach (Hrsg.): Allensbacher Werbeträger-Analyse, Band 1 bis 3, Allensbach 1984.

Irle, Martin: Lehrbuch der Sozialpsychologie, Göttingen 1975.

Irle, Martin (Hrsg.): Marktpsychologie, 1.Halbband, Göttingen 1983.

Jacoby, Jacob; Kaplan, Leon B.: The Components of Perceived Risk, in: Venkatesan, M.(Hrsg.): Proceedings of the 3rd Annual Conference of the Association for Consumer Research, Chicago 1972, pp.382-393.

Jacoby, Jacob: The Construct Validity of Opinion Leadership, in: POQ, Vol.38, No.1, Spring 1974, pp.81-89.

Jansen, Olaf: Soziologische Determinanten der Wirksamkeit von Werbemaßnahmen für innovative Produktionsgüter, Diss., Bonn 1970.

Jeck-Schlottmann, Gabi (1988a): Anzeigenbetrachtung bei geringem Involvement, in: Marketing ZFP, 10.Jg., Heft 1, Februar 1988, S.33-43.

Jeck-Schlottmann, Gabi (1988b): Werbewirkung bei geringem Involvement, Arbeitspapier Nr. 1 der Reihe "Konsum und Verhalten", herausgegeben von G.Behrens, K.P.Kaas, W.Kroeber-Riel, W.Trommsdorff und P.Weinberg, Saarbrücken 1988.

Johnson, Michael D.: Consumer Choice Strategies for Comparing Noncomparable Alternatives, in: JoCR, Vol.11, December 1984, pp.741-753.

Johnston, John: Econometric Methods, 3. Auflage, New York 1984.

Kaas, Klaus: Wie man neue Produkte lanciert, in: WW, 25.Jg., Nr.7/1971, S.30-37.

Kaas, Klaus Peter: Diffusion und Marketing. Das Konsumentenverhalten bei der Einführung neuer Produkte, Stuttgart 1973.

Kaas, Klaus Peter: Meinungsführung, in: Hoyos, C. Graf; Kroeber-Riel, W. et al. (Hrsg.): Grundbegriffe der Wirtschaftspsychologie, München 1980, S.188-194.

Kaas, Klaus Peter (1987a): Marktkommunikation, in: Dichtl, E.; Issing, O. (Hrsg.): Vahlens Großes Wirtschaftslexikon, Band 2, München 1987, S.118.

Kaas, Klaus Peter (1987b): Persönliche Kommunikation, in: Dichtl, E.; Issing, O. (Hrsg.): Vahlens Großes Wirtschaftslexikon, Band 2, München 1987, S.301f.

Kästing, Friederike; Wagner, Lutz W.: Herr X wirbt mit! - Zielgruppenbildung nach dem Konzept des mehrstufigen Kommunikationsflusses, in: asw, Heft 3/1970, S.40-48.

Kaplan, Leon B.; Szybillo, George J.; Jacoby, Jacob: Components of Perceived Risk in Product Purchase: A Cross-validation, in: JoAP, Vol.59, No.3/1974, pp.287-291.

Katz, Elihu: Die Verbreitung neuer Ideen und Praktiken, in: Schramm, W. (Hrsg.): Grundfragen der Kommunikationsforschung, deutsche Übersetzung von Hans-Eberhard Piepho (im Original: The Science of Human Communication, New York 1963), München 1964, S.99-116.

Katz, Elihu: The Two-Step Flow of Communication: An Up-to-Date Report on an Hypothesis, in: Day, R. L. (Hrsg.): Marketing Models, Scranton 1968, pp.80-99.

Katz, Elihu; Lazarsfeld, Paul F.: Personal Influence, Glencoe 1955.

Katz, Elihu; Lazarsfeld, Paul F.: Persönlicher Einfluß und Meinungsbildung, deutsche Übersetzung von Rudolf Bischoff (im Original: Personal Influence, Glencoe 1955), Wien 1962.

Katz, Elihu; Lazarsfeld, Paul F.: Meinungsführer beim Einkauf, in: Kroeber-Riel, W. (Hrsg.): Marketingtheorie, Köln 1972, S.107-121.

Katz, Reinhard: Informationsquellen der Konsumenten, Wiesbaden 1983.

Kellerman, Barbara: Leadership. Multidisciplinary Perspectives, Englewood Cliffs 1984.

Kelley, Harold H.: Two Functions of Reference Groups, in: Hyman, H. H.; Singer, E. (Hrsg.): Readings in Reference Group Theory and Research, New York 1968, pp.77-83.

King, Charles W.; Summers, John O.: Overlap of Opinion Leadership Across Consumer Product Categories, in: JoMR, Vol. VII, February 1970, pp.43-50.

Kirchner, D.F.: Personal Influence, Purchasing Behavior, and Ordinal Position, Unveröffentlichte Dissertation, UCLA 1969, zitiert bei: Kumpf, M.: Bezugsgruppen und Meinungsführer, in: Irle, M. (Hrsg.): Marktpsychologie, 1.Halbband, Göttingen 1983, S.282-330.

Köhler, Falk: Tupperware - Hausfrauen verkaufen an Hausfrauen, in: MJ, Nr.1/1988, S.30-33.

Koeppler, Karlfritz: Opinion Leaders - Merkmale und Wirkung, Band 18 der Schriftenreihe der Verlagsgruppe Bauer, Hamburg 1984.

Kolus-Darius, Roswitha: Frauen-Typologie 4 - Die Kommunikationsleistungen der Zeitschriften und ihrer Leserschaften, in: IuA, 6.Jg., Nr.5, Mai 1979, S.252-255.

Kreutz, Henrik: Einfluß von Massenmedien, persönlicher Kontakt und formelle Organisation - Kritik und Weiterführung der These "two step flow of communication", in: Ronneberger, F. et al. (Hrsg.): Sozialisation durch Massenkommunikation, Band IV, Stuttgart 1971, S.172-238.

Kroeber-Riel, Werner (Hrsg.): Marketingtheorie, Köln 1972.

Kroeber-Riel, Werner: Konsumentenverhalten, 3. Auflage, München 1984.

Kroeber-Riel, Werner; Kaas, Klaus-Peter: Meinungsführer als Bezugspunkte der persönlichen Kommunikation, in: Dallmer, H.; Thedens, R. (Hrsg.): Handbuch des Direct-Marketing, 5. Auflage, Wiesbaden 1981, S.125-134.

Kroeber-Riel, Werner; Meyer-Hentschel, Gundolf: Werbung - Steuerung des Konsumentenverhaltens, Würzburg 1982.

Krugman, Herbert E.: The Impact of Television Advertising: Learning without Involvement, in: POQ, Vol.29, No.3, Fall 1965, pp.349-356.

Kruse, Lenelis: Gruppen und Gruppenzugehörigkeit, in: Derselbe (Hrsg.): Handbuch der Psychologie, Band 7(2), Göttingen 1972, S.1539-1593.

Kuhlmann, Eberhard: Das Informationsverhalten der Konsumenten, Freiburg 1970.

Kuhlmann, Eberhard: Effizienz und Risiko der Konsumentenentscheidung, Stuttgart 1978.

Kuhlmann, Eberhard: Kaufrisiko, in: Hoyos, C. Graf; Kroeber- Riel, W. et al. (Hrsg.): Grundbegriffe der Wirtschaftspsychologie, München 1980, S.522-533.

Kumpf, Martin: Bezugsgruppen und Meinungsführer, in: Irle, M. (Hrsg.): Marktpsychologie, 1.Halbband, Göttingen 1983, S.282-343.

Kupsch, Peter; Hufschmied, Peter; Mathes, Heinz Dieter; Schöler, Klaus: Die Struktur von Qualitätsurteilen und das Informationsverhalten von Konsumenten beim Kauf langlebiger Gebrauchsgüter, Nr.2777 der Forschungsberichte des Landes Nordrhein-Westfalen, Opladen 1978.

Kurbjuweit, Dirk: Der Primus hat Prüfungsangst - Die Autoindustrie mag sich der Stiftung Warentest nicht stellen, in: DZ, Nr.38, 11.September 1987, S.24.

Lamparter, Dietmar: An den Frauen führt kein Weg vorbei, in: asw, Heft 5/1984, S.47-51.

Lampert, Shlomo I.: Word of Mouth Activity during the Introduction of a New Food Product, in: Farley, J.U.; Howard, J.A.; Ring, L.W. (Hrsg.): Consumer Behavior - Theory and Application, Boston 1974, pp.67-88.

Lasswell, Harold D.: The Structure and Function of Communication in Society, in: Berelson, Bernard; Janowitz, Morris (Hrsg.): Reader in Public Opinion and Communication, 2. Auflage, New York 1966, pp.178-190.

Laukhuff-Team: Marktpsychologische Untersuchung: Einstellungen und Urteile von Meinungsbildnern zur Direktwerbung, Ergebnisbericht einer Untersuchung für den Bundesverband Druck e.V. und den Adressenverleger- und Direktwerbeunternehmer-Verband e.V., Frankfurt a.M. 1981.

Laurent, Gilles; Kapferer, Jean-Noel: Measuring Consumer Involvement Profiles, in: JoMR, Vol. XXII, February 1985, pp.41-53.

Lazarsfeld, Paul F.; Berelson, Bernard; Gaudet, Hazel: The People's Choice, New York 1944.

Lazarsfeld, Paul F.; Berelson, Bernard; Gaudet, Hazel: Wahlen und Wähler - Soziologie des Wahlverhaltens, deutsche Übersetzung, herausgegeben von Heinz Maus und Friedrich Fürstenberg (im Original: The People's Choice, New York 1944), Neuwied 1969.

Lazarsfeld, Paul F.; Menzel, Herbert: Massenmedien und personaler Einfluß, in: Schramm, W. (Hrsg.): Grundfragen der Kommunikationsforschung, deutsche Übersetzung von Hans-Eberhard Piepho (im Original: The Science of Human Communication, New York 1963), München 1964, S.117-139.

Lazer, William; Bell, William E.: The Communications Process and Innovation, in: JoAR, Vol.6, No.3, September 1966, pp.2-7.

Lehr, G.: Die Bestimmung der optimalen Zielgruppe, in: Dallmer, H.; Thedens, R. (Hrsg.): Handbuch des Direct-Marketing, 5. Auflage, Wiesbaden 1981, S.231-261.

Leonard-Barton, Dorothy: Experts as Negative Opinion Leaders in the Diffusion of a Technological Innovation, in: JoCR, Vol.11, March 1985, pp.914-926.

Lessig, V. Parker; Park, C. Whan: Promotional Perspectives of Reference Group Influence: Advertising Implications, in: JoA, Vol.7, No.2/1978, pp.41-47.

Levy, Mark R.: Opinion Leadership and Television News Uses, in: POQ, Vol.42, No.3, Fall 1978, pp.402-406.

Lienert, Gustav A: Testaufbau und Testanalyse, 3. Auflage, Weinheim 1969.

Löber, Werner: Marktkommunikation, Wiesbaden 1973.

Lovelock, Christopher H. (Hrsg.): Services Marketing, Englewood Cliffs, New Jersey 1984.

Luthe, Heinz Otto: Interpersonale Kommunikation und Beeinflussung, Stuttgart 1968.

Lutz, Richard J.; Reilly, Patrick J.: An Exploration of the Effects of Perceived Social and Performance Risk on Consumer Information Akqisition, in: Ward, S.; Wright, P.: Advances in Consumer Research, Vol. I, Urbana 1974, pp.393-405.

Maccoby, Eleanor E.; Newcomb, Theodore M.; Hartley, Eugene L.: Readings in Social Psychology, New York 1958.

Mahajan, Vijay; Muller, Eitan; Kerin, Roger A.: Introduction Strategy for New Products with Positive and Negative Word-of-mouth, in: ManS, Vol.30, No.12, December 1984, pp.1389-1404.

Mancuso, Joseph R.: Why Not Create Opinion Leaders for New Product Introductions, in: JoM, Vol.33, July 1969, pp.20-25.

Marcus, Alan S.; Bauer, Raymond A.: Yes: There are Generalized Opinion Leaders, in: POQ, Vol.28, No.4, Winter 1964, pp.628-632.

Martilla, John A.: Word-of-Mouth Communication in the Industrial Adoption Process, in: JoMR, Vol. VIII, May 1971, pp.173-178.

Mayer, Hans: Werbepsychologische Aspekte der Auswahl von Fotomodellen, in: JdAVF, 31.Jg., Nr.4/1985, S.312-321.

Mayer, Hans; Schneider, Hermann: Neuere Untersuchungen zur Theorie der Meinungsführerschaft, in: JdAVF, 24.Jg., Nr.2/1978, S.128-173.

Mayer, Hans; Däumer, Ute; Rühle, Hermann: Werbepsychologie, Stuttgart 1982.

Mayer, Hans; Galinat, Withold H.: Werbung und Innovationsverhalten, in: JdAVF, 28.Jg., Nr.1/1982, S.3-49.

Mayntz, Renate; Holm, Kurt; Hübner, Peter: Einführung in die Methoden der empirischen Soziologie, 5. Auflage, Opladen 1978.

MCD Direktmarketing GmbH: Konzepte und Aktionsideen zur Erhöhung der Markenakzeptanz von Küppers Kölsch, unveröffentlichte Studie im Auftrag der Küppers Kölsch GmbH, Bad Homburg 1987.

McKenna, Regis: Dynamisches Marketing, Landsberg 1986.

Meffert, Heribert: Interpersonelle Kommunikation als Problem der Marketingtheorie, in: Hummrich, U.: Interpersonelle Kommunikation im Konsumgütermarketing, Wiesbaden 1976, S.13-19.

Meffert, Heribert: Die Beurteilung und Nutzung von Informationsquellen beim Kauf von Konsumgütern, in: Derselbe; Steffenhagen, H.; Freter, H. (Hrsg.): Konsumentenverhalten und Information, Wiesbaden 1979, S.39-65.

Meffert, Heribert; Steffenhagen, Hartwig; Freter, Hermann (Hrsg.): Konsumentenverhalten und Information, Wiesbaden 1979.

Menzel, Herbert; Katz, Elihu: Social Relations and Innovation in the Medical Profession: The Epidemiology of a New Drug, in: POQ, Vol.19, No.4, Winter 1955, pp.337-352.

Menzel, Herbert; Katz, Elihu: Social Relations and Innovation in the Medical Profession: The Epidemiology of a New Drug, in: Maccoby, E. E.; Newcomb, T. M.; Hartley, E. L.: Readings in Social Psychology, New York 1958, pp.532-545.

Merton, Robert K.: Patterns of Influence: Local and Cosmopolitan Influentials, in: Hyman, H. H.; Singer E. (Hrsg.): Readings in Reference Group Theory and Research, New York 1968, pp.278-296.

Meyn, Peter: Frauen-Typologie 3 - Markttransparenz durch Marktstrukturierung?, in: IuA, 5. Jg., Nr.9, September 1978, S.473-477.

Meyn, Peter: Frauen-Typologie 4 - Kommunikationstypen: Ein Beitrag zur qualitativen Mediaplanung?, in: IuA, 6.Jg., Nr.8, August 1979, S.350-356.

Monahan, George E.: A Pure Birth Model of Optimal Advertising with Word-of-Mouth, in: MS, Vol.3, No.2, Spring 1984, pp.169-178.

Montgomery, David B.; Silk, Alvin J.: Clusters of Consumer Interests and Opinion Leaders Spheres of Influence, in: JoMR, Vol. VIII, August 1971, pp.317-321.

Moreno, J.L.: Die Grundlagen der Soziometrie, deutsche Übersetzung von Grete A. Leutz, bearbeitet von Karl Gustav Specht (im Original: Moreno, J.L.: Who Shall Survive?, New York 1953), 3. Auflage, Opladen 1974.

Mühlbacher, Hans.: Selektive Werbung, Linz 1982.

Müller, Günter F.: Anbieter-Nachfrager-Interaktionen, in: Irle, M. (Hrsg.): Marktpsychologie, 1.Halbband, Göttingen 1983, S.626-735.

Müller, Peter: Die soziale Gruppe im Prozeß der Massenkommunikation, Stuttgart 1970.

Myers, James H.; Robertson, Thomas S.: Dimensions of Opinion Leadership, in: JoMR, Vol. IX, February 1972, pp.41-46.

Myers, James H.; Robertson, Thomas S.: Stability of Self-Designated Opinion Leadership, in: Ward, Scott; Wright, Peter (Hrsg.): Advances in Consumer Research, Vol. I, Urbana/Ill. 1974, pp.417-426.

Newman, Joseph W.; Staelin, Richard: Prepurchase Information Seeking for New Cars and Major Household Appliances, in: JoMR, Vol. IX, August 1972, pp.249-257.

Newman, Joseph W.; Staelin, Richard: Information Sources of Durable Goods, in: JoAR, Vol.13, No.2, April 1973, pp.19-29.

Nieschlag, Robert; Dichtl, Erwin; Hörschgen, Hans: Marketing, 12.Auflage, Berlin 1981.

Nieschlag, Robert; Dichtl, Erwin; Hörschgen, Hans: Marketing, 14.Auflage, Berlin 1985.

Noelle-Neumann, Elisabeth: Meinungsführer und Massenmedien, in: DMa, Nr.12/1963, S.1137-1145.

Ogilvy, Dàvid: Ogilvy über Werbung, deutsche Übersetzung von Gertie von Rabenau und Thomas Tostmann (im Original: Ogilvy on Advertising, o.O. 1983), Düsseldorf 1984.

Orive, Ruben: Group Similarity, Public Self-Awareness, and Opinion Extremity: A Social Projection Explanation of Deindividuation Effects, in: JoPSP, Vol.47, No.4, 1984, pp.727-737.

o.V. (1985a): Raumwunder auf Rädern?, in: test, Heft 7/1985, S.27-31.

o.V. (1985b): Eine saubere Alternative?, in: test, Heft 9/1985, S.30-34.

o.V. (1985c): Sauberste Lösung für den Auspuff, in: test, Heft 7/1985, S.22-26.

o.V. (1985d): Alternative mit Risiko, in: test, Heft 10/1985, S.25-29.

o.V. (1986a): Kreation und Media gefordert, in: asw, Heft 5/1986, S.62-67.

o.V. (1986b): Clubs für Kunden - Dauerdialog mit der Zielgruppe, in: asw, Heft 10/1986, S.28-39.

o.V. (1986c): Acht Familienautos im Vergleich, in: test, Heft 1/1986, S.40-44.

Panne, Friedrich: Das Risiko im Kaufentscheidungsprozeß des Konsumenten. Die Beiträge risikotheoretischer Ansätze zur Erklärung des Kaufentscheidungsverhaltens des Konsumenten, Zürich 1977.

Parameswaran, Ravi; Greenberg, Barnett A.; Bellenger, Danny N.; Robertson, Dan H.: Measuring Reliability: A Comparison of Alternative Techniques, in: JoMR, Vol. XVI, February 1979, pp.18-25.

Parameswaran, Ravi; Spinelli, Teri: Involvement: A Revisitation and Confirmation, in: Belk, Russell W.; Peterson, Robert; Albaum, Gerald S.; Holbrook, Morris H.; Kerin, Roger A.; Malhorta, Naresh K.; Wright, Peter (Hrsg.): Proceedings of the American Marketing Association Educators' Conference, Vol.50, Chicago 1984, pp.57-61.

Park, C. Whan; Lessig, V. Parker: Students and Housewives: Differences in Susceptibility to Reference Group Influences, in: JoCR, Vol.4, September 1977, pp.102-110.

Penzkofer, Peter; Kölblinger, Mario: Kommunikative und soziale Aspekte der Diffusionsforschung, ZfB, 43.Jg., Nr.1/1973, S.1-28.

Pepels, Werner: Die Ansprache von Meinungsbildnern, in: MH, Nr.4/1986, S.17-19.

Perry, Michael; Hamm, B. Curtis: Canonical Analysis of Relations between Socioeconomic Risk and Personel Influence in Purchase Decisions, in: JoMR, Vol. VI, August 1969, pp.351-354.

Peter, J. Paul.: Construct Validity: A Review of Basic Issues and Marketing Practices, in: JoMR, Vol. XVIII, May 1981, pp.133-145.

Peter, J. Paul; Churchill, Gilbert A. jr.: Relationships among Research Design Choices and Psychometric Properties of Rating Scales: A Meta-Analysis, in: JoMR, Vol. XXIII, February 1986, pp.1-10.

Picot, Arnold; Röntgen, Konrad Wilhelm (1987a): Kommunikation, in: Dichtl, E.; Issing, O. (Hrsg.): Vahlens Grosses Wirtschaftslexikon, Band 1, München 1987, S.1019-1021.

Picot, Arnold; Röntgen, Konrad Wilhelm (1987b): Kommunikationsnetze, in: Dichtl, E.; Issing, O. (Hrsg.): Vahlens Grosses Wirtschaftslexikon, Band 1, München 1987, S.1026f.

Picot, Arnold; Röntgen, Konrad Wilhelm (1987c): Massenkommunikation, in: Dichtl, E.; Issing, O. (Hrsg.): Vahlens Grosses Wirtschaftslexikon, Band 2, München 1987, S.134f.

Pincus, Steven; Waters, L.K.: Informational Social Influence and Product Quality Judgements, in: JoAP, Vol.62, No.5/1977, pp.615-619.

Pool, Ithiel de Sola; Frey, Frederick W.; Schramm, Wilbur; Maccoby, Nathan; Parker, Edwin B. (Hrsg.): Handbook of Communication, Chicago 1973.

Price, Linda L.; Feick, Lawrence F:: The Role of Interpersonal Sources in External Search: An Informational Perspective, in: Kinnear, Thomas C. (Hrsg.): Advances in Consumer Research, Vol. 11, Urbana/Ill. 1984, pp.250-255.

Punj, Girish N.; Staelin, Richard: A Model of Consumer Information Search Behavior for New Automobiles, in: JoCR, Vol.9, March 1983, pp.366-380.

Qualls, William J.: Household Decision Behavior: The Impact of Husbands' and Wives' Sex Role Orientation, in: JoCR, Vol.14, September 1987, pp.264-279.

Raffée, Hans: Konsumenteninformation und Beschaffungsentscheidung des privaten Haushalts, Stuttgart 1969.

Raffée, Hans; Sauter, Bernhard; Silberer, Günter: Theorie der kognitiven Dissonanz und Konsumgüter-Marketing, Wiesbaden 1973.

Raffée, Hans; Silberer, Günter (Hrsg.): Informationsverhalten des Konsumenten - Ergebnisse empirischer Studien, Wiesbaden 1981.

Randoe, G.J.: Some Notes on the Application of a General Theory of Diffusion of Innovations on Household Decision-Making, Papers Esomar Congress, Opatija 1968, pp.93ff., zitiert bei Hummrich, U.: Interpersonelle Kommunikation im Konsumgütermarketing, Wiesbaden 1976.

Reingen, Peter H.; Foster, Brian L.; Johnson Brown, Jaqueline; Seidman, Stephen B.: Brand Congruence in Interpersonal Relations: A Social Network Analysis, in: JoCR, Vol.11, December 1984, pp.771-783.

Renckstorf, Karsten: Zur Hypothese des "two-step flow" der Massenkommunikation, in: Prokop, Dieter (Hrsg.): Massenkommunikationsforschung, Band 2: Konsumtion, Frankfurt a.M. 1973, S.167-186.

Reynolds, Fred D.; Darden, William R.: Mutually Adaptive Effects of Interpersonal Communication, in: JoMR, Vol. VIII, November 1971, pp.449-454.

Richins, Marsha L.: Negative Word-of-Mouth by Dissatisfied Consumers: A Pilot Study, in: JoM, Vol.47, Winter 1983, pp.68-78.

Richmond, Virginia P.: The Relationship between Opinion Leadership and Information Acqisition, in: HCR, Vol.4, No.1, Fall 1977, pp.38-43.

Richmond, Virginia P.: Monomorphic and Polymorphic Opinion Leadership within a Relatively Closed Communication System, in: HCR, Vol.6, No.2, Winter 1980, pp.111-116.

Riecken, Glen; Yavas, Ugur: Internal Consistency Reliability of King and Summers' Opinion Leadership Scale: Further Evidence, in: JoMR, Vol. XX, August 1983, pp.325f.

Robertson, Thomas S.: Innovative Behavior and Communication, New York 1971.

Robertson, Thomas S.; Kennedy, James N.: Prediction of Consumer Innovators: Application of Multiple Discriminant Analysis, in: JoMR, Vol. V, February 1968, pp.64-69.

Robertson, Thomas S.; Myers, James H.: Personality Correlates of Opinion Leadership and Innovative Buying Behavior, in: JoMR, Vol. VI, May 1969, pp.164-168.

Rogers, Everett M.: Diffusion of Innovations, New York 1962.

Rogers, Everett M.: Modernization among Peasents: The Impact of Communication, New York 1969.

Rogers, Everett M.: New Product Adoption and Diffusion, in: JoCR, Vol.2, March 1976, pp.290-301.

Rogers, Everett M.: Diffusion of Innovations, 3. Auflage, New York 1983.

Rogers, Everett M.; Cartano, David G.: Methods of Measuring Opinion Leadership, in: POQ, Vol.26, No.3, Fall 1962, pp.435-441.

Rogers, Everett M.; Shoemaker, Floyd F.: Communication of Innovations, 2. Auflage, New York 1971.

Roselius, Ted: Consumer Rankings of Risk Reduction Methods, JoM, Vol.35, January 1971, pp.56-61.

Rosenstiel, Lutz von; Ewald, Guntram: Marktpsychologie, Band 1: Konsumverhalten und Kaufentscheidung, Stuttgart 1979.

Rudd, Joel; Kohout, Frank J.: Individual and Group Consumer Information Acquisition in Brand Choice Situations, in: JoCR, Vol.10, December 1983, pp.303-309.

Salcher, Ernst F.: Psychologische Marktforschung, Berlin 1978.

Schach, Siegfried; Schäfer, Thomas: Regressions- und Varianzanalyse, Berlin 1978.

Schärer, Hans Rudolf: Genauigkeit der Regressionsanalyse, Bern 1979.

Schenk, Michael: Publikums- und Wirkungsforschung, Tübingen 1978.

Scherrer, Anton P.: Das Phänomen der Mund-zu-Mund-Werbung und seine Bedeutung für das Konsumentenverhalten, Diss., Freiburg (Schweiz) 1975.

Schiffman, Leon G.; Gaccione, Vincent: Opinion Leaders in Institutional Markets, in: JoM, Vol.38, April 1974, pp.49-53.

Schiffman, Leon G.; Kanuk, Leslie Lazar: Consumer Behavior, 3. Auflage, Englewood Cliffs 1987.

Schneeweiß, Hans: Ökonometrie, Nachdruck der 2. Auflage (Würzburg 1974), Würzburg 1986.

Schoch, Rolf: Der Verkaufsvorgang als sozialer Interaktionsprozeß. Eine theoretische und empirische Untersuchung des Verhaltens von Käufern und Verkäufern in der Verkaufssituation, dargestellt am Beispiel eines Investitionsgutes (Registrierkassen), Diss. (St. Gallen), Winterthur 1969.

Schönfeld, Peter: Methoden der Ökonometrie, Band 1: Lineare Regressionsmodelle, 2. Auflage, Berlin 1969.

Schramm, Wilbur (Hrsg.): Grundfragen der Kommunikationsforschung, deutsche Übersetzung von Hans-Eberhard Piepho (im Original: The Science of Human Communication, New York 1963), München 1964.

Schrank, Holly L.; Gilmore, D. Lois: Correlates of Fashion Leadership: Implications for Fashion Process Theory, in: SQ, Vol.14, Autumn 1973, pp.534-543.

Schuchard-Ficher, Christiane: Ein Ansatz zur Messung von Nachkauf-Dissonanz, Berlin 1979.

Schuchard-Ficher, Christiane; Backhaus, Klaus; Humme, Udo; Lohrberg, Werner; Plinke, Wulff; Schreiner, Wolfgang: Multivariate Analysemethoden, Berlin 1980.

Schulz, Roland: Kaufentscheidungsprozesse des Konsumenten, Wiesbaden 1972.

Schweiger, Günter; Mazanec, Josef; Wiegele, Otto: Das Modell des "erlebten Risikos" ("perceived risk"), in: DM, Nr.60, 1976, S.93-102.

Schweiger, Günter; Schwarz, Helga: Kommunikation im Markt, in: Hoyos, C. Graf; Kroeber-Riel, W. et al. (Hrsg.): Grundbegriffe der Wirtschaftspsychologie, München 1980, S.365-377.

Seel, Bernd R.: Werben mit dem Meinungsführer, in: MJ, Nr.5/1975, S.440-444.

Sherif, Muzafer: Group Influences upon the Formation of Norms and Attitudes, in: Maccoby, E. E.; Newcomb, T. M.; Hartley, E. L. (Hrsg.): Readings in Social Psychology, New York 1958, pp.219-232.

Shet, Jagdish N.: Word-of-Mouth in Low-Risk Innovations, in: JoAR, Vol.11, No.3, June 1971, pp.15-18.

Siegel, Alberta Engvall; Siegel, Sidney: Reference Groups, Membership Groups, and Attitude Change, in: Hyman, H. H.; Singer, E. (Hrsg.): Readings in Reference Group Theory and Research, New York 1968, pp.394-401.

Sigl, Hans: Bärte machen Meinung, in: asw, Heft 21/1970 S.18-23.

Silberer, Günter (1980a): Dissonanz bei Konsumenten, in: Hoyos, C. Graf; Kroeber-Riel, W. et al. (Hrsg.): Grundbegriffe der Wirtschaftspsychologie, München 1980, S.344-351.

Silberer, Günter (1980b): Reaktanz bei Konsumenten, in: Hoyos, C. Graf; Kroeber-Riel, W. et al. (Hrsg.): Grundbegriffe der Wirtschaftspsychologie, München 1980, S.386-391.

Silberer, Günter: Das Informationsverhalten des Konsumenten beim Kaufentscheid - Ein analytisch-theoretischer Bezugsrahmen, in: Raffée, H.; Silberer, G. (Hrsg.): Informationsverhalten des Konsumenten - Ergebnisse empirischer Studien, Wiesbaden 1981, S.27-60.

Silberer, Günter: Einstellungen und Werthaltungen, in: Irle, M. (Hrsg.): Marktpsychologie, 1. Halbband, Göttingen 1983, S.533-625.

Silk, Alvin J.: Overlap Among Self-Designated Opinion Leaders: A Study of Selected Dental Products and Services, in: JoMR, Vol. III, August 1966, pp.255-259.

Silk, Alvin J.: Response Set and the Measurement of Self-Designated Opinion Leadership, in: POQ, Vol.35, No.3, Fall 1971, pp.383-397.

Silk, Alvin J.: Test-Retest Correlations and the Reliability of Copy Testing, in: JoMR, Vol. XIV, November 1977, pp.476-486.

Sirgy, M. Joseph: Self-Concept in Consumer Behavior: A Critical Review, in: JoCR, Vol.9, December 1982, pp.287-300.

Solomon, Michael R.: The Role of Products as Social Stimuli: A Symbolic Interactionism Perspective, in: JoCR, Vol.10, December 1983, pp.319-329.

Specht, Karl Gustav; Wiswede, Günter (Hrsg.): Marketing-Soziologie, Berlin 1976.

Spiegel-Verlag (Hrsg.): Persönlichkeitsstärke. Ein neuer Maßstab zur Bestimmung von Zielgruppenpotentialen, Hamburg 1983.

Spiro, Rosann L.: Persuasion in Familiy Decision-Making, in: JoCR, Vol.9, March 1983, pp.393-402.

Stafford, James E.: Gruppeneinfluß und Produktwahl, deutsche Übersetzung (im Original: Effects of Group Influences on Consumer Brand Preferences, in: JoMR, Vol. III, February 1966, pp.68-75), in: Specht, K. G.; Wiswede, G. (Hrsg.): Marketing-Soziologie, Berlin 1976, S.95-110.

Stanley, Thomas J.: Are Highly Credible Sources Persuasive?, in: JoCR, Vol.5, June 1978, pp.66-69.

Stitzel, Michael: Konsumentenverhalten aus soziologischer Sicht, in: WiSt, Nr.8/9, August/September 1973, S.413-419.

Stuteville, John R.: The Buyer as a Salesman, in: JoM, Vol.32, July 1968, pp.14-18.

Sudman, Seymour: Overlap of Opinion Leadership Across Consumer Product Categories, in: JoMR, Vol. VIII, May 1971, pp.258f.

Summers, John O.: The Identity of Women's Clothing Fashion Opinion Leaders, in: JoMR, Vol. VII, May 1970, pp.178-185.

Summers, John O.: Generalized Change Agents and Innovativeness, in: JoMR, Vol. VIII, August 1971, pp.313-316.

Summers, John O.: Media Exposure Patterns of Consumer Innovators, in: JoM, Vol.36, January 1972, pp.43-49.

Summers, John O.; King, Charles W.: Overlap of Opinion Leadership: A Reply, in: JoMR, Vol. VIII, May 1971, pp.259-261.

Tölle, Klaus (1982a): Die Bedeutung von Informationsinhalten beim Kauf von Konsumgütern, in: Marketing ZFP, 4.Jg., Heft 3, August 1982, S.176-182.

Tölle, Klaus (1982b): Beurteilung und Nutzung von Warentestinformationen im Konsumgüterbereich, in: ZfbF, 34.Jg., Nr.4/1982, S.351-364.

Tölle, Klaus: Das Informationsverhalten der Konsumenten: Zur Nutzung und Wirkung von Warentestinformationen, Frankfurt a.M. 1983.

Tölle, Klaus; Hofacker, Thomas; Kaas, Klaus Peter: Der "Information Seeker": Konsumbegeistert oder konsumkritisch?, in: Marketing ZFP, 3.Jg., Heft 1, Februar 1981, S.47-50.

Topritzhofer, Edgar: Qualitative und stochastische Aspekte diffusionsorientierter Werbestrategien, in: BFuP, 23.Jg., Nr.4/1971, S.203-220.

Troldahl, Verling C.: A Field Test of a Modified "Two-Step Flow of Communication" Model, in: POQ, Vol.30, No.4, Winter 1966, pp.609-623.

Troldahl, Verling C.; Van Dam, Robert: Face-to-Face Communication About Major Topics in the News, in: POQ, Vol.29, No.4, Winter 1965, pp.626-634.

Turnbull, P.W.; Meenaghan, A.: Diffusion of Innovation and Opinion Leadership, in: EJoM, Vol.14, No.1/1980, pp.3-33.

Tushman, Michael L.; Romanelli, Elaine: Uncertainty, Social Location and Influence in Decision Making: A Sociometric Analysis, in: ManS, Vol.29, No.1, January 1983, pp.12-23.

Unger, Fritz: Die Bedeutung der Theorie psychologischer Reaktanz für das Konsumgütermarketing, in: MA, Nr.3/1984, S. 118-126.

Wagner, Lutz W.: Der Kommunikationsprozeß im Absatz, Göttingen 1978.

Wald, Renate: Mode - Soziales Phänomen und Mittel der Identitätsstrukturierung, in: JdAVF, 31.Jg., Heft 3/1985, S.262-273.

Ward, Scott; Wright, Peter: Advances in Consumer Research, Vol. I, Urbana 1974.

Webster, Frederick E. jr.: Informal Communication in Industrial Markets, in: JoMR, Vol. VII, May 1970, pp.186-189.

Weiber, Rolf: Faktorenanalyse, St. Gallen 1984.

Weinberger, Marc G.: Products as Targets of Negative Information: Some Recent Findings, in: EJoM, Vol.20, No.3,4/1986, pp.110-128.

Whyte, William H. Jr.: The Web of Word of Mouth, in: Clark, Lincoln H. (Hrsg.): Consumer Behavior, Volume II: The Life Cycle and Consumer Behavior, 4.Auflage, New York 1966, pp.113-122.

Wilton, Peter C.; Myers, John G.: Task, Expectancy and Information Assessment Effects in Information Utilization Processes, in: JoCR, Vol.12, March 1986, pp.469-486.

Wiswede, Günter: Soziologie des Verbraucherverhaltens, Stuttgart 1972.

Wiswede, Günter: Theorien der Mode aus soziologischer Sicht, in: Specht, K. G.; Wiswede, G. (Hrsg.): Marketingsoziologie, Berlin 1976, S.393-409.

Wiswede, Günter: Meinungsführung und Konsumverhalten, in: JdAVF, 24.Jg., Nr.2/1978, S.115-127.

Wiswede, Günter: Reaktanz - Zur Anwendung einer sozialwissenschaftlichen Theorie auf Probleme der Werbung und des Verkaufs, in: JdAVF, 25.Jg., Nr.2/1979, S.81-110.

Wiswede, Günter: Marktsoziologie, in: Irle, M. (Hrsg.): Marktpsychologie, 1. Halbband, Göttingen 1983, S.151-224.

Wright, Peter: Factors Affecting Cognitive Resistance to Advertising, in: JoCR, Vol.2, June 1975, pp.1-9.

Yavas, Ugur; Riecken, Glen: Extensions of King and Summers' Opinion Leadership Scale: A Reliability Study, in: JoMR, Vol. XIX, February 1982, p.154f.

Zaichkowsky, Judith Lynne: Measuring the Involvement Construct, in: JoCR, Vol.12, December 1985, pp.341-352.

Zeithaml, Valarie H.: How Consumer Evaluation Processes Differ between Goods and Services, in: Lovelock, C. H. (Hrsg.): Services Marketing, Englewood Cliffs, New Jersey 1984, pp.191-199.

Zikmund, William G.; Scott, Jerome E.: A Multivariate Analysis of Perceived Risk, Self-Confidence and Information Sources, in: Ward S.; Wright P.(Hrsg.): Advances in Consumer Research, Vol. I, Urbana 1974, pp.406-416.